新的使命和担当 Ⅱ

——中国工会改革创新实录（2015—2017）

李玉赋 主编

中国工人出版社

图书在版编目（CIP）数据

新的使命和担当. Ⅱ，中国工会改革创新实录：2015-2017 / 李玉赋主编.
—北京：中国工人出版社，2017.8
ISBN 978-7-5008-6790-6

Ⅰ. ①新… Ⅱ. ①李… Ⅲ. ①工会工作—体制改革—中国—2015-2017 Ⅳ. ①D412.6

中国版本图书馆CIP数据核字（2017）第204165号

新的使命和担当Ⅱ——中国工会改革创新实录（2015—2017）

责任编辑	杨　力
责任校对	赵贵芬
责任印制	栾征宇
出版发行	中国工人出版社
地　　址	北京市东城区鼓楼外大街45号　邮编：100120
网　　址	http://www.wp-china.com
电　　话	（010）62005043（总编室）（010）62005039（出版物流部） （010）62382916（职工教育分社）
发行热线	（010）62005996　（010）82075964（传真）
经　　销	各地书店
印　　刷	北京市密东印刷有限公司
开　　本	700毫米×1000毫米　1/16
印　　张	28
字　　数	400千字
版　　次	2017年9月第1版　2021年3月第3次印刷
定　　价	55.00元

主　　　编：李玉赋

副　主　编：陈荣书　李守镇

执行副主编：吕国泉

编　　　辑：王娇萍　陶志勇

前 言

把握正确方向 坚持问题导向
深入推进工会改革创新

李玉赋

2017年2月6日，习近平总书记主持召开中央全面深化改革领导小组第三十二次会议，听取全国总工会等改革试点工作总结报告，对试点工作给予充分肯定，对深化群团改革提出明确要求。8月22日，习近平总书记作出重要指示，指出要以改革推动群团组织提高工作和服务水平，努力开创党的群团工作新局面。即将召开的党的十九大，是在全面建成小康社会决胜阶段、中国特色社会主义发展关键时期召开的一次十分重要的大会。各级工会要紧紧围绕迎接和服务十九大这条主线，认真贯彻落实习近平总书记系列重要讲话精神和治国理政新理念新思想新战略，学习贯彻习近平总书记在省部级主要领导干部专题研讨班上的重要讲话和关于党的群团工作和群团改革重要指示精神，坚持增强“三性”、去除“四化”、做强基层、着力创新的工会改革总体思路，以自我革命的勇气深化工会改革创新，把工会组织建设得更加充满活力、更加坚强有力，以优异成绩迎接党的十九大胜利召开。

一、强化理论武装、夯实思想基础，坚持用习近平总书记系列重要讲话精神引领工会改革创新

党的十八大以来，习近平总书记围绕工人阶级和工会工作作出了一系列重要论述，内涵丰富、思想深刻，系统全面、博大精深，集中体现在以下方面。

关于工会自觉接受党的领导。习近平总书记指出，坚持党的领导，是做好党的群团工作的根本保证，是必须坚持的正确政治方向。工会要始终把自己置于党的领导之下，在思想上政治上行动上始终同党中央保持高度一致。在坚持党的领导这个根本问题上，工会干部必须头脑十分清醒、立场十分坚定、行动十分坚决。

关于坚持全心全意依靠工人阶级方针。习近平总书记指出，坚持全心全意依靠工人阶级，是我们党的一个突出政治优势，也是中国特色社会主义的一个鲜明特点。要在政治上保证、制度上落实、素质上提高、权益上维护，不能只当口号喊、标签贴，而要贯彻到经济、政治、文化、社会、生态文明建设以及党的建设各方面，落实到党和国家制定政策、推进工作全过程，体现到企业生产经营各环节。

关于把为实现中华民族伟大复兴中国梦而奋斗作为新时期我国工人运动时代主题。习近平总书记指出，我国工人运动的时代主题，是为实现中华民族伟大复兴的中国梦而奋斗。工会要牢牢抓住这个主题，把推动科学发展、实现稳中求进作为发挥作用的主战场，把做好新形势下职工群众工作、调动职工群众积极性和创造性作为中心任务，把巩固党执政的阶级基础和群众基础作为政治责任。

关于坚持走中国特色社会主义工会发展道路。习近平总书记指出，中国特色社会主义工会发展道路是中国特色社会主义道路的重要组成部分，深刻反映了中国工会的性质和特点，是工会组织和工会工作始终沿着正确方向前进的重要保证。要始终坚持这条道路，不断拓展这条道路，努力使这条道路越走越宽广。

关于大力弘扬劳模精神、劳动精神、工匠精神。习近平总书记指出，实现我们的奋斗目标，开创我们的美好未来，必须依靠辛勤劳动、诚实劳动、创造性劳动。劳模精神丰富了民族精神和时代精神的内涵，是我们极为宝贵的精神财富。无论从事什么劳动，都要干一行、爱一行、钻一行。在工厂车间，就要弘扬“工匠精神”，精心打磨每一个零部件，生产优质的产品。要大兴识才爱才敬才用才之风，改革人才培养使用机制，真正聚天下英才而用之，让更多千里马竞相奔腾。

关于高举维护职工权益旗帜。习近平总书记指出，要牢牢把握我国发展的阶段性特征，牢牢把握人民群众对美好生活的向往，以保障人民根本权益为出发点和落脚点，依法保障人民各项权益。认真倾听职工群众呼声，关注一线职工、农民工、困难职工等群体，扎扎实实为职工群众做好事、办实事、解难事，排除阻碍劳动者参与发展、分享发展成果的障碍，努力让劳动者实现体面劳动、全面发展。

关于坚持增强“三性”、去除“四化”改革方向。习近平总书记强调，党的群团工作是党的一项十分重要的工作，群团改革是全面深化改革的重要任务。要认真总结经验，继续统一思想、抓好落实，切实把党中央对群团工作和群团改革的各项要求落到实处。加强和改进新形势下党的群团工作，最重要的是要保持和增强政治性、先进性、群众性。政治性是群团组织的灵魂，是第一位的；必须把保持和增强先进性作为重要着力点，组织动员广大职工群众为完成党的中心任务而共同奋斗；群众性是群团组织的根本特点。工会要增强自我革新的勇气，坚持眼睛向下、面向基层，创新组织体制、运行机制、活动方式、工作方法，自觉运用改革精神谋划工会工作。

关于坚持“三个着力”加强基层工会建设。习近平总书记强调，要推动各群团组织结合自身实际，紧紧围绕增强“政治性、先进性、群众性”，直面突出问题，采取有力措施，敢于攻坚克难，注重夯实群团工作基层基础。要从巩固党执政的阶级基础和群众基础的高度出发，始终坚持正确方向，不断创新工作方法，着力扩大覆盖面、增强代表性，着力强化服务意识、提高维权能力，着力加强队伍建设、提升保障水平，引导广大职工群众坚定跟党走。

关于把农民工这支工人阶级新生力量最广泛地组织到工会中来。习近平总书记指出，工会要加大力度做好农民工工作。一方面把农民工组织起来，切实维护他们的利益；另一方面通过发挥工会的作用，把广大农民工团结在党的周围，使他们成为工人阶级坚定可靠的新生力量。

关于加强新形势下工人阶级地位及工运理论研究。习近平总书记强调，坚持和发展中国特色社会主义，必须高度重视理论的作用，增强理论自信和战略定力，保持和发扬马克思主义政党与时俱进的理论品格，勇于推进实践基础上的理论创新。要深入开展新时期工会理论研究。工运理论要与时俱进，要深入研究工人阶级发生了什么变化，研究工人阶级的时代特征和时代内涵。这实际上也是党的重要理论课题。

习近平总书记关于工人阶级和工会工作的重要论述，丰富和发展了党的群众工作理论和工运理论，是习近平总书记系列重要讲话精神和治国理政新理念新思想新战略的重要组成部分，为推动工会改革创新、做好新形势下工会工作提供了强大思想武器、指明了前进方向。各级工会要坚持用习近平总书记系列重要讲话精神特别是关于工人阶级和工会工作的重要论述武装头脑、指导实践、推动工作。

二、坚持自我革命、勇于攻坚克难，推动工会系统改革创新向纵深发展

习近平总书记在2017年8月29日召开的中央全面深化改革领导小组第三十八次会议上强调，改革是我们进行具有新的历史特点的伟大斗争的重要方面，要继续高举改革旗帜，站在更高起点谋划和推进改革，坚定改革定力，增强改革勇气，总结运用好党的十八大以来形成的改革新经验，再接再厉，久久为功，坚定不移将改革进行到底。各级工会要

按照习近平总书记的要求，把改革放在更加突出位置来抓，结合自身实际，把握正确方向，坚定改革信心，强化责任担当，紧紧围绕增强“政治性、先进性、群众性”，直面突出问题，采取有力措施，敢于攻坚克难，落实以职工为中心的工作导向，继续在建机制、强功能、增实效上下功夫，以更大力度、更实举措推进工会改革。

着力在建机制上下功夫，扩大改革内驱力。全总在改革试点工作中，围绕加强党的建设、改革工会领导机关机构、优化强化机关职能、改进干部管理方式、推动力量资源向基层倾斜、加快作风转变、做强工会网络平台、加大对劳动关系领域社会组织联系引导力度等重点领域和关键环节，研究出台了35项制度文件。各级工会要及时跟进对接全总制度文件，结合实际进行细化，推动各项制度落实。同时，要把基层改革创新中发现的问题、解决的方法、创造的经验形成理性认识，努力使实践成果上升为制度成果。对于一些涉及干部、编制、经费等方面的制度机制，需要党委重视、政府支持的，要主动会同有关方面加以解决。

着力在强功能上下功夫，增强改革影响力。习近平总书记指出，服务党和国家工作大局是党的群团工作的主线，群团组织既要围绕党和国家工作大局搞好“公转”，又要聚焦服务群众搞好“自转”，做到“顶天立地”。这一重要论述，深刻回答了工会功能是什么、如何增强工会功能这一重大问题。“顶天”就是对党忠诚，“立地”就是服务职工群众。工会改革的思路设计、原则遵循、制度构建、政策制定等，都要着眼于强化这个使命担当和职能定位。具体来说，一方面，要更好地发挥工会作为党联系职工群众的桥梁纽带作用，始终把工会置于党的领导之下，引导广大职工围绕统筹推进“五位一体”总体布局、协调推进“四个全面”战略布局贡献智慧和力量；另一方面，要强化工会联系服务职工群众的意识、能力和效果，从职工群众需要出发开展工作，解决好代表谁、联系谁、服务谁的问题，以扎实有效的维权服务工作打动人心、温暖人心、影响人心、赢得人心，努力成为职工群众信得过、靠得住、离不开的知心人、贴心人。

着力在增实效上下功夫，提升改革凝聚力。改革是动力，目的是革故鼎新、解决问题。推进工会改革，必须从制约工会组织发展最突出的矛盾入手，从职工群众反映最强烈的问题改起，在重点领域和关键环节持续用劲发力。要完善相关制度规定，更新思想观念，改进模式方法，健全台账管理，加强跟踪问效，把责任压实、要求提实、考核抓实。要推进工会改革自上而下渐次展开，推动改革成果向基层延伸，集中开展“强基层、补短板、增活力”行动，着力推进非公有制企业工会组建，扩大工会组织有效覆盖，最广泛地把职工群众组织起来、动员起来、团结起来，不断增强工会组织吸引力凝聚力战斗力。

在推动工会改革创新中，要注意搞好与推进产业工人队伍建设改革的结合。推进产业工人队伍建设改革，是以习近平同志为核心的党中央着眼于巩固党的执政基础、实施制造强国战略、全面提高产业工人素质作出的重大部署，事关改革发展稳定大局，事关国家和民族的长远大业，事关产业工人的根本利益，与工会改革的目标是一致的。各级工会要提高思想认识，采取有力措施，做好贯彻落实工作，努力建设一支有理想守信念、懂技术会创新、敢担当讲奉献的宏大的产业工人队伍，使广大产业工人切身感受到改革带来的实效和获得感。

三、提升政治站位、强化政治自觉，用工会系统全面从严治党的成效深化工会改革创新

习近平总书记指出，党要团结带领人民进行伟大斗争、推进伟大事业、实现伟大梦想，必须毫不动摇坚持和完善党的领导，毫不动摇推进党的建设新的伟大工程，把党建设得更加坚强有力。全面深化改革，必须加强党对改革的领导。

各级工会要深刻认识加强党的领导、推进党的建设的极端重要性，坚持问题导向，保持战略定力，推动工会系统全面从严治党向纵深发展，把全面从严治党的思路举措搞得更加科学、更加严密、更加有效，为工会改革创新提供坚强政治保障。

树立“四个意识”，坚决维护以习近平同志为核心的党中央权威。坚决维护党中央权威，是最大的政治。工会系统各级党组织和广大党员干部，要不断增强政治意识、大局意识、核心意识、看齐意识，牢固树立道路自信、理论自信、制度自信、文化自信，坚决维护习近平总书记在党中央和全党的核心地位，坚决维护党中央权威和集中统一领导，始终在思想上政治上行动上同以习近平同志为核心的党中央保持高度一致，扎实推进中央大政方针和决策部署在工会落地生根、转化为生动实践。

严守纪律规矩，增强工会系统党内政治生活的政治性时代性原则性战斗性。党内政治生活是党组织教育管理党员和党员进行党性锻炼的主要平台。各级工会党组织要严格遵守《关于新形势下党内政治生活的若干准则》，把坚持民主集中制作为重要制度保障，完善好组织生活这个经常性手段，坚持“三会一课”制度，用好批评和自我批评这个利器，引导工会系统党员干部按照“四讲四有”的要求，努力做到政治合格、执行纪律合格、品德合格、发挥作用合格，确保党的组织充分履行职能、发挥领导核心作用，确保党员领导干部忠诚干净担当、发挥表率带头作用，确保广大党员党性坚强、发挥先锋模范作用。

坚持抓早抓小，提高工会系统党内监督的针对性实效性。加强党内监督是我们党的优良传统和政治优势。各级工会党组织要按照《中国共产党党内监督条例》，把党内监督摆到重要位置来抓，加强对党员领导干部的日常管理监督，实现监督常态化、长效化。要强化纪检组织履行专责，运用好监督执纪“四种形态”。要加强对拟提拔干部的廉洁审查，加强对工会经费、工会资产等重点领域、关键环节的审查审计监督，提高廉洁风险防控水平。

做到以上率下，切实履行领导干部管党治党的政治责任。全面从严治党的要求能不能落到实处，领导干部是关键。工会领导干部想问题、作决策、干工作、谋创新，都要把讲政治摆在第一位，严格履行全面从严治党、依规治党的政治责任，抓住主体责任这个“牛鼻子”，坚持“一岗双责”，敢抓敢管敢担当，带好班子、带好队伍、带好作风，推进“两学一做”学习教育常态化制度化，推动工会系统全面从严治党向纵深发展。

在党的十九大即将召开之际，我们组织编写本书，力求充分反映以习近平同志为核心的党中央对工会改革创新的高度重视和科学指导，全面梳理全国总工会改革试点工作取得的进展和成绩，集中展示各级工会深化改革创新的生动实践，努力对3年来的工会改革创新进行系统总结，使之具有现实指导意义和历史文献价值。各级工会组织和广大工会干部要在以习近平同志为核心的党中央坚强领导下，坚持正确方向，勇于改革创新，引导广大职工坚定不移听党话、跟党走，为决胜全面建成小康社会、夺取中国特色社会主义伟大胜利、实现中华民族伟大复兴的中国梦不懈奋斗。

（作者系全国总工会党组书记、副主席、书记处第一书记，全国总工会改革试点工作领导小组组长）

目录

Contents

第一编　高度重视　科学指导

第二编　加强领导　精心部署

第二编　扎实推进　以上率下

第四编 广泛关注 反响热烈

人民日报

第一编

高度重视　科学指导

中共中央政治局召开会议研究部署党风廉政建设和反腐败工作　审议《关于加强社会主义协商民主建设的意见》《关于加强和改进党的群团工作的意见》中共中央总书记习近平主持会议

（2014 年 12 月 29 日新闻稿节选）

新华社北京 12 月 29 日电　中共中央政治局 12 月 29 日召开会议，听取中央纪律检查委员会 2014 年工作汇报，研究部署 2015 年党风廉政建设和反腐败工作；审议通过《关于加强社会主义协商民主建设的意见》《关于加强和改进党的群团工作的意见》。中共中央总书记习近平主持会议。

会议指出，群团事业是党的事业的重要组成部分，党的群团工作是党治国理政的一项经常性、基础性工作，是党广泛组织和动员广大人民群众为完成中心任务而奋斗的重要法宝。新形势下党的群团工作更为重要和紧迫，只能加强、不能削弱，只能改进提高、不能停滞不前。必须更好发挥群团组织作用，把广大人民群众更加紧密地团结在党的周围，汇聚起实现“两个一百年”奋斗目标、实现中华民族伟大复兴中国梦的强大正能量。

会议强调，要坚定不移走中国特色社会主义群团发展道路，把群团自觉接受党的领导、团结服务所联系群众、依法依章程开展工作高度统一起来，充分发挥群团组织联系人民群众的桥梁纽带作用，最广泛地把群众组织起来、动员起来、团结起来，奋力推进中国特色社会主义伟大事业。

会议要求，各级党委必须高度重视做好新形势下党的群团工作，加强对群团工作的领导，牢牢把握政治方向，给予有力支持保障，不断开创党的群团工作新局面。群团组织要奋发有为，勇于以改革创新增活力、促发展，带头贯彻党的群众路线，倾听群众呼声、反映群众意愿，维护和发展群众利益，把党的决策部署变成群众的自觉行动，引领广大人民群众坚定不移跟党走。

中共中央关于加强和改进党的群团工作的意见

中发〔2015〕4号

（2015年1月8日）

群团事业是党的事业的重要组成部分，党的群团工作是党治国理政的一项经常性、基础性工作，是党组织动员广大人民群众为完成党的中心任务而奋斗的重要法宝。工会、共青团、妇联等群团组织联系的广大人民群众是全面建成小康社会、坚持和发展中国特色社会主义的基本力量，是全面深化改革、全面推进依法治国、巩固党的执政地位、维护国家长治久安的基本依靠。为更好发挥群团组织作用，把广大人民群众更加紧密地团结在党的周围，汇聚起实现“两个一百年”奋斗目标、实现中华民族伟大复兴中国梦的强大正能量，现就加强和改进党的群团工作提出如下意见。

一、新形势下加强和改进党的群团工作的重要性和紧迫性

在革命、建设、改革各个历史时期，党始终高度重视群团工作，加强群团组织建设，发挥群团组织特殊优势，团结带领广大人民群众共同为实现党在各个时期的历史任务而奋斗。新形势下，党的群团工作只能加强，不能削弱；只能改进提高，不能停滞不前。

党的十八大提出“两个一百年”奋斗目标，习近平总书记提出实现中华民族伟大复兴的中国梦，描绘了国家富强、民族振兴、人民幸福的美好前景。实现我们党确定的宏伟目标，根本上要靠全体人民的劳动、创造、奉献，必须加强和改进党的群团工作，更好组织动员群众、教育引导群众、联系服务群众、维护群众合法权益，充分激发蕴藏在人民群众中的巨大创造力，凝聚起实现“两个一百年”奋斗目标和中国梦的磅礴力量。

当前，全面建成小康社会、全面深化改革、全面推进依法治国、全面从严治党的历史重任摆在全党面前。人民是国家的主人、改革的主体。做好改革发展稳定各项工作，必须依靠人民群众支持和拥护，必须加强和改进党的群团工作，充分发挥群团组织作用，调动人民群众的积极性、主动性、创造性。

我国发展的内外环境正在发生深刻变化，党面临的挑战和考验前所未有。人心向背关系党的生死存亡。巩固党的执政地位，经受住执政考验、改革开放考验、市场经济考验、外部环境考验，应对好精神懈怠危险、能力不足危险、脱离群众危险、消极腐败危险，核心是保持党同人民群众的血肉联系。必须加强和改进党的群团工作，全心全意依靠工人阶级和广大人民群众，最大限度把人民群众团结在党的周围，打造抵御国内外敌对势力干扰破坏和“颜色革命”的铜墙铁壁，夯实党执政治国的群众基础。

这些年，党的群团工作在继承创新中不断加强，但与新形势新任务的要求相比仍存在许多不适应的问题。有的地方和部门党组织对群团工作重视不够，对群团工作的特点和规律缺乏深入研究，对发挥群团组织作用缺乏有力指导和支持。群团组织基层基础薄弱、有效覆盖面不足、吸引力凝聚力不够问题突出，特别是在非公有制经济组织、社会组织和各类新兴群体中的影响力亟待增强；有的群团组织工作和活动方式单一，进取意识和创新精神不强，存在机关化、脱离群众现象；群团干部能力素质需要进一步提高，作风需要改进。各级党委必须高度重视做好新形势下党的群团工作，全面提高水平，切实解决问题，不断开创党的群团工作新局面。

二、坚定不移走中国特色社会主义群团发展道路

中国特色社会主义群团发展道路，是对党的群团工作长期奋斗历史经验的科学总结。这条道路是中国共产党开展群众工作、推进党的事业的伟大创造，是党领导群众实现共同梦想的历史选择，是群团组织与时俱进、发展壮大的必由之路。这条道路是中国特色社会主义道路的重要组成部分，其基本特征是各群团自觉接受党的领导、团结服

务所联系群众、依法依章程开展工作相统一。

新形势下加强和改进党的群团工作，必须贯彻落实党的十八大和十八届三中、四中全会精神，高举中国特色社会主义伟大旗帜，以邓小平理论、“三个代表”重要思想、科学发展观为指导，深入贯彻习近平总书记系列重要讲话精神，牢牢把握为实现中华民族伟大复兴中国梦而奋斗的时代主题，坚定不移走中国特色社会主义群团发展道路，最广泛把群众组织起来、动员起来、团结起来，奋力推进中国特色社会主义伟大事业。

——坚持党对群团工作的统一领导。党的领导是做好群团工作的根本保证。各级党组织必须负起政治责任，加强对群团组织的政治领导、思想领导、组织领导，把党的理论和路线方针政策贯彻落实到群团工作各方面、全过程。群团组织必须坚持正确政治方向，自觉服从党的领导，贯彻党的意志和主张，严守政治纪律和政治规矩，在思想上政治上行动上始终同以习近平同志为总书记的党中央保持高度一致，不断增强中国特色社会主义道路自信、理论自信、制度自信。

——坚持发挥桥梁和纽带作用。群团组织是党和政府联系人民群众的桥梁和纽带。各级党组织要重视依靠群团组织推动党的理论和路线方针政策在群众中的贯彻落实，更好践行群众路线，做好群众工作。群团组织要经常深入群众，倾听群众呼声、反映群众意愿，深入做好群众的思想政治工作，把党的决策部署变成群众的自觉行动，把党的关怀送到群众中去。

——坚持围绕中心、服务大局。为党和国家工作大局服务，始终是群团工作的价值所在。各级党组织要指导群团组织紧紧围绕中国特色社会主义经济建设、政治建设、文化建设、社会建设、生态文明建设，围绕外交工作大局和祖国统一大业，找准工作的结合点和着力点，团结动员所联系群众为完成党和国家中心任务贡献力量。群团组织要坚持在大局下思考、在大局下行动，明确职责定位、展现自身价值，更好促进改革发展、维护社会和谐稳定。

——坚持服务群众的工作生命线。群团组织是党直接领导的群众自己的组织，为群众服务是群团组织的天职。各级党组织要推动群团组织贯彻党的群众路线，为群团组织服务群众创造条件。群团组织要增强群众观念，多为群众办好事、解难事，维护和发展群众利益，不断增强自身影响力和感召力。

——坚持与时俱进、改革创新。改革创新是群团工作发展进步的不竭动力。各级党组织和群团组织要把握时代脉搏，适应社会发展变化，尊重基层首创精神，不断推进群团工作和群团组织建设理论创新、实践创新、制度创新，始终与党和国家事业同步前进。

——坚持依法依章程独立自主开展工作。尊重群团组织性质和特点是做好群团工作的重要原则。各级党组织要支持群团组织发挥各自优势、体现群众特点，创造性开展工作。群团组织要大胆履责、积极作为，依法依章程开展活动、维护群众权益，最广泛吸引和团结群众。

三、加强党委对群团工作的组织领导

各级党委要明确对群团工作的领导责任，健全组织制度，完善工作机制，从上到下形成强有力的组织领导体系。

群团组织实行分级管理、以同级党委领导为主的体制，工会、共青团、妇联受同级党委和各自上级组织双重领导。地方党委负责指导同级群团组织贯彻落实党的理论和路线方针政策，研究决定群团工作重大问题，管理同级群团组织领导班子，协调群团组织同党政部门的关系及群团组织之间的关系。上级群团组织依法依章程领导或指导下级群团组织工作。地方党委应该注意听取上级群团组织意见，加强沟通协调，形成工作合力。

地方党委要建立和完善研究决定群团工作重大事项制度。党委在每届任期内应该召开专门的群团工作会议；党委常委会应该定期听取各群团组织工作汇报，每年都要专题研究群团工作。一般由党委专职副书记分管群团工作，具体分工根据实际确定。建立党委群团工作联席会议制度，协调解决问题，推动工作落实。建立党委群团工作考核制度，把群团工作成效作为考核党委领导班子和分管负责同志工作的重要内容。

地方党委有关工作会议应该请工会、共青团、妇联等群团组织主要负责人参加或列席。县级以下共青团组织主要负责人按党章规定列席同级党组织有关会议。乡镇（街道）的工会、妇联组织主要负责人可列席同级党委有关会议。工会、共青团、妇联的党员负责人应该考虑作为同级党委委员候选人提名人选。

把群团建设纳入党建工作总体部署。完善党建带群建制度机制，把党建带群建作为党建工作责任制的重要内容。统筹基层党群组织工作资源配置和使用，基层党组织活动阵地、党员服务站点的规划建设应该考虑群团组织需要。制定群团组织推优办法，把群团组织推优作为产生入党积极分子人选的方式之一。非公有制经济组织、社会组织中的党建和群建工作要整体推进、共建互促。

群团组织中的党组要充分发挥领导核心作用。善于团结党外干部群众，善于把党的主张和任务转化成群团组织的决议和群众的自觉行动。认真贯彻民主集中制，健全集体领导制度，严格管理干部。加强对重大问题的调查研究，密切关注群众思想、工作、生活等方面的变化，引导群众正确理解和自觉支持党的理论和路线方针政策以及中央决策部署。落实从严治党责任，严格执行党的纪律，重大事项及时向批准党组设立的党组织请示报告。没有设立党组的群团组织，其领导班子应该承担起贯彻执行党的理论和路线方针政策的政治责任和抓党的建设的主体责任。群团组织中的党员要按照党的标准严格要求自己，发挥先锋模范作用，影响和带动周围干部群众努力完成党和国家的任务。

领导干部要加强对群团工作理论政策的学习研究。党校、行政学院、干部学院、社会主义学院应该开设党的群团工作理论政策课程。党委理论学习中心组应该把群团工作作为专题学习的重要内容。加强群团工作学科建设，群团工作研究列入国家哲学社会科学研究规划。

四、推动群团组织团结动员群众围绕中心任务建功立业

各级党委要重视发挥群团组织团结动员群众干事创业的重要作用。群团组织要把深化改革开放、推动科学发展、促进社会和谐作为

发挥作用的主战场，把工人阶级主力军、青年生力军、妇女半边天作用和人才第一资源作用，转化为促进经济社会发展的强大力量。要积极主动宣传改革和依法治国，组织引导群众理解改革、支持改革、参与改革、推进改革，积极投身社会主义法治国家建设，促进形成最广泛的合力。

群团组织要紧紧结合自身职责，深入开展群众性劳动竞赛、技能比武、科技创新、科学普及等活动，动员群众立足岗位创新创业创优。积极开展对所联系群众的知识技能培训，促进能力素质提高。大力宣传生态文明理念，广泛发动群众，共建美丽中国。完善应急动员、公益募捐等行动机制，在保障重大任务、支援抢险救灾、应对重大突发事件中发挥积极作用。

群团组织要广泛开展民族团结进步宣传教育，动员所联系群众旗帜鲜明反对民族分裂、维护祖国统一，促进各民族群众手足相亲、守望相助。加强同香港同胞、澳门同胞、台湾同胞和海外侨胞的往来和交流，推进国家现代化建设和祖国和平统一。多领域、多渠道、多层次开展民间对外交流，增进中国人民同各国人民友谊，维护国家核心利益。

五、推动群团组织引导群众自觉培育和践行社会主义核心价值观

群团组织是群众自我教育、自我管理的重要平台。各级党委要推动群团组织引导所联系群众继承和弘扬中华优秀文化，自觉培育和践行社会主义核心价值观。

群团组织要从所联系群众的实际出发，设计务实管用的载体，把社会主义核心价值观转化为生动活泼、特色鲜明、富有成效的群众性实践。引导广大职工弘扬劳模精神、劳动精神、工人阶级伟大品格，增强主人翁意识，打造健康文明、昂扬向上的职工文化。加强对青年的理想信念教育，引导广大青年把社会主义核心价值观的根扎牢植正。加强和改进未成年人思想道德建设，开展好少先队组织教育、自主教育和实践活动，帮助少年儿童养成好思想、好品格、好习惯。引导广大妇女弘扬传统美德和自尊自信自立自强精神，培育良好家风，

推进家庭文明建设。引导科技工作者发挥示范作用，弘扬科学精神，推动形成崇尚科学、追求进步的社会氛围。推动文学艺术、新闻宣传、法律、教育、社会公益等领域工作者积极发挥作用，引领全社会崇德向善、敬业诚信、遵纪守法、互助友爱、文明和谐。

群团组织要坚持广泛发动，利用遍布城乡的组织网络和基层阵地，深化群众性精神文明创建活动，把社会主义核心价值观教育做细做实。加强正面引导，大力宣传弘扬社会主义核心价值观的新风正气，及时批评违背社会主义核心价值观的模糊认识、错误观点、不良风气，引导群众明辨真假、是非、善恶、美丑。搞好典型引路，发挥各行各业先进典型、道德模范、“最美人物”等的示范带动作用，激发全社会学习先进、追赶先进、争当先进的持久内生动力。

六、支持群团组织加强服务群众和维护群众合法权益工作

群团组织服务群众要盯牢群众所急、党政所需、群团所能的领域，重点帮助群众解决日常工作生活中最关心、最直接、最现实的利益问题和最困难、最操心、最忧虑的实际问题。有针对性地开展创业就业、心理疏导、大病救助、法律援助、婚恋交友、居家养老等服务，特别是要做好对困难职工、留守老人妇女儿童、归难侨、残疾人等群体的帮扶，对高等学校毕业生、留学回国人员、农民工的服务。制定服务型基层组织建设意见，打造符合群众需求的工作品牌，推动构建覆盖广泛、快捷有效的服务群众体系。通过项目招聘、购买服务等方式吸引社会工作人才、专家学者、社会组织等力量参与服务群众工作。广泛开展志愿服务，完善组织管理，提升志愿服务水平。

维护群众合法权益是群团组织的重要工作。各级党委和政府要把群团工作纳入党政主导的维护群众权益机制，支持群团组织在维护全国人民总体利益的同时更好维护各自所联系群众的具体利益。群团组织维权工作应该主动有为，哪里的群众合法权益受到侵害，哪里的群团组织就要帮助群众通过合法渠道、正常途径，合理伸张利益诉求，促进社会公平正义。要主动代表所联系群众参与相关法律法规和政策的制定，推动建立健全协调劳动关系等方面制度机制，从源头上保障

群众权益、发展群众利益。善于运用法治思维和法治方式维权，注重通过集体协商、对话协商等方式协调各方利益，通过信访代理、推动公益诉讼、依法参与调解仲裁等方式为利益受到损害或侵犯的群众提供帮助。同时，要引导群众识大体、顾大局，依法理性表达诉求，自觉维护社会和谐稳定。

各级党委、人大、政府及有关部门研究制定涉及群众切身利益的政策措施、法律法规、发展规划、重大决策，应该请相关群团组织参与调研和论证，充分听取意见、吸收合理建议，充分考虑相关群体利益。重大决策社会稳定风险评估机制，应该吸收群团组织参加。支持群团组织切实履行代表维护职能，推动落实男女平等基本国策，健全妇女、未成年人、残疾人等合法权益保护机制。

七、支持群团组织在社会主义民主中发挥作用

群团组织特别是人民团体是广大群众依法、有序、广泛参与管理国家事务和社会事务、管理经济和文化事业的重要渠道。各级党委要重视发挥群团组织在社会主义民主中的作用，更好保证人民当家作主。

按照协商于民、协商为民的要求，拓宽人民团体参与政治协商的渠道，规范人民团体参与协商民主的内容、程序、形式。政府可通过召开会议或其他适当方式，定期向人民团体通报重要工作部署和相关重大举措，加强决策之前和决策实施之中的协商。各级政协要充分发挥人民团体及其界别委员在密切联系群众、增进社会各阶层和不同利益群体和谐中的作用，密切各专门委员会与人民团体的联系。

党委、人大要支持人民团体在县、乡人大代表换届选举中，依法按程序提名推荐代表候选人。县以上人大代表、政协委员人选的提名推荐，应该加强与人民团体的沟通协商，落实好有关人选的比例规定和政策要求。选任人民陪审员、人民监督员、人民调解员，落实人民建议征集制度，应该重视发挥人民团体作用。

群团组织应该加强对经济社会发展等方面政策的研究，提高参政议政水平。依照党的政策和国家法律法规，积极代表和组织所联系群

众参与协商民主，通过多种方式反映群众意见。积极参加城乡基层群众自治和企事业单位民主管理，引导所联系群众正确行使民主权利，推动基层民主健康发展。

八、支持群团组织参与创新社会治理和维护社会稳定

群团组织是创新社会治理和维护社会和谐稳定的重要力量。各级党委和政府要合理配置职能和资源，支持群团组织依法参与社会事务管理，把适合群团组织承担的一些社会管理服务职能按照法定程序转由群团组织行使；支持群团组织立足自身优势，以合适方式参与政府购买服务。群团组织承接政府转移职能要试点先行，承接职能后应该建立符合公共服务特点的运行机制，确保能负责、能问责；参与政府购买服务，要严格管理、规范实施，做到政府放心、社会认可、自身有活力。

各级党委和政府要支持群团组织在党组织领导下发挥作用，加强对有关社会组织的政治引领、示范带动、联系服务。群团组织要通过服务来引导和促进社会组织健康有序发展。推动政府治理和社会自我调节、基层群众自治良性互动，促进多元治理主体协同协作协调、互促互补互融。组织群众主动参加社会治安综合治理、基层社区网格化管理、平安创建，积极协调化解矛盾纠纷和利益冲突。

各级党委和政府要重视发挥群团组织在全面推进依法治国特别是法治社会建设中的积极作用。支持群团组织开展群众性法治文化活动，引导群众自觉守法、遇事找法、解决问题靠法。支持群团组织参与群众普法教育，推动建设普法和法律服务志愿者队伍。建立健全群团组织参与社会事务、维护公共利益、救助困难群众、帮扶特殊人群、预防违法犯罪的机制和制度化渠道。发挥群团组织对其成员的行为导引、规则约束、权益维护作用。

九、推动群团组织改革创新、增强活力

各级党委要推动群团组织勇于改革创新，通过创造性工作增强发展活力、赢得群众信任。

基层组织是做好群团工作的基础和关键。工会、共青团、妇联等群团组织要以提高吸引力、凝聚力、战斗力和扩大有效覆盖面为目标，在巩固按行政区划、依托基层单位建立组织、开展工作的同时，创新基层组织设置、成员发展、联系群众、开展活动的方式。立体化、多层面扩大组织覆盖，重点向非公有制经济组织、社会组织、城乡社区等领域和农民工、自由职业者等群体延伸组织体系。加强高等学校群团组织建设，更好联系、引导、服务青年学生和教师。

群团组织要牢固树立以群众为本的理念，健全依靠所联系群众推进工作制度。以群众喜闻乐见、便于参加的形式和方法开展工作，组织活动请群众一起设计，部署任务请群众一起参与，表彰先进请群众一起评议。完善群团组织代表大会制度和委员会制度，建立重大事项报告制度，代表和委员履职述职制度和直接联系群众、接受群众评议制度。完善群团组织事务公开制度，主动接受群众和社会监督。

打造网上网下相互促进、有机融合的群团工作新格局。群团组织要提高网上群众工作水平，实施上网工程，建设各具特色的群团网站，推进互联互通及与主流媒体、门户网站的合作。加强网宣队伍建设，综合运用维权热线和网络论坛、手机报、微博、微信等新媒体平台进行网上引导和动员。站在网上舆论斗争最前沿，主动发声、及时发声，弘扬网上主旋律。逐步建立统一的群团组织基础信息统计制度。

适应完成党的中心任务和基层工作、群众工作需要，改革和改进机关机构设置、管理模式、运行机制，充分体现群团组织的政治性、群众性特点，防止机关化、娱乐化倾向发生。

十、加大对群团工作的支持保障力度

各地要统筹管好用好现有群众活动阵地和设施，整合用好社会资源，纳入现代公共文化服务体系，坚持公益属性，真正发挥作用。主要新闻媒体要加强对群团工作的舆论宣传。新闻出版等部门要加强对群团组织所办报刊、出版社、网站的指导管理，确保正确舆论导向。

完善群团工作经费保障制度。依法足额收缴工会经费，由财政拨款支持的群团组织工作经费列入同级财政年度预算并予以保证。各级财政加大对革命老区、民族地区、边疆地区、贫困地区的支持力度，对基层群团组织的经费补贴应该落实到位，按人头划拨的经费重点向基层倾斜。基层单位应该根据需要合理安排群团工作经费。规范群团组织资产管理使用制度，任何组织和个人不得侵占、挪用或任意调拨群团组织资产。

鼓励群团组织在国家法律和相关规定许可范围内，通过多种方式筹措事业发展资金，依法享受扶持政策。群团组织应该建立健全社会资金募集、管理、使用全过程公开制度，建立第三方监督评价机制，提高社会公信力。

强化群团工作法治保障，提高群团工作法治化水平。推进涉及群团组织工作的立法，加强群团工作相关法律法规的实施和执法检查。

十一、加强群团组织领导班子和干部队伍建设

各级党委要加强群团组织领导班子建设，努力打造政治坚定、团结务实、群众拥护的坚强领导集体。坚持德才兼备、以德为先，按照信念坚定、为民服务、勤政务实、敢于担当、清正廉洁的好干部标准，选拔群众工作经验丰富、在所联系群众中威信高的同志，推荐作为群团组织主要负责人人选。领导班子成员人选的考察推荐应该广泛听取群众意见，结构要合理优化，工会、共青团、妇联负责人中基层一线代表人士的兼职比例应该适当增加。尊重群团组织民主选举结果，保持领导干部任期内稳定。健全县级以上群团组织领导班子中心组理论学习、党员领导干部民主生活会、新进班子成员任职培训等制度。坚持严字当头，加强党风廉政建设。探索建立符合群团工作特点的群团组织领导班子和领导干部综合考评机制。

群团干部是党的干部队伍的重要组成部分。各级党委要重视抓群团干部培养，全面加强群团干部队伍建设。将群团干部培训纳入干部教育培训总体规划，分级负责、分系统落实。重视推动群团干部到火热的实践一线摸爬滚打、锻炼成才，注重从企业、农村、城乡社区等基层一线选拔优秀人才充实群团干部队伍。选好配强基层群团组织负

责人，更多采用兼职、聘用等方式吸引优秀社会人才加入群团工作队伍。推进群团干部跨系统多岗位交流，加强群团组织与党政部门之间干部双向交流，把群团工作岗位作为提高干部做群众工作能力的重要平台。改进群团干部参照公务员法管理工作，支持群团组织根据自身工作特点按规定考录和遴选机关工作人员。群团干部要自觉加强学习，增强党性修养，提高能力素质。

坚持从群众中来、到群众中去，建好群众之家、当好群众之友。群团组织领导机关要带头践行党的群众路线，把密切联系群众作为根本的工作作风，把工作重心放在最广大普通群众身上。健全防止和克服“四风”问题的长效机制，坚持定期分析检查、公开承诺整改等制度，经常开展下基层接地气、请群众评机关等活动，坚决克服机关化、脱离群众现象。群团组织领导机关干部要带头树立经常联系群众、直接服务群众、真情同群众交友的好作风，竭诚为群众服务。

各省、自治区、直辖市党委，全国总工会、共青团中央、全国妇联等中央管理的群团组织，要根据本意见要求制定实施方案。中央各部委，国家机关各部委党组（党委），解放军各总部、各大单位党委，要结合各自实际研究提出贯彻落实本意见的具体措施。

习近平在中央党的群团工作会议上强调
切实保持和增强政治性先进性群众性
开创新形势下党的群团工作新局面

（2015 年 7 月 7 日新闻稿节选）

新华社北京 7 月 7 日电　中央党的群团工作会议 7 月 6 日至 7 日在北京召开。中共中央总书记、国家主席、中央军委主席习近平出席会议并发表重要讲话。他强调，中国特色社会主义事业是亿万人民的事业，党的群团工作肩负着庄严使命。工会、共青团、妇联等群团组织一定要坚持解放思想、改革创新、锐意进取、扎实苦干，切实保持和增强党的群团工作和群团组织的政治性、先进性、群众性，组织动员广大人民群众更加紧密地团结在党的周围，把广大人民群众对美好生活的追求汇聚成强大动力，共同谱写实现“两个一百年”奋斗目标、实现中华民族伟大复兴中国梦的新篇章。

习近平在讲话中指出，由党中央召开党的群团工作会议，在党的历史上还是第一次。这次会议的主要任务是分析研究新形势下党的群团工作面临的新情况新问题，贯彻落实《关于加强和改进党的群团工作的意见》，总结成功经验，解决突出问题，推动改革创新，努力开创党的群团工作新局面。

习近平强调，群团事业是党的事业的重要组成部分。党的群团工作是党通过群团组织开展的群众工作，是党组织动员广大人民群众为完成党的中心任务而奋斗的重要工作。这是我们党的一大创举，也是我们党的一大优势。在革命、建设、改革各个历史时期，在党的领导下，工会、共青团、妇联等群团组织积极发挥作用，组织动员广大人民群众坚定不移跟党走，为党和人民事业发展作出了重大贡献。事实充分说明，新形势下，党的群团工作只能加强、不能削弱，只能改进提高、不能停滞不前。我们必须根据形势和任务发展变化，加强和改进党的群团工作，把工人阶级主力军、青年生力军、妇女半边天作用和人才第一资源作用充分发挥出来，把13亿多人民的积极性充分调动起来。我们必须从巩固党执政的阶级基础和群众基础的政治高度，抓好党的群团工作，保证党始终同广大人民群众同呼吸、共命运、心连心。我们必须把群团组织建设得更加充满活力、更加坚强有力，使之成为推进国家治理体系和治理能力现代化的重要力量。

习近平强调，对党的群团工作取得的显著成绩，必须充分肯定，同时必须注重解决存在的问题，特别是要重点解决脱离群众的问题。工会、共青团、妇联等群团组织要增强自我革新的勇气，抓住巩固和拓展党的群众路线教育实践活动成果、开展“三严三实”专题教育的时机，在群团组织中深入推动思想教育、问题整改、体制创新，转变思想观念，强化群众意识，改进工作作风，提高工作水平。

习近平指出，要切实保持和增强党的群团工作的政治性。政治性是群团组织的灵魂，是第一位的。群团组织要始终把自己置于党的领导之下，在思想上政治上行动上始终同党中央保持高度一致，自觉维护党中央权威，坚决贯彻党的意志和主张，严守政治纪律和政治规矩，经得住各种风浪考验，承担起引导群众听党话、跟党走的政治任务，把自己联系的群众最广泛最紧密地团结在党的周围。

习近平强调，中国特色社会主义群团发展道路，是中国特色社会主义道路在群团工作领域的具体展开。这条道路是在党探索中国特色社会主义工会发展道路、中国特色社会主义青年运动方向、中国特色社会主义妇女发展道路的长期实践中形成和发展起来的，符合我国国情和历史发展趋势。要坚持党对群团工作的统一领导，坚持发挥桥梁和纽带作用，坚持围绕中心、服务大局，坚持服务群众的工作生命线，坚持与时俱进、改革创新，坚持依法依章程独立自主开展工作。党组织要鼓励和引导群团组织充分发挥作用，群团组织要积极作为、敢于作为。

习近平指出，要切实保持和增强群团组织的先进性。我们的工会、共青团、妇联等群团组织是党直接领导的群众组织，承担着组织动员广大人民群众为完成党的中心任务而共同奋斗的重大责任，必须把保持和增强先进性作为重要着力点。要牢牢把握为实现中华民族伟大复兴中国梦而奋斗的时代主题，紧紧围绕党和国家工作大局，组织动员广大人民群众走在时代前列，在改革发展稳定第一线建功立业。要以先进引领后进，以文明进步代替蒙昧落后，以真善美抑制假恶丑，教育引导广大人民群众不断提高思想觉悟和道德水平，坚定走中国特色社会主义道路，自觉践行社会主义核心价值观，真正成为党执政的坚实依靠力量、强大支持力量、深厚社会基础。

习近平强调，群团组织必须始终站在党和人民的立场上，坚持为党分忧、为民谋利，把思想政治工作贯穿所开展的各种活动，多做组织群众、宣传群众、教育群众、引导群众的工作，多做统一思想、凝聚人心、化解矛盾、增进感情、激发动力的工作。

习近平指出，要切实保持和增强群团组织的群众性。群众性是群团组织的根本特点。群团组织开展工作和活动要以群众为中心，让群众当主角，而不能让群众当配角、当观众。要更多关注、关心、关爱普通群众，进万家门、访万家情、结万家亲，经常同群众进行面对面、手拉手、心贴心的零距离接触，增进对群众的真挚感情。要大力健全组织特别是基层组织，加快新领域新阶层组织建设。群团组织和群团干部特别是领导机关干部要深入基层、深入群众，争当全心全意为人民服务宗旨的忠实践行者、党的群众路线的坚定执行者、党的群众工作的行家里手。

习近平强调，要坚持眼睛向下、面向基层，改革和改进机关机构设置、管理模式、运行机制，坚持力量配备、服务资源向基层倾斜。要积极联系和引导相关社会组织。要高度注意群众的广泛性和代表性问题，更多把普通群众中的优秀人物纳入组织，明显提高基层一线人员比例。

习近平指出，群团组织要着眼党和国家工作大局，在大局下思考，在大局下行动，同时立足职责定位、立足所联系的群众，寻找工作结合点和着力点，推动群团组织职能与时俱进。群团组织要强化服务意识，提升服务能力，挖掘服务资源，坚持从群众需要出发开展工作，更多把注意力放在困难群众身上，努力为群众排忧解难，成为群众信得过、靠得住、离不开的知心人、贴心人。

习近平强调，各级党委要坚持德才兼备、五湖四海，加强群团干部培养管理，选好配强群团领导班子，提高群团干部队伍整体素质。广大群团干部要加强思想道德修养，坚定理想信念，严格要求自己，自觉践行“三严三实”，自觉抵制和纠正“四风”问题。

习近平强调，各级党委必须从党和国家工作大局出发，切实加强和改进对党的群团工作的领导。要坚持党委统一领导、党政齐抓共管、部门各负其责、党员干部带头示范、群团履职尽责的工作格局。各级党委和政府要为群团组织开展工作创造有利条件。要深入把握党的群团工作规律，完善党委领导群团组织的制度，提高党的群团工作科学化水平。

习近平主持召开中央全面深化改革领导小组第十八次会议

（2015年11月9日新闻稿节选）

新华社北京11月9日电 中共中央总书记、国家主席、中央军委主席、中央全面深化改革领导小组组长习近平11月9日上午主持召开中央全面深化改革领导小组第十八次会议并发表重要讲话。他强调，党的十八届五中全会通过的《中共中央关于制定国民经济和社会发展第十三个五年规划的建议》，是指导我国改革发展的纲领性文件。我国发展走到今天，发展和改革高度融合，发展前进一步就需要改革前进一步，改革不断前进也能为发展提供强劲动力。在全面贯彻党的十八届五中全会精神过程中，要发挥改革的突破性和先导性作用，增强改革创新精神，提高改革行动能力，着力推进国家治理体系和治理能力现代化，着力推进各方面制度更加成熟更加定型，依靠改革为科学发展提供持续动力。

会议审议通过了《全国总工会改革试点方案》《上海市群团改革试点方案》《重庆市群团改革试点方案》《关于加快实施自由贸易区战略的若干意见》《关于促进加工贸易创新发展的若干意见》《推进普惠金融发展规划（2016—2020年）》《关于深入推进城市执法体制改革改进城市管理工作的指导意见》《国家高端智库建设试点工作方案》。

会议指出，推进党的群团改革，必须紧紧围绕保持和增强政治性、先进性、群众性这条主线，强化问题意识、改革意识，着力解决突出问题，把群团组织建设得更加充满活力、更加坚强有力。群团组织要坚定不移走中国特色社会主义群团发展道路，坚持党对群团工作的统一领导，把自觉接受党的领导、团结服务所联系群众、依法依章程开展工作有机统一起来，在思想上政治上行动上自觉同党中央保持高度一致。要坚持为党分忧、为民谋利，从群众需要出发开展工作、深化改革，眼睛向下、面向基层，改革和改进机关机构设置、管理模式、运行机制，坚持力量配备、服务资源向基层倾斜。试点部门和地方要加强统筹协调，针对突出问题，对症下药，标本兼治，积极创造可复制可推广的经验。

习近平主持召开中央全面深化改革领导小组第三十二次会议

（2017 年 2 月 6 日新闻稿节选）

新华社北京 2 月 6 日电 中共中央总书记、国家主席、中央军委主席、中央全面深化改革领导小组组长习近平 2 月 6 日上午主持召开中央全面深化改革领导小组第三十二次会议并发表重要讲话。他强调，党政主要负责同志是抓改革的关键，要把改革放在更加突出位置来抓，不仅亲自抓、带头干，还要勇于挑最重的担子、啃最硬的骨头，做到重要改革亲自部署、重大方案亲自把关、关键环节亲自协调、落实情况亲自督察，扑下身子，狠抓落实。

会议审议通过了《新时期产业工人队伍建设改革方案》《关于加强党对地方外事工作领导体制改革的实施意见》《关于改革驻外机构领导机制、管理体制和监督机制的实施意见》《关于改革对外工作队伍建设的实施意见》《关于改革援外工作的实施意见》《关于社会智库健康发展的若干意见》《国家科技决策咨询制度建设方案》《关于推进公共信息资源开放的若干意见》《按流域设置环境监管和行政执法机构试点方案》《外国人永久居留证件便利化改革方案》《关于深化中央主要新闻单位采编播管岗位人事管理制度改革的试行意见》《关于实行国家机关“谁执法谁普法”普法责任制的意见》；听取了《关于全国总工会改革试点工作总结报告》《上海市委全面深化改革领导小组关于群团改革试点工作总结的报告》《重庆市委全面深化改革领导小组关于群团改革试点工作总结的报告》。

会议指出，工人阶级是我国的领导阶级，产业工人是工人阶级的主体力量。要从巩固党的执政基础的高度，从促进我国经济社会持续健康发展的高度，加快产业工人队伍建设改革，坚持全心全意依靠工人阶级的方针，按照“政治上保证、制度上落实、素质上提高、权益上维护”的总体思路，针对影响产业工人队伍发展的突出问题，创新体制机制，提高产业工人素质，畅通发展通道，依法保障权益，造就一支有理想守信念、懂技术会创新、敢担当讲奉献的宏大的产业工人队伍。

会议听取了全国总工会、上海市、重庆市群团改革试点工作总结报告，指出试点工作围绕保持和增强政治性、先进性、群众性这条主线，着力破除“机关化、行政化、贵族化、娱乐化”问题，取得明显成效。已经开展试点的群团和地方要继续在建机制、强功能、增实效上下功夫，巩固改革成果。其他群团和地方要学习借鉴试点经验，针对实际问题抓实改革举措。各级党委要切实加强对群团工作的组织领导。

习近平对群团改革工作作出重要指示强调
牢牢把握群团改革正确方向
努力开创党的群团工作新局面
刘云山主持召开群团改革工作座谈会

（2017 年 8 月 26 日新闻稿）

新华社北京 8 月 26 日电 中共中央总书记、国家主席、中央军委主席习近平日前作出重要指示指出，党的群团工作是党的一项十分重要的工作，群团改革是全面深化改革的重要任务。2015 年，党中央召开群团工作会议，对党的群团工作和群团改革作出全面部署。两年来，群团改革取得积极成效，成绩值得肯定。要认真总结经验，继续统一思想、抓好落实，切实把党中央对群团工作和群团改革的各项要求落到实处。

习近平强调，要推动各群团组织结合自身实际，紧紧围绕增强“政治性、先进性、群众性”，直面突出问题，采取有力措施，敢于攻坚克难，注重夯实群团工作基层基础。中央书记处要加强对群团改革的指导，中央改革办要加强对群团改革方案落实的督察，各级党委要负起组织推进群团改革的责任，正确把握方向，及时了解情况，认真解决难题，以改革推动群团组织提高工作和服务水平，努力开创党的群团工作新局面。

中共中央政治局常委、中央书记处书记刘云山 26 日在京主持召开群团改革工作座谈会并传达了习近平的重要指示。他指出，习近平总书记重要指示从全局和战略高度深刻阐明了推进群团改革的重大意义、目标任务和基本要求，为我们做好群团改革和群团工作提供了重要遵循。要认真学习贯彻习近平总书记重要指示，坚定改革信心，强化责任担当，以更大力度、更实举措推进群团改革，不断开创党的群团工作新局面。要牢牢把握群团改革正确方向，始终坚持党对群团工作的领导，加强群团组织自身党的建设，不断增强“四个意识”，在思想上政治上行动上同以习近平同志为核心的党中央保持高度一致，把保持和增强政治性、先进性、群众性贯穿改革全过程。要自觉服从服务党和国家工作大局，找准工作结合点和着力点，落实以人民为中心的工作导向，切实解决好代表谁、联系谁、服务谁的问题，增强群团组织的吸引力影响力。要坚持问题导向、聚焦突出问题，切实加强思想政治建设，扩大群团组织和群团工作有效覆盖，积极转变拓展服务职能、转变工作作风、推动净化行业风气，深化机构人事制度改革，把群团组织建设成为党的群众工作的坚强阵地。要深入把握新形势下群团工作规律，大力推动改进创新，加强基层基础工作，加强网上群团建设，提高做好群团工作的能力水平。各级党委要认真落实政治责任和领导责任，狠抓群团改革任务落实，加强统筹协调，加强分类指导和督察问责，推动群团组织真刀真枪抓改革，确保各项改革措施落地见效，以优异成绩迎接党的十九大胜利召开。

座谈会上，全国总工会、共青团中央、全国妇联、中国科协、中国侨联、上海市委、山东省滕州市委、浙江省宁波市北仑区总工会、福建省泉州市丰泽区团委、山西省临汾市妇联和中央改革办负责同志作了汇报发言。

刘奇葆、李建国、李源潮、赵乐际、栗战书、杜青林、赵洪祝、杨晶、沈跃跃、万钢出席会议。

各省区市、新疆生产建设兵团负责同志，中央和国家有关部门、有关群团组织负责同志等参加会议。

习近平主持召开中央全面深化改革领导小组第三十八次会议强调
加强领导总结经验运用规律
站在更高起点谋划和推进改革
李克强　刘云山出席

（2017 年 8 月 29 日新闻稿节选）

新华社北京 8 月 29 日电　中共中央总书记、国家主席、中央军委主席、中央全面深化改革领导小组组长习近平 8 月 29 日下午主持召开中央全面深化改革领导小组第三十八次会议并发表重要讲话。他强调，改革是我们进行具有新的历史特点的伟大斗争的重要方面。全面深化改革，必须加强党对改革的领导，必须坚持问题导向，必须狠抓改革落实，必须深化对改革规律的认识和运用。要继续高举改革旗帜，站在更高起点谋划和推进改革，坚定改革定力，增强改革勇气，总结运用好党的十八大以来形成的改革新经验，再接再厉，久久为功，坚定不移将改革进行到底。

会议强调，党的十八大以来的 5 年，是全面深化改革夯基垒台、积厚成势、攻坚克难、砥砺奋进的 5 年，也是改革集中推进、全面深入、成果显著、积累经验的 5 年。在党中央正确领导下，广大干部群众积极投身改革，汇聚起推进全面深化改革的磅礴伟力，迎风破浪、大刀阔斧、上下联动、蹄疾步稳，谱写了改革新篇章，改革成为中国共产党的鲜明旗帜和当代中国的时代特征。

5 年来，面对艰巨复杂的改革任务，党中央举旗定向、谋篇布局，以前所未有的决心和力度推进全面深化改革，对全面深化改革作出一系列重大战略部署。我们坚持从体制机制层面入手，统筹谋划改革任务，改革涉及范围之广、出台方案之多、触及利益之深、推进力度之大前所未有。我们坚持一分部署、九分落实，抓铁有痕、踏石留印，各项改革相继落地、渐次开花。我们坚持凝聚各方智慧，创造和积累了改革的新鲜经验。实践证明，坚持和加强党对全面深化改革的集中统一领导，提升党中央对全面深化改革的领导力和权威性，有利于全党全国在改革上统一思想、坚定信心，有利于改革涉险滩、闯难关、啃硬骨头，有利于统筹协调、蹄疾步稳推进各项改革，为全面深化改革提供根本政治保证。

改革只有进行时、没有完成时。要坚持一张蓝图绘到底。党的十八届三中、四中、五中、六中全会提出的改革任务，进展总的符合预期。对已经出台的改革举措，要对落实情况进行总体评估，尚未落地或落实效果未达到预期的改革任务，党的十九大之后要继续做实。

第二编

加强领导　精心部署

李建国在全国总工会机关改革试点工作动员部署大会上的讲话

（2015 年 11 月 11 日）

11 月 9 日，习近平总书记主持召开中央全面深化改革领导小组第 18 次会议，审议通过《全国总工会改革试点方案》并作了重要指示，为全总改革试点工作指明了方向，提出了要求，我们要坚决贯彻落实。

刚才，李玉赋同志就推进全总改革试点工作作了动员部署，刘国中、陈荣书同志分别作了说明，我都赞成。7 月下旬，我们接到中央改革办《关于在全国总工会开展中央群团机关改革试点的通知》。全总党组态度坚决、行动迅速，围绕拟定改革试点方案做了大量深入细致、富有成效的调查研究工作。不仅拿出了一个好的改革试点方案，而且把拟定方案的过程化作了统一思想、组织动员的过程，为正式启动改革作了一定的前期思想准备。下面，我就贯彻落实党中央的决策部署、完成好全总机关改革试点的各项任务，再补充和强调讲几点意见。

一、要增强推进全总改革的政治责任感

工会要不要改革？这是我们推进全总改革试点必须首先解决的统一思想问题。中华全国总工会成立 90 多年了。在中国革命、建设、改革的各个时期，中国工会始终坚定地跟党走，与党和人民的事业同呼吸、共命运。中国工人运动始终在中国共产党领导下，紧跟时代步伐，走在中国社会变革的前列。随着党在各个历史时期中心任务的变化，中华全国总工会的任务、职能及其机构设置、工作方式等也在相应地调整和变化。特别是进入改革开放新时期，改革成为时代的主旋

律和最强音，成为决定中国前途命运的关键一招，与时俱进、改革创新更成为我们工会工作和工运事业的鲜明特色。党的十八大以来，改革进入全面深化改革的新阶段。党中央提出并形成了“四个全面”战略布局，而全面深化改革是这个布局中具有突破性和先导性的关键环节。面对新形势新任务，工会组织还存在不少与之不相适应的问题，比如，领导机构组成人员广泛性和代表性不够，脱离职工群众的机关化、行政化、贵族化、娱乐化现象，基层基础工作比较薄弱，组织覆盖面不全，维护职工权益不尽到位，运行机制、活动方式的某些形式主义，等等。凡此种种都影响着工会职能的发挥和工作水平的提升。解决这些问题，根本出路在于改革，而工会改革要从全总机关开始。因此，我们说，推进全总改革是我国工会工作和工运事业发展的内在要求。

党的十八大以来，习近平总书记多次强调指出，时代在发展、事业在创新，工会工作也要发展、也要创新，要增强自我革新的勇气，下大气力解决突出问题，自觉运用改革精神谋划推进工会工作，创新组织体制、运行机制、活动方式、工作方法，推动工会工作再上新台阶。习近平总书记系列重要讲话特别是在中央党的群团工作会议上的讲话和关于工人阶级及工会工作的重要论述，是指导工会改革的基本遵循。中央决定将全总作为中央群团机关改革的试点，率先改革，取得经验，这是从协调推进“四个全面”战略布局出发、加强和改进新形势下党的群团工作的一个重要举措，是党中央交给全总和各级工会组织的一项政治任务，也是全总历史上的又一件大事。完成好这一改革试点任务，对于增添工会工作新活力、把工会工作提高到新水平，对于巩固党执政的阶级基础和群众基础，团结动员广大职工群众共同夺取全面建成小康社会决胜阶段的伟大胜利，具有重大而深远的意义。

这一次改革试点，既然是工会工作的内在要求，是党中央交给我们的政治任务，那么，全总机关的每一位同志特别是处以上党员领导干部，就应该旗帜鲜明、满腔热情地参加到改革的行列中来，争作改革的促进派。我们一定要全面贯彻党的十八大和十八届三中、四中、五中全会精神，深入贯彻习近平总书记系列重要讲话精神，贯彻落实中央党的群团工作会议精神和《中共中央关于加强和改进党的群团工作的意见》，切实把思想和行动统一到中央决策部署上来。

二、要牢牢把握全总改革的正确方向及其重点

全总改革改什么、怎么改？改革试点方案明确了指导思想、目标要求、基本原则并列出了27条改革任务及其举措。我这里讲一讲改革的方向及其重点。推进全总改革，最重要的是把中央精神学习好、领会好并与工会工作实际紧密结合起来，突出问题导向，通过有针对性地改革，更好地贯彻和体现自觉接受党的领导、团结服务职工群众、依法依章程开展工作相统一这个根本原则，更好地坚持中国特色社会主义工会发展道路，强化工会组织对巩固党的执政基础的重要作用，强化工会工作联系服务职工群众的意识、能力和效果，使工会组织和工会工作更加充满活力、更加坚强有力。概括地说，工会改革要把握住增“三性”、去“四化”、强基层、促创新这样几个重点。

一是要牢牢把握保持和增强政治性、先进性、群众性这条主线。这是新时期工会工作的方向，也是工会改革的方向。要把保持和增强政治性放在第一位。坚持党的领导，在思想上政治上行动上始终同以习近平同志为总书记的党中央保持高度一致，自觉维护党中央权威，坚决贯彻党的意志和主张，严守政治纪律和政治规矩；全面把握中国特色社会主义群团发展道路“六个坚持”的基本要求和“三统一”的基本特征，坚持和拓展中国特色社会主义工会发展道路，让党的领导通过工会组织具体而深入地落实到职工群众中去。要把保持和增强先进性作为重要着力点。牢牢把握为实现中华民族伟大复兴的中国梦而奋斗的时代主题并不断充实其内涵，紧紧围绕党和国家工作大局，把亿万职工群众组织起来、动员起来、团结起来，坚定不移跟党走，始终作党执政的深厚阶级基础和群众基础、改革发展稳定的坚实依靠力量、实现中国梦的主力军。要把党的群众路线作为工会的生命线和根本工作路线。带着对职工群众的深厚感情履行工会组织和工会工作者的法定职责，采取有力的改革措施，更多地关注、关心、关爱普通

职工群众，建立健全联系职工群众的长效机制，按照职工群众需求提供精准对路的服务，始终亮明中国工会服务职工群众、维护职工群众合法权益这面旗帜。

二是要突出克服和防止“机关化、行政化、贵族化、娱乐化”现象这一问题导向。要虚心查找全总机关和工会工作中不同程度存在的“四化”现象，紧扣服务职工群众这一永恒主题，通过改革，完善组织体制、管理模式，改进运行机制、活动方式，切实解决脱离职工群众的问题。通过改革，真正使全总和工会工作深深植根于广大职工群众中间，使全总机关干部带头成为全心全意为人民服务宗旨的忠实践行者、党的群众路线的坚定执行者、党的群众工作的行家里手，增强工会组织对职工群众的动员力号召力凝聚力，在党的群众工作中更好发挥作用。

三是要抓住增强基层工会活力、发挥基层工会作用这个关键环节。基层工会是工会全部工作的基础和关键。中央党的群团工作会议突出强调要加强群团组织基层基础建设。我们全总工作的薄弱环节恰恰在基层，近年来虽有改观，但仍然很不够。推进全总机关改革，要着眼于扩大基层工会覆盖面，把更多的工会资源向基层倾斜，把更多的工作精力投入基层一线，逐一解决基层工作中面临的困难和问题，着力强化服务意识、提高维权能力，着力加强队伍建设、提升保障水平，使工会组织在基层和职工群众中更好地凝聚人心、联系群众、坚守前哨，成为更加坚强有力的战斗队、工作队。

四是要把工会工作的发展基点放在创新这个力量源泉上。创新是工会事业发展的不竭动力。要按照党的十八届五中全会关于把创新摆在国家发展全局的核心位置、让创新贯穿党和国家一切工作的新要求，通过改革推动工会工作全面创新。要适应经济发展新常态，加强工会理论研究，深刻理解世界多极化、经济全球化、文化多样化、社会信息化等外部环境的新变化，准确把握企业组织形态、职工队伍结构、劳动关系变化对工会工作提出的新问题、新挑战，创新工会工作理念，改进服务职工、服务基层的方式方法。要尊重基层和职工群众的首创精神，汲取基层创造的鲜活经验，从实践中发现问题、总结经验、揭示规律，让创新在工会工作中蔚然成风，推动工会工作与时俱进、紧跟时代，始终与党和人民的事业同步。

三、要以“严”与“实”的精神和作风确保实现改革试点预期

习近平总书记多次强调，制定改革方案很重要，但抓落实更重要。从现在起，用一年时间完成全总改革试点任务，这是全国总工会党组向中央立下的军令状。军中无戏言。我们必须动员起来、振作起来、行动起来，团结一致、奋发努力，按照“三严三实”的要求，狠抓落实、务求实效、善试善成，确保一年后向党中央和全国广大职工群众交一份合格答卷。

一要统一思想，坚定信心。这次全总改革试点力度还是比较大的，能不能成功？我们应该有必胜的信心。上有党中央的领导，下有职工群众的支持，中央正式批准了改革试点方案，改什么、怎么改的问题都十分明确了。现在的问题又回到了我们自身，试点能否成功，关键看我们抓落实的工作是否给力。我们要拿出勇于责任担当、勇于直面问题、勇于自我革新的精神和气度，拿出踏石留印、抓铁有痕的状态和力度，一项一项地把试点方案落到实处。我相信，我们全总机关的干部和职工是有这个觉悟、有这个能力的。这次动员大会之后，希望大家认真组织学习讨论，充分认识改革试点的重要意义，把个人的发展与党和国家大局、与工会工作全局和长远发展紧密结合起来，正确对待改革，在改革中出力献计，在改革中经受考验，在改革中锻炼成长。

二要加强领导，扎实推进。全总党组要充分发挥领导核心作用，聚精会神、积极稳妥地抓好改革试点。要强化责任制，明确责任分工，把任务层层分解、层层压实。要周密组织、精心实施，细化时间表、路线图，一项一项推进、一条一条落实。要加强督促检查，及时总结经验。要加强思想政治工作，把耐心细致、有理有情的思想工作贯穿改革试点全过程。要善于在改革中考察识别干部。对改革试点中的重要事项和重要问题，要及时向党中央请示报告。对需要有关部门支持的，要主动沟通协调。

三要抓住机遇，全面创新。这次全总改革试点，既是创新全总机关体制机制的机遇，也是全面提高全总机关工作水平的机遇，还是带动各级工会改革创新、为全会系统注入新活力的机遇。要增强机遇意识，发扬主动精神，坚持两手抓，使改革试点工作与工会经常性工作有机结合、相互促进，以试点为契机推动全总各项工作再上新水平，并努力为各级工会作出示范，为其他群团组织提供借鉴和帮助。

最后，我再讲讲党的十八届五中全会精神的传达学习和贯彻落实问题。党的十八届五中全会是在即将进入全面建成小康社会决胜阶段召开的一次十分重要的会议。习近平总书记在全会上的重要讲话和全会通过的《中共中央关于制定国民经济和社会发展第十三个五年规划的建议》，为党和国家事业发展绘就宏伟蓝图，为亿万人民共同奋斗指明前进方向，是未来 5 年我国经济社会发展的纲领性文件。党的十八届五中全会也为工会工作增添了新的动力，提出了更高要求。我们要自觉地把党的十八届五中全会精神贯彻落实到工会工作中去，贯穿到全总机关改革试点工作中去。全总党组正在组织传达党的十八届五中全会精神并对全会系统的学习和贯彻工作作了部署。我要强调的是，第一，要把学习和贯彻落实全会精神作为全总和各级工会当前与今后一个时期的一项重要政治任务，在各级工会和广大职工群众中迅速兴起学习宣传贯彻热潮，让全会精神走近职工群众、深入人心。第二，要全面领会全会的重大意义，“十三五”时期经济社会发展的指导思想、主要目标和基本理念，尤其要深刻领会创新、协调、绿色、开放、共享这五大发展理念。第三，要紧密联系工会工作和全总改革试点的实际，以牢固树立和贯彻落实五大发展理念为主要内容，充实丰富我国工运时代主题的内涵，组织引导亿万职工在经济发展新常态下建功立业，依法维护经济发展新常态下的职工权益。

同志们，完成好改革试点任务是中央对全总的一次考验。希望机关全体干部职工以高度的政治责任感和历史使命感，在全总党组的领导下，群策群力、敢于担当、奋发有为，努力完成改革试点任务，开创全总和工会工作新局面。

李建国：以改革为动力推进工会工作全面创新

人民日报北京11月11日电 中央全面深化改革领导小组第十八次会议审议通过《全国总工会改革试点方案》后，11月11日全国总工会召开机关处以上党员领导干部会议进行动员部署。中共中央政治局委员、中华全国总工会主席李建国出席会议并讲话。

李建国说，改革是工会工作的内在要求，解决工会组织存在的与新形势新任务不相适应的问题，根本出路在于改革。他强调，习近平总书记系列重要讲话特别是在中央党的群团工作会议上的讲话是指导工会改革的基本遵循。全总机关党员、干部和职工要把思想和行动统一到中央的决策部署上来，旗帜鲜明、满腔热情地参加到改革的行列中来，自觉地把党的十八届五中全会精神贯彻到工会工作和全总改革试点工作中。

李建国指出，要坚持问题导向，通过有针对性地改革，更好地贯彻和体现自觉接受党的领导、团结服务职工群众、依法依章程开展工作相统一这个根本原则。要牢牢把握保持和增强政治性、先进性、群众性这条主线，突出克服“机关化、行政化、贵族化、娱乐化”现象，着力增强基层工会活力、发挥基层工会作用，以改革为动力推进工会工作全面创新。要以勇于责任担当、勇于直面问题、勇于自我革新的精神和踏石留印、抓铁有痕的力度，一项一项地把改革试点方案落到实处。

全国总工会党组书记、副主席、书记处第一书记李玉赋主持会议。

（《人民日报》2015年11月12日04版）

中华全国总工会关于贯彻落实《中共中央关于加强和改进党的群团工作的意见》的实施方案

总工发〔2015〕29号

（2015年7月31日）

为贯彻落实《中共中央关于加强和改进党的群团工作的意见》（以下简称《意见》），贯彻落实中央党的群团工作会议精神，依据《贯彻落实〈意见〉责任分工方案》，结合工会工作实际，制定如下实施方案。

一、深入学习领会习近平总书记系列重要讲话精神和中央党的群团工作会议精神，认真贯彻落实《中共中央关于加强和改进党的群团工作的意见》

以习近平同志为总书记的党中央高度重视党的群团工作，下发《意见》，在我们党的历史上第一次召开中央党的群团工作会议。习近平总书记在会上发表的重要讲话，精辟阐述了做好新形势下党的群团工作的重大意义、方向目标和基本要求，深刻阐明了党的群团工作的一系列重大理论和实践问题，具有很强的战略性、思想性、针对性，是指导党的群团工作的纲领性文献。贯彻落实中央党的群团工作会议精神和《意见》，对于巩固党执政的阶级基础、群众基础，推进党和国家事业长远发展具有重大意义。

明确指导思想。各级工会要深入学习贯彻习近平总书记系列重要讲话精神特别是关于工人阶级和工会工作的重要论述，认真贯彻落实习近平总书记在中央党的群团工作会议上的重要讲话精神，围绕协调推进“四个全面”战略布局，贯彻党的全心全意依靠工人阶级的根本方针，把握我国工人运动的时代主题，坚定不移走中国特色社会主义工会发展道路，保持和增强工会工作和工会组织的政治性、先进性、群众性，为党的群众工作增添力量，最广泛地把职工群众紧密团结在党的周围，坚定不移听党话、跟党走，为实现“两个一百年”奋斗目标、实现中华民族伟大复兴的中国梦而奋斗。

遵循基本原则。始终把坚持党的领导作为根本保证，把服从服务于党的中心任务作为重要使命，把发挥桥梁纽带和政权支柱作用作为价值所在，把维护职工合法权益作为基本职责，把推动改革创新作为工运事业保持生机的不竭动力，坚持依法依章程开展工作。增强责任意识、使命意识、大局意识，勇于责任担当，勇于直面问题，勇于自我革新。

确定目标任务。坚持以问题为导向、以职工需求为导向，不断扩大工会组织的有效覆盖面，增强工会的代表性；不断提升组织职工、引导职工、服务职工、维护职工合法权益的能力，增强工作的实效性；切实加强工会自身改革和建设，扎实推进群众化民主化科学化法治化，把工会组织建设得更加充满活力、更加坚强有力，让职工群众真正感受到工会是“职工之家”。

二、自觉坚持党对工会的领导，始终保持工会工作的正确政治方向

1. 组织职工群众和工会干部深入学习习近平总书记系列重要讲话精神。把学习习近平总书记系列重要讲话精神作为最重要的政治任务，通过举办专题学习会、读书会、座谈会、报告会等多种途径，引导广大职工领会核心要义，掌握精神实质，把握贯穿其中的立场观点方法；改进学习教育方式，深入浅出地为职工群众释疑解惑，加深对讲话精神的理解。深化中国特色社会主义和中国梦的学习教育，宣传协调推进“四个全面”战略布局，宣传以习近平同志为总书记的党中央治国理政取得的成就，宣传党和政府改善民生的政策措施，引导广大职工不断增强中国特色社会主义道路自信、理论自信、制度自信，

把职工群众组织起来，动员起来，团结起来，用劳动和创造托起中国梦。

2. 坚持自觉接受同级党委和上级工会的领导。各级工会要在思想上政治上行动上始终同以习近平同志为总书记的党中央保持高度一致，自觉维护中央权威，坚决贯彻党的意志和主张，严守政治纪律和政治规矩，经得住各种风浪考验，在大是大非问题面前立场坚定、旗帜鲜明，在关键时刻敢于冲锋陷阵、发声亮剑。坚持向同级党委常委会定期汇报工作制度，每年至少汇报一次；推动地方党委常委会落实研究决定工会重大事项制度，争取党委在每届任期内召开工会工作会议；县级以上工会主席参加或列席党委、政府有关工作会议，乡镇（街道）工会主要负责人列席同级党委有关会议。上级工会依法依章程领导下级工会，建立领导制度、规范领导程序、改进领导方式；加强与下级工会同级党委的协调配合，建立工作落实情况通报制度。下级工会要认真落实上级工会决议和工作部署，建立工作汇报等制度，重大问题应及时向上级工会请示报告。

3. 充分发挥工会党组的领导核心作用。认真落实《中国共产党党组工作条例（试行）》，贯彻落实党的理论和路线方针政策、上级工会和同级党委的决策部署，把党的主张和任务、党对工会工作的要求变成工会组织的决议，转化为工会干部和职工群众的自觉行动。健全党组中心组理论学习制度。落实从严治党责任，认真执行民主集中制，健全集体领导制度，从严管理干部队伍，严肃党内政治生活。加强工会领导班子建设，努力打造政治坚定、团结务实、职工群众拥护的坚强领导集体。工会党组研究决定重大事项，应及时向批准其设立的党组织请示报告。

三、团结动员职工群众围绕党的中心任务建功立业，充分发挥工人阶级主力军作用

4. 调动职工群众投身改革发展的积极性主动性创造性。坚守工会工作的主战场，狠抓工会工作的中心任务，组织动员广大职工群众走在时代前列，在改革发展稳定第一线建功立业。向职工群众广泛宣传

全面深化改革决策部署，引导职工群众理解改革、支持改革、参与改革。深化社会主义劳动竞赛，开展职工技能大赛，加强和改进组织协调、示范引领、检查评估、评比表彰、宣传推广等，指导和支持基层开展竞赛，提高职工参与率和受益度。开展技术革新、技术协作、小发明小创造等职工技术创新活动，健全职工创新成果评选、奖励、展示、交流、转化制度，加强职工技协建设，发挥职工（劳模）创新工作室的示范带动作用，使职工技术创新变成实实在在的产业活动。落实工会对口援疆援藏、扶贫各项工作任务。组织职工群众积极参与应急动员、公益募捐、抢险救灾、灾后重建等，在保障重大任务、应对重大突发事件中发挥积极作用。

5. 深入实施职工素质建设工程。把提高职工队伍整体素质作为一项战略任务，加强技能型职工队伍建设，努力培养造就宏大的知识型、技术型、创新型高素质职工队伍，为推动《中国制造 2025》战略规划实施作贡献。引导职工提高思想道德素质、科学文化素质和岗位技能素质，维护职工接受职业技能培训的权利。配合政府和企业建立技术工人培养、评价、使用、激励机制，督促企业按规定提取和使用职工教育经费。整合工会职工技能培训资源，发挥工会职工教育阵地优势，发展职工在线教育和网上培训。加强和改进“职工书屋”建设，继续开展“争当学习型职工读书活动”。

6. 加强工会港澳台工作和外事工作。多领域、多渠道、多层次开展与港澳工会和职工的交流与合作，发展壮大港澳工会和劳动界爱国统一阵线，促进香港、澳门长期繁荣稳定；巩固扩大台湾工会和劳动界“反独促统”力量，为两岸关系和平发展、实现中国梦作贡献。配合国家总体外交，创新工会外事工作机制，发挥民间外交优势，讲好中国故事、传播中国声音，增进我国职工同各国职工的友谊，发展同各国工会组织、国际和区域工会组织的关系，及时把握国际工运最新动态和发展趋势，探索参与国际工运事务的新途径新方法，自觉维护国家核心利益，服务“一带一路”国家战略等；加强对国际劳工公约、自贸区协定劳工条款等的研究，积极参与国际劳工标准制定。

四、引导职工群众大力培育和践行社会主义核心价值观，汇聚推进“四个全面”战略布局和实现中国梦的强大正能量

7. 引导职工群众自觉培育和践行社会主义核心价值观。把思想政治工作贯穿到工会各项活动中，从职工群众的实际出发，通过务实管用的载体，深化职工精神文明创建活动，把社会主义核心价值观转化为生动活泼、特色鲜明、富有成效的群众性实践，教育引导广大职工群众坚定走中国特色社会主义道路，不断提高思想觉悟和道德水平。以职业道德为重点，在职工群众中开展社会公德、职业道德、家庭美德、个人品德教育，广泛开展民族团结进步宣传教育；搞好典型引路，发挥劳模、道德模范、“最美职工”等先进人物的示范带动作用。改进职工思想政治工作的方式方法，尊重职工主体地位，把握不同群体的利益诉求，聚焦职工群众关注的热点难点问题，多做组织职工、宣传职工、教育职工、引导职工的工作，多做统一思想、凝聚人心、化解矛盾、增进感情、激发动力的工作，加强人文关怀和心理疏导，提高思想工作针对性。打造健康文明、昂扬向上、全员参与的职工文化。在职工中广泛开展学雷锋志愿服务活动，普遍建立职工志愿服务工作队。

8. 引导广大职工弘扬劳模精神、劳动精神和工人阶级伟大品格。深化“中国梦·劳动美”主题教育实践，丰富内容、强化实践，抓好重大节日、重要时点主题活动。做好劳模培养和选树工作，发挥职工参与作用，把选树劳模的过程变成弘扬劳模精神、劳动精神的过程。大力宣传劳模和先进典型的事迹，把每年五月作为劳模精神、劳动精神主题宣传月；充分发挥劳模的示范作用，使劳模能够带动更多的身边职工群众听党话、跟党走，崇尚劳动、爱岗敬业；举办劳模大讲堂，开设劳模网上展馆，组织劳模进企业、进学校、进社区；总结推广“职工（劳模）创新工作室”“劳模示范岗”等经验。做好劳模管理服务工作，帮助解决实际困难。引导广大职工弘扬工人阶级伟大品格，努力做到信念坚定、立场鲜明，艰苦奋斗、勇于奉献，胸怀大局、纪律严明，开拓创新、自强不息。

9. 打造网上网下相互促进、有机融合的工会工作新格局。融入“互联网+”时代，下大气力开展工会网上工作，让职工群众能在网上找到工会组织，参加工会的活动；推动把工会系统网络纳入国家电子政务网络统一规划建设，落实全国工会系统信息化发展规划，建设统一完整、功能完善、技术先进、安全可靠的工会信息化体系，运用大数据、新媒体，提高网络化信息化水平。探索建立工会网上服务平台。加强工会网上舆论阵地和网宣队伍建设，亮出工会旗帜，发出工会声音，表明工会立场，对模糊认识进行引导，对错误言论进行驳斥，弘扬网上主旋律，掌握舆论主动权。建立和完善工会新闻发言人制度。

五、强化服务意识、提高维权能力，旗帜鲜明维护职工合法权益

10. 切实维护职工合法权益。把履行基本职责与履行政治职责紧密联系起来，做到哪里的职工合法权益受到侵害，哪里的工会就要站出来说话，在维护职工权益上更加有为。坚持把工会维权工作纳入党政主导的维护群众权益机制，更多关注、关心、关爱普通职工群众，把工作重心放在最广大普通职工身上，重点关注一线职工、农民工、困难职工等群体，突出维护职工基本权益。保障职工的劳动就业权利，开展工会职业介绍和就业援助，帮助职工就业创业。保障职工取得劳动报酬的权利，推动完善职工工资决定机制、正常增长机制和支付保障机制，推动和参与解决欠薪问题，保障职工按时足额领到工资。保障职工休息休假的权利，督促企业依法安排职工休息休假，推动制定修订劳动定额定员国家标准、行业标准，督促企业制定实施科学合理的劳动定额定员标准。保障职工享有劳动安全卫生保护的权利，维护职工在安全生产上的知情权、参与权、报告权、监督权和拒绝违规违章指挥、作业的权利，深化“安康杯”竞赛，促进班组现场安全管理，推广“工会参与职业病防治工作模式”，联合有关部门完善工伤和职业病防治保障系统，加强职业安全与职工卫生知识普及教育；督促企业落实职工职业健康体检规定，积极组织一线职工健康体检和疗休养。保障职工参加社会保险并依法享受社保待遇的权利，加

强群众监督，督促企业依法为职工缴纳社保。高度关注转方式、调结构、化解过剩产能、企业关停并转迁过程中职工权益保障情况，坚持履行民主程序，维护职工合法权益。推动健全完善职工福利制度，督促企业在生产发展的基础上不断提高职工福利。规范发展职工互助保障事业。贯彻男女平等基本国策，落实《女职工劳动保护特别规定》，切实维护女职工合法权益和特殊利益。坚持把维权工作摆在突出位置，建立职工群众权益实现情况及职工群众诉求报告制度和重大职工权益侵犯案件通报制度，完善维护职工权益机制。制定年度计划，明确目标和重点，形成具体项目，落实相关经费、责任分工，明确标准和进度要求，建立工作台账，逐项抓好落实。

11. 加强服务职工群众工作。坚持服务大局和服务群众的统一，明确工会基本定位，细化职能作用，发挥优势特长，强化服务意识，提升服务能力，满腔热情地做好服务职工群众工作。为基层工会和职工群众提供项目式、订单式服务，明确服务对象、服务项目、服务流程、服务标准，提高服务工作精准、精细度和项目运作制度化、规范化水平；制定工会服务职工工作项目清单；推广会员实名制普惠服务。继续做实送温暖、金秋助学、阳光就业、农民工平安返乡、职工互助保障等服务品牌。建好用好基层服务站点，按照“会、站、家”一体化思路，加强困难职工帮扶中心（职工服务中心）和站点建设，推动把帮扶中心纳入社会救助体系，争取财政支持，挖掘服务资源，构建覆盖广泛、快捷有效的服务职工工作体系。服务重心继续向基层倾斜，提升基层工会帮扶服务能力，积极稳妥地扩大服务范围和对象，发展职工互助项目。抓住转变政府职能的机遇，主动承担一些适合工会组织承担的社会治理服务职能；探索通过服务外包、项目外包方式，引入社会力量，为职工提供专业化、高水平服务。推动工人文化宫（俱乐部）等职工文体活动阵地建设并纳入政府公共文化服务体系，列入公益性文化事业单位，争取地方财税等政策支持。把注意力更多放在困难职工群众身上，把握群众所需所急所盼，多做雪中送炭的工作。建立服务职工群众满意度评价制度，不断提高服务水平。

12. 加强对农民工的组织引导和维权服务。加大做农民工工作的力度，最大限度把广大农民工吸收到工会组织中来，提高他们的阶级觉悟，使他们成为工人阶级坚定可靠的新生力量，成为党执政的社会基础。把农民工入会和服务工作摆在更加突出的位置，加强组织领导，明确目标任务，落实责任分工，加强指导督查，实现农民工发展数量和服务质量双提升。通过微信、微博等各种适应农民工特点的方式，向农民工讲解中国工会的性质和特点、工会的维权服务工作、工会会员的权利义务、入会程序等，增强农民工对工会的认知认同；创新工会组织形式和农民工入会方式，更多地把农民工组织到工会中来、吸引到工会开展的工作和活动中来。重点做好维护农民工劳动经济权益的工作，尤其是劳动报酬、社会保险、劳动安全和职业健康等权益，促进农民工同工同酬同权、均等享有基本公共服务。维护农民工参与企业管理和民主监督的权利，加强对困难农民工的帮扶，加强对农民工特别是青年农民工的思想引领和人文关怀，帮助农民工融入城市。积极参与国家农民工职业技能提升计划，帮助农民工接受继续教育、技能培训，为农民工就业创业提供有力支持、有效服务。

六、推动构建中国特色和谐劳动关系，促进社会和谐稳定

13. 构建和发展中国特色和谐劳动关系。贯彻落实《中共中央国务院关于构建和谐劳动关系的意见》，在构建和发展和谐劳动关系中发挥工会的优势和作用。监督企业落实劳动合同制度，帮助职工签订劳动合同，运用劳动合同维护合法权益。依法推动企业普遍开展集体协商、签订集体合同，指导企业工会以稳定就业岗位、合理确定薪酬、规范劳动定额、加强劳动安全卫生、女职工特殊保护等为重点内容，扩大职工参与、规范协商程序，细化合同条款、强化履约监督，切实提升集体协商质量；突出抓好行业性工资集体协商，推广协商制定行业劳动标准经验；加强集体协商师资培训，推进工会集体协商指导员队伍建设，提高协商能力。健全完善以职工代表大会为基本形式的企事业单位民主管理制度，积极稳妥推进非公有制企业民主管理制度建设；推进厂务公开制度化、规范化，完善公开程序，充实公开内容；推动公司制企业建立职工董事、职工监事制度；丰富职工民主参

与形式，畅通职工表达合理诉求渠道，依法保障职工的知情权参与权表达权监督权。推动建立健全协调劳动关系三方委员会，完善三方机制功能，健全工作制度，共同研究解决有关劳动关系的重大问题。完善劳动关系矛盾调处、预防预警和应急处置机制，推进企业劳动争议调解委员会和区域性、行业性劳动争议调解组织建设，充分发挥工会在其中的积极作用，及时化解劳动纠纷，调处集体劳动争议。深入开展和谐劳动关系创建活动，积极参与构建和谐劳动关系综合试验区（市）建设。

14. 加强工会源头参与。积极参与涉及职工群众切身利益的政策措施、法律法规、发展规划、重大决策的研究制定。加强对本地区经济社会发展、劳动关系和职工队伍等方面情况的调查研究，利用互联网等新媒介及时反映职工群众意见，充分发挥工会法律顾问委员会、专家委员会等咨询机构的作用，提高源头参与水平。组织和代表职工群众参与国家和地方立法，推动修改完善劳动法、劳动争议调解仲裁法等法律法规，推进制定完善基本劳动标准、集体协商和集体合同、企业工资、劳动保障监察、企业民主管理等制度，逐步健全劳动保障法律法规体系。积极参与全面深化改革中有关劳动就业、技能培训、收入分配、社会保障、劳动安全卫生等方面改革，推进完善各项制度。

15. 积极参与协商民主建设。完善工会参政议政和民主监督制度，组织和代表职工群众参与公共事务，反映职工群众意愿和利益诉求。推动完善政府和工会联席会议制度，地方总工会每年至少有一次与同级政府的联席会议，建立和完善产业工会与相应政府部门、行业协会的联席会议制度。加强与同级人大、政协的联系，组织和代表职工参加人大立法协商、执法检查和政协专项视察、民主协商，充分表达职工诉求和工会主张。积极推荐工会负责人作为各级人大、政协常委会委员候选人，促进提高一线职工和工会干部在人大代表和政协委员中的比例，充分发挥工会系统人大代表和工会界别政协委员作用。

16. 维护职工队伍稳定。把维护职工队伍稳定工作纳入党委统一领导下的维护社会稳定工作机制，组织职工群众参与社会治理，协助党和政府协调化解矛盾纠纷和利益冲突。制定和实施《关于进一步加强新形势下工会维稳和防范抵御工作的意见》。加强与相关部门的工作联系，推动形成源头治理、动态管理、应急处置相结合的工作机制。制定和完善重大劳动关系纠纷事件应急预案，明确分级响应、处置程序和处置措施，第一时间了解和反映职工诉求，提出解决方案，参与妥善处置。参与重大决策社会稳定风险评估机制。加强网络舆情搜集分析和引导。积极配合党政有关部门加强对劳动关系领域和涉及职工的社会组织的联系引导，通过建立组织、工作指导、服务帮助等方式，引导和促进相关社会组织健康有序发展，接长工会工作的手臂，形成链条。加强工会防范抵御工作，警惕敌对势力对职工队伍和工会工作的渗透破坏和西化、分化图谋，坚决维护我国工会组织和职工队伍的团结统一。切实加强对工会维稳和防范抵御工作的组织领导，健全完善工作体系，落实工作责任。

七、加强工会组织建设，推进工会改革创新

17. 深入推进基层工会组织建设。坚持党建带工建，把工建纳入党建工作总体部署。落实《关于新形势下加强基层工会建设的意见》，巩固已有的组织基础，加强规范化建设，推进基层工会提质达标；依法推动企业普遍建立工会组织，加快新领域工会组织建设，促进工会组织向非公有制经济组织、社会组织延伸，形成完善的组织体系，实现有效覆盖。依法依规纠正企事业单位改革改制中撤并工会、削减工会专职人员和合署办公等问题。推动理顺中央企业工会组织领导关系。创新工会组织形式和入会方式，加强乡镇（街道）、开发区（工业园区）工会建设，深入推进区域性、行业性工会联合会建设，积极探索自贸区等新经济体工会组织建设，实现工会组织体系向下延伸，最大限度组织职工入会。加强对基层工会选举工作的组织领导，坚持在党委领导、上级工会主导下进行，按照《中国工会章程》规定，主席、副主席可以由会员大会或者会员代表大会直接选举产生，也可以由工会基层委员会选举产生。在基层工会选举中，严格按程序把握候选人确定环节。适时修订《工会基层组织选举暂行条例》。坚持重心

下移，力量配备、服务资源向基层倾斜，上级工会要制定具体有效的操作指南、工作指引，为基层工会提供更多专业化、高水平的指导服务。深化建设“职工之家”活动，尊重会员主体地位，依靠会员群众开展工作，基层工会确定涉及会员群众利益的重大事项，须经会员（代表）大会讨论决定，其工作计划、重大活动、经费收支要向职工群众公开，接受职工群众评价监督。鼓励和支持基层工会开展形式多样、富有工会特色的活动，以职工群众为中心，让职工群众当主角，吸引更多职工群众参加到活动设计、工作部署、先进表彰等工会工作中来。注重工会组织的广泛性和代表性，更多把普通职工群众中的优秀人物纳入工会组织，从普通职工群众中选拔各级工会干部和工作人员，明显提高基层一线职工在工会委员会、代表大会以及工作人员中的比例。推进和完善基层工会会员代表大会代表常任制和会员、代表提案制，在部分县（市）探索实行工会代表大会代表常任制。

18. 加强产业工会建设。坚持和完善产业与地方相结合的领导体制，理顺和健全产业工会组织，坚持产业工会设置与政府机构改革相适应、与行政管理体制相适应、与产业结构调整相适应，进一步明确各级产业工会的工作职责，发挥产业工会的特点和优势。重点加强全国、省级和产业聚集度较高的市（县）级产业工会组织，推进行业工会建设，使产业工会工作更广泛地覆盖不同规模不同所有制企事业单位。支持产业工会开展具有产业特色的劳动竞赛、技能培训、安全生产和职业病防治、节能减排等活动，在工作经费上予以保障；支持产业工会参与做好劳模、五一劳动奖章（奖状）评选和管理服务工作。产业工会要加强调查研究和源头参与，加强协调产业劳动关系工作，参与产业政策和行业劳动标准、工资福利政策的研究制定，指导和推动行业集体协商工作，积极维护产业职工基本权益。

19. 深化工会工作法治化建设。加强职工普法工作，组织工会干部、法律志愿者开展法治宣传教育，引导职工群众增强法治意识，坚定法治信仰，自觉守法、遇事找法、解决问题靠法，依法维护自身权益。坚持运用法治思维法治方式推进工会工作，做到依法建会、依法管会、依法履职、依法维权。强化工会法律监督，协同有关方面开展劳动法律法规和《工会法》贯彻执行情况的监督检查，推行工会劳动法律监督意见书、建议书制度和重大典型劳动违法案件曝光制度、公开谴责制度，制定工会公开谴责办法，主动与执法部门建立沟通协调机制，促进依法纠正和查处侵害劳动者权益的违法行为。加大对工会干部的法律培训力度，加强工会专兼职法律工作者队伍建设，普遍建立工会法律顾问制度，做好工会法律援助工作。依法管理工会事务，加强工会制度建设，形成配套完备的规章制度体系，坚持用制度管权、管事、管人，健全完善决策执行监督机制。

20. 不断推进工会改革创新。在党的领导下积极稳妥地推进工会改革，增强自我革新的勇气，坚持改革的正确方向，形成推动改革的思想自觉和行动自觉，为开创工会工作新局面提供强大动力。着眼于满足基层和职工群众的需求，着眼于解决制约工会组织全面履行各项职能的突出问题，深入调查研究，找准问题症结，认真研究推进工会改革创新的思路和举措，统筹谋划、积极探索。坚持眼睛向下、面向基层，积极探索创新工会领导机关机构设置，改进管理模式、运行机制、活动方式，减少中间层次，更好适应基层和职工群众工作需要。克服机关化，破除衙门作风，防止脱离群众。各级工会领导机关要加强对基层的指导服务，提高机关工作效率和服务水平；建立职工群众评议工会干部、评价工会工作和下级工会评价上级工会工作制度。加强我国工人阶级队伍、劳动关系状况和工会工作重大问题的理论研究，深入把握工会工作规律，加强工会理论政策研究骨干队伍建设，充实工会统计调查力量。自贸区所在地的省级工会要创新理念和工作方式方法，加强对自贸区工会工作的指导、研究和总结，形成可复制可推广的工作经验。

八、严格经费资产管理使用和审查审计监督，为做好工会工作提供支持保障

21. 加强工会经费管理。依法足额收缴工会经费，完善由税务代收工会经费、由财政部门统一划拨行政事业单位工会经费的工作机制；争取财政资金支持，把财政安排的工会工作经费列入同级财政年

度预算。创新工会财务体制，完善工会经费对下补助体制，优化工会经费支出结构，加大工会经费使用向基层倾斜、向工会重点工作倾斜力度，提高直接用于服务职工、维护职工合法权益的经费比例；加强对区域（行业）工会、乡镇（街道）工会、开发区（工业园区）工会和革命老区、少数民族地区、边疆地区和其他欠发达地区工会经费支持。进一步规范经费开支，严格控制行政经费和“三公”经费，严格执行会议、培训、出差、公务接待、集中采购有关规定。建立工会经费使用情况公开制度，依法依章程接受下级工会和职工群众监督。严格工会经费审查审计监督，坚决纠正和防止经费管理使用中的违法违规行为。

22. 加强工会资产监管及运营工作。以更好满足职工需求为目标，科学谋划，改革创新，构建职工文体教育、职工疗休养、职工互助保障三大服务平台，努力实现服务职工各项事业的可持续发展。高度重视工会资产管理工作，完善工会资产监督管理体制机制，建立健全依法监管、依法保护、规范运营的制度体系和监督体系，有效防控风险，发挥资产效能，促进保值增值。依法依规面向社会筹集事业发展资金，健全资金筹集、管理、使用全过程公开制度，建立第三方监督评价机制。积极稳妥地推进工会企事业改革，拓展生存发展空间，增强服务职工的实力。

九、加强工会领导班子和干部队伍建设，不断密切同职工群众的联系

23. 打造绝对忠诚党的事业、竭诚服务职工群众的工会干部队伍。按照“好干部”标准，坚持德才兼备、以德为先，全面加强工会干部队伍建设。坚持党管干部原则，加强工会干部协管工作，研究制定《关于加强工会干部协管工作的意见》，细化协管程序和内容，落实上级工会对下级工会领导班子建设的各项职责；继续推动企事业单位工会主席按同级副职配备、地方工会主席由同级党委常委担任或兼任、主持日常工作的副主席担任同级党委委员；推进生产和工作一线的劳动模范担任工会兼职副主席工作。按照干部管理权限选好、用好、管

好工会干部，探索符合工会组织特点的干部管理方式，完善工会干部选拔任用体制，注意建立扁平化的人事结构，加大工会领导机关党组、分管领导、组织部门在干部选拔任用中的权重和干部考察识别的责任；积极争取党委组织部门支持，不拘一格拓宽工会干部选拔渠道，注重从基层一线劳模和优秀职工中考录、遴选工会机关干部，注重从下级工会和基层工会选拔优秀人才充实工会领导机关干部队伍，更多采取兼职的方式，增加兼职比例；主动与党委组织部门协商，将工会干部的培养、使用和交流纳入各级党委组织人事工作总体安排，扩大工会干部跨系统多岗位交流，推进工会系统内部上下交流，工会与党政部门、企业之间横向交流。加强基层工会带头人和干部队伍建设，探索基层工会干部社会化途径，健全保护基层工会干部合法权益制度，改进和完善工会干部考核、责任追究制度，调动基层工会干部的积极性。

24. 加强工会干部学习教育培训。坚持把提高工会干部整体素质放在突出位置，增强培训工作的针对性、实效性。组织工会干部认真学习理论政策、法律法规、业务知识等，注重在基层一线和实际工作中锻炼培养，使工会干部有做职工群众工作的本领和经验，懂得职工群众的语言和习惯，熟悉职工群众的愿望和心声，善于运用新形势下职工群众工作方式方法。重点加强对新任县级工会主席和基层工会主席的培训，争取将工会干部纳入党政干部培训范围。加强各级工会院校及其师资、教材和学科建设，为各级工会开展培训提供服务。

25. 持之以恒加强作风建设和反腐败工作。巩固和拓展党的群众路线教育实践活动成果，开展"三严三实"专题教育，在各级工会组织中深入推动思想教育、问题整改、体制创新。严格对照检查"机关化、行政化、贵族化、娱乐化"等脱离群众的现象，对存在的问题认真整改，立行立改。进一步转变思想观念，强化群众意识，改进工作作风，提高工作水平。工会机关干部要深入基层、深入职工群众，进万家门、访万家情、结万家亲，大部分工作时间要到职工群众中去，经常同职工群众进行面对面、手拉手、心贴心的零距离接触，做到下基层常态化、制度化，成为工会干部的习惯和自觉，争当全心全意为人民服务宗旨的忠实践行者、党的群众路线的坚定执行者、党的群众工作的行家里手。建立工会领导机关和领导干部联系基层、联系职工和调查研究的长效机制，掌握第一手材料，推动解决职工群众急需解决的问题，加强对下级工会的服务指导。严格贯彻落实中央八项规定精神，自觉抵制和纠正“四风”问题。深入推进工会系统党风廉政建设和反腐败工作，坚决贯彻落实党中央和中央纪委的决策部署，落实“一岗双责”的责任，全面履行主体责任和监督责任。大兴学习调研之风、求真务实之风、清正廉洁之风，引导广大工会干部把“三严三实”作为修身做人用权律己的基本遵循、干事创业的行为准则，把工会领导机关建设成学习型、高效率、和谐型机关，成为真正的“职工之家”。

各省、自治区、直辖市总工会要根据本《实施方案》，结合实际制定具体措施，并与同级党委实施方案有效衔接。要建立统筹协调、信息报送、督查指导等制度机制，明确责任分工，强化目标考核，确保各项工作有序推进。各地的具体措施和工作落实情况要及时报送全总。全总将适时对贯彻落实情况开展督促检查。

全国总工会改革试点方案

（2015年11月9日中央全面深化改革领导小组第十八次会议审议通过）

为深入贯彻落实中央党的群团工作会议和习近平总书记重要讲话精神，贯彻落实《中共中央关于加强和改进党的群团工作的意见》，按照中央全面深化改革领导小组办公室《关于在全国总工会开展中央群团机关改革试点的通知》要求，制定本方案。

一、总体要求

（一）指导思想。

高举中国特色社会主义伟大旗帜，全面贯彻党的十八大和十八届三中、四中、五中全会精神，以马克思列宁主义、毛泽东思想、邓小平理论、“三个代表”重要思想、科学发展观为指导，深入贯彻习近平总书记系列重要讲话精神特别是关于工人阶级和工会工作的重要论述，按照“四个全面”战略布局，贯彻落实中央党的群团工作会议重要部署，全面把握中国特色社会主义群团发展道路“六个坚持”的基本要求和“三统一”的基本特征，贯彻党的全心全意依靠工人阶级根本方针，站在巩固党执政的阶级基础和群众基础的政治高度，牢牢把握工运时代主题，坚定不移走中国特色社会主义工会发展道路，勇于责任担当、勇于直面问题、勇于自我革新，最广泛地把职工群众组织动员起来，为实现“两个一百年”奋斗目标、实现中华民族伟大复兴的中国梦建功立业。

（二）目标要求。

紧紧围绕保持和增强工会工作和工会组织的政治性、先进性、群众性这条主线，强化问题意识、改革意识，克服“机关化、行政化、贵族化、娱乐化”现象，改革全总机关的组织体制、管理模式、运行机制和活动方式，解决脱离职工群众的突出问题，加强基层工会建设，增强全总机关影响力凝聚力战斗力，带动各级工会特别是基层工会更好地发挥党联系职工群众的桥梁纽带作用、国家政权的重要社会支柱作用和职工利益的代表者维护者作用，把工会组织建设得更加充满活力、更加坚强有力，切实承担起引导职工群众听党话、跟党走的政治责任。在1年内完成改革试点任务。

（三）基本原则。

坚持正确方向。坚持中国共产党的领导，坚定走中国特色社会主义道路，坚决维护以习近平同志为总书记的党中央权威，坚持为党分忧、为民谋利，把党的领导、党的意志和主张、党对职工群众的关怀落实到工会工作中。

突出问题导向。针对工会领导机构组成人员广泛性、代表性不够，机关机构设置不够合理，活动方式存在自我循环、封闭运行现象，直接联系和服务职工群众的工作制度不够完善，资源向基层倾斜不够，一些干部维权服务能力不足、存在虚空浮等问题，采取有力改革举措，明确重点、突破难点，对症下药、标本兼治，坚持立行立改，切实解决问题。

着力开拓创新。解放思想、更新观念，发扬民主、集思广益，提出具有针对性、前瞻性、突破性的思路和办法，破解制约工会工作创新发展的制度性障碍，为推动工会工作再上新台阶提供强劲动力。

二、改革措施

根据党中央关于群团组织改革创新的决策部署，适应新形势新任务的要求，针对存在的问题，回应职工群众的期待，提出以下改革措施。

（一）改进工会领导机构人员构成和全总机构设置。

1. 提高领导机构中职工代表比例。为增强工会组织广泛性和代表性，本届全总执委会委员中劳模和一线职工比例由11.6%提高到15%以上；主席团成员中劳模和一线职工比例由9.9%提高到12%以上；

全总领导班子中拟增设1名农民工兼职副主席，1名挂职书记处书记。

本届各驻会全国产业工会全委会委员中劳模和一线职工比例分别提高到9%以上；常委会成员中劳模和一线职工比例分别提高到9%以上；分别增设2名兼职副主席。

工会全国代表大会代表中，基层和一线职工代表比例由本届的47.9%提高到工会十七大时的60%以上，工人代表比例由5.9%提高到18%以上。

健全决策程序和议事规则，充分发挥全总和各驻会全国产业工会、全总机关各部门领导班子兼职成员在研究重大事项中的积极作用。建立工会全国代表大会代表联络机制，畅通全总与代表的联系渠道。制定工会全国代表大会代表、全总执委会委员提出提案和建议的办法。

2. 整合优化机关职能和机构设置。为更好适应基层工作和职工群众需要，通过整合机构、优化职能，进一步形成眼睛向下、面向基层、职责明确、运转高效的格局。

为聚焦工会法定职责、强化维权服务职能，突出农民工入会和服务工作，拟整合集体合同部、保障工作部，设立职工权益工作部。

为强化指导职工群众参与经济建设、劳动竞赛和安全生产等职能，充分调动职工群众劳动创造积极性，拟整合劳动保护部、经济技术部，设立劳动和经济工作部。

为强化基层工会工作，推进企事业单位民主管理，拟整合基层组织建设部、民主管理部，设立基层工作部。

为适应互联网迅猛发展和职工生活方式深刻变化的趋势，统筹推动工会网上工作，拟整合工会信息、网络、舆情等职能，设立网络工作部。

为应对劳动关系领域社会组织发展迅速、维稳和反渗透任务繁重的新形势，强化联系和引导劳动关系领域社会组织职能，加强维稳和防范抵御工作，拟整合维稳、信访等职能，设立社会工作部。

为推动全总直属事业单位分类改革和发展，增强服务基层和职工的能力，将从事生产经营活动的直属事业单位中国职工国际旅行社总社、中国职工之家转制为企业。

3. 实行全总机关编制“减上补下”。为加强基层工作力量，全总拟精简25%的编制（包括行政编制、公益类事业编制和生产经营类事业编制），充实到若干任务繁重、力量薄弱的县级工会，带动省级、市级地方工会实行编制“减上补下”。推动县一级整体编制调整，充实工会组织。指导县以下工会组织通过增加兼职比例、实行岗位人员流动等多种途径，逐步解决县级工会和乡镇（街道）工会专职工作人员短缺的问题。

4. 改进机关干部管理方式。突出基层一线工作经历、群众工作经历，不拘一格选拔人才，建立一支专职为主、兼职与挂职相结合的机关干部队伍。侧重从劳模和一线优秀工会工作者中考录、遴选机关干部，1年内录用劳模和一线优秀工会工作者占新录用人员的1/5以上，以后在此基础上再继续提高比例。拓宽各驻会全国产业工会、全总机关各部门接收使用兼职干部渠道。加大全总机关干部和地方、企事业单位工会干部双向挂职工作力度。全总机关到外单位挂职锻炼人员、外单位到全总机关兼职挂职人员占机关工作人员比例常年分别保持在5%以上。推进工会干部在工会系统内部上下交流，工会干部与党政机关、企事业单位干部双向交流。加大干部培训和实践锻炼力度，提高机关干部联系引导能力、维权服务能力、调查研究能力、沟通协调能力。

（二）创新职工建功立业的载体和方式。

5. 做强工会工作品牌、充分发挥工人阶级在实现中国梦中的主力军作用。围绕国民经济和社会发展“十三五”规划及“一带一路”建设、京津冀协同发展、长江经济带建设等国家发展战略，引导职工群众增强工人阶级主人翁意识，牢固树立并切实贯彻创新、协调、绿色、开放、共享的发展理念，立足经济社会发展主战场，投身大众创业、万众创新，为实现“十三五”规划目标任务贡献智慧和力量。完善劳动竞赛组织、评估、表彰等机制，组织职工特别是一线职工发挥主体作用，积极参加社会主义劳动竞赛特别是国家重大工程、促进区域发展劳动竞赛，提高职工参与率和受益度。深入开展职工职业技能大赛，吸引广大职工普遍开展岗位练兵、技术比武等活动。打造和做强为困难职工送温暖、五一劳动奖、大国工匠、工人先锋号、职工书屋等一批有影响的全国性品牌，支持和鼓励各级工会努力创造职工欢迎、富有实效的新品牌。

6. 改善劳动模范评选宣传和管理服务。继续提高基层一线工人、工程技术人员在劳模评选中的比例，创新职工群众参与评选劳模的形式，把劳模评选与各单位人才培养计划相融合，通过劳动竞赛发现、培养、评选和使用劳模，从劳模中选拔工会专兼职干部。运用网络信息手段，加强劳模网上学习培训，提高劳模动态管理、精细服务水平。搭建职工群众广泛参与、形式多样的宣传平台，积极争取并紧紧依靠中央主流媒体的支持，推动劳模精神、劳动精神宣传进入黄金时段、重要版面，努力实现经常化，影响和带动更多职工崇尚劳动、爱岗敬业，在全社会营造“尊重劳动、尊重劳动者”的良好氛围，不断发展工人阶级先进性。

7. 拓展职工职业技能培训。集中工会职工教育和技能培训资源，建立全总金蓝领职工技能培训示范点，依托工会院校、职工技能实训基地和多媒体手段，构建职工教育培训立体化网络，促进完善技术工人培养、使用、激励机制。深入开展职工技术创新活动，建立以高素质技术工人为主体的专业技术委员会和职工技能人才库，设立职工创新补助资金，推广运用创新工作室、创新示范岗等载体，促进创新活动多出成果并广泛应用。拓宽技术工人职业发展渠道，保障其经济社会权益和享有相应的荣誉。

8. 强化职工思想政治工作。深化职工精神文明创建活动，开展中华优秀传统文化、传统美德教育，加强职工职业道德建设，把社会主义核心价值观转化为职工群众生动活泼、特色鲜明、富有成效的实践。广泛开展“中国梦·劳动美”主题教育，抓好重大节日、重要时点主题活动，深化职工书屋工作，推动职工读书活动进基层、到班组。运用新媒体开展职工思想政治工作，加强对职工特别是青年职工的思想引导和人文关怀，把解决思想问题与解决实际问题结合起来，打造健康向上的职工文化和企业文化。

（三）完善维护职工权益制度和机制。

9. 突出维护职工基本权益。以提质增效为重点，全面深化集体协商工作，扎实开展区域（行业）集体协商，推广制定行业劳动定额标准经验。积极主动促进中国特色和谐劳动关系建设，推动和谐劳动关系创建活动由工业园区向企业比较集中的乡镇（街道）、村（社区）扩展。建立健全工会劳动法律监督制度和职工法律援助制度，督促企业履行社会责任。在深化国有企业改革中，主动参与改革政策的制定，动员职工积极支持和投身改革，及时反映和引导职工诉求，保障职工合法权益。

10. 健全职工协商民主机制。推动涉及职工利益法律法规政策的制定及执行，引导职工群众增强法治意识和依法理性维权能力。促进提高一线职工在人大代表、政协委员中的比例，充分发挥人大代表中职工、工会工作者和政协工会界别委员的作用。推动健全和落实协调劳动关系三方机制、政府与工会联席会议制度。完善以职工代表大会为基本形式的企事业单位民主管理制度，在中小企业相对集中的地方和产业集群推行区域（行业）职代会制度，推进厂务公开制度化、规范化，在公司制企业推行职工董事、职工监事制度。

11. 构建以精准帮扶为重点的服务职工体系。拓展困难职工帮扶中心（职工服务中心）和站点服务功能，推动政策帮扶、制度保障，扩大服务范围和对象，发展职工互助项目，实行普惠化服务。针对困难职工群体做实做细送温暖工作，提供个性化服务，做到精准帮扶、雪中送炭。深入工会扶贫联系点做好扶贫工作，提高扶贫实效。创新对东北等老工业基地、资源枯竭工矿区困难职工专项帮扶的形式。健全工会对口支援新疆、西藏工作机制。

12. 提升农民工入会和服务工作。实施农民工入会集中行动，把省级以上开发区（工业园区）、建筑项目、物流（快递）业、家庭服务业、农业专业合作组织等五大领域作为重点，创新建会形式，最大限度地把农民工吸收到工会组织中来；以农民工需求为导向，重点维护农民工劳动就业、技能培训、工资报酬、社会保险、安全生产和职业健康等权益，推广为农民工发放工会服务卡等做法，实现农民工入会数量和服务质量双提升。通过扎实努力，在2015年新增1500万农民工会员的基础上，2016年力争再增加农民工会员1500万人，达到1.4亿人，使农民工会员占农民工总数的比例由2014年的约40%提高到2016年的约51%。

13. 强化工会资产服务职工功能。改进和规范管理工人文化宫、职工疗休养院等工会事业，加强监督检查，突出其公益性和服务性。争取政府对工人文化宫等公益类事业单位的支持，建立工会事业单位可持续投入保障机制。深化职工疗休养院改革，增强其自我发展和服务职工的能力。实行工会生产经营类事业单位转企改革。

14. 探索建立工会服务职工满意度评价制度。通过对服务对象定期走访、发放征求意见表、进行无记名投票等多种方式，听取对工会直接服务职工项目的意见建议，根据职工的要求对服务项目的内容、形式进行调整、改进，做到职工群众满意的就坚持、不满意的即行即改，服务得怎么样让职工群众说了算。健全督查制度，提高工会工作的执行力。

（四）着力做强基层夯实基础。

15. 加强和改进基层工会组织建设。继续深化“基层工会建设落实年”活动，创新基层工会组织形式，动员职工依照工会法和工会章程组建和参加工会。在各类企事业特别是非公有制经济组织、社会组织中普遍建立工会组织，在中小企业集中的地方推进区域性、行业性工会联合会建设，提高建会质量，实现对非公有制企业职工、科技工作者和灵活就业人员等有效覆盖。在深化国有企业改革中巩固和加强工会组织和工会工作。各级党政机关和事业单位的工会组织针对活动方式单一、活力不足等现象，改进工作，增强实效。积极探索和加强自贸区及乡镇（街道）、开发区（工业园区）等工会建设。依法规范基层工会民主选举，增强工会组织代表性。建立完善社会化工会工作者队伍管理制度，推动纳入国家社会工作专业人才队伍范围。

16. 坚持工会经费使用进一步向基层倾斜。健全工会经费对下补助机制，全总对下级工会的经费补助实行项目管理，优化经费支出结构，加大经费向乡镇（街道）、开发区（工业园区）和基层工会倾斜力度，把更多的经费直接用于基层和普通职工群众。将全国工会经费全年收入的95%留在地方和基层工会；由全总本级集中的5%，从2015年起把其中的70%用于对下级工会的补助，今后进一步向基层倾斜。依法足额收缴工会经费，健全工会经费代缴和财务管理制度，严格规范和管理工会经费，加强审查审计监督。

17. 改进会员发展和会籍管理工作。开辟网上申请入会等途径，拓宽职工便捷入会渠道，推行会员实名制管理，建立会员组织关系随劳动关系流动接转的机制，实现会员管理制度化、规范化、信息化。

18. 健全改进作风、联系基层、服务职工制度。以工会是“职工之家”和工会干部是最可信赖的“娘家人”为指向，进一步完善机关干部直接联系群众和基层联系点制度，组织引导机关干部强化服务意识、群众意识，发扬优良传统，坚决反对“四风”。深入基层蹲点调研，到条件差、基础薄弱的地方去了解实情、解决问题、推动工作，与职工群众摸爬滚打、增进感情，同困难职工结对子。把深入基层服务职工成效作为干部考核的重要内容，建立“下基层周”制度，全总领导班子成员每年到基层联系服务职工群众不少于30天，对其他机关干部提出具体要求，确保下基层活动常态化、制度化。认真落实领导干部接待职工群众来访制度，建立健全机关干部到信访岗位、地方和基层工会服务职工窗口轮流工作制度。

19. 强化产业工会职责作用。支持产业工会开展具有各自特色的维权服务等工作，改进方式方法。围绕产业战略布局和发展、维护产业职工合法权益等开展专题调研，提出政策和工作建议，有效发挥产业工会的职能作用。

（五）坚决维护职工队伍和工会组织团结统一。

20. 加强工会系统维护稳定工作。建立与国家有关部门会商协调和联动处置机制，加强对劳动关系领域的风险评估和会商研判，及时有效排查和化解劳动关系矛盾，依法参与对渗透破坏事件、劳动关系群体性事件的调查处置工作。建立各级工会上下联动的维稳机制。对打着“维权”旗号破坏职工队伍与工会组织团结统一的行为和组织进行坚决斗争，决不允许成立“独立工会”“民间工会”等非法工会组织。

21. 探索联系引导劳动关系领域社会组织机制。发挥工会组织作为枢纽型组织的作用，加强对劳动关系领域社会组织的政治引领、示范带动和联系服务。探索与共青团、妇联等群团基层组织合作建立社会组织，增强群众工作合力。在一些关键领域、重要群体中培育孵化工会直接领导的职工服务类社会组织和志愿者队伍。通过项目招标、购买服务等市场化方式，引导社会组织为职工提供专业化的服务。在一些地方工会进行试点。

（六）创建工会网上工作平台。

22. 打造全国工会系统服务职工网络载体。完善全总门户网站，建立全国统一的工会工作和会员信息基础数据库，开通全总微博、微信公众号，开发符合职工特点、实用性强的移动客户端，推动网上网下互动融合，实现服务对象全覆盖、服务时间全天候，使职工得到工会更方便、更有效的服务。

23. 开展网上教育引导和舆论斗争。以政治强、业务精、作风好为基本要求，以网络评论员、网络宣传员、网络信息员为主要力量，加快建设一支高素质的工会网络宣传队伍，提高工会干部运用新媒体能力。用职工群众易于接受的语言和形式，更直接地与职工群众在网上交流互动，引导和凝聚广大职工。做大做强网上正面思想舆论，妥善应对突发事件重大舆情，开展网上舆论斗争，对模糊认识进行引导，对错误言论进行驳斥，在关键时刻敢于发声亮剑。

（七）充分发挥全总党组的领导核心作用。

24. 围绕党和国家工作大局开展工会工作。坚决贯彻落实党中央的决策部署，健全全总党组向党中央请示、报告重要工作的制度，围绕党和国家工作大局搞好“公转”，聚焦服务职工群众搞好“自转”，把自觉接受党的领导、团结服务职工群众、依法依章程开展工作统一起来，促进改革发展、维护社会稳定，在思想上政治上行动上始终同以习近平同志为总书记的党中央保持高度一致。

25. 全面落实党建工作责任制。成立全总党建工作领导小组，修订全总党组工作规则、全总党组中心组学习制度。推进干部队伍思想政治建设，深入开展“三严三实”专题教育，引导机关干部把“三严三实”作为修身做人用权律己的基本遵循、干事创业的行为准则，确保各项工作抓实抓细抓出成效。按照全面从严治党、依规治党的要求，学习贯彻《中国共产党廉洁自律准则》《中国共产党纪律处分条例》，深入推进党风廉政建设和反腐败斗争，认真落实党组织的主体责任和纪检组织的监督责任并制定相关实施意见，严明党的政治纪律和政治规矩，把纪律和规矩挺在前面，营造风清气正的政治生态，自觉做守纪律、讲规矩和廉洁自律的模范，打造一支绝对忠诚党的事业、竭诚服务职工群众的干部队伍，把全总机关建设成为学习型、高效型、和谐型机关和真正的“职工之家”。

26. 建立与省级党委协调推进工会工作制度。坚持工会受同级党委和上级工会双重领导体制，全总党组主动与省级党委沟通协调，共同研究解决省级工会工作遇到的问题。依法依章程加强对下级工会的领导，建立全总定期听取省级工会工作汇报和意见建议的制度，形成各级工会之间协同联动、运转有序的机制。

27. 加强和改进工会理论研究工作。深入学习领会习近平总书记系列重要讲话精神特别是关于工人阶级和工会工作的新思想、新观点、新要求，紧密结合我国经济关系、劳动关系和工人阶级队伍发展变化的实际，建立定期分析研究经济社会发展新形势、劳动关系变化新特点、职工队伍稳定新情况和国际工会运动新动向的制度，健全深入基层调查研究和理论研究制度，认真研究体现工人阶级主人翁地位的改革举措，以理论创新推动工会实践创新和制度创新。

三、组织实施

（一）成立改革试点工作领导机构。

在李建国同志直接领导下，全总成立由李玉赋同志任组长，全总党组、书记处成员参加的全国总工会改革试点工作领导小组，负责制定全国总工会改革试点方案并组织实施。

（二）统筹安排试点工作进度。

方案制定阶段（2015 年 7 月—10 月）。全国总工会改革试点工作领导小组研究制定改革试点方案，按程序报中央全面深化改革领导小组审批。

动员部署阶段（2015 年 11 月）。中央全面深化改革领导小组批准全总改革试点方案后，全总即召开会议进行动员部署，制定具体实施方案，细化工作进度，明确各项改革举措的责任人和牵头单位。

组织实施阶段（2015 年 11 月—2016 年 9 月）。按照责任分工，落实相关的改革任务。

总结完善阶段（2016 年 10 月）。总结改革试点情况，梳理制度机制成果，改进完善相关措施。

（三）提出具体工作要求。

加强宣传引导。做好机关干部思想政治工作，引导大家进一步深化认识、振奋精神，坚定信心、勇于革新。制定全总改革试点宣传工作方案，做好正面解读宣传工作，积极回应社会关切，为改革试点工作的顺利推进营造良好氛围。

依法有序推进。遵循宪法和法律，运用法治思维和法治方式，根据改革需要，清理、修订和制定全总规章制度和规范性文件，对涉及调整修改现有法律法规的，按程序提请立法机关批准授权，对改革试点中的重要问题和事项，及时请示报告，主动沟通协调，使改革试点工作积极稳妥、有序展开。

认真督促检查。对改革措施落实情况加强跟踪检查，发现问题及时调整和解决，确保各项改革措施落实到位。

李玉赋在全国总工会机关改革试点工作动员部署大会上的讲话

（2015 年 11 月 11 日）

今天我们召开全国总工会机关改革试点工作动员部署大会，正式启动《全国总工会改革试点方案》（以下简称《试点方案》）的实施工作。李建国同志高度重视、亲自到会，还将作重要讲话，这是对全总改革试点的有力指导和推动，我们要深入学习领会、坚决贯彻落实。根据会议安排，我先就全国总工会机关改革试点工作进行动员。

一、深刻理解在全总开展中央群团机关改革试点的背景和意义

今年 7 月，中央召开党的群团工作会议，习近平总书记在会上发表重要讲话，就群团工作改革创新提出明确要求。11 月 9 日，习近平总书记主持召开中央全面深化改革领导小组第 18 次会议，会议审议通过了《试点方案》，习近平总书记作了重要讲话，充分肯定了全总工作的积极性、主动性，认为全总和上海市、重庆市贯彻中央精神态度非常坚决，聚焦突出问题，加大改革力度，符合中央决策部署要求，试点方案实施后会对面上群团工作起到积极的引导作用。强调要加强党对群团工作的领导，坚定不移走中国特色社会主义群团发展道路，在思想上政治上行动上自觉同党中央保持高度一致；要突出群团组织联系服务群众的特点，坚持为党分忧、为民谋利，从群众需要出发开展工作、深化改革；要破解群团工作重点难点问题，针对突出问题，对症下药，标本兼治；要积极稳妥推进改革，做好思想政治工作，既要有改革的紧迫感，又要稳妥有效，创造可复制可推广的经验。习近平总书记的重要讲话为我们推进改革试点工作进一步指明了方向。

改革创新始终伴随着党的工运事业的发展。党的十八大以来，我们适应全面深化改革的要求，加大了工会工作改革创新的探索力度。今年以来，全总举办了学习贯彻《中共中央关于加强和改进党的群团工作的意见》专题研讨班，制定印发全总贯彻落实《意见》的实施方案，会同有关部门开展以党中央、国务院名义召开的庆祝“五一”国际劳动节暨表彰全国劳动模范和先进工作者大会的筹备工作，成功召开纪念中华全国总工会成立90周年大会和理论研讨会，贯彻落实《中共中央、国务院关于构建和谐劳动关系的意见》，深入推进和做好农民工入会和服务工作，开展基层工会建设“落实年”工作，完善和落实联系基层服务基层制度。李建国同志带头深入基层，就加强工会基层组织建设和农民工工作进行调研，全总党组、书记处的同志也分头下基层调研、帮助基层解决问题。这些工作都贯穿了改革创新的要求，形成了全总工作改革创新的良好势头。

7月23日，中央改革办下发《关于在全国总工会开展中央群团机关改革试点的通知》，决定在全国总工会开展中央群团机关改革试点，要求在2个月内制定出改革方案，争取在一年内取得可复制可推广的经验。李建国同志高度重视这项工作，7月24日当即对全总改革试点工作作出重要批示，要求我们“认清形势、统一思想，动员起来、振奋起来、行动起来，锐意改革创新，求真务实，努力工作，确保实现改革试点预期，不辜负中央的期望”，并多次听取党组工作汇报，带着我们一起研究改革试点工作，给予具体指导。10月22日，刘云山同志主持召开中央书记处会议，专题听取了全总党组关于全总改革试点方案的汇报，给予了充分肯定，讨论并原则同意《试点方案》。

几个月来，全总机关改革试点的各项准备工作，紧张有序、积极稳妥地推进。在李建国同志直接领导下，全总成立改革试点工作领导小组，全总党组、书记处成员全部参加，把改革试点工作摆在突出位置，紧抓不放。党组同志团结合作、分工负责，领导小组和各工作小组、有关职能部门全力以赴、夜以继日地投入工作，深入调研、广纳善言、广征良策，集中精力研究制定《试点方案》。中央有关部门、全总老领导老同志、社会各方面都给予大力支持，机关干部职工积极参与，为制定全总机关改革试点方案作出了贡献。改革试点的准备工作充分、周密、有序，形成了很好的工作开局，为下一步实施改革试点工作奠定了扎实的基础。借此机会，我代表全总党组向大家表示诚挚的感谢。

在制定《试点方案》过程中，我们主要抓了5个方面的工作：一是强化思想武装。集中学习习近平总书记系列重要讲话特别是在中央党的群团工作会议上的重要讲话、《中共中央关于加强和改进党的群团工作的意见》等重要文件，力求全面深刻领会中央精神，准确把握工会改革的方向和重点，把习近平总书记重要讲话精神贯彻落实到工会改革创新的全过程。二是认真查找问题。梳理了工会领导机构组成人员广泛性、代表性不够，机关机构设置不够合理，活动方式存在自我循环、封闭运行现象，直接联系和服务职工群众的工作制度不够完善，资源向基层倾斜不够，一些干部维权服务能力不足、存在虚空浮等问题。三是深入调研论证。全总负责同志带队赴各地开展专题调研，领导小组多次召开会议进行专题研究和论证。四是精心研提措施。针对存在的突出问题，经过多次分析讨论，综合各方面意见，确定了改革试点方案的思路框架，提出了改革措施。五是广泛征求意见。分别向中央改革办、中组部、中编办作了汇报，征求了团中央、全国妇联、中国科协、中国侨联、全国工商联等11家中央群团组织和民政部、人社部、国资委等部委的意见建议，分片区召开各省（区、市）总工会座谈会听取意见建议，多次征求各全国产业工会、全总机关各部门、各直属单位意见，还征求了部分全总老同志的意见建议。同上海、重庆就群团改革进行了沟通交流。全总对各方面提出的意见建议进行了认真梳理，对好的意见建议，能采纳的都予采纳，未能采纳的作了说明。

就推进全总改革试点工作，我们着重从4个方面来把握：一是增强“三性”。紧紧围绕保持和增强工会工作和工会组织的政治性、先进性、群众性这条主线，全面把握中国特色社会主义群团发展道路“六个坚持”的基本要求和“三统一”的基本特征，研究制定改革措施，促进工会更好地履职尽责。二是去除“四化”。对照全总机关存在的“机关化、行政化、贵族化、娱乐化”等现象，有针对性地提出改革思路和办法，明确重点、突破难点，切实解决问题。三是做强基层。把更多的资源向基层倾斜，把更多的精力投入基层一线，着力解决基层基础薄弱问题，充分激发基层工会活力，不断增强工会组织的吸引力凝聚力战斗力。四是着力创新。勇于责任担当、勇于直面问题、勇于自我革新，适应新形势新任务的要求，解放思想、实事求是、与时俱进、开拓创新，提出具有针对性、前瞻性、突破性的改革举措，努力破解制约工会工作创新发展的制度性障碍，为推动工会工作再上新台阶提供强劲动力。

党的十八届五中全会是在全面建成小康社会进入决胜阶段召开的一次重要会议，对于坚持和发展中国特色社会主义，实现“两个一百年”奋斗目标、实现中华民族伟大复兴的中国梦，具有十分重大的现实意义和深远的历史意义。习近平总书记发表的重要讲话，高瞻远瞩、顺应大势，思想深刻、内涵丰富，体现了我国经济发展新常态的内在要求，彰显了我们党以新理念引领新发展的战略思维，为做好各项工作提供了思想引领、理论指导、行动指南。全会审议通过的《中共中央关于制定国民经济和社会发展第十三个五年规划的建议》，是动员全党全国各族人民夺取全面建成小康社会伟大胜利的纲领性文件。《建议》明确提出，要注重发挥工会、共青团、妇联等群团组织的作用，最大限度凝聚全社会推进改革发展、维护社会和谐稳定的共识和力量。实现“十三五”规划目标任务和“两个一百年”奋斗目标，实现中华民族伟大复兴的中国梦，为工运事业发展提供了广阔舞台，也对工会改革创新提出了迫切要求。中央决定在全总开展中央群团机关改革试点，充分体现了党中央对工人阶级和工会工作的高度重视、对全总的充分信任，对于开创党的职工群众工作和工运事业新局面是一个重大机遇。我们一定要牢牢抓住这次改革试点的契机，推动体制、机制和工作创新，调动机关干部职工的积极性主动性创造性，充分激发正能量，努力建设学习型、高效型、和谐型机关，把工会组织建设成为真正的“职工之家”。机关广大干部要深入学习领会习近平总书记重要讲话精神，坚决贯彻中央的决策部署，充分认识开展改革试点的重大意义，以强烈的历史责任感和使命感，坚持求真务实、与时俱进，敢于担当、不辱使命，积极投身到改革试点工作中来。

二、准确把握全总改革试点方案的总体思路和重点任务

全总机关改革试点是全面深化改革的有机组成部分，是一项政治性、政策性很强的工作，不仅仅是机构的优化整合，更重要的是思想观念的转变、思维方式的调整、运行机制和工作方式的创新，事关工会工作全局和长远发展。《试点方案》内容丰富、涉及面广，落实改革试点任务，需要准确把握基本精神，全面掌握主要内容。

*深刻理解改革试点的指导思想。*全总改革必须高举中国特色社会主义伟大旗帜，全面贯彻党的十八大和十八届三中、四中、五中全会精神，坚持以邓小平理论、“三个代表”重要思想、科学发展观为指导，深入贯彻习近平总书记系列重要讲话精神特别是关于工人阶级和工会工作的重要论述，按照“四个全面”战略布局，贯彻落实中央党的群团工作会议重要部署，全面把握中国特色社会主义群团发展道路“六个坚持”的基本要求和“三统一”的基本特征，贯彻党的全心全意依靠工人阶级根本方针，站在巩固党执政的阶级基础和群众基础的政治高度，牢牢把握工运时代主题，坚定不移走中国特色社会主义工会发展道路，勇于责任担当、勇于直面问题、勇于自我革新，最广泛地把职工群众组织动员起来，为实现“两个一百年”奋斗目标、实现中华民族伟大复兴的中国梦建功立业。

*准确把握改革试点的目标要求。*全总改革必须紧紧围绕保持和增强工会工作和工会组织的政治性、先进性、群众性这条主线，强化问题意识、改革意识，克服“机关化、行政化、贵族化、娱乐化”现象，改革全总机关的组织体制、管理模式、运行机制和活动方式，解决脱离职工群众的突出问题，加强基层工会建设，增强全总机关影响力凝聚力战斗力，带动各级工会特别是基层工会更好地发挥党联系职工群众的桥梁纽带作用、国家政权的重要社会支柱作用和职工利益的代表者维护者作用，把工会组织建设得更加充满活力、更加坚强有力，切实承担起引导职工群众听党话、跟党走的政治责任。在 1 年内

完成改革试点任务。

牢牢坚持改革试点的基本原则。一是坚持正确方向。坚持中国共产党的领导，坚定走中国特色社会主义道路，坚决维护以习近平同志为总书记的党中央权威，坚持为党分忧、为民谋利，把党的领导、党的意志和主张、党对职工群众的关怀落实到工会工作中。二是突出问题导向。针对工会领导机构组成人员广泛性、代表性不够，机关机构设置不够合理，活动方式存在自我循环、封闭运行现象，直接联系和服务职工群众的工作制度不够完善，资源向基层倾斜不够，一些干部维权服务能力不足、存在虚空浮等问题，采取有力改革举措，明确重点、突破难点，对症下药、标本兼治，坚持立行立改，切实解决问题。三是着力开拓创新。解放思想、更新观念，发扬民主、集思广益，提出具有针对性、前瞻性、突破性的思路和办法，破解制约工会工作创新发展的制度性障碍，为推动工会工作再上新台阶提供强劲动力。

全面了解改革试点的具体措施。《试点方案》提出了 7 个方面 27 条具体举措，涉及改革和改进机构设置、管理模式、运行机制、活动方式等方面。概括起来主要是：第一，改进工会领导机构人员构成和全总机构设置。包括提高领导机构中职工代表比例，整合优化机关职能和机构设置，实行全总机关编制“减上补下”，改进机关干部管理方式。第二，创新职工建功立业的载体和方式。包括做强工会工作品牌、充分发挥工人阶级在实现中国梦中的主力军作用，改善劳动模范评选宣传和管理服务，拓展职工职业技能培训，强化职工思想政治工作。第三，完善维护职工权益制度和机制。包括突出维护职工基本权益，健全职工协商民主机制，构建以精准帮扶为重点的服务职工体系，提升农民工入会和服务工作，强化工会资产服务职工功能，探索建立工会服务职工满意度评价制度。第四，着力做强基层夯实基础。包括加强和改进基层工会组织建设，坚持工会经费使用进一步向基层倾斜，改进会员发展和会籍管理工作，健全改进作风、联系基层、服务职工制度，强化产业工会职责作用。第五，坚决维护职工队伍和工会组织团结统一。包括加强工会系统维护稳定工作，探索联系引导劳动关系领域社会组织机制。第六，创建工会网上工作平台。包括打造全国工会系统服务职工网络载体，开展网上教育引导和舆论斗争。第七，充分发挥全总党组的领导核心作用。包括围绕党和国家工作大局开展工会工作，全面落实党建工作责任制，建立与省级党委协调推进工会工作制度，加强和改进工会理论研究工作。

总之，《试点方案》贯彻了习近平总书记系列重要讲话精神，体现了党中央关于群团工作改革的要求，坚持了中国特色社会主义群团发展道路，顺应了广大职工群众的期盼，符合全总和工会工作实际。《试点方案》坚持在继承中发展、在发展中创新，坚持了正确方向、突出了问题导向、体现了开拓创新，既立足当前、又着眼长远，既立足全总机关、又着眼工会系统，既突出重点、又兼顾全面，既有很大的改革力度，又做到了积极稳妥，使各项改革措施形成了一个相互联系、相互配套的整体。我们始终把握住一条，就是改革的态度一定要坚决、改革的措施一定能落地。按照依法有序、积极稳妥，应该改能够改、可复制可推广的要求，对看准了、迫切需要改也有条件改的，坚持立行立改、切实解决问题；对情况复杂、需要深入探索的，方案中提出了先行试点的要求。比如，建立联系引导劳动关系领域社会组织机制，就需要选择一些有代表性的地方工会先行试点，在取得经验的基础上逐步推开。

全总机关改革试点是党中央交给我们的政治任务，是党的工运事业发展的必然要求。改革必将为全总工作乃至整个工运事业的创新发展带来新的生机、提供强劲动力。全总机关的每个同志都要从党的事业发展全局的高度看待改革，加强学习、提升素质，顺应改革大势，在改革的实践中锻炼自己、提高自己。

三、切实抓好改革试点的组织领导和工作落实

改革试点是当前全总工作的重中之重。机关广大干部职工要增强政治意识、大局意识、责任意识，把“三严三实”要求贯穿改革试点全过程。

一是要深化思想动员，凝聚改革合力。讲政治、顾大局、守纪律

是我国工会组织和工会干部的好传统好作风，推进改革试点，要大力弘扬优良传统和作风，集思广益、群策群力，充分调动各方面的积极性，相信和依靠全总广大干部职工。要深入细致地做好思想政治工作，把大家的思想和行动统一到中央的决策部署上来，认真落实全总党组的部署和要求，坚定改革的信心和决心，齐心协力完成好改革试点任务。

二是要加强组织领导，明确责任分工。改革试点工作领导小组已经根据《试点方案》制定了《具体实施方案》，明确了责任分工和进度表，党组每位同志都担负重要责任，分管一摊、主抓一片，发挥好带头示范作用。拟在试点工作领导小组下设立若干个工作小组，分别承担相关工作。承担具体任务的牵头单位、参与单位，要强化责任担当，明确责任、落实责任，按时保质完成工作任务。机关全体党员干部都要保持积极的进取精神，保持良好的工作状态，树立一盘棋思想，以高标准、严要求履行好职责。对改革措施的落实情况，要跟踪检查、跟踪问效问责，发现问题及时研究解决。

三是要周密部署，推进工作落实。改革试点工作时间紧、任务重、要求高，要倒排工期、抓好落实，定下来的事要坚决办、马上办。《具体实施方案》已将《试点方案》中7个方面、27条任务分解为75项改革举措，有的是可以一步到位的，有的是需要逐步推进的，有的要求在今年年底前完成，有的要求在明年10月底完成，这些都有明确的进度要求。各全国产业工会、全总各部门、各直属单位都要按照《具体实施方案》要求，把握好工作着力点和时间节点，采取切实可行的操作性措施，蹄疾步稳地推进改革试点工作。落实改革举措，要重质量、求实效，内涵清楚、指向清晰、便于落实，做到周全、周密、周延。改革试点进入实施阶段，有大量的工作需要协调沟通，我们要主动争取各方面的支持，重要事项及时向中央请示报告，确保各项改革措施落到实处。

四是要做好工作衔接，保持工作连续性。要有条不紊地推进改革工作，严丝合缝地进行人员对接。整合优化内设机构时，要切实做好职能划转、人员定岗和工作交接等工作，确保新的机构尽快有序运转起来。涉及的人员，要以事业为重，坚守岗位，善始善终地做好各项工作，做到思想不乱、队伍不散、工作不断。

五是要做好宣传工作，营造良好深厚舆论氛围。要面向广大职工群众和各级工会组织，宣传好这次全总机关改革试点的指导思想、目标任务、基本原则和主要举措，通过宣传解读，回应职工群众和各级工会的关切，凝聚改革共识、汇聚改革力量，为改革鼓劲、为创新加油，引导大家自觉做改革的促进派。要严守宣传纪律，把握好宣传的时机和节奏，释放正能量，营造良好氛围。

四、以全总机关改革试点为契机为工会工作注入新的生机和活力

当前，我们要以学习贯彻党的十八届五中全会精神为动力，认真贯彻落实习近平总书记在中央全面深化改革领导小组第 18 次会议上的重要讲话精神，围绕协调推进“四个全面”战略布局，集中力量抓好改革试点工作。同时，要继续扎实做好日常工作，把组织动员职工群众工作做得更强、更好，更务实、更有效，团结带领广大职工为实现“十三五”规划目标任务、夺取全面建成小康社会伟大胜利作出新的贡献。

一是要深入学习宣传贯彻党的十八届五中全会精神。把学习贯彻五中全会精神作为当前和今后一个时期的重要政治任务，紧紧围绕实现“十三五”规划目标任务对工人阶级和工会工作提出的新要求谋划工会工作，坚决贯彻党中央决策部署，坚决维护党中央权威，始终在思想上政治上行动上同党中央保持高度一致。要面向广大职工群众广泛宣传全会精神特别是习近平总书记重要讲话精神，进一步统一思想、凝聚共识，把广大职工群众更加紧密地团结在以习近平同志为总书记的党中央周围，把大家的智慧和力量凝聚到落实中央的决策部署上来，共同为实现五中全会确定的目标任务建功立业。

二是要以改革为动力推动重点工作的落实。要紧扣工人运动时代主题，大力弘扬劳模精神、劳动精神，深化“中国梦·劳动美”主题教育，创造性地开展群众性劳动竞赛，提高职工队伍整体素质，培育更多“大国工匠”，激发职工创新创业活力，投身大众创业、万众创新，团结动员广大职工在经济建设主战场上建功立业。要抓好基层工

会建设“落实年”、农民工入会和服务工作，进行系统梳理、全面总结。要认真履行维护职工群众合法权益基本职责，重点关注一线职工、农民工、困难职工等群体，依法保障职工劳动就业、技能培训、收入分配、社会保障、劳动安全卫生等劳动经济权益，构建以精准帮扶为重点的服务职工体系，扩大服务范围和对象，实行普惠性服务，针对困难职工群体做实做细送温暖工作，让改革发展成果更多、更公平、更实在地惠及广大职工群众。要积极构建中国特色和谐劳动关系，广泛开展和谐劳动关系创建活动，深化厂务公开民主管理工作，及时有效排查和化解劳动关系矛盾，以职工队伍的团结稳定促进社会和谐稳定。要加快打造网上网下相互促进、有机融合的工会工作新格局，提高工会工作网络化信息化水平，加强工会网上舆论阵地和网宣队伍建设，弘扬主旋律，有效引导职工。

*三是要切实履行好管党治党的责任。*全总党组要带头落实全面从严治党要求，更自觉、更有力地担负起管党治党的责任。各级工会要切实加强党的建设，认真贯彻落实《中国共产党廉洁自律准则》和《中国共产党纪律处分条例》，落实意识形态工作责任制，严明党的纪律和规矩，把党规党纪刻印在心上、落实到行动上。要落实党组主体责任和纪检组织监督责任，加强工会系统党风廉政建设和反腐败工作，深入开展“三严三实”专题教育，锲而不舍落实中央八项规定精神，坚持不懈纠正“四风”。要从严管理干部，加强干部队伍建设，坚持严在平时、管在当下，打造一支忠诚、干净、担当的工会干部队伍。

同志们，《全国总工会改革试点方案》已经中央全面深化改革领导小组会议审议通过，这标志着制定《试点方案》的工作告一段落，落实《试点方案》的任务正式启动。应该看到，全总改革试点工作开局良好，这得益于中央的坚强领导，得益于方方面面的理解和支持，是全总机关包括老同志在内的所有同志共同努力的结果。下一步，我们要坚决贯彻党中央的部署和要求，更加紧密团结在以习近平同志为总书记的党中央周围，在李建国同志直接领导下，以奋发有为的精神面貌，团结一心、加倍努力，积极稳妥、扎实有序地把改革试点方案确定的各项任务落实到位，向党中央交上一份合格的答卷。

勇于推进改革创新　热诚服务职工群众

——全国总工会负责人就全总改革试点答记者问

《全国总工会改革试点方案》已经中央全面深化改革领导小组审议通过，开始启动改革试点工作。日前，全国总工会党组书记、副主席、书记处第一书记、全国总工会改革试点工作领导小组组长李玉赋就全总改革试点有关情况回答了记者提问。

问：为什么要在全国总工会开展改革试点？

答：推进全国总工会改革是我国工运事业与工会工作发展的内在要求和客观需要，贯彻了习近平总书记系列重要讲话精神，体现了党中央关于群团工作改革的要求，坚持了中国特色社会主义群团发展道路，顺应了广大职工群众的期盼，符合全总和工会工作实际。

党的十八大以来，以习近平同志为总书记的党中央提出并形成了“四个全面”战略布局，而全面深化改革是这个布局中具有突破性和先导性的关键环节。面对新形势新任务，工会组织还存在不少与之不相适应的问题，影响着工会职能的发挥和工作水平的提升。解决这些问题，根本出路在于改革，而工会改革要从全总机关开始。

习近平总书记多次强调，要自觉运用改革精神谋划推进工会工作，创新组织体制、运行机制、活动方式、工作方法，推动工会工作再上新台阶。习近平总书记系列重要讲话特别是关于工人阶级和工会工作的重要论述，是指导工会改革的基本遵循。

问：请问推进全总改革试点的总体考虑是什么？

答：我们坚持正确方向、突出问题导向、着力开拓创新，主要从强化思想武装、认真查找问题、深入调研论证、精心研提措施、广泛征求意见等五个方面开展工作，积极稳妥、扎实有序地推进改革试点。总体考虑是：

一是增强“三性”。紧紧围绕保持和增强工会工作和工会组织政治性、先进性、群众性这条主线，全面把握中国特色社会主义群团发展道路“六个坚持”的基本要求和“三统一”的基本特征，以改革为动力推进工会工作全面创新，把工会组织建设得更加充满活力、更加坚强有力，切实承担起引导职工群众听党话、跟党走的政治责任。

二是去除“四化”。强化问题意识、改革意识，对照“机关化、行政化、贵族化、娱乐化”等脱离群众现象，有针对性地提出改革措施，对症下药、标本兼治。

三是做强基层。把更多的资源向基层倾斜，把更多的精力投入基层一线，努力解决基层基础薄弱问题，不断激发基层工会活力，充分发挥基层工会作用。

四是着力创新。勇于责任担当、勇于直面问题、勇于自我革新，提出具有针对性、前瞻性、突破性的思路和办法，破解制约工会工作创新发展的制度性障碍。

问：这次改革对改进工会领导机构人员构成和全总机构设置有哪些措施？

答：第一，增强工会组织广泛性和代表性，提高领导机构中职工代表比例。在本届全总执委会委员及主席团成员中，分别提高劳模和一线职工比例，全总领导班子中增设农民工兼职副主席和挂职书记处书记。在本届各驻会全国产业工会全委会委员、常委会成员中分别提高劳模和一线职工比例，并分别增设兼职副主席。

第二，整合优化机关职能和机构设置。建立扁平化的组织结构，不搞叠床架屋，进一步形成眼睛向下、面向基层、职责明确、运转高效的格局。

第三，实行全总机关编制“减上补下”。为加强基层工作力量，全总精简一定的编制，充实到若干任务繁重、力量薄弱的县级工会，并带动省级、市级地方工会实行编制“减上补下”。

第四，改进机关干部管理方式。突出基层一线工作经历、群众工作经历，侧重从劳模和一线优秀工会工作者中考录、遴选机关干部。

问：通过改革全总将如何解决基层基础薄弱的问题？

答：深化“基层工会建设落实年”活动，在各类企事业特别是非公有制经济组织、社会组织中普遍建立工会组织，在中小企业集中的地方推进区域性、行业性工会联合会建设，在深化国有企业改革中巩固和加强工会组织和工会工作，积极探索和加强自贸区及乡镇（街道）、开发区（工业园区）等工会建设，提高建会质量，实现对非公有制企业职工、科技工作者和灵活就业人员等有效覆盖。

坚持工会经费使用进一步向基层倾斜，加大向乡镇（街道）、开发区（工业园区）和基层工会倾斜力度。加强对工会经费的监督和管理。开辟网上申请入会、推行会员实名制管理等方式，让职工入会、获取服务更便捷高效。

问：将采取哪些措施创新职工建功立业的载体和方式？

答：一是做强工会工作品牌、充分发挥工人阶级在实现中国梦中的主力军作用。深入学习贯彻党的十八届五中全会精神，围绕国民经济和社会发展“十三五”规划，引导职工群众树立并践行创新、协调、绿色、开放、共享的发展新理念，积极投身大众创业、万众创新，参加劳动竞赛，深入开展职工职业技能大赛；打造和做强送温暖、五一劳动奖、大国工匠、工人先锋号、职工书屋等一批品牌。

二是改善劳动模范评选宣传和管理服务。继续提高基层一线工人、工程技术人员在劳模评选中的比例，推动劳模精神、劳动精神宣传进入黄金时段、重要版面。

三是拓展职工职业技能培训。促进完善技术工人培养、使用、激励机制，建立以高素质技术工人为主体的专业技术委员会和职工技能人才库，设立职工创新补助资金，推广运用创新工作室、创新示范岗等载体，拓宽技术工人职业发展渠道。

四是强化职工思想政治工作。深化精神文明创建活动，把社会主义核心价值观转化为职工群众的生动实践；广泛开展“中国梦·劳动美”主题教育，打造健康向上的职工文化和企业文化。

问：工会如何完善维护职工权益制度和机制？

答：一是突出维护职工基本权益。以提质增效为重点，全面深化集体协商工作，扎实开展区域（行业）集体协商。促进中国特色和谐劳动关系建设，推动和谐劳动关系创建活动由工业园区向乡镇（街道）、村（社区）扩展。主动参与国有企业改革政策的制定，动员职工积极支持和投身改革。

二是健全职工协商民主机制。推动涉及职工利益法律法规政策的制定及执行，促进提高一线职工在人大代表、政协委员中的比例；推动落实协调劳动关系三方机制、政府与工会联席会议制度。

三是构建以精准帮扶为重点的服务职工体系。拓展困难职工帮扶中心（职工服务中心）和站点服务功能，发展职工互助项目，为困难职工群体提供精准帮扶、精准脱困。

四是提升农民工入会和服务工作。实施农民工入会集中行动，最大限度地把农民工吸收到工会组织中来；以需求为导向，切实维护农民工劳动就业、技能培训、工资报酬、社会保险、安全卫生等权益。

问：面对劳动关系问题复杂多变、新媒体迅猛发展等现实，全总有怎样的考虑和举措？

答：深入研究劳动关系现状及发展趋势，及时调处劳动关系矛盾；发挥工会作为枢纽型组织的作用，加强对劳动关系领域社会组织的政治引领、示范带动和联系服务；通过项目招标、购买服务等方式，引导社会组织为职工提供专业化服务。

适应“互联网+”发展，打造全国工会系统服务职工网络载体，建立全国统一的工会工作和会员信息基础数据库，开通全总微博、微信公众号和移动客户端，推动网上网下互动融合。工会干部要提高运用新媒体能力，更直接地与职工群众在网上交流互动。

问：全总党组如何发挥领导核心作用、推动各项改革取得实效？

答：一是围绕党和国家工作大局开展工会工作。坚决贯彻落实党中央的决策部署，健全全总党组向党中央请示、报告重要工作的制度，在思想上政治上行动上始终同以习近平同志为总书记的党中央保持高度一致。

二是全面落实党建工作责任制。全总党组按照全面从严治党、依规治党要求，更好地履行管党治党责任。成立全总党建工作领导小组，深化“三严三实”专题教育，制定《全国总工会机关落实党风廉政建设主体责任和监督责任实施意见》，严明党的政治纪律和政治规矩，坚持不懈纠正“四风”，密切联系职工群众，建设职工信赖的“职工之家”。

三是推动建立与省级党委协调推进工会工作制度。全总党组主动与省级党委沟通协调，共同研究解决工会工作遇到的问题。建立全总定期听取省级工会工作汇报和意见建议的制度。

四是加强和改进工会理论研究工作。建立定期分析研究经济社会发展新形势、劳动关系变化新特点、职工队伍稳定新情况的制度，以理论创新推动实践创新和制度创新。研究把握国际工会运动新动向，不断发展同各国工会组织、国际和区域工会组织的关系，增进我国工人阶级同各国工人阶级的友谊。

（《人民日报》2015 年 11 月 25 日 12 版）

中华全国总工会办公厅关于印发全国总工会改革试点文件推进工会改革创新的通知

总工办发〔2015〕33号

各省、自治区、直辖市总工会，中华全国铁路总工会、中国民航工会、中国金融工会，中共中央直属机关工会联合会、中央国家机关工会联合会：

现将李建国同志和李玉赋同志在全国总工会机关改革试点工作动员部署大会上的讲话、《全国总工会改革试点方案》印发给你们。请认真学习，结合实际积极研究和推进工会改革创新。

党的十八大以来，以习近平同志为总书记的党中央高度重视群团工作，对加强和改进新形势下党的群团工作多次进行研究，下发关于加强和改进党的群团工作的意见，召开中央党的群团工作会议，习近平总书记在会上发表重要讲话，党的十八届五中全会再次强调注重发挥工会等群团组织的作用，进一步指明了群团工作的前进方向。

今年7月23日，中央全面深化改革领导小组办公室下发《关于在全国总工会开展中央群团机关改革试点的通知》（中改办发〔2015〕6号），决定在全国总工会开展中央群团机关改革试点，要求在2个月内制定出改革方案，争取在一年内取得可复制可推广的经验。按照中央改革办要求，在李建国同志直接领导下，全总党组成立了改革试点工作领导小组，主要从强化思想武装、认真查找问题、深入调研论证、精心研提措施、广泛征求意见等五个方面积极开展工作，认真研究制定《全国总工会改革试点方案》（以下简称《试点方案》）。在制定《试点方案》过程中，全总着重从4个方面来把握：

一是增强“三性”。紧紧围绕保持和增强工会工作和工会组织的政治性、先进性、群众性这条主线，全面把握中国特色社会主义群团发展道路“六个坚持”的基本要求和“三统一”的基本特征，研究制定改革措施，促进工会更好地履职尽责。二是去除“四化”。对照全总机关存在的“机关化、行政化、贵族化、娱乐化”等现象，有针对性地提出改革思路和办法，明确重点、突破难点，切实解决问题。三是做强基层。把更多的资源向基层倾斜，把更多的精力投入基层一线，努力解决基层基础薄弱问题，充分激发基层工会活力，不断增强工会组织的吸引力凝聚力战斗力。四是着力创新。勇于责任担当、勇于直面问题、勇于自我革新，适应新形势新任务的要求，解放思想、实事求是、与时俱进、开拓创新，提出具有针对性、前瞻性、实效性的改革举措，努力破解制约工会工作创新发展的制度性障碍，为推动工会工作再上新台阶提供强劲动力。

10 月 22 日，刘云山同志主持召开中央书记处会议，讨论并原则同意《试点方案》，要求对方案修改完善后提交中央全面深化改革领导小组审议。11 月 9 日，习近平总书记主持召开中央全面深化改革领导小组第十八次会议，审议并原则同意《试点方案》，同时对推进党的群团改革提出明确要求。11 月 16 日，中央全面深化改革领导小组办公室向全总党组下发通知，明确《试点方案》已报中央批准，可按方案启动试点工作，并要求加强组织领导，积极推动改革，把改革方案落到实处。11 月 11 日，全总召开机关改革试点工作动员部署大会，李建国同志出席会议并讲话，李玉赋同志作动员部署。全总党组坚决贯彻党中央的决策部署，把推进改革试点作为当前和今后一个时期重中之重的紧迫任务来抓，迅速行动、精心安排，细化实施方案，明确责任分工，全总领导同志以身作则、全力以赴，各驻会全国产业工会、全总各部门、各直属单位积极落实改革举措，机关干部职工认识统一、精神振奋，全总改革试点工作开局良好。

各级工会要深入贯彻党的十八届五中全会和习近平总书记系列重要讲话精神，贯彻落实中央关于推进党的群团改革的要求，认清形势、明确方向，奋发进取、锐意创新，树立新理念，展示新作为，开创新局面，把职工群众更加紧密地团结在以习近平同志为总书记的党中央周围，为夺取全面建成小康社会决胜阶段的伟大胜利，实现“两个一百年”奋斗目标和中华民族伟大复兴的中国梦作出更大贡献。

一是要深入学习贯彻中央关于改革创新的重要精神，不断增强推进工会改革创新的信心决心。党的十八届五中全会强调必须把创新作为引领发展的第一动力，摆在国家发展全局的核心位置，让创新贯穿党和国家一切工作，让创新在全社会蔚然成风。习近平总书记系列重要讲话特别是在中央党的群团工作会议上的讲话和关于工人阶级及工会工作的重要论述，强调要增强自我革新的勇气，下大气力解决突出问题，自觉运用改革精神谋划推进工会工作，创新组织体制、运行机制、活动方式、工作方法，推动工会工作再上新台阶。这些新思想新论断新要求进一步明确了工会改革创新的主攻方向和目标任务。各级工会要增强政治意识、大局意识、责任意识，深刻认识改革是工会工作的内在要求，解决工会组织存在的与新形势新任务不相适应的问题，根本出路在于改革。要更加自觉地把思想和行动统一到中央决策部署上来，把力量凝聚到落实中央的指示要求上来，弘扬改革精神，树立创新观念，旗帜鲜明地支持改革，满腔热情地参与改革，争当改革促进派、争做改革实干家。

二是认真学习理解《试点方案》的基本精神和主要内容，牢牢把握工会改革创新的方向。《试点方案》贯彻了习近平总书记系列重要讲话精神，体现了党中央关于群团工作改革的要求，坚持了中国特色社会主义群团发展道路，顺应了广大职工群众的期盼，符合全总和工会工作实际。各级工会要学习领会、准确掌握《试点方案》的指导思想、目标要求、基本原则、改革措施，坚持工会改革创新的正确方向，牢牢把握保持和增强政治性、先进性、群众性这条主线，突出克服和防止“机关化、行政化、贵族化、娱乐化”现象，紧紧抓住增强基层工会活力、发挥基层工会作用这个关键环节，注重激发改革创新这个力量源泉，找准切入点、选好着力点、抓住关键点，切实破解难题、解决问题。

三是以试点为契机、以改革为动力，推动工会工作全面创新。全总机关改革试点是党中央交给全总的政治任务，也是工会系统的一件大事。通过全总机关改革，以上带下、以上率下，必将为全总工作乃至整个工运事业的创新发展带来新的生机、提供强劲动力，从而把工会组织建设得更加充满活力、更加坚强有力，更好地承担起引导职工群众听党话、跟党走的政治责任。各级工会要着眼党和国家工作大局，立足工会工作全局，把推动工会改革创新与各地实际结合起来，与落实工会工作重点任务结合起来，抓住机遇、乘势而上，以改革推动工会理论、体制机制和工作全面创新。上海市、重庆市总工会作为地方群团改革试点单位，要认真贯彻落实中央全面深化改革领导小组的指示精神，按照地方党委统一部署，积极稳妥地推进改革工作，完成好改革试点任务。

各地工会、各产业工会在推进工会改革中遇到的问题、取得的经验和意见建议，请及时报告全国总工会。

中华全国总工会办公厅

2015 年 12 月 4 日

全国总工会改革试点方案系列解读

（一）充分认识全国总工会改革试点的重要意义

龚 惠 文

11月9日，习近平总书记主持召开中央全面深化改革领导小组第十八次会议，审议通过了《全国总工会改革试点方案》。在全总开展中央群团机关改革试点，是党中央从协调推进“四个全面”战略布局出发作出的重大决策部署，是全总历史上的一件大事，意义重大，影响深远。全总和各级工会要全面贯彻党的十八大和十八届三中、四中、五中全会精神，深入贯彻习近平总书记系列重要讲话精神和中央党的群团工作会议精神，把思想统一到中央决策部署上来，抓住机遇、深化改革，勇于探索、全面创新。

推进全总改革试点，是贯彻中央决策部署、推动群团改革的重要举措。以习近平同志为总书记的党中央高度重视群团和工会改革创新。今年1月，党中央印发了《关于加强和改进党的群团工作的意见》，强调改革创新是群团工作发展进步的不竭动力，要不断推进群团工作和群团组织建设理论创新、实践创新、制度创新。7月6日，中央党的群团工作会议召开，习近平总书记发表重要讲话，对群团组织改革创新提出明确要求，强调要在群团组织中深入推动思想教育、问题整改、体制创新，转变思想观念，强化群众意识，改进工作作风，提高工作水平；工会、共青团、妇联等群团组织要增强自我革新的勇气，下大气力解决突出问题。7月下旬，党中央决定在全国总工会开展中央群团机关改革试点。这是贯彻习近平总书记重要讲话精神和中央党的群团工作会议精神、加强和改进新形势下党的群团工作的重要举措，是党中央交给全总的一项政治任务。

推进全总改革试点，是工会组织和工会工作保持和增强政治性先进性群众性、在党和国家工作大局中更好发挥作用的内在要求。习近平总书记指出，加强和改进新形势下党的群团工作，最重要的是要保持和增强政治性、先进性、群众性。政治性是群团组织的灵魂、是第一位的，先进性是推进群团工作的重要着力点，群众性是群团组织的根本特点。全总改革试点牢牢把握保持和增强政治性、先进性、群众性这条主线，明确提出了要旗帜鲜明地坚持党的领导，在思想上政治上行动上始终同以习近平同志为总书记的党中央保持高度一致，全面把握中国特色社会主义群团发展道路“六个坚持”的基本要求和“三统一”的基本特征，坚持和拓展中国特色社会主义工会发展道路，让党的领导通过工会组织具体而深入地落实到职工群众中去；牢牢把握为实现中华民族伟大复兴的中国梦而奋斗的时代主题并不断充实其内涵，紧紧围绕党和国家工作大局，把职工群众组织起来、动员起来、团结起来，引领广大职工群众坚定不移跟党走，自觉践行社会主义核心价值观，真正成为党执政的坚实依靠力量、强大支持力量、深厚社会基础，始终走在时代前列，为实现“十三五”规划目标任务、夺取全面建成小康社会决胜阶段的伟大胜利，实现第一个百年奋斗目标贡献智慧和力量；把党的群众路线作为工会的生命线和根本工作路线，采取有力的改革措施，增强工会组织的广泛性和代表性，更多关注、关心、关爱普通职工群众，大力健全工会组织特别是基层工会组织，建立健全联系职工群众的长效机制，增进与职工群众的感情，把服务职工群众、维护职工群众合法权益的旗帜牢牢掌握在手中，按照职工群众需求开展工作，提供精准对路的服务，使广大职工在共建共享发展中有更多获得感。

推进全总改革试点，是激发工会组织活力、推进工会工作全面创新的强大动力。中华全国总工会成立 90 多年来，在中国革命、建设、改革的各个时期，始终坚定地跟党走，与党和人民的事业同呼吸、共命运。中国工人运动始终在中国共产党领导下，紧跟时代步伐，走在中国社会变革的前列。特别是进入改革开放新时期，改革成为时代的主旋律和最强音，成为决定中国前途命运的关键一招，与时俱进、改革创新更成为工会工作和工运事业的鲜明特色。党的十八大以来，党中央提出并形成了“四个全面”战略布局，全面深化改革是“四个全面”战略布局中具有突破性和先导性的关键环节，群团改革是全面深化改革的有机组成部分。全总作为中央群团机关改革的试点，率先改革，取得经验，这对于推进工会工作全面创新、开创工运事业新局面，是一个重大机遇。

推进全总改革试点，是工会解决自身突出问题，更好地服务基层、服务职工群众的迫切需要。长期以来，全总和各级工会不断推进自身改革和建设，工会组织的作用和活力不断增强。但是，面对新形势新任务，工会组织还存在不相适应的问题，特别是工会领导机构组成人员广泛性和代表性不够，基层基础工作薄弱，组织覆盖不到、覆盖不全等，与党的要求和职工群众期待还有差距。解决这些问题，根本上要靠改革。全总改革试点，坚持问题导向、职工需求导向，采取有力改革举措，改进工会领导机构人员构成和全总机构设置，创新职工建功立业的载体和方式，完善维护职工权益制度和机制，着力做强基层夯实基础，坚决维护职工队伍和工会组织团结统一，创建工会网上工作平台，充分发挥全总党组的领导核心作用等，将有利于进一步形成眼睛向下、面向基层、职责明确、运转高效的格局，防止和克服脱离职工群众现象，把工会工作深深植根于广大职工群众中间，把工会组织建设得更加充满活力、更加坚强有力，更好地适应基层工作和职工群众需要。

（《工人日报》2015 年 12 月 3 日 01 版）

（二）准确把握全国总工会改革试点的总体要求

龚 惠 文

全国总工会改革试点事关工会工作全局和工运事业长远发展。为确保改革顺利推进，必须准确把握改革的总体要求，明确改革的指导思想、目标要求、基本原则。

深刻理解全总改革试点的指导思想。全总改革必须高举中国特色社会主义伟大旗帜，全面贯彻党的十八大和十八届三中、四中、五中全会精神，以马克思列宁主义、毛泽东思想、邓小平理论、“三个代表”重要思想、科学发展观为指导，深入贯彻习近平总书记系列重要讲话精神特别是关于工人阶级和工会工作的重要论述，按照“四个全面”战略布局，贯彻落实中央党的群团工作会议重要部署，全面把握中国特色社会主义群团发展道路“六个坚持”的基本要求和“三统一”的基本特征，贯彻党的全心全意依靠工人阶级根本方针，站在巩固党执政的阶级基础和群众基础的政治高度，牢牢把握工运时代主题，坚定不移走中国特色社会主义工会发展道路，勇于责任担当、勇于直面问题、勇于自我革新，最广泛地把职工群众组织动员起来，为实现“两个一百年”奋斗目标、实现中华民族伟大复兴的中国梦建功立业。

把握这一指导思想，要从三个方面加深认识：一是党中央高度重视工会改革创新，习近平总书记在中央党的群团工作会议上明确要求，工会等群团组织要增强自我革新的勇气，改革和改进机关机构设置、管理模式、运行机制。党中央专门下发《关于加强和改进党的群团工作的意见》，强调要推动群团组织改革创新、增强活力。这些重要指示精神为工会改革创新提供了强有力的指导。二是中国特色社会主义群团发展道路明确了“六个坚持”的基本要求和“三统一”的基本特征，是做好党的群团工作的基本遵循。坚持中国特色社会主义群团发展道路，落实到工会工作，就是坚定不移地走中国特色社会主义工会发展道路。要通过有针对性地改革，更好地贯彻和体现自觉接受党的领导、团结服务职工群众、依法依章程开展工作相统一这个根本原则，更好地坚持中国特色社会主义工会发展道路，强化工会组织对巩固党的执政基础的重要作用，强化工会工作联系服务职工群众的意识、能力和效果。三是工会工作是党的群团工作、群众工作的重要组成部分，推进工会改革必须放到党和国家工作大局中去思考和谋划。要围绕工运时代主题，把深化改革开放、推动科学发展、促进社会和谐作为发挥作用的主战场，把做好新形势下职工群众工作、调动职工积极性和创造性作为中心任务，把巩固党执政的阶级基础和群众基础作为政治责任，切实发挥工会组织在推进“四个全面”、实现中国梦中的重要作用。

准确把握全总改革试点的目标要求。全总改革必须紧紧围绕保持和增强工会工作和工会组织的政治性、先进性、群众性这条主线，强化问题意识、改革意识，克服“机关化、行政化、贵族化、娱乐化”现象，改革全总机关的组织体制、管理模式、运行机制和活动方式，解决脱离职工群众的突出问题，加强基层工会建设，增强全总机关影响力凝聚力战斗力，带动各级工会特别是基层工会更好地发挥党联系职工群众的桥梁纽带作用、国家政权的重要社会支柱作用和职工利益的代表者维护者作用，把工会组织建设得更加充满活力、更加坚强有力，切实承担起引导职工群众听党话、跟党走的政治责任。

这一目标要求，一是体现了中国工会的性质。工会组织是党领导的工人阶级群众组织，政治性、先进性、群众性是中国工会最鲜明的特征，是新时期工会工作的方向，也是工会改革的方向。要把保持和增强政治性、先进性、群众性贯穿全总改革试点全过程，更好地坚持党的领导，更紧密地把广大职工团结在党的周围，更有力地推动党的决策部署在工会组织落地生根，这是工会组织的重要政治责任，也是衡量改革成效最重要的标准。二是体现了改革的必要性和紧迫性。改革是由问题倒逼而产生，又在不断解决问题中而深化。解决突出问题，根本出路在于改革，要有直面问题的勇气、解决问题的担当、破解难题的能力，敢于啃硬骨头，敢于向顽疾开刀，在改进工作作风、密切联系职工方面拿出切实可行的举措，不断提高改革的针对性和实效性。三是体现了全总机关承担的重要责任。全总机关在推动工会工作改革创新、更好地履行党赋予工会组织职责方面，起着重要的示范引领作用。要适应基层和职工需要，改革和改进全总机关机构设置、管理模式、运行机制和活动方式，从广大职工最期盼的事情做起，从制约工会组织发挥作用最突出的问题改起，由点到面、循序渐进，切实通过改革增强发展活力。

牢牢坚持全总改革试点的基本原则。全总改革必须把握坚持正确方向、突出问题导向、着力开拓创新的原则。一是坚持正确方向，就是要坚持中国共产党的领导，坚定走中国特色社会主义道路，坚决维护以习近平同志为总书记的党中央权威，坚持为党分忧、为民谋利，把党的领导、党的意志和主张、党对职工群众的关怀落实到工会工作中。这是顺利推进改革试点的根本保证。二是突出问题导向，就是要紧扣服务职工群众这一永恒主题，针对工会领导机构组成人员广泛性、代表性不够，机关机构设置不够合理，活动方式存在自我循环、封闭运行现象，直接联系和服务职工群众的工作制度不够完善，资源向基层倾斜不够，一些干部维权服务能力不足等问题，采取有力改革举措，明确重点、突破难点，对症下药、标本兼治，坚持立行立改，切实解决问题。这是改革试点成功与否的关键。三是着力开拓创新，就是要把工会工作的发展基点放在创新这个力量源泉上，解放思想、更新观念，凝聚共识、集思广益，提出具有针对性、前瞻性、突破性的思路和办法，破解制约工会工作创新发展的制度性障碍，为推动工会工作再上新台阶提供强劲动力。

（《工人日报》2015 年 12 月 4 日 01 版）

（三）有效整合精简机关机构　优化强化工作职能

龚　惠　文

习近平总书记在中央党的群团工作会议上指出，群团组织要坚持眼睛向下、面向基层，改革和改进机关机构设置、管理模式、运行机制，坚持力量配备、服务资源向基层倾斜，要牢牢掌握维护群众权益大旗，下大气力开展网上工作，加大做农民工工作力度，联系和引导相关社会组织。这些重要论述，为我们强化职能作用、改进机构编制设置，推进工会工作创新发展进一步提出了要求，指明了方向。《全国总工会改革试点方案》提出的改革措施中，第一条就是改进工会领导机构人员构成和全总机构设置。这是贯彻党中央关于群团组织改革创新的决策部署，适应新形势新任务的要求，针对存在的问题，回应职工群众期待的重要举措。

工会是党联系职工群众的桥梁和纽带。随着党在各个历史时期中心任务的变化，全总的任务、职能及其机构设置、工作方式等也相应地调整和变化。随着形势发展变化，职工队伍特别是农民工队伍不断发展壮大，劳动关系领域社会组织快速兴起，网络对职工群众生产生活影响日益深入，劳动关系矛盾复杂多发，工会工作对象不断扩大、工作领域不断拓宽、工作内容不断增加，这就对工会组织更好地发挥作用提出了新的要求，全总必须积极适应形势的发展变化，勇于改革创新，整合精简机构、优化强化职能。

全总在改革试点中对机构编制进行必要的调整。调整的基本原则，一是广泛征求意见，反复研究论证，充分考虑各种因素，积极稳妥推进，既适应工作需要，又体现改革力度，既强调必要性，又注重科学性；二是面向基层，强化服务基层、服务职工的职能，把编制资源向基层倾斜，进一步做强基层、夯实基础；三是聚焦主责，机构设置的调整注重职能整合优化，提质增效，强化工作执行力；四是依法合规，认真落实“精简、统一、效能”的要求。

通过整合机构、优化职能，进一步形成面向基层、职责明确、运转高效的格局，有利于聚焦工会法定职责、强化维权服务职能，突出农民工入会和服务工作；有利于强化指导职工群众参与经济建设、劳动竞赛和安全生产等职能，充分调动职工群众劳动创造和安全生产的积极性主动性；有利于加强基层工会组织建设和工会工作，推进企事业单位民主管理；有利于适应互联网迅猛发展和职工生产生活方式深刻变化的趋势，统筹推动工会网上工作；有利于应对劳动关系领域社会组织发展迅速等新情况，强化联系和引导劳动关系领域社会组织职能，维护职工队伍和工会组织的团结统一；有利于推动全总直属事业单位分类改革和发展，增强服务基层和职工的能力。

目前县级工会和乡镇（街道）工会存在缺编制、缺经费、缺办公场所、缺工作人员等现象，基层工会活力有待进一步加强。为更好地使工会的力量配备、服务资源向基层倾斜，全总坚持重心下移，在人员编制上“减上补下”，精简一部分编制，充实到若干任务繁重、力量薄弱的县级工会，为省市级工会加强基层工会建设作出示范，带动省级、市级地方工会实行编制“减上补下”。同时，依靠地方党委政府的重视和支持，推动县一级整体编制调整，充实工会组织；指导县以下工会组织通过争取公益性岗位、增加兼职比例、实行岗位人员流动等多种途径，逐步解决县级工会和乡镇（街道）工会专职工作人员短缺的问题。

机构编制调整是改革试点的一项重要内容。要把思想和行动统一到中央精神上来，加强思想政治工作，把耐心细致、有理有情的思想政治工作贯穿改革试点全过程。切实做好职能划转、人员定岗和工作交接等工作，精心操作、平稳过渡，井然有序、无缝对接，确保新的机构尽快有序运转起来，做到思想不乱、队伍不散、工作不断。要通过改革，进一步增强指导服务基层的功能，提高机关工作效率和服务水平，为推动工会工作创新发展奠定坚实的组织基础。

（《工人日报》2015 年 12 月 7 日 01 版）

（四）创新职工建功立业的载体和平台

龚惠文

《全国总工会改革试点方案》提出“创新职工建功立业的载体和平台”，明确了创新的着力点。这是贯彻党的十八届五中全会精神，把广大职工群众组织起来、动员起来、团结起来，为实现“十三五”规划目标任务、实现中华民族伟大复兴中国梦充分发挥工人阶级主力军作用的必然要求，是落实中央党的群团工作会议部署、保持和增强工会组织先进性的重要举措。

党的十八届五中全会是在全面建成小康社会进入决胜阶段召开的一次重要会议。习近平总书记在全会上的重要讲话和全会审议通过的《中共中央关于制定国民经济和社会发展第十三个五年规划的建议》，为党和国家事业发展绘就宏伟蓝图，为包括广大职工在内的全国人民共同奋斗指明前进方向，是未来5年我国经济社会发展的纲领性文件。全会明确提出，要注重发挥工会、共青团、妇联等群团组织的作用，最大限度凝聚全社会推进改革发展、维护社会和谐稳定的共识和力量。实现“十三五”规划目标任务，符合广大职工的根本利益和共同愿望，对保持和增强工会组织先进性、充分发挥工人阶级主力军作用提供了广阔舞台，也对推进全总改革试点、促进工运事业发展提出了新的更高要求。

创新职工建功立业的载体和平台，需要做好以下几个方面工作：

一是着力做优做强工会工作品牌、激发职工创新创造活力。这些年来，工会紧扣时代脉搏、围绕党和国家中心工作，形成了劳动竞赛、工人先锋号等一批有影响的载体和品牌。牢牢把握我国工运事业的时代主题并不断充实其内涵，需要把这些品牌做强，使其形成机制、坚持标准、更加规范，吸引更多职工参加，扩大社会影响，发挥更大作用。

贯彻创新、协调、绿色、开放、共享的发展新理念，围绕“十三五”规划和“一带一路”建设、京津冀协同发展、长江经济带建设等国家发展战略开展劳动竞赛，深入推进国家重大科技专项、重大工程建设，开发区、自贸区建设等示范性劳动竞赛。围绕实施创新驱动发展战略和《中国制造 2025》，开展技术创新、管理创新和服务创新，组织动员职工投身大众创业、万众创新，为推动经济保持中高速增长，产业迈向中高端水平贡献智慧和力量。

加强劳动竞赛机制建设。健全各级劳动竞赛委员会，完善劳动竞赛绩效评估机制。创新劳动竞赛形式和载体，提高职工特别是非公企业职工参与率和受益度。深化职工职业技能比赛，根据国家构建产业新体系要求设置工种，扩大比赛效应。

打造更多更优职工建功立业品牌。强化品牌意识，把五一劳动奖、大国工匠、工人先锋号等活动进一步做强做大，成为工会更有影响的全国性品牌。支持和鼓励各级工会根据实际，完善劳模创新工作室、职工先进操作法评选等活动，努力创造更多新品牌。

*二是着力改善劳动模范评选宣传和管理服务。*改进劳模培养选树和评选工作。注重通过劳动竞赛发现、培养、评选和使用劳模，提高一线职工和工程技术人员在劳模中的比例，让普通职工参与劳模评选过程，推动社会参与劳模评选。

大力弘扬劳模精神、劳动精神。创新职工群众广泛参与、形式多样的宣传平台，综合运用中央和地方主流媒体、网络媒体等，讲好劳模故事和劳动故事，引导广大职工学习劳模、争当劳模。推动提高党代表、人大代表、政协委员中一线劳模的比例，从劳模中选拔专兼职工会干部。搭建信息化管理平台，密切与劳模的联系，倾听劳模呼声、反映劳模诉求，做到动态化管理、精细化服务。

*三是着力拓展职工职业技能培训。*推动建设一支知识型、技术型、创新型高素质劳动者大军，为实现“十三五”规划提供坚实的智力支持和人才保障，是工会组织的重要战略任务。

加强技术工人培训工作。整合工会职工教育和技能培训资源，建立全总金蓝领职工技能培训示范点。注重发挥职工职业技能实训基地的作用，深入开展职工技术创新活动，增强职工创新活动补助资金的实效。促进完善技术工人的培养、使用、培训、激励机制，拓宽技术工人职业发展渠道。

四是着力以社会主义核心价值观为引领，强化职工思想政治工作。深化精神文明创建活动，开展中华优秀传统文化、传统美德教育，加强职业道德建设，把社会主义核心价值观的要求融入各种精神文明创建活动之中。广泛开展“中国梦·劳动美”主题教育，推动职工读书活动进基层、到班组，打造健康向上的职工文化和企业文化。

改进职工思想政治工作的方式方法。聚焦职工群众关注的热点难点问题，有效地组织职工、宣传职工、教育职工、引导职工。充分运用新媒体开展职工思想政治工作，加强对职工特别是青年职工的思想引导和人文关怀，把解决思想问题与解决实际问题结合起来，提高思想政治工作的针对性和有效性。

（《工人日报》2015 年 12 月 9 日 01 版）

（五）完善维权服务制度机制

龚 惠 文

《中华人民共和国工会法》明确规定，维护职工合法权益是工会的基本职责。《全国总工会改革试点方案》将完善维护职工权益制度和机制作为重要措施进行了具体安排，提出要突出维护职工基本权益、健全职工协商民主机制、构建以精准帮扶为重点的服务职工体系、提升农民工入会和服务工作、强化工会资产服务职工功能、探索建立工会服务职工满意度评价制度。各级工会要深入研究解决新常态下职工权益实现的新情况新问题，突出问题导向，强化服务意识，把政策帮扶、制度保障和普惠性服务相结合，完善制度机制，提高维权能力，促进广大职工在全面建成小康社会进程中共享成果。

一是健全“制度保障”，把工会维权工作纳入党和政府主导的维护群众权益机制。

——拓宽有序参与劳动法律法规政策的制度机制。将劳动就业、收入分配、社会保障等职工切身利益问题，作为源头参与立法和政策制定的重点，在户籍制度改革、国有企业改革、收入分配制度改革、社会保险顶层设计中及时反映和引导职工诉求。积极拓展参与途径和方式，推动健全协调劳动关系三方机制、政府与工会联席会议制度，运用人大政协提案议案、部际联席会议等机制平台，主动争取加入相关领导机构、协调机构，参与涉及职工劳动经济权益法律法规政策的制定与实施。

——完善协调劳动关系机制。以提质增效为重点深化工资集体协商，积极开展区域（行业）集体协商，推广制定行业劳动定额标准经验，建立欠薪报告制度，着力维护职工劳动报酬权益。健全集体协商、职工代表大会、厂务公开、职工董事职工监事等制度，促进和谐劳动关系创建活动由工业园区向企业比较集中的乡镇（街道）、村（社区）扩展，推动中国特色和谐劳动关系建设。

——加强监督检查。积极参与涉及职工劳动经济权益的社会性管理监督机构，主动参与各级人大执法检查、政府部门劳动行政监察、政协视察活动。建立健全工会劳动法律监督制度和职工法律援助制度，督促企业增强守法意识，履行社会责任。加大普法工作力度，引导职工特别是农民工增强法治观念、提高维权能力。

二是落实“政策帮扶”，构建以精准帮扶为重点的服务职工体系。工会适应经济发展新常态和树立创新发展新理念，以精准帮扶困难职工为主体功能，全方位服务广大职工。

——努力为广大职工提供普惠性服务。大力开展跨区域劳务合作，共享就业信息。服务创新驱动战略，围绕大众创业、万众创新开展创业服务，积极扶持有创业意愿和创业能力的下岗失业人员、农民工开办创业项目。推动工会开展的职工医疗互助活动健康发展。以帮扶（服务）中心为依托，探索“互联网+”服务，主动承接政府转移的公共服务职能，拓展服务功能。

——做实做细工会帮扶服务品牌。积极培育一批示范效应好、影响力大、带动作用强的品牌项目，深化送温暖等富有工会特色的服务品牌，做实全国工会创业就业援助月、技能培训促就业等活动，实现常抓常新。努力将帮扶工作与国家社会救助体系相衔接，推动将符合条件的困难职工纳入最低生活保障制度和教育、医疗、住房等专项救助体系。贯彻中央扶贫开发工作会议精神，围绕实施精准扶贫、精准脱贫的基本方略，积极参与到打赢脱贫攻坚战中。

三是坚持“突出重点”，加强对农民工等特定人群特殊困难帮扶维权服务。工会维权要讲全面，也要讲重点，要积极推动解决农民工、困难职工、民族地区职工等特定人群特殊困难。

——重点做好为农民工服务工作。以农民工需求为导向，切实维护农民工劳动就业、技能培训、工资报酬、社会保险、安全卫生等权益，推广为农民工发放工会服务卡等做法，实现农民工入会数量和服务质量双提升。

——完善对特定人群特殊困难的专项帮扶机制。密切关注经济结构调整、化解产能过剩进程中职工权益保障情况，重视东北等老工业基地、资源枯竭工矿区困难职工在技能培训、创业就业、社会保险、生活救助等方面存在的问题，加强专项帮扶。

——健全工会对口支援新疆、西藏工作机制。按照“十三五”规划要求，结合新疆、西藏及4省藏区实际，创新援疆援藏项目、资金管理制度，做到精准援助，提升工会服务各民族职工群众的能力和水平。

四是强化“基层基础”，提升基层工会服务能力。

——完善基层工会维权服务路径，对职业相对稳定的职工，通过地方工会和企业工会维护职工权益，把职工合法权益落到实处；对灵活就业、新就业形态职工和下岗失业职工，通过街道（社区）工会、楼宇工会提供维权、帮扶等服务，帮助职工解决劳动纠纷。

——增强基层工会帮扶服务能力，重心向基层倾斜，推进开发区（工业园区）、乡镇（街道）、村（社区）和大型企业帮扶站点建设。

（《工人日报》2015年12月11日01版）

(六) 夯实基层基础　建设"职工之家"

龚　惠　文

《全国总工会改革试点方案》在改革的目标任务中强调，要"加强基层工会建设"，在改革措施中专门提出"着力做强基层夯实基础"。这是符合中央要求和工会实际、体现基层工会和职工群众意愿的重要举措。

基层工会处于工会工作的最前沿，直接联系和服务职工群众，是落实工会各项任务的具体组织者、推动者和实践者。各级工会要从巩固党执政的阶级基础和群众基础的高度出发，紧紧抓住增强基层工会活力、发挥基层工会作用这个关键环节，把基层工会工作的发展基点放在创新这个力量源泉上，不断创新工作方法，着力做强基层夯实基础。

近年来，各级工会主动适应企业组织形式、职工队伍结构、劳动关系的新变化，延伸工作手臂，拓展服务链条，突出组建工会和发展会员的重点领域和重点对象，最广泛地把农民工、劳务派遣工、灵活就业人员等组织到工会中来，工会组织和工会工作对职工的覆盖面有效扩大，为工会维护职工合法权益、在党和国家工作大局中更好发挥作用奠定了组织基础。但是也要看到，面对时代发展、社会变化和职工需求带来的新情况，基层工会工作与形势任务的要求和职工群众的期盼仍有一定差距。必须坚持问题导向，着力开拓创新，采取有力措施加以解决。

在改革中做强基层夯实基础，要认真贯彻落实习近平总书记关于加强基层工会建设的重要指示精神，着眼于扩大基层工会覆盖面，把更多的资源向基层倾斜，把更多的精力投入基层一线，认真解决基层工作中面临的困难和问题，使工会组织在基层和职工群众中更好地凝聚人心、联系群众、坚守前哨，成为更加坚强有力的战斗队、工作队。

改革创新工会组建和会员发展工作，最大限度地把包括农民工在内的广大职工吸收到工会中来。着眼于解决工会组织覆盖不到、覆盖不全的问题，探索以多种形式构建纵横交织的网络化组织体系，努力做到哪里有职工、哪里就有工会组织，怎么有利于做好工作、就怎么组建工会。尊重职工群众主体地位，动员职工依照工会法和工会章程组建和参加工会。适应新型工业化、信息化、城镇化、农业现代化同步发展的新形势，在巩固已有的工会组织基础的同时，在各类企事业特别是非公有制经济组织、社会组织中普遍建立工会组织，把新领域新阶层作为组建工会和会员发展的重点，实现对非公有制企业职工、科技工作者和灵活就业人员等有效覆盖。聚焦农民工入会工作，以开发区（工业园区）、建筑项目、物流（快递）业、家庭服务和农业合作组织五大领域和行业为重点，强化分类指导和服务吸引。在深化国有企业改革中，巩固和加强工会组织建设和工会工作。创新组织形式，按照地域相近、行业相同的原则，推进区域性、行业性工会联合会建设，实现对中小微企业的组织覆盖。探索和加强自贸区及乡镇（街道）、开发区（工业园区）等工会建设，发挥其承上启下的重要作用。运用大数据，开辟网上申请入会等途径，拓展职工便捷入会渠道，为工会组建和会员发展提供技术支撑。推行会员实名制管理，建立会员组织关系随劳动关系流动接转的机制，实现会员管理制度化、规范化、信息化。

改革创新基层工会制度机制，着力提升基层工会规范化建设水平。把组建工会、创办职工服务中心（站）、建设“职工之家”统一起来，努力把“家”建在职工身边。着眼于进一步增强基层工会活力、发挥基层工会作用，广泛开展“争创模范职工之家、争做职工信赖娘家人”活动，做到组织活动请职工一起设计，安排任务请职工一起参与，表彰先进请职工一起评议。坚持工会经费使用进一步向基层倾斜，加大经费向乡镇（街道）、开发区（工业园区）和基层工会倾斜力度，把更多的经费直接用于基层和普通职工群众。

提升工会干部联系服务职工的能力，为基层工会建设提供有力保障。要按照“绝对忠诚党的事业、竭诚服务职工群众”的要求，引导基层工会干部争做全心全意为人民服务宗旨的忠实践行者、党的群众路线的坚定执行者、党的群众工作的行家里手。要依法规范基层工会民主选举，增强工会组织代表性。建立完善“社会化招聘、契约化管理、专业化培训、职业化发展”工作机制，加强社会化工会工作者队伍建设，推动纳入国家社会工作专业人才队伍范围。加强基层工会干部培训工作，通过集中培训、送教上门、网络培训等多种方式，增强培训工作的针对性和实效性，不断提高工会干部的履职能力。

（《工人日报》2015 年 12 月 15 日 01 版）

（七）坚决维护职工队伍和工会组织团结统一

龚 惠 文

工会组织是创新社会治理和维护社会和谐稳定的重要力量。《全国总工会改革试点方案》制定了“坚决维护职工队伍和工会组织团结统一”的改革措施，对维护职工队伍的团结稳定和工会组织的健全统一，充分发挥工会对劳动关系领域社会组织的政治引领、示范带动、联系服务作用等，提出了明确要求。

维护职工队伍和工会组织的团结统一，是工会服从服务党和国家工作大局、巩固党执政的阶级基础和群众基础的必然要求，是厚植密切联系职工群众优势、履行工会维权基本职责的内在要求，是适应劳动关系发展新情况新变化、源头治理劳动关系矛盾的迫切要求。协调推进“四个全面”战略布局，做好改革发展稳定各项工作，实现“十三五”规划目标任务，必须依靠包括广大职工在内的人民群众的支持和拥护。工会要更好地围绕党和国家工作大局开展工作，必须建设健全统一的组织，充分发挥职能作用，调动职工群众的积极性、主动性、创造性。《中华人民共和国工会法》规定：“全国建立统一的中华全国总工会。”这是由中国工人运动的发展历史和中国的国情决定的。中国工会依照《中华人民共和国工会法》建立全国统一的工会组织，坚持“促进企业发展、维护职工权益”的工作原则，努力推动建立规范有序、公正合理、互利共赢、和谐稳定的劳动关系，确保了职工队伍和工会组织的团结统一，符合广大职工的根本利益和共同意愿。

党和国家历来高度重视劳动关系和谐与职工队伍稳定，制定了一系列法律法规和政策措施并作出工作部署。中共中央、国务院颁发《关于构建和谐劳动关系的意见》，提出建立中国特色和谐劳动关系。当前，我国劳动关系和职工队伍总体上和谐稳定。但应该看到，我国正处于经济社会转型时期，劳动关系的主体及其利益诉求越来越多元化，劳动关系矛盾凸显和多发，构建中国特色和谐劳动关系、维护职工队伍稳定的任务艰巨繁重。

维护职工队伍和工会组织的团结统一，要更加有效地调处劳动关系矛盾，做好维护职工队伍稳定工作。各级工会要在党委领导下，积极配合政府有关部门，有效预防化解劳动关系矛盾；坚持维权维稳相结合，把维权作为维稳的基础，把维稳作为维权的延伸，加强工会维权服务工作，协助党委、政府和企业，妥善处置劳动关系群体性事件；坚持运用法治思维和法治方式，把维护职工队伍稳定工作纳入法治化轨道，深入开展法治宣传教育，引导职工依法理性表达诉求，通过协商协调的方式解决问题；进一步畅通职工诉求表达渠道，健全职工利益协调和权益保障机制，及时发现和处理劳动关系矛盾隐患，把问题解决在基层、化解于萌芽状态。

维护职工队伍和工会组织的团结统一，要发挥工会组织作为枢纽型组织的作用，加强对有关社会组织的政治引领、示范带动、联系服务。《中共中央关于加强和改进党的群团工作的意见》提出，群团组织要通过服务来引导和促进社会组织健康有序发展，推动政府治理和社会自我调节、基层群众自治良性互动，促进多元治理主体协同协作协调、互促互补互融。各级工会要适应社会建设新要求，发挥工会组织作为枢纽型组织的作用，组织和代表职工积极参与加强和创新社会管理，切实维护职工队伍和社会稳定。要配合有关部门，加强对劳动关系领域社会组织的管理，加强对公益类、服务类社会组织的政治引领、示范带动、联系服务；总结一些地方工会与共青团、妇联等群团基层组织共同建立社会组织的经验，通过群团组织合作建立的社会组织，增强群众工作合力；在一些关键领域、重要群体，开展培育孵化工会直接领导的职工服务类社会组织和志愿者队伍试点，促进这类组织的体系和布局合理化；将工会的资源通过项目招标、购买服务等市场化方式，引导社会组织为职工提供专业化的服务，实现工会维权工作的社会化。

（《工人日报》2015年12月18日01版）

（八）创建网上工作平台　释放强大正能量

龚 惠 文

习近平总书记在中央党的群团工作会议上指出，工会、共青团、妇联组织要下大气力开展网上工作，亮出群团组织的旗帜，发出我们的声音。《中共中央关于加强和改进党的群团工作的意见》提出："打造网上网下相互促进、有机融合的群团工作新格局。"《全国总工会改革试点方案》把"创建工会网上工作平台"作为改革试点的重点和亮点推出，既是贯彻落实中央党的群团工作会议精神的重要举措，也是新形势下工会组织服务职工的迫切需要。

当今社会，互联网已成为大众获取资讯、表达诉求、接受服务的重要平台，深刻影响着人们的工作与生活。门户网站及"两微一端"（微博、微信、移动客户端）凭借其便捷性、个性化，已成为许多政府部门、社会组织发布信息、提供服务的重要平台和窗口。随着我国"网络强国"战略向纵深推进，"互联网+"将带来新一轮产业和社会变革。这个大趋势，将使网络成为工会组织服务职工不可或缺的手段和阵地。

近年来，各级工会组织高度重视网络建设与互联网技术应用，在探索运用互联网服务职工方面进行了许多有益尝试，促进了工会工作开展。但与线下工作相比，工会的网上工作还存在着思想认识不到位、顶层设计和系统推进不够、新媒体应用能力不足等问题。

为适应新的形势，推动工会系统网上工作改革，提升网上工作水平，《全国总工会改革试点方案》分两个层面提出了明确要求。一个层面是打造全国工会系统服务职工网络载体。通过完善门户网站、建立全国统一的工会工作和会员信息基础数据库、开通新媒体、开发实用性强的移动客户端等具体措施，推动网上网下互动融合，实现服务对象全覆盖、服务时间全天候，使职工得到工会更方便、更有效的服务。另一个层面是借助网上工作平台，开展网上教育引导和舆论宣传。

“工欲善其事，必先利其器”。全总改革试点把“打造全国工会系统服务职工网络载体”作为开展网上工作的首要任务，就是要从“根”上解决平台、手段、载体问题。完成这一任务，必须提升工会办公网络化自动化水平。要结合“十三五”期间国家政务信息化工程——党的执政能力现代化工程，推进实施《全国工会系统信息化工作规划（2014—2018）》，深入开发工会系统各项业务应用，运用网络手段实现工会业务流程再造，使与职工生产生活相关的就业创业、困难帮扶、法律援助、劳动保护等服务均能够在网上得以实现。

——在组织职工方面，因为有了网络平台和载体，职工入会的方式更加灵活便捷、流程简单优化；工会组织对职工队伍的构成、分布能了解得更及时、掌握得更全面，统计分析工作、工会组建工作将降低人工成本，提高工作效率。

——在维护职工权益方面，工会网络的存在，使职工找到工会组织更容易，表达诉求、寻求帮助的渠道更直接；工会通过网上平台，将更有效地把各级工会的力量组织聚合起来，为维护职工权益提供更及时更有力的支持。

——在服务职工方面，建立全国统一的工会组织和会员信息基础数据库，对职工的基本情况、各项需求实现信息化管理，工会组织对职工的服务将更加精准，职工会籍接转等长期困扰工会的难题将迎刃而解；通过大数据分析，对职工利益需求走势的把握将更加全面，工会组织为职工提供的各项服务，“普惠性”更易实现。

——在宣传引导方面，随着工会网站的加强和工会新媒体的涌现，工会向职工传递信息的速度将迅速提升。实时性、互动性将有利于加快工会与职工之间信息的传播，工会组织、工会干部与广大职工的交流更加密切、更加通畅。各级工会要形成共识、加强领导，强化网上教育引导和舆论宣传，提高工会干部运用网络尤其是新媒体的能力，做大做强网上正面思想舆论，弘扬网上主旋律，释放强大正能量。

（《工人日报》2015年12月22日01版）

（九）充分发挥党组的领导核心作用为工会事业创新发展提供政治保证

龚 惠 文

《全国总工会改革试点方案》提出，要在党中央坚强有力领导下，充分发挥全总党组的领导核心作用，认真落实管党治党的责任。这是全总改革试点的一项重要内容，不仅是改革试点顺利成功的政治保证，而且是全面加强工会系统党的建设的重要举措。

在中央和地方国家机关、人民团体、经济组织、文化组织、社会组织和其他组织领导机关中设立党组，是我们党从国情出发创造的一项重要制度，是确保党的理论和路线方针政策得到贯彻落实的重要途径，体现了我们党独特的政治优势、组织优势和制度优势。2015 年 6 月，党中央制定《中国共产党党组工作条例（试行）》，对党组的性质地位、领导体制、工作机制、制度运行等作出全面系统的规定，突出党组在坚定政治立场、维护政治原则、保证政治方向方面的责任，强化了党组从严治党责任和党风廉政建设主体责任，对于加强和改善党的领导，提高党的执政能力，更好发挥党总揽全局、协调各方的领导核心作用，具有十分重要的意义。推进全总改革试点，必须充分发挥全总党组的领导核心作用，贯彻落实《中国共产党党组工作条例（试行）》，把党的领导体现到全总改革试点全过程和工会工作各方面。

发挥全总党组领导核心作用，是保持和增强工会组织政治性、确保全总改革沿着正确方向推进的内在要求。中国工会不仅具有一般工会组织所具有的广泛的群众性，更具有鲜明的政治性和先进性。这是由我国的社会主义性质和工人阶级在国家中的领导地位所决定的，是工会组织的灵魂，是第一位的。中国工会始终把自己置于党的领导之下，在政治上始终坚持党的政治路线，坚决贯彻党的意志和主张；在思想上以党的理论武装自己，教育职工，发挥“大学校”的作用；在组织上自觉接受党的领导，在各级工会建立党的组织，发挥党组织的战斗堡垒作用和党员的先锋模范作用。这是中国工会的根本政治原则，是工会事业不断从胜利走向胜利的根本保证。

全总改革试点是全面深化改革的有机组成部分，是党中央交给全总的政治任务，政治性、政策性很强，不仅仅是机构的优化整合，更重要的是思想观念的转变、思维方式的调整、运行机制和工作方式的创新。既事关机关广大党员、干部和职工的切身利益，更事关工会工作开创新局面、再上新台阶。所以，必须充分发挥全总党组的领导核心作用，统一认识和行动，积极稳妥、扎实有序地推进改革试点工作。

一是围绕党和国家工作大局开展工会工作。坚决贯彻落实党中央的决策部署，健全全总党组向党中央请示、报告重要工作的制度，把党的领导落实到广大职工群众中去，生根发芽，落地开花，为夯实党执政的阶级基础和群众基础作贡献。坚持中国特色社会主义群团发展道路，全面把握“六个坚持”的基本要求和“三统一”的基本特征，坚持在大局下思考、在大局下行动，促进改革发展、维护社会稳定，在思想上政治上行动上始终同以习近平同志为总书记的党中央保持高度一致。

二是全面落实党建工作责任制。按照全面从严治党、依规治党的要求，推进干部队伍思想政治建设，深化“三严三实”专题教育，引导机关干部把“三严三实”作为修身做人用权律己的基本遵循、干事创业的行为准则，确保各项工作抓实抓细抓出成效。学习贯彻《中国共产党廉洁自律准则》《中国共产党纪律处分条例》，深入推进党风廉政建设和反腐败斗争，综合运用好监督执纪的“四种形态”；制定并落实《全国总工会机关落实党风廉政建设主体责任和监督责任实施意见》，严明党的政治纪律和政治规矩，把纪律和规矩挺在前面，坚持不懈纠正“四风”，密切联系职工群众，把全总机关建设成为学习型、高效型、和谐型机关和真正的“职工之家”。

三是建立与省级党委协调推进工会工作制度。坚持工会受同级党委和上级工会双重领导体制，全总党组主动与省级党委沟通协调，共同研究解决工会工作遇到的问题。依法依章程加强对下级工会的领导，建立全总定期听取省级工会工作汇报和意见建议的制度，形成各级工会之间协同联动、运转有序的机制。

四是加强和改进工会理论研究工作。紧密结合我国经济关系、劳动关系和职工队伍发展变化的实际，建立定期分析研究经济社会发展新形势、劳动关系变化新特点、职工队伍稳定新情况和国际工会运动新动向的制度，以理论创新推动工会实践创新和制度创新。

（《工人日报》2015 年 12 月 29 日 01 版）

坚持正确方向　肩负使命担当
不断推进工会改革创新
——李玉赋在群团改革工作座谈会上的发言

（2017 年 8 月 26 日）

我代表全总党组，将工会改革情况作一汇报。

第一，坚持正确政治方向，进一步增强工会工作政治性。按照李建国同志要求，全总党组把学习贯彻习近平总书记系列重要讲话精神特别是关于群团改革的重要指示作为首要政治任务，明确增强“三性”、去除“四化”、做强基层、着力创新的总体思路，坚定政治方向、坚持问题导向、坚守价值取向，把增强政治性作为第一位目标。一是始终坚持党对工会的领导，提升政治站位和行动自觉。健全传达学习贯彻党中央决策部署和向党中央请示、报告重要工作制度，牢固树立“四个意识”，坚决维护习近平总书记在党中央和全党的核心地位，坚决维护党中央权威和集中统一领导。二是把加强党建作为重要内容，成立由党组书记任组长的全总党建工作领导小组，在党的建设、干部人事管理等方面制定和修订 190 项制度办法，推进“两学一做”学习教育常态化制度化；连续 3 年召开全国工会系统党风廉政建设工作会议，组织开展执行中央八项规定精神情况督查，在机关减编情况下增加了党委、纪委编制。三是健全与省级党委协调推进工会工作制度，定期听取省级工会工作汇报，形成各级工会之间协同联动、运转有序的机制。

第二，把握工作着力点，进一步体现工会组织先进性。将推进工会改革与服务党和国家工作大局紧密结合，纳入全面深化改革的总盘子来思考和把握。一是围绕“一带一路”建设、京津冀协同发展、长江经济带发展等国家战略，组织职工积极推进供给侧结构性改革，参加“践行新理念、建功‘十三五’”劳动和技能竞赛，有8000余万职工参与，开展多种形式的职工技能培训、网上练兵活动。二是按照党中央部署，在中央改革办指导下，全总牵头研究起草和协调落实《新时期产业工人队伍建设改革方案》，努力造就一支宏大的产业工人队伍。三是大力弘扬劳模精神、劳动精神、工匠精神。叫响做实“大国工匠”品牌，推出《大国工匠》系列节目，共有3亿多人次观看；举办“大国工匠”进企业、进校园、进社区等活动，社会反响热烈。四是创新思想政治工作。举办“中国梦·劳动美”主题教育，引导职工践行社会主义核心价值观；加大建网、占网、用网力度，发挥工会9000多个新媒体账号作用；组织第八次全国职工队伍状况调查，做好稳预期、稳思想、稳人心工作。

第三，突出群团根本特点，进一步彰显工会组织群众性。推动改革成果向基层延伸、向纵深推进，增强职工的获得感。一是将资源和力量向基层倾斜。将全国工会经费95%留在地方和基层工会，全总本级经费70%用于对下级补助。将精简的行政编制补充到县级工会，带动省级、市级工会实行编制“减上补下”。开展“强基层、补短板、增活力”行动，在全系统总结推广上海宝山区顾村镇等非公企业建会经验，努力使基层工会建起来、转起来、活起来。二是以职工需求为导向，以“四个一”（一片心、一叠卡、一张网、一个家）为抓手，以“互联网+”工会普惠性服务为载体，做好经济发展新常态下维权服务工作，推动解决产能过剩企业和“僵尸企业”关停并转迁中的职工安置问题，加大困难职工帮扶解困力度。三是以整合机构优化职能为突破口，增强工会组织广泛性代表性。全总领导班子增设1名农民工兼职副主席和1名挂职书记处书记，全总执委会委员和主席团成员中，劳模和一线职工比例分别增至15.4%和13.5%，各驻会全国产业工会选举了14名劳模兼职副主席，全委会委员、常委会成员中提高劳模和一线职工比例达9%以上，有23个省级地方工会配备了77名兼职副主席；实行工会代表、执委提案制度，推进工会决策科学化、民主化。四是发挥示范带动作用。先后2次召开工会系统改革工作会议，汇编35个改革制度文件，指导地方工会改革，工会系统已形成上下联动、左右互动、整体推动的改革局面，地方工会改革势头强劲，将于2018年底前全面完成省级、市级、县级工会改革。

这次会议之后，我们要以习近平总书记“7·26”重要讲话精神为指导，按照刘云山同志要求，继续在建机制、强功能、增实效上下功夫，勇于责任担当、勇于直面问题、勇于自我革新，忠诚党的事业，竭诚服务职工，更好地承担起引导职工听党话、跟党走的政治责任。

李玉赋在全总党组传达学习习近平总书记重要指示和群团改革工作座谈会精神会议上强调 持续深化改革创新 努力开创工会工作新局面

8月28日，全总召开党组（扩大）会议传达学习习近平总书记对群团改革工作作出的重要指示和群团改革工作座谈会精神，全总党组书记、副主席、书记处第一书记李玉赋主持会议并讲话。他强调，各级工会组织要按照中央政治局委员、全国总工会主席李建国同志的要求，深入学习贯彻习近平总书记的重要指示，紧紧围绕增强“政治性、先进性、群众性”，坚定改革信心、直面突出问题，强化责任担当、敢于攻坚克难，以更大力度、更实举措深化工会系统改革创新，努力开创工会工作新局面，以新面貌、新业绩迎接党的十九大胜利召开。

李玉赋指出，习近平总书记的重要指示从全局和战略高度深刻阐明了推进群团改革的重大意义、目标任务和基本要求，为做好工会改革和工会工作提供了重要遵循。刘云山同志在座谈会上的重要讲话，对贯彻落实习近平总书记重要指示、深化群团改革提出了明确要求。各级工会要把学习领会习近平总书记重要指示和群团改革工作座谈会精神作为当前和今后一个时期的重大政治任务，纳入党组中心组学习和“两学一做”学习教育，提高政治觉悟，增强政治能力，切实把思想和行动统一到党中央部署要求上来，不折不扣地贯彻落实到工会改革的全过程。要牢牢把握正确政治方向，坚持自觉接受党的领导，坚持走中国特色社会主义工会发展道路，不断增强“四个意识”，坚决维护习近平总书记在党中央和全党的核心地位，坚决维护党中央权威和集中统一领导，在思想上政治上行动上始终同以习近平同志为核心的党中央保持高度一致。

李玉赋强调，要加强工会改革系统集成的统筹谋划，强化对地方工会改革的指导和推动，履行政治责任、狠抓督查落实，通过改革创新谱写工会工作新篇章。要找准围绕中心、服务大局的结合点和着力点，加强职工思想政治工作，创新建功立业平台载体，叫响做实“大国工匠”品牌，贯彻落实《新时期产业工人队伍建设改革方案》，推动建设宏大的高素质产业工人队伍，引导广大职工在促进经济社会持续健康发展中作出新贡献。要坚持以职工为本，旗帜鲜明维护职工合法权益，做好供给侧结构性改革中职工维权和服务工作。要加强工会自身建设，扩大工会组织和工会工作有效覆盖面，夯实基层基础，加强网上工会建设，最广泛地把职工组织到工会中来、凝聚在党的周围。要加强工会系统党的建设，落实全面从严治党要求，严格执行中央八项规定，转变工作作风，营造良好政治生态。要大力加强工会理论研究，把握新形势下工会工作规律，继续在建机制、强功能、增实效上下功夫，提高运用法治思维和法治方式开展工作的能力水平。要加强宣传舆论工作，及时总结推广成功经验，用制度巩固拓展改革成果，把工会建设成为党的职工群众工作的坚强阵地。

全总党组、书记处同志出席会议，中央纪委驻全总纪检组负责同志，各驻会产业工会、全总各部门、各直属单位主要负责同志参加会议。

（《工人日报》2017 年 8 月 30 日 01 版）

第三编

扎实推进　以上率下

李建国在全总十六届四次执委会议上的讲话（节选）

（2016 年 1 月 16 日）

第一，如期完成全总机关改革试点任务。从 2015 年 11 月中央批准全总改革试点方案开始，用一年时间完成改革试点任务，取得可复制可推广的经验，这是全国总工会党组向中央立下的军令状。目前各项改革措施有序推进，开局顺利。言必信、行必果。我们要全面贯彻落实中央党的群团工作会议精神，如期向党中央和全国广大职工群众交出一份合格答卷。气可鼓而不可泄。关键在于保持良好的精神状态。去年 11 月份，我在全总机关改革试点工作动员部署大会上作了讲话，这里再强调四点。一是增强机遇意识。改革是工会工作和工运事业持续健康发展的内在要求和根本出路。中央决定把全总机关作为中央群团机关改革的试点单位纳入全面深化改革的总台账，这对全总机关和全会系统创新发展是一次难得的历史机遇。要发扬主动精神，以试点为契机推动全总各项工作迈上新台阶，为各级工会作出示范，为其他群团组织提供借鉴。二是增强问题意识。坚持问题导向，是习近平总书记倡导的思维方式、领导方式和工作方法，闪烁着实事求是的思想光芒和彻底的唯物主义者的担当精神。我们要着力解决“机关化、行政化、贵族化、娱乐化”问题，破解工会工作的重点难点。通过有针对性地改革，更好地坚持党的领导，更好地团结服务职工群众，进一步完善体制机制，着力保持和增强政治性、先进性、群众性。三是增强责任意识。改革任务能不能如期完成，落实责任是关键。全总党组承担改革主体责任，党组书记是第一责任人。要强化责任制，聚精会神抓好改革试点。根据改革试点方案和具体实施方案，定期进行督促检查，开展督查问效。一年的改革试点时限已经过去了两个月，我们要惜时如金，只争朝夕，按照时间节点，把改革措施一项一项落到实处。四是增强进取意识。习近平总书记在部署今年改革工作时强调，要有披荆斩棘的勇气、勇往直前的毅力和雷厉风行的作风。全总机关改革试点工作是中央全面深化改革的一项具体内容。我们要满腔热情地参加到改革的行列中来，争作改革的促进派，勇于自我革新，勇于开拓创新，既要高质量如期完成改革试点任务，又要全面加强全总机关的能力建设，全面提升全总机关各方面的工作水平。经中央批准，上海市、重庆市正在推进群团工作改革试点，两市工会要按照市委统一部署，落实好各项改革举措。其他省、自治区、直辖市总工会要在党委统一领导下，不等不靠、主动对接，拿出实际举措，回应职工期待，推进工会工作改革创新。

李建国在云南调研时强调 扎实推进新形势下工会改革创新

中共中央政治局委员、中华全国总工会主席李建国6月23日就扎实推进新形势下工会改革创新在云南省调查研究，听取了云南省总工会的工作汇报并给予肯定。他说，各级工会要深入学习贯彻习近平总书记系列重要讲话精神特别是关于工人阶级和工会工作的重要论述，积极推进工会系统改革，切实保持和增强政治性先进性群众性，不断提高工会组织的吸引力凝聚力影响力。

李建国考察了昆明市困难职工帮扶中心，他要求准确把握推进供给侧结构性改革、企业转型升级中职工的就业和生活状况，把困难职工和农民工作为重点，分类做好解困脱困工作。在昆明市工人文化宫，李建国要求依法合规管好用好工会资产，突出公益性职能，发挥好服务基层、服务职工的作用。

李建国在考察昆明市总工会“三网络一平台”时指出，工会干部要适应互联网快速发展的新形势，善于运用网络，让互联网成为了解职工、贴近职工、为职工办实事的一条新途径。

李建国强调，要扎实开展“两学一做”学习教育，推进工会改革创新，以问题为导向，着力破解制约工会工作发展的突出问题，增强工会组织生机和活力，以新的气象、新的面貌依法全面履行工会职能，让广大职工真正感受到改革的成效。

全总党组书记、副主席、书记处第一书记李玉赋等参加调研。

（《工人日报》2016年6月24日01版）

李建国在河北调研时强调
加强基层工会建设　发挥桥梁纽带作用

中共中央政治局委员、中华全国总工会主席李建国9月19日至22日就加强基层工会建设和改革在河北省调研，先后到钢铁、装备制造、医药食品等企业，慰问一线职工和劳模，了解工会建设情况，并分别与省市、基层工会干部座谈。

李建国说，各级工会干部要继续深入学习贯彻习近平总书记“七一”重要讲话精神，发扬工会自觉接受党的领导的优良传统，牢牢把握我国工人运动时代主题，发挥好工会作为党联系职工群众桥梁纽带的作用，团结广大职工坚定跟党走。

李建国说，要贯彻新发展理念，引导职工在推进供给侧结构性改革中发挥主力军作用。加大职工培训力度，善于利用互联网等方式提升职工素质。各级工会要密切关注化解过剩产能过程中的职工安置，做好城镇困难职工解困脱困的精准帮扶工作。

李建国说，要善于发现和总结基层工会和职工群众创造的鲜活经验并不断完善，推动工会改革向基层延伸，让职工群众实实在在感受到工会改革带来的变化。他特别强调，各级工会一定要严格依法依章程把工会经费管理好、使用好，突出工会资产服务职工群众的公益性质。

全总副主席、书记处第一书记李玉赋等参加调研。

（《人民日报》2016年9月23日04版）

李建国在上海调研时强调
坚决维护以习近平同志为核心的党中央权威
不断提高工会组织吸引力凝聚力战斗力

11月16日至17日，中共中央政治局委员、中华全国总工会主席李建国就学习贯彻党的十八届六中全会精神，推进工会工作改革创新在上海市调研。

李建国要求，全国各级工会组织一定要把思想和行动统一到六中全会精神上来，牢固树立“四个意识”特别是核心意识、看齐意识，坚决维护以习近平同志为核心的党中央权威，坚定不移推进全面从严治党，不断提高工会组织吸引力、凝聚力、战斗力，更好地肩负起团结引导广大职工听党话、跟党走的政治责任。

李建国说，实施《中国制造2025》，实现从制造大国向制造强国转变，劳动者素质至关重要。要大力弘扬劳模精神、劳动精神、工匠精神，造就更多的大国工匠，建设一支宏大的高素质产业工人队伍。要落实全国国有企业党的建设工作会议精神，始终坚持全心全意依靠工人阶级的方针，做到在政治上保证、制度上落实、素质上提高、权益上维护，充分调动工人阶级的积极性、主动性、创造性。要充分估计深化改革对产业结构、市场体系、职工队伍带来的变化和影响，在致力于供给侧结构性改革中维护好职工劳动经济权益和民主权利，积极构建和谐劳动关系。

李建国强调，要继续把工会改革向纵深推进，通过改革激发基层工会活力，创新联系职工群众方式，加强工会网上工作，多办实事，排忧解难，增强职工群众对工会改革的获得感，不断夯实党执政的阶级基础和群众基础。

在沪期间，李建国到洋山港、宝武钢铁、振华重工等企业和上海自贸区考察，代表全国总工会慰问劳动模范、一线职工和农民工，充分肯定上海市总工会改革取得的成功，并与基层工会干部座谈，就提高产业工人素质、维护职工合法权益、加强基层工会建设与大家进行交流。

全总党组书记、副主席、书记处第一书记李玉赋陪同调研。

（新华社 2016 年 11 月 17 日）

工会改革，要让职工群众有实实在在获得感

——中共中央政治局委员、中华全国总工会主席李建国在上海工会调研座谈侧记

全神倾听，不停记录，时时发问，深入探讨，思想的火花在碰撞，原定的会议时间被“不自觉”地拉长了一个多小时……日前，当中共中央政治局委员、中华全国总工会主席李建国来到上海调研考察，与上海工会干部们一起座谈时，市总工会的会议室里出现了热烈而又温馨的一幕幕。在你来我往的交谈提问中，在改革中奋勇前行的上海工会，对今后的行动有了更深更广的思索、有了更为坚定的信心。

11月16—17日，李建国就学习贯彻党的十八届六中全会精神，推进工会工作改革创新来到上海调研。此间，他在全总党组书记、副主席、书记处第一书记李玉赋的陪同下，来到了上海市总工会，与领导班子、部门负责人，以及来自地区、街镇和一线企业的基层干部代表进行座谈。

进入会场，他大步走到所有参会的机关干部、基层工会工作者跟前，一一和大家亲切握手。座谈会伊始，建国主席说道，我现在要郑重地说句话，要代表中华全国总工会，向上海市的广大干部职工、劳动模范、先进工作者，上海各级工会组织、广大工人干部和工会积极分子，表示亲切的问候。

简短的开场白，亲切的目光，诚挚的问候，温暖着在场的每一位上海工会干部。大家开始了畅所欲言……

关键词1：机构改革和干部队伍建设

有魄力、有依据、很积极稳妥

增“三性”、去“四化”、强基层、促创新！上海改革全国瞩目，更是牵动全国总工会领导们的心。“以习近平同志为核心的党中央把重大的改革试点任务交给上海，就是希望上海先吃螃蟹，为全国创造经验，当好全国改革开放的排头兵、创新发展的先行者。”建国主席说，此次来沪就是要来听听看看上海工会改革的进展和成效。

“上海群团改革试点启动以来，市总工会率先对机构设置进行了大刀阔斧的革新，以机构精简、职能聚焦、效率提高为目标，将机关原有13个内设机构整合为9个，机关编制精简40%。一批年轻人从机关充实到了乡镇街道工会，一批有实践经验的工会干部挂职到了市总机关部门。”

当上海市总工会主席洪浩首先介绍市总工会机关机构改革动真格时，建国主席给予高度评价：大力推进机关内设机构优化调整，大胆实行领导班子“专兼挂”、专职干部遴选制、“减上补下”，你们魄力很大！起初，听说你们要精简编制40%的时候，我有些吃惊。仔细一听确实很有道理，而且能够做到。这不是说大话，是有实际依据的，符合改革精神，做起来又很积极稳妥。他还总结道：“下去13个，上来23个”，非常好，下去13个青年干部，上来23个有基层经验的干部，一方面充实了基层工作力量，另一方面又增强了机关工作活力。

他指出，上海工会认真贯彻落实习近平总书记在中央党的群团工作会议上的讲话精神，按照市委统一部署和《上海市群团改革试点方案》要求，探索了一条体现工会性质、符合地方实际的工会改革路子，转职能、转方式、转作风，走在全国工会改革的前列，发挥了工会改革的排头兵作用。但改革没有完成时，只有进行时，改革永远在路上。上海各级工会组织一定要把思想和行动统一到六中全会精神上来，牢固树立“四个意识”，特别是核心意识、看齐意识，坚决维护以习近平同志为核心的党中央权威。上海工会要站在改革已经取得积极进展并初见成效的新起点上，始终保持锐意创新的勇气、敢为人先的锐气、蓬勃向上的朝气，围绕着更好地承担起团结职工群众、听党话跟党走的政治责任，坚决大胆地把工会改革各项事业向纵深推进，不断提高工会组织吸引力、凝聚力、战斗力。

建国主席给予上海工会厚望：要及时总结改革经验，把那些实践证明行之有效的举措通过制度化的形式固定下来，积极把改革成果向基层延伸，努力把改革成效转化为服务职工群众的能力和水平，让职工群众对工会改革有实实在在获得感。

关键词2：宝山顾村非公企业改革试点

有益尝试、历史性突破、向全国推广

“建会和办会依赖企业，职工被动入会，企业工会不敢为、不愿为、不想为、不能为……这已成为不少非公企业工会普遍存在的顽疾。”

为破解非公企业工会工作面临的瓶颈难题，市总工会洪浩主席等领导一次次地深入街镇进行蹲点调研，问计于基层，问需于职工，在经过反复论证后，宝山区顾村镇启动了非公企业工会工作改革试点工作，以此为标志，上海工会改革进入全面发力、纵深推进的新阶段。顾村镇总工会根据试点工作要求，依照《工会法》和《中国工会章程》等法律法规，推行落实会员依法缴纳会费制度，拓展依靠职工依法建会路径，实施履职工会主席岗位补贴制度，推行向基层倾斜的经费收缴使用制度，明确非公企业工会基本职责，各项改革举措纷纷落地开花，非公企业工会工作呈现前所未有的生动局面。目前，非公企业工会改革试点已扩大到全市8个区10个街镇（开发区）。

座谈中，李建国主席对非公企业工会试点工作给予高度赞赏，认为上海工会破解非公企业工会工作难题方向明、路子对，是一次有益的尝试。特别是在听取顾村镇总工会负责人汇报该镇率先制定《关于搞活非公企业工会的改革方案（试行）》，就依靠职工依法建会路径、实施履职工会主席岗位补贴制度等推行试点，使基层工会有人、有钱、有能力为职工办事，从而落实“做实基层”的目标，打通工会服务职工的“最后一公里”的具体做法后，建国主席连连称赞，当即

指出，加强基层工会建设，薄弱环节在基层，先进经验也在基层；真正好的做法来自实践，也来自基层。上海工会探索的工会组建方式和职工企业体制外单体入会方式，扩大了对农民工、非正规就业群体等的组织覆盖和工作覆盖。宝山区顾村镇坚持法治思维、法治方式，依法入会、依法建会、依法办会的做法非常具有借鉴意义和推广价值，在全国推广开来将带来非公企业工会工作领域的重大突破。建国主席反复强调，明年全总要以总结推广上海这一试点经验为起点，着重解决非公企业工会工作组建问题，实现重点突破，全面开花结果。

他语重心长地说到，基层工会的工作重点是服务职工群众，要真正让基层工会建起来、转起来、活起来，打通工会组织联系服务职工群众的“最后一公里”，使工会真正成为“职工之家”，使工会干部成为职工的贴心人、“娘家人”，让职工真正做到有困难找工会，有困难找“娘家人”。

关键词 3：网上工会建设

工会工作新领域、工会创新突破口

职工在哪儿？职工在网下，也在网上。

按照群团改革整体部署，市总工会积极推进“互联网+”工会工作，切实加强网上工会建设。自 2013 年开通“上海工会发布”官方微博后，2014 年 9 月“申工社”微信公众平台上线，2016 年 4 月底，“指尖上的工会”申工社 APP 又诞生了。

当听到上海工会的网上工会建设情况，看到申工社 APP 的宣传书签、易拉宝，李建国主席等一行都饶有兴趣地拿出手机下载，或者打开已经下载的“申工社”，跟着上海工会的汇报细细研究起来。建国主席赞赏道，上海的网上工会建设工作，走在了全国工会前列，形成了维护职工权益的新阵地、服务职工的新窗口、联系职工的新渠道、教育职工的新平台，要继续坚持下去，不断创造新的经验。

他强调，各级工会都要进一步把网上工会工作做好，网上工会建设既是工会工作的新领域，又是工会创新的突破口。工会干部要学会适应运用和驾驭网络空间，学会走好网上群团路线，学会通过网络了解职工情况，凝聚职工力量，解决职工问题，不断提升网络服务职工的能力和水平。

关键词 4：提升职工素质

打造与科创中心相匹配的产业工人队伍

此次来沪调研，李建国主席特别关注作为工人阶级发源地的上海，如何做好产业工人创新升级这篇大文章，为此，他带领全总一班人马调研了宝武钢铁、振华重工等企业，在座谈会上，他要求上海工会创新提高产业工人素质的思路、理念、载体和平台，加强顶层设计和制度保障，建设一支宏大的高素质产业工人队伍，夯实党执政的阶级基础和群众基础。

市总工会洪浩主席汇报说，上海要打造具有全球影响力的科技创新中心，职工是创新的主力，也是打造中国经济升级版、实现“中国梦”的强大力量。市总工会为此作出了积极努力，一方面，注重职工技能培养，将职工晋升技师、高级技师奖励计划、一线职工授权发明专利奖励计划纳入了年度服务职工的实事项目中，鼓励职工提升技能岗位创新。另一方面，联合市发改委、市经信委、市科委、市人社局和市知识产权局等单位联合发布《关于推动一线职工岗位创新，促进“大众创业、万众创新”的若干意见》，并从 2016 年起，计划用 10 年时间培养选树 1000 名“上海工匠”，首批 88 名“上海工匠”也于日前诞生。

建国主席边听边记录，边不时提问，他既高度肯定了上海产业工人队伍的素质，又给出了要实现中央交给上海的打造具有全球影响力的科技创新中心这个目标，上海工会如何在继续努力提高产业工人整体素质，培养更多与上海地位相称的大国工匠上做足文章的大课题。

他说，当前我们国家正在着力推进供给侧结构性改革，推动实施《中国制造 2025》，实现从制造大国向制造强国的转变。上海加快建设具有全球影响力的科技创新中心，实现这些战略目标，最终都要依靠一支知识型、技能型、创新型的高素质产业工人队伍来实现。各级工会要充分发挥“大学校”的作用，在弘扬劳模精神、劳动精神、工匠精神上下功夫，引领各行各业职工爱岗敬业、争创一流。

关键词5：“四位一体”维权工作体系

站在职工立场上想问题、深化改革中为职工发声

维护职工权益是工会当仁不让的主业主责。在经济发展进入新常态的背景下，上海工会在着力维护好供给侧结构性改革中职工劳动经济权益和民主权利，积极构建和谐劳动关系方面，有哪些行之有效的做法？

建国主席非常关心上海是如何通过群团改革来破解这个问题的。市总工会就聚焦维权服务主业主责，着力构建工会法律援助、工会劳动法律监督、集体协商和民主管理“四位一体”的工会维权工作体系进行了详细汇报。在听取市总工会研究制定《关于突出维护职能，加强工会协调劳动关系体系建设的指导意见》，对职工合法的劳动经济权益诉求探索建立“应援尽援”和“零门槛”援助服务制度，每年在职工法律援助受理案件中选择5%左右严重侵犯职工权益的企业开展工会劳动法律监督，通过健全完善群体性劳资纠纷履职通报“亮灯”平台建设，运用工会劳动法律监督“两书”（整改意见书、处理建议书）以及政府信用信息平台等手段，“反向倒逼”企业建立工会组织以及职代会、集体协商等制度，让职工在每一起劳动争议的合法诉求调处中感受到工会的关怀和关爱，努力促进社会公平正义等相关情况介绍后，建国主席欣喜地表示，上海“四位一体”的工会维权工作体系既概括得好，一系列具体做法也非常好。

“坚持全心全意依靠工人阶级的方针，是坚持党对国有企业领导的内在要求，要在政治上保证，制度上落实，素质上提高，权益上维护，不能当口号喊！”建国主席要求，各级工会要认真学习贯彻习近平总书记在全国国有企业党的建设工作会议上的重要讲话精神，多站在职工的立场上想问题，要代表职工发声，要高度关注企业兼并、关停、转迁过程中职工的权益维护问题，做好思想引导、转岗安置、就业培训、就业帮扶等工作。

建国主席还特别强调指出，上海自贸区在构建和谐劳动关系方面

进行了有益探索，初步建立了一套具有自贸区特征、外贸区特点的民主管理模式和维稳调处新机制，化解了一些群体性事件和劳动争议，帮助职工解决了不少问题，工会工作做得很扎实。要适应新形势新任务，牢固树立法治思维、用好法律武器，继续在法制化、国际化、便利化的营商环境下大胆闯、大胆试、自主改，促进劳动关系和谐稳定，维护工会组织和职工队伍团结统一。

时间不知不觉过去了，早已过了原定座谈会结束的时间，但建国主席并没有匆匆结束话题，他不停地询问追问，让每一位与会的基层工会干部说一说，让市总的兼挂职副主席李斌、李友钟、朱雪芹都讲一讲，他说，来调研就是倾听更多来自一线的声音。

室外夜幕降临，室内灯火通明，座谈会散了，上海工会干部们却没有散去，建国主席的话让每一位工会工作者的心更亮堂了："回去要把建国主席的关怀传递给所有的人""下一步我们要……"大家激情的话语久久回荡在大楼里……

（《劳动报》2016 年 11 月 21 日 01 版）

李建国在全总十六届五次执委会议上的讲话（节选）

（2017 年 1 月 16 日）

三、继续深化工会改革，最广泛地动员职工群众为全面建成小康建功立业

去年 12 月 5 日，习近平总书记主持中央全面深化改革领导小组第三十次会议部署 2017 年改革工作时强调，要总结经验、完善思路、突出重点，提高改革整体效能，扩大改革受益面，发挥好改革先导性作用，多推有利于增添经济发展动力的改革，多推有利于促进社会公平正义的改革，多推有利于增强人民群众获得感的改革，多推有利于调动广大干部群众积极性的改革。习总书记的重要指示对工会改革完全适用，为我们指明了方向。2017 年，要在全总改革试点已有成果基础上，继续扎实推进工会系统改革创新，把工会改革引向深入。

要坚持工会改革的正确方向。牢牢把握中国工会的根本性质和功能定位，贯彻和体现自觉接受党的领导、团结服务职工群众、依法依章程开展工作相统一这个根本原则，坚持增强“三性”、去除“四化”、做强基层、着力创新的工会改革总体思路，强化工会联系服务职工群众的意识、能力和效果，通过改革使工会组织和工会工作更加充满活力、更加坚强有力。全总机关要把改革试点成果巩固好发展好，各省级总工会要在省、自治区、直辖市党委领导下，积极部署推进本级和所辖工会改革。要坚持问题导向，增强问题意识，带着对问题的思考谋划改革，通过发现问题、研究问题、解决问题，推动工会改革创新不断取得实效。要提高工会工作法治化水平，在依法建会、依法管会、依法履职、依法维权上迈出新步伐。工会改革不能热在机

关、冷在基层，热在干部、冷在群众。各级工会要把改革及其成果向基层延伸，把更多资源向基层倾斜，把基层工会加强起来，使基层工会有人干事、有钱办事、有制度保障。基层工会从实际出发，能改什么就改什么，怎么能满足职工群众需要就怎么改，努力把改革成效转化为服务职工的能力，让职工群众有更多改革的获得感。

要把增强工会组织吸引力凝聚力战斗力、团结动员亿万职工为全面建成小康社会建功立业，作为检验工会改革成效的重要标准。通过工会特别是基层工会组织面对面、心贴心、实打实的服务工作，把亿万职工组织起来、动员起来，紧密团结在党的周围，听党话、跟党走。要积极适应经济发展新常态，找准工会工作着力点，围绕实现“十三五”规划目标任务，围绕区域发展总体战略和实施京津冀协同发展、长江经济带发展、“一带一路”建设三大战略，继续广泛开展“践行新理念、建功‘十三五’”主题劳动和技能竞赛。要加强职工思想引领，践行社会主义核心价值观，团结稳定鼓劲、凝神聚焦发力，进一步唱响“中国梦·劳动美”，充分调动包括一线工人、科技人员、农民工在内的广大职工的积极性主动性创造性，促进提高劳动生产率和全要素生产率，在改革开放和社会主义现代化建设尤其是推进供给侧结构性改革、振兴实体经济中发挥工人阶级主力军作用。要大力弘扬劳模精神、劳动精神、工匠精神，鼓励职工立足岗位、精研技艺、勇于创新，推动更多“大国工匠”涌现出来。要发挥工会“大学校”作用，加强职工职业技能培训，深入实施职工素质建设工程，着力培养宏大的高素质劳动者大军。要最大限度地把农民工吸引到工会中来，组织起来跟党走、组织起来依法维权、组织起来接受培训，提高农民工综合素质，使农民工真正成为工人阶级的一部分，帮助农民工更好融入城市。

四、认真学习和总结推广基层经验，继续加强基层工会组织建设

工会建设的薄弱环节在基层，工会工作的活力和新鲜经验也来自于基层。全国总工会坚决贯彻落实习总书记关于加强基层工会建设的

重要指示精神，采取一系列措施，坚持不懈地加强基层基础工作，坚持眼睛向下、工作下沉，编制、经费等工会资源向基层倾斜。现在，把全国工会经费收入的95%留在地方和基层，基层工会经费的分成比例不低于60%，而且每年从对下补助经费中拿出专项用于乡镇、开发区工会工作。近几年，全总把推进基层工会组织建设、扩大工会覆盖面作为夯实基层的一个着力点。全国已建工会基层组织282.9万个，覆盖会员3.02亿人，其中农民工会员1.39亿人。

非公有制经济是社会主义市场经济的重要组成部分，为我国经济社会发展特别是在增加就业方面发挥了重要作用。经过各级工会努力，非公有制企业工会组建工作取得了积极进展，但从总体上看，非公企业建会比例仍然偏低，与维护职工合法权益、构建和谐劳动关系的现实需要相比还有不小差距，是基层工会工作的一个短板。非公企业建会难，原因是多方面的，其中一个重要因素是部分企业主对组建工会不理解不支持。面对非公企业工会组建工作难题，上海市总工会指导宝山区顾村镇总工会大胆探索，取得了成功经验。顾村镇的做法是：有会员25人以上的企业单独组建工会，不足25人的可单独建会也可由联合工会实现组织覆盖，把联合工会作为职工在企业体制外入会的“蓄水池”，会员达到一定数量后倒逼企业建会。顾村经验的核心，是坚决依法办事，坚持职工主体地位，组织职工、依靠职工依法建会，这就把《工会法》第十条的规定用活了，掌握了建会工作主动权。这个经验很好，全总办公厅已印发通知，总结推广上海顾村经验，破解非公企业建会难题。据测算，目前全国非公企业建会率不到40%，非公企业职工入会率不到60%。2017年，要把推进非公有制企业工会组建作为工会基层建设的重点，力争取得新突破，在维护职工合法权益上有新作为。

近年来，各地在基层工会建设工作中都涌现出许多好经验。全总和各级总工会要走出办公楼，多到基层去。要坚信人民群众是真正的英雄，尊重职工群众首创精神，善于向基层学习，从职工群众生机勃勃的实践创造和鲜活经验中汲取营养，发现“宝贝”，用以提高我们的认知能力和工作水平。基层经验也许不完美，但切不可求全责备，要善于发现其亮点，只要方向对头，就要真诚地帮助它完善起来，不断总结、不断提高。各级工会要把运用典型经验指导工作作为一个重要的工作方法，作为改进工作作风、去“机关化”“行政化”的切实举措，每年都要总结推广一批基层典型经验，发挥示范引领作用。当然，学习推广典型，一定要结合实际，不搞一刀切。

李建国在全总十六届十二次主席会议上强调
围绕党和国家工作主线　切实履行工会政治责任

中华全国总工会第十六届十二次主席会议在京召开。中共中央政治局委员、中华全国总工会主席李建国主持会议并讲话，他强调，在以习近平同志为核心的党中央领导下，各级工会要紧紧围绕迎接宣传贯彻党的十九大这条主线，坚持稳中求进工作总基调，履行好引导广大职工群众听党话、跟党走的政治责任，更好汇聚团结奋进的强大正能量。

李建国说，各级工会要紧密结合工人阶级和工会组织的特点和实际，把学习贯彻习近平总书记系列重要讲话精神和治国理政新理念新思想新战略引向深入，强化思想武装，牢牢把握工会工作的正确政治方向。要高举维护职工合法权益旗帜，做好深化供给侧结构性改革、化解过剩产能过程中职工分流安置、技能培训和帮扶救助等工作。要加强调查研究，及时摸清职工生产生活状况特别是困难职工、农民工状况，有针对性地做好思想政治工作，引导职工依法理性有序表达诉求、依法维护自身权益，维护职工队伍和社会稳定。要落实各级工会党组抓意识形态工作的主体责任，进一步加强和改进工会舆论宣传工作。

李建国就加强督促检查、落实工会改革任务提出要求，强调在全总改革试点成果基础上，以钉钉子精神继续扎实推进工会系统改革创新和产业工人队伍建设改革。他指出，加大非公有制企业依法建会、依法管会的力度，是今年全总的一项重点工作任务，要继续加大工作力度，集中开展好“强基层、补短板、增活力”行动，坚持眼睛向下、重心下沉，在总结和推广经验上下更大功夫，在指导基层破解工作难题上有更多作为。

会议研究了全总近期重点工作，全总党组书记、副主席、书记处第一书记李玉赋汇报了全总十六届五次执委会以来的工作情况及近期重点工作安排，全总书记处书记张茂华汇报了推动非公企业工会组织建设、增强基层工会活力的情况。

张少琴、徐福顺、尔肯江·吐拉洪、阎京华、邱小平、焦开河、崔郁、郭明义、巨晓林出席会议；邓凯、尹德明、王瑞生、李守镇、赵世洪以及部分全总机关部门负责人列席会议。

（《工人日报》2017 年 6 月 8 日 01 版）

李玉赋在全总十六届四次执委会议上的工作报告（节选）

（2016年1月16日）

一、2015年的工会工作

……

（二）认真贯彻中央关于群团改革的决策部署，实现工会改革创新的良好开局。

《中共中央关于加强和改进党的群团工作的意见》下发后，全总召开多种形式座谈会，党组同志赴各地开展调研，先后举办31个省（区、市）和新疆生产建设兵团工会、全总机关各单位主要负责同志参加的专题研讨班，制定印发了《中华全国总工会关于贯彻落实〈中共中央关于加强和改进党的群团工作的意见〉的实施方案》，为开展全总改革试点打下了坚实基础。

2015年7月，党中央决定在全总开展中央群团机关改革试点，纳入全面深化改革总盘子一起推进。按照中央改革办要求，在李建国同志直接领导下，全总党组成立了改革试点工作领导小组，从强化思想武装、认真查找问题、深入调研论证、精心研提措施、广泛征求意见等五个方面积极开展工作，制定了《全国总工会改革试点方案》。在制定《试点方案》过程中，全总着重从4个方面进行把握，即增强"三性"、去除"四化"、做强基层、着力创新。11月9日，习近平总书记主持召开中央全面深化改革领导小组第十八次会议，审议并通过《试点方案》，同时对推进党的群团改革提出了明确要求。此前，刘云山同志于10月22日主持召开中央书记处会议，讨论并原则同意《试点方案》，要求对方案修改完善后提交中央全面深化改革领导小组审议。11 月 11 日，全总召开机关改革试点工作动员部署大会，李建国同志到会作重要讲话，对全总机关和工会系统改革创新进行指导、提出要求。全总党组按照中央的要求，精心安排、迅速行动，切实加强组织领导，集中工作力量，制定《改革试点工作具体实施方案》，逐项明确了责任分工和时间表、路线图。目前，全总党组正在积极稳妥地抓落实。党组成员以身作则，带头落实工作责任，稳妥有序推进改革举措落地。全总已成立机关党建工作领导小组，修订了《全国总工会党组工作规则》，研究制定了《全国总工会机关落实党风廉政建设主体责任和监督责任实施意见》和《全国总工会党组关于贯彻落实〈党委（党组）意识形态工作责任制实施办法〉的实施细则》，认真开展“四化”问题整改工作，同时，加强对改革试点工作的正面宣传解读，营造良好的舆论氛围。机关干部职工认识统一、精神振奋，全总改革试点工作开局良好。上海市、重庆市总工会按照市委统一部署，扎实有序开展改革试点工作。各地工会积极探索、大胆实践，工会改革创新呈现良好势头。

……

二、2016 年工会工作总体要求和主要任务

2016 年是全面建成小康社会决胜阶段的开局之年，也是工会改革创新的攻坚之年。党的十八届五中全会描绘了未来 5 年国家发展宏伟蓝图，中央经济工作会议对 2016 年经济工作作出全面部署，对推进结构性改革进行重点部署，中央城市工作会议明确了城市工作总体思路和重点任务，中央党的群团工作会议和《中共中央关于加强和改进党的群团工作的意见》，进一步指明了群团工作的前进方向，赋予了工会组织新的使命和责任，工会工作面临新形势新任务新要求。我们要坚决贯彻中央决策部署，完成好全总改革试点任务，带动各级工会改革创新，努力在服从服务党和国家工作大局中体现新价值、展现新作为。

2016 年工会工作的总体要求是：高举中国特色社会主义伟大旗帜，全面贯彻党的十八大和十八届三中、四中、五中全会精神，以邓

小平理论、“三个代表”重要思想、科学发展观为指导，深入贯彻习近平总书记系列重要讲话精神，按照“五位一体”总体布局和“四个全面”战略布局，贯彻中央党的群团工作会议重要部署，突出为实现中国梦而奋斗这个我国工人运动的时代主题，坚持中国特色社会主义工会发展道路，牢固树立和努力践行创新、协调、绿色、开放、共享的发展理念，着力增强“三性”，着力去除“四化”，着力做强基层，着力改革创新，更好组织职工、引导职工、服务职工、维护职工合法权益，团结动员广大职工为实现“十三五”规划、夺取全面建成小康社会决胜阶段伟大胜利而拼搏奋斗。

……

（八）以全总改革试点为契机，推进工会工作全面改革创新。

一是牢牢把握改革的正确政治方向。深入贯彻习近平总书记重要指示精神，认真落实中央通过的全总改革试点方案，完成好党中央交给全总的改革试点任务。紧紧围绕保持和增强政治性先进性群众性这条主线，全面把握中国特色社会主义群团发展道路“六个坚持”的基本要求和“三统一”的基本特征，坚持问题导向，坚决克服“四化”现象，突出改革的重点任务，改革和完善机关机构设置、管理模式和运行机制，创新工作理念，改进服务职工、服务基层的方式方法，强化对基层工会工作的保障和指导，强化联系服务职工的意识、能力、效果。要增强机遇意识、问题意识、责任意识和进取意识，精心组织实施，层层压实责任，扭住关键、精准发力，有序有力地推进改革，使改革试点举措一项一项落地，取得预期成效，推动工会工作全面进步。探索创新城市工会工作，为走出一条中国特色城市发展道路作贡献。

二是通过全总改革试点带动各级工会改革，发挥好示范带动作用。加强对改革试点工作的组织领导，指导推动各省（区、市）总工会贯彻党中央关于群团组织改革创新的决策部署，在当地党委领导下，结合自身实际，跟进对接全总改革的总体要求、主要任务和落实举措，制定改革方案，确定改革重点，解决突出问题。各级工会要认清形势、明确方向，发挥首创精神，积极探索创新，为工会工作注入新动力、增添新活力，开创工会工作新局面。

李玉赋在工会系统改革工作推进会上的讲话

(2016 年 3 月 31 日)

今天，我们召开工会系统改革工作推进会，主要是认真学习贯彻党中央关于群团改革的重要指示精神，交流工会系统改革创新的工作情况，对进一步深化工会改革作出部署。

刚才，我们传达学习了中央书记处关于深化群团改革的重要指示和李建国同志的要求。北京、天津、江苏、浙江、青海分别介绍了贯彻落实中央党的群团工作会议精神、推进改革进展情况和下一步工作安排。前一段时间，全总领导到各地工会特别是基层工会调研了解情况，北京、天津、黑龙江、辽宁、青海、广东等地工会也专门到全总汇报推进改革的思路和方案。上海、重庆作为地方工会改革试点单位，精心制定改革方案，积极稳妥推进实施，已见到成效。其他地方工会也在党委统一领导下，积极行动起来，认真研究谋划改革工作，有的鲜明提出今年是"改革创新年"，有的专门召开改革创新工作会议，有的已初步研究制定了改革方案，有的开展整治"四化"现象的专项工作，这些都为改革全面铺开打下了良好基础。总的来说，工会上下都把改革创新摆在了突出位置，思想认识比较一致，抓改革的进取意识、机遇意识、责任意识普遍增强，推动改革的热情很高、氛围很浓、干劲很足，工会改革创新实现了良好开局。

3 月 22 日，习近平总书记在中央深改组第 22 次会议上，肯定了全总改革试点工作，指出全总自上而下推进改革创新，整体发展势头良好。在 2 月 26 日中央书记处办公会议上，刘云山同志十分关注整个工会系统改革进展情况，对在全总改革试点的带动下，各级工会主动作为、积极行动给予了充分肯定，对下一步工会系统改革加快进度、加大力度提出明确要求。李建国同志高度重视工会系统改革创新，多次作出重要指示，要求以全总改革试点为契机，带动各级工会改革创新，为工会系统注入新的活力。全总党组、书记处十分重视加强对各级工会改革创新工作的指导和推动，在全总十六届四次执委会上专门就工会改革作出部署，并及时下发通知，将全总改革试点方案印发各省级工会，对各级工会及时跟进、主动对接提出明确要求。下面，我就贯彻落实党中央关于工会改革创新的重要指示精神，推进工会系统全面改革创新，讲几点意见。

一、坚决贯彻落实党中央关于群团改革的部署要求，切实增强推进工会改革创新的责任感、使命感和紧迫感

深化改革是党中央交给群团组织的重大政治任务。习近平总书记多次发表重要讲话，对工会等群团改革创新提出明确要求。自去年确定全总为群团机关改革试点单位以来，中央已先后 4 次听取了全总关于改革试点工作的汇报，习近平总书记亲自主持召开中央深改组第 18 次会议，审议通过全总改革试点方案，这充分体现了对这项工作的高度重视。完成好改革任务，以改革为动力推进工会工作全面创新，是工会组织向党中央立下的军令状，是各级工会干部共同的政治责任。

推进工会改革创新，首先要统一思想、提高认识。党中央把工会改革创新纳入全面深化改革的“总盘子”“总台账”一起推进，是党中央着眼于形势任务的变化，从更好地发挥工会组织党联系职工群众的桥梁纽带作用出发，作出的重大决策部署，充分体现了对工人阶级和工会工作的高度重视，为开创工会工作新局面提供了重要机遇。当前我国经济发展进入新常态，经济增速换挡、结构调整阵痛、新旧动能转换相互交织，经济下行压力加大，给劳动关系和职工权益实现带来许多新情况新问题，工会工作既面临难得机遇，也面临一系列新的挑战，迫切需要通过改革推动落实新的发展理念，强化工会组织对巩固党的执政基础的重要作用，强化工会工作联系服务职工群众的意识、能力和效果，把工会组织建设得更加充满活力、更加坚强有力，切实承担起引导职工群众听党话、跟党走的政治责任。在这种形势下，工会组织的改革不进则退，不自觉就被动，不抓紧就落后，徒陈

空文、等待观望、裹足不前是不可行的。

各级工会要认真学习、深刻领会习近平总书记系列重要讲话特别是在中央党的群团工作会议上的重要讲话精神，深刻领悟、准确把握中央对工会改革创新提出的目标要求，牢固树立政治意识、大局意识、核心意识、看齐意识，把抓改革作为一项重大政治责任，坚定改革决心和信心，切实增强推进改革的思想自觉和行动自觉，工作往前做、时间往前赶，已经启动的要加大工作力度，准备启动的要抓紧启动，要鼓励基层结合实际探索创新，蹄疾步稳、务求实效，努力开创工运事业新局面。

二、把握方向、突出重点，有力有序推进工会改革创新

工会改革是党领导下的改革，坚持什么样的改革方向，是贯穿改革进程的根本原则问题。工会组织是党领导的工人阶级群众组织，政治性、先进性、群众性是中国工会最鲜明的特征，是新时期工会工作的方向，也是工会改革的方向。习近平总书记在中央党的群团工作会议上深刻指出，加强和改进新形势下党的群团工作，最重要的是要保持和增强政治性、先进性、群众性，必须把正方向、引对道路，绝不能犯方向性错误，要牢牢把握为实现中华民族伟大复兴中国梦而奋斗的时代主题，紧紧围绕党和国家工作大局，自觉践行党的群众路线，满腔热情做好服务群众工作。刘云山同志几次听取全总党组关于改革试点工作汇报时也强调，工会改革无论改什么、怎么改，都要坚持中国特色社会主义群团发展道路不动摇，全面把握“六个坚持”的基本要求，把握“三统一”的基本特征，确保改革不偏离方向。李建国同志也多次强调坚持改革正确方向的重要性。全总在制定改革试点方案、推进改革试点中，始终把坚持正确方向贯穿全过程。各级工会要始终牢记工会组织的职责定位，把增强“三性”作为改革的主线，从改革方案设计到推进实施，都要着眼于更好地坚持党的领导、更紧密地把广大职工团结在党的周围、更有力地推动党的决策部署在工会组织落地生根，这是工会组织的重要政治责任，也是衡量改革成效最重要的政治标准。对此，我们头脑必须十分清醒，来不得半点含糊。

工会改革涉及领导体制、运行机制、组织设置、工作方式等方方面面，头绪多，任务重，需要由点到面、循序渐进，扭住关键、精准发力。这次全总确定的13项任务和25个制度文件，作为标志性、牵引性的重点改革任务，将集中反映全总改革试点成效，也是我们向党中央“交账”的主要成果。各级工会也要分清轻重缓急，下大气力抓住那些牵引性强的重点任务，集中用力，持续发力，以重点突破带动改革的整体推进。

一是切实解决脱离群众的突出问题。改革是由问题倒逼而产生，又在不断解决问题中而深化。当前，制约工会组织发挥作用最突出的问题就是“四化”问题，其本质是脱离群众的问题。在这方面，全总已经作了一些改革，包括选举了农民工兼职副主席、挂职书记处书记，一批一线职工和劳动模范当选为全总主席团委员或全总执委，各驻会全国产业工会增设兼职副主席，提高全委会委员、常委会成员中劳模和一线职工比例等，全总机关的广泛性、代表性进一步增强。这些改革举措一经推出，就引起了良好的社会反响。我们还将通过健全改进作风、联系基层、服务职工制度，建立工会服务职工满意度评价制度等方式，进一步密切与职工群众的联系。各级工会要强化问题导向，把克服“四化”问题作为改革的重要任务，以直面问题的勇气、解决问题的担当、破解难题的决心，在改进工作作风、密切联系职工方面拿出切实可行的举措，使解决问题真正成为筹划改革的出发点、推进改革的牵引器、检验改革的试金石，不断提高改革的针对性和实效性。

二是抓住机构人事制度改革这一关键环节。机构人事制度改革是中央十分关注的，也是各级工会十分关心的重要问题。这次全总下大决心推动机构人事制度改革。我们制定了全总相关内设机构、行政编制和事业单位机构编制调整方案，按照“精简、统一、效能”的要求，将整合6个主要职能部门，把5个生产经营类事业单位转制为企业，事业单位由18个减少到13个，精简25%的编制，组织架构将进一步扁平化。目前，方案已经中央编办批复，正在组织实施。各地工会一方面要对接、跟进全总改革，借鉴上海、重庆的经验，积极稳妥、依法合规推进机构人事制度改革；另一方面要结合实际，因地制宜，增强针对性，本着有利于聚焦工会主责主业、增强工会组织广泛性和代表性，有利于加强基层工会建设、激发基层工会活力，有利于应对劳动关系和职工队伍新情况新问题、强化工会维权服务职能的原则，建立完善面向基层、职责明确、运转高效的格局，带动各级工会特别是领导机关实现思想观念的更新、工作模式的创新、职能职责的优化、工作作风的改进。

*三是着力激发基层工会活力。*基层工会是工会全部工作的基础和关键，而当前工会工作的薄弱环节恰恰在基层。关于加强基层工会建设，习近平总书记作了“三个着力”的重要批示，我们这几年都在认真贯彻落实。前不久，李建国同志就一些企业工会、基层工会中存在的“娱乐化”现象、作用发挥不充分等问题作出批示，要求加强调研，推动解决。全总把做强基层夯实基础作为这次改革试点的重要任务，将全国工会经费全年收入的95%留在地方和基层工会，全总本级经费的70%用于对下补助。同时，将精简的编制充实到若干任务繁重、力量薄弱的县级工会，实行编制“减上补下”。各级工会也要把激发基层工会活力作为改革的重要任务，通过改革，进一步深化基层工会建设“落实年”活动，把更多的工会资源向基层倾斜，把更多的工作精力投入基层一线，认真解决基层工作中面临的困难和问题，真正使改革的成效让实践来检验、让基层来评判、让职工来打分，不断增强工会组织的吸引力凝聚力战斗力。

三、抓好工作落实，确保改革取得预期目标

习近平总书记在中央深改组第22次会议上强调，要拿出抓铁有痕、踏石留印的韧劲来，持之以恒抓改革落实。各级工会要按照总书记的要求，把抓落实作为推进改革的落脚点，理解改革要实，谋划改革要实，落实改革更要实，既当改革的促进派，又当改革的实干家。

*一是加强组织领导。*各级工会要在党委领导下，把推进改革作为当前和今后一个时期非常重要而紧迫的任务，立足工会改革全局和各自工作实际，统筹谋划、通盘考虑，层层压实责任、积极稳妥推进。

要坚持整体推进与重点突破相结合，对看准了、迫切需要改也有条件改的，坚持立行立改、切实解决问题；对情况复杂、需要深入探索的，可进行先行试点，在取得经验的基础上逐步推开。在座各位都是省级工会的主要负责同志，要强化责任担当，亲自抓谋划、抓部署、抓督察、抓落实；对改革试点过程中遇到的困难和问题，要迎难而上、积极化解，切实以抓落实的成效检验改革成果。

二是注重上下联动。各省级工会作为工会系统改革创新的重要层级，要加强工作的协调沟通，对上要及时跟进、主动对接全总各项改革举措，积极争取地方党委的领导和编办等部门的支持，对于在改革过程中遇到的重要问题、取得的进展和经验，要及时向全总和地方党委汇报；对下要发挥以上带下、以上率下的作用，加强指导督促，强化支持保障，推动各市、县工会动起来、抓起来，及时总结基层工会创造的新鲜经验，努力打通“最后一公里”，形成工会系统合力推进改革创新的良好局面。

三是为工会改革营造良好环境。要充分利用工会新闻宣传阵地，加大对工会改革创新工作的宣传力度，反映工会改革创新进展，要把握好宣传的时机、节奏和分寸，及时回应各方关切。要重视做好网上舆论引导，坚持正确导向，释放正能量，营造良好舆论和社会氛围。要在改革中加强和做好深入细致的思想政治工作，引导干部职工正确对待职责调整、机构调整、岗位调整，自觉服从大局。对于岗位调整的干部要妥善安排好，充分调动他们的积极性，引导他们主动参与和适应改革要求，各得其所、各展其长，从而最大限度地凝聚改革共识、汇聚改革力量。

四、以改革创新为强劲动力，推动工会各项工作再上新台阶

关于今年的重点工作，全总十六届四次执委会已经作出了全面部署。各级工会要紧紧围绕党的中心工作，认真落实四次执委会的各项工作任务，统筹抓好工会改革创新与各项经常性工作，一同谋划、一同推进，推动各项工作践行新理念、打开新思路、迈出新步伐、展示新作为。

一是组织引导广大职工在实施“十三五”规划中创业创新。要认真贯彻落实党的十八届五中全会和全国两会精神，特别是习近平总书记在参加全国人大上海团审议时关于“调动一线工人、制造业工人、农民工的积极性和创造性”的重要讲话精神，坚持以人民为中心的发展思想，引导广大职工支持服从改革发展大局，广泛开展“践行新理念、建功‘十三五’”主题劳动竞赛和职工技术创新活动，以主人翁姿态支持和参与供给侧结构性改革。要大力弘扬劳模精神、劳动精神，深入研究如何在新形势下体现工人阶级地位，用中国特色社会主义、中国梦和社会主义核心价值观凝聚广大职工共识。要深入实施全国职工素质建设工程，做实叫响“大国工匠”品牌，培养更多的高素质劳动者，在创业创新的时代洪流中发挥领军作用。

二是推动职工群众在共建共享发展中有更多获得感。首先要把习总书记的关心关怀关爱传递传导到亿万职工群众的心坎里。要及时了解兼并重组、破产清算企业中职工的生产生活状况，加强职工技能培训和下岗失业人员技能再培训。要继续推进吸收农民工入会和服务农民工行动，加强对农民工的思想教育和服务，通过工会组织把广大农民工紧密团结在党的周围。要积极融入国家脱贫攻坚大局，更加精准地加大城市困难职工解困脱困的帮扶和保障力度，让更多职工共享改革发展成果。

三是加强工会干部队伍和作风建设。加强干部队伍和作风建设是工会改革创新的重要内容，也为工会工作创新发展提供坚强的保证。要坚持党建带工建，切实抓好工会系统党的建设，深入开展“两学一做”学习教育，引导工会广大党员干部加强对以习近平同志为总书记的党中央治国理政新理念新思想新战略的学习，深刻把握新形势下党员的职责使命，提升尊崇党章党规、敬畏党章党规、遵守党章党规的思想自觉，以学促做、知行合一，做合格的共产党员。要强化工会干部的服务意识，密切与职工感情；提高能力素质，掌握群众工作方法和规律；筑牢拒腐防变的防线，树立清风正气，争当全心全意为人民服务宗旨的忠实践行者、党的群众路线的坚定执行者、党的群众工作的行家里手。

全总在加大自身改革试点工作力度的同时，要按照党中央要求，指导和推动地方工会改革创新，也希望各级工会对全总改革多提宝贵意见。让我们协力推进工会改革，更好地发挥工会职能作用，不辜负党中央的重托和职工群众的期盼。

北京市总工会在工会系统改革工作推进会上的发言

（2016年3月31日）

中央党的群团工作会议以来，北京市总工会深切地认识到，工会工作只能加强、不能削弱，只能改进提高、不能停滞不前。我们主动研判形势，深入跟进对接全总改革试点方案，整合优化机关职能，建设服务职工体系，做强基层夯实基础，引导职工建功立业。

一、坚持正确政治方向，自觉接受党的领导

市委连续两届任期内召开全市工会工作会议，并出台关于加强和改进工会工作的意见，市委、市政府主要领导每年至少调研一次工会工作，市委常委会每年定期听取情况汇报。为贯彻落实全总和市委关于做好工会工作的要求，我们研究制定了符合首都特点的“1+6”“1+9”和“1+15”工作文件，修订《北京市实施〈工会法〉办法》，与市政府共同编制实施了职工发展规划。

二、整合优化机关职能，形成运转高效的工作格局

市总调整了集体合同部、保障部、民主管理部，设立了权益部。设立了基层指导部、社会工作部、劳模办、工运史和劳动保护研究室、信息中心、工会经费代收管理部等部门。成立4个巡察监事组，加强对直属事业单位党风廉政建设的巡察监事以及机关的督查工作。投入14.5亿元资金，加强职工服务设施的建设使用，太庙艺术馆、工体等职工服务设施免费向职工开放。北京康复医院、北戴河疗养院直接为劳模和职工提供服务。推动直属事业单位由依靠出租等方式获取收益向为职工提供公益服务转变。发挥枢纽型社会组织作用，通过

自己建、联合建、引导好和打楔子等方式，培育成立了劳模协会、职工技协、志愿者协会等社会组织；与976家职工服务类社会组织建立联系，购买20类188个项目，服务职工36万人次。

三、开展实名制普惠制服务，形成工会三级服务体系

以三级服务体系建设为抓手，打造服务职工的工作平台。一是建立了由市（区）职工服务中心、乡镇（街道）和商务楼宇工会服务站组成的区域三级服务体系；由市产业工会、局集团公司工会、企业实体化“职工之家”组成的产业系统三级服务体系。二是实行会员实名制管理，实名采集会员信息422.3万条、会员手机号码293万个。三是办理工会会员互助服务卡，已办理340.7万张。四是建立由“12351”服务热线、手机APP、网站、微博等组成的职工服务信息平台。24小时“12351”热线累计受理职工诉求71.2万件，办结率达97%。五是在50个工会服务站和“职工之家”试点实行错时上下班制度。同时，积极开展会员满意度评价工作，听取职工意见建议，根据职工的要求调整和改进工会工作。去年对401家下级工会、1万余名会员进行了抽样调查，征集意见建议1000余条，并对意见进行逐条分析和挂账督办。

四、做强基层夯实基础，形成全覆盖的维权网络

一是依托市级行业工会开展集体协商。成立8个产业工会，在此基础上建立8个市级行业工会联合会，覆盖职工300余万人。在保安等行业开展第3轮市级集体协商，在餐饮等行业开展第2轮市级协商。二是全市街道乡镇全部组建总工会。工会主席享受同级副职待遇，配备5至20名干部和社会工作者，并安排10%的工会经费。组建区域性、行业性工会联合会2900多个。在全市5935个社区和行政村建立了社区（村）联合工会，为每个社区（村）配备1至2名工会社会工作者。三是加强委员会建设。将劳模先进和一线职工在委员中的比例提高至17%、在常委中的比例提高至12%、在各驻会产业工会委员及常委中的比例提高至9%以上。市总工会成立代表委员联络室，

采纳会员代表意见建议 575 条。市总工会直接联系非公企业 114 家，并为其工会主席发放工作津贴。

五、引导职工建功立业，形成工会工作品牌

培养造就创新创业职工，实施“职工创新助推计划”，选树“北京工匠”，启动“首都职工创业小额贷款计划”，启用职工高技能人才实训基地。加大困难职工帮扶和脱困力度，成立北京市温暖基金会，设立专项基金 33 个，资金余额 6618 万元；分类做好解困脱困工作，投入 2000 余万元建立脱困帮扶基金；做强工会十大服务品牌项目。市总工会立足于扁平化服务模式，直接设计并实施服务项目，下级工会负责组织职工参与，运用这种模式让基层动起来，增强基层活力。五年来共开展服务项目 5000 余项，带动 5.1 万家基层工会实名制服务职工 2000 余万人次。

此外，我们严格经费和资产管理，出台了重大项目评审等 100 余项制度。通过财政评审和第三方审计，使工会经费预算管理更加规范，通过信息化管理随时掌握下级工会经费的收管用情况。成立招投标管理办公室，对采购、工程建设、信息化建设等进行了规范。目前，市总直接服务于职工和基层的经费比例提高到 92%。

下一步，我们将抓好以下工作：第一，全面对接全总改革方案和本次会议要求，查找问题、补齐短板。第二，聚焦“三个系列”开展工作，一是温暖系列，优化权益维护和精准服务的职能设置，建立 30 个市级行业工会，成立行业工会服务中心、职工医疗健康服务中心、职工文体服务中心；二是培育系列，创新“北京工匠”培育机制，成立职工发展研究中心；三是引导系列，创新社会动员和引导机制，建设劳模纪念墙，成立网络工作部，建立职工大 V 工作室。第三，推进工会企事业单位改革，工会全部设施都要用于服务职工。

天津市总工会在工会系统改革工作推进会上的发言

（2016 年 3 月 31 日）

为贯彻落实中央党的群团工作会议精神，落实全总和市委关于开展工会改革的重要部署，天津市总工会坚持问题导向和职工需求导向，围绕“增三性”“去四化”，把工会工作做实、组织建强的目的，积极推进工会改革。现将有关情况作一汇报。

一、上接天线、下通地气，确定改革主要任务和突破口

天津市委常委、市委政法委书记、市总工会主席袁桐利亲自担任工会改革领导小组组长，多次组织市总工会领导班子认真学习中央党的群团工作会议精神特别是习近平总书记重要讲话精神。班子成员分别带队深入基层开展了 4 项专题调研，倾听基层工会和职工群众的呼声意愿。今年 3 月初我们到上海市、重庆市总工会两个改革试点单位进行学习取经，结合我市工会工作实际形成初步改革方案后及时向全总领导请示汇报。

天津工会改革可以概括为：贯穿保持和增强政治性、先进性、群众性这条主线，实施“三减三补”“三改三转”“一加强”。即把提高各级工会引导职工听党话、跟党走的能力作为改革的首要任务，坚持发挥工会党组织的领导核心作用，持续不断加强工会组织党的建设。减少市总工会内设机构、干部总量和经费留成，补充区（县）、乡镇（街道）工会人员编制、服务阵地和工作经费；改进工会干部使用管理机制，改变工会代表会、委员会、常委会和领导班子构成比例，健全工会组织评价机制，转变职能定位、运行方式和工作作风。

我们努力在以下四个方面形成突破点：一是市总工会精简的处级

行政编制用于补充区（县）总工会经审委员会主任职数，精简的事业编制用于补充全市 234 个乡镇（街道）工会和 50 多个开发区、产业园区工会，实现这一级基层工会 100%配备专职干部的突破。二是设立用于农民工和劳务派遣工会员的专项工作经费，按照属地持会员卡农民工和劳务派遣工每人每年 100 元的标准，由市总工会、所属区（县）总工会、地方财政按照 3 ∶ 3 ∶ 4 的比例承担，划归所属区（县）总工会管理使用，实现工会活动对不同职工群体全覆盖的突破。三是建议市委制定群团干部遴选和挂、兼职管理办法，打破原有参照公务员管理体系，按照不唯年龄、不唯学历、不唯身份、不唯职级的原则，从基层工会主席、劳动模范和一线职工中选拔各级工会干部，实现工会干部选拔录用体制的突破。四是推行错峰服务模式，在全市所有开发区、功能区、产业园区的职工服务站，组建工会志愿者队伍，实行工余时间和公休时间的全天候服务，错开职工生产时段，努力做到按需服务、精准服务。

二、错峰服务、无缝联接，工会工作按照职工的“生物钟”运转

我们从职工聚集的全市各级开发区、产业园区入手，建立职工服务站，开展错峰服务，力求实现职工的自我管理、自我服务、自我发展。职工服务站配有全市统一的 LOGO 标识，涵盖了职工书吧、培训课堂、心理疏导室、职工演艺厅、文体协会活动室、劳动法律咨询室等板块。公开招募热心工会工作和公益活动的职工志愿者，从农民工、一线职工到外企白领、局处级干部，包括法律、心理、文艺、科技等各种专业人才，组成志愿团队，利用倒班、公休时间无偿参与工会活动。目前在试点的滨海新区已有近千人的志愿者队伍，每天晚上和周末职工服务站都是一派热闹景象。

通过一段试行，我们感到实行错峰服务和发展志愿者队伍，有效解决了职工上班工会干部也上班、职工下班工会干部也下班、双方没有“交集”的问题；志愿者在班组、宿舍宣传工会职能作用，有效解决了工会“自说自话”、职工难以认知认同的问题；职工全程参与策划、组织、管理、服务，有效解决了工会活动“自拉自唱”、不能和

职工需求对接的问题；服务站能够第一时间发现劳动关系矛盾，提供调处服务，有效缓解了劳动纠纷可能激化的问题；社会爱心人士无偿提供各种专业化志愿服务，有效解决了工会专门人才队伍不足的问题。目前，我们在滨海新区、西青区、北辰区、武清区等先行试点，今后将在全市各级各类开发区全面推开。

三、找准方向、合力推进，确保改革取得实效

一是始终坚持党的领导，在市委和全总的领导下推进改革。我市群团改革列入了市委年度工作要点，准备专门成立群团改革领导小组，市委领导同志已经听取了工青妇改革情况汇报，对群团改革推进提出具体要求，确保正确方向。

二是综合施策，共促改革。在市群团改革领导小组统筹下，一揽子协调解决改革涉及的有关问题，将组织部、编办、财政局、人社局等有关部门纳入群团改革领导小组成员单位，一并研究，促进改革取得实效。

三是加强班子建设，在改革中补齐工作能力的短板。我们提出工会领导班子挂职副主席应为市委组织部确定的后备干部，“高挂”进入市总工会党组，任职期不少于两年。市总处级干部每年按一定比例参加全市干部交流任职、双向挂职。

四是坚持整体推进，统筹工会企事业单位改革同步进行，坚持服务职工、服务基层的职能定位，突出主责主业，剥离无关业务，着力做精做强工会自有服务阵地。

江苏省总工会在工会系统改革工作推进会上的发言

（2016 年 3 月 31 日）

江苏省总工会认真贯彻落实习近平总书记在中央党的群团工作会议上的重要讲话精神，在省委领导下，主动跟进对接全总改革试点举措，推动工会工作不断改革创新。

一、突出加强学习，强化改革创新意识

先后 4 次召开省总工会党组会，专题学习习近平总书记在中央党的群团工作会议上的重要讲话精神、中央关于加强和改进党的群团工作的意见，并与学习贯彻省委党的群团工作会议精神、全总改革试点方案结合起来。通过专题辅导、交流研讨、举办培训班等多种形式，引导各级工会干部深入学习领会中央和省委对群团工作的重要要求。在此基础上，结合实际制定了《江苏省总工会关于加强和改进工会工作的具体措施》，明确了 6 个方面 50 条具体措施。

二、突出问题导向，边整边改去除“四化”

一是深入查找问题。省总工会班子成员和机关处以上干部走进基层调研，查找“四化”等脱离职工群众问题，征集到 6 个方面 130 多条意见建议，形成问题清单并剖析原因。这些问题可以概括为“四个不适应”：工作方式方法不适应，仍习惯用老办法解决新问题；基层力量不适应，县级工会和乡镇（街道）工会存在缺编制、缺经费、缺办公场所、缺工作人员的现象；组织架构不适应，对新兴领域、新兴群体覆盖不全的问题比较突出；干部能力不适应，一些工会干部对职工群众感情不够深，联系群众不够紧密，工作针对性、实效性不够。

二是坚持边整边改。针对存在问题能改的立即改起来，如建立健全依靠职工群众推进工会工作制度，完善会员代表大会、会员代表常任制、会务公开等制度，首次组织职工参与网上投票，评选省十佳模范“职工之家”、职工小家、优秀工会工作者；改进工会工作绩效考核方式，首次在全委会上请省总工会委员、经审委员对省总工会重点工作和机关各部门工作进行民主评议。对一些深层次的问题，进行认真研究思考，为下一步改革做好准备。

三是鼓励基层创新。海门市总工会在乡镇（街道）推行以“配备1名专职工会副主席、1名专职工会干部和配备2~3名兼职副主席”为内容的“1+2+N”的工会干部配备模式，一定程度上缓解了镇级工会事多人少的问题。江阴市总工会依托市民卡同步发行工会服务卡，为职工提供普惠服务。宜兴市总工会探索创新产业工会与地方工会相结合的工作新模式，组建了线缆、环保、陶瓷、现代农业四大市级产业工会，促进产地工会优势互补、协同发展。

三、突出增强“三性”，提升工会“四力”

一是着力提升引导力。始终坚持党的领导，严守政治纪律和政治规矩，强化重大问题、重要情况及时向省委、全总请示报告制度，2015年先后5次向省委报告重要工作，及时向全总报告有关工作。突出抓好职工思想政治工作，深化“中国梦·劳动美”主题教育，引导广大职工坚定不移听党话、跟党走。

二是着力提升凝聚力。制定“建功十三五、建设新江苏”主题劳动竞赛规划，研究组织职工立足本职多作贡献的具体措施。

三是着力提升服务力。构建职工维权服务体系，积极推进精准帮扶、精准脱困。试点开展一线职工疗休养活动，突出做好农民工维权服务工作，加强工会法律援助服务，省、市、县工会聘请援助律师766人，推动构建和谐劳动关系。

四是着力提升创新力。加大网上工会建设力度，加强“江苏职工之家网”建设，开设网上“12351”服务热线，借助微信、微博、QQ等网络平台，实现服务对象全覆盖、服务时间全天候。“江苏职工之家网”开办一年多来，点击率已超过330万人次。

四、突出强基固本，激发基层工会活力

一是坚持力量配备向基层倾斜。聘用社会化工会工作者，重点从事乡镇（街道）、开发区（工业园区）工会工作，目前全省已聘用1300多人。

二是坚持经费使用向基层倾斜。健全工会经费对下补助机制，对下级工会的经费补助实行项目化管理，优化经费支出结构，加大向乡镇（街道）、开发区（工业园区）和基层工会倾斜力度。近两年省总工会对下服务支出达6.8亿元，占本级经费支出的近70%，其中每年安排近5000万元专项经费补助乡镇（街道）、省以上开发区工会。今年考虑到在供给侧结构性改革中部分企业困难加大，主动减去省对市、县工会经费上缴的增长任务，减轻基层工会和企业负担。

三是坚持工作重心向基层倾斜。建立健全机关党员干部联系基层、服务职工制度，并作为干部考核和机关先进部室评选的重要内容，持续深入开展“进企业、当工人、同劳动”活动。近3年来，省总工会机关212人次深入基层驻点调研，走访基层单位450余个、一线职工5000余名，直接为基层职工群众办实事80余件，慰问帮扶困难职工群众1800余人。

我们将认真学习贯彻这次会议精神，按照省委部署要求，进一步整合优化机关职能，使工会职能定位更加科学；调整整合机关内设机构，改进机关干部管理方式，使机关人员构成更加合理；着力做强基层、夯实基础，使服务基层的导向更加鲜明；坚持以职工为本，创新工会活动开展机制，使工作方式方法更具实效，努力推动江苏工会工作迈上新台阶。

浙江省总工会在工会系统改革工作推进会上的发言

（2016 年 3 月 31 日）

中央党的群团工作会议召开后，浙江省委随后召开了党的群团工作会议，举办了工青妇主要负责人培训班。我们及时通过多种形式传达学习会议精神，按照全总贯彻落实中央关于加强和改进党的群团工作的意见《实施方案》的要求，结合实际制定了本省的实施方案。全总启动改革试点后，我们认真学习李建国同志和李玉赋同志在全总机关改革试点工作动员部署大会上的讲话、《全国总工会改革试点方案》和李玉赋同志就全总改革试点答记者问，同时专程到上海、重庆学习工会改革做法和经验，精心谋划全省工会改革工作。

目前，省委已经成立了以省委副书记为组长的群团改革工作领导小组。省总也成立了改革工作领导小组，抽调精干力量开展调研和方案起草工作。前不久，我们向省委改革领导小组提交了改革方案。下一步，将按照省委批准的改革方案，明确改革进度和时间节点，把握改革节奏，确保改革举措落地，取得预期成效。我们改革的初步考虑是：紧紧围绕保持和增强工会工作和工会组织的政治性、先进性、群众性这条主线，坚持问题导向，努力克服“机关化、行政化、贵族化、娱乐化”，改革省总工会机关的组织设置、管理模式、运行机制和活动方式，把全省各级工会组织建设得更加充满活力、更加坚强有力，切实承担起引导职工群众听党话、跟党走的政治责任。具体改革举措主要有：

一、在改革组织设置方面

一是优化省总工会机关部门设置。以强化服务基层、服务职工、提高工作效能为导向，对省总工会机关部门优化整合，形成以基层工作部门为重点、综合服务部门为支撑、机关工作部门和窗口服务单位为保障的机构框架。二是强化市、县（市、区）两级总工会力量。选优配强工会领导班子，建立一支专职、挂职、兼职相结合的机关干部队伍，优化机构设置。三是加强乡镇（街道）总工会建设。明确乡镇（街道）、开发区（工业园区）总工会作为一级地方工会领导机构，采取专职干部、职业化工会工作者和兼职、挂职相结合的形式，按每5000名工会会员配备1名工会干部的要求，配强力量。同时，研究制定兼挂职干部和志愿者的工作补助办法。四是健全有效覆盖的基层工会组织体系。改进产业工会领导方式，理顺产业工会与同级地方总工会和对口产业系统之间的关系；加强县域行业工会建设，由县级总工会直属管理；建立“两新”组织、楼宇、园区、村居等领域工会组建新机制，推进新产业新业态领域工会建设。五是推进省总工会直属企事业单位改革。强化直属事业单位的公益性、服务性职能，推进直属企业单位的市场化改革，逐步建立功能明确、产权清晰、治理完善、运行高效、监管有力的直属企事业单位管理体制和运行机制。

二、在改革管理模式和运行机制方面

一是建立一张工作清单制度。省、市、县（市、区）、乡镇（街道）和基层工会实行一张重点工作清单，以“流水线”的思路，优化层级职责分工，提升各级工会工作效能。二是建立以基层工会和职工需求为导向的服务机制。主要包括：重点工作部署和实事项目公开征求意见制度，省、市、县总工会联系点制度，劳动关系和职工队伍定期监测报告制度，基层工会工作人员和职工群众参与各级工会领导机关决策机制。三是完善绩效导向的督查评价机制。建立职工感受性评价为主、工会内部专业性评价为辅的重点工作绩效督查考核办法和机制，科学设置，以职工参与度、满意度等量化考核指标，委托第三方开展职工满意度测评。

三、在创新工作方式方面

一是打造网上“职工之家”。加强“一网两微一客户端”建设

（浙江工会网、“浙江工会”微博、“浙工之家”微信和 APP 客户端），形成各级工会网络平台互联互通、线上线下有机衔接、覆盖全省的一站式、个性化、全天候工会服务网络矩阵。二是探索建立适应职工特点的服务新机制。工会服务阵地和窗口单位实行“弹性工作时间制”“错时工作制”，积极探索通过购买服务的方式服务职工群众。

四、在优化人员配备方面

一是改善省总工会领导班子结构，按照专职、兼职相结合的方式配备。二是改进各级总工会机关工作人员使用机制，按照“专职+挂职+兼职+志愿者”的方式配备。三是创新县级以上专职工会干部选用方式，一方面从基层群团组织中公开遴选，另一方面向社会公开招考。四是提高基层一线人员在工会领导机构中的比例，在省工会代表大会代表中占 80%以上，在省总工会委员会委员中占 40%以上，在省总工会常委会委员中占 15%以上。

五、在强化综合保障方面

一是完善党建带工建制度，规范落实双重领导制度，加强干部协管。二是建立省总工会定期听取市总工会、省产业工会工作汇报制度。三是探索改革工会经费收缴管理办法，全面推进工会经费税务代征制度。完善省总工会对下级工会经费补助制度，市、县（市、区）总工会对乡镇（街道）工会经费回拨制度，把工会经费更多更好地配置到离职工最近的基层工会中去。

青海省总工会在工会系统改革工作推进会上的发言

（2016 年 3 月 31 日）

中央党的群团工作会议召开后，青海省委将群团改革纳入全省全面深化改革的大盘子。省委书记骆惠宁要求群团组织解放思想、更新观念，直面问题、抓紧行动，对看准了、迫切需要改也有条件改的，立行立改，积极推进。在省委领导下，省总党组精心组织、稳步推进工会改革工作。

一、强化思想武装、深入基层调研，认真做好改革准备工作

深入学习领会习近平总书记在中央党的群团工作会议上的重要讲话、中央关于加强和改进党的群团工作的意见、省委党的群团工作会议精神，制定了贯彻落实的具体方案。认真学习贯彻李建国同志和李玉赋同志在全总机关改革试点工作动员部署大会上的讲话、《全国总工会改革试点方案》，准确把握工会改革的指导思想、目标要求、基本原则和主要措施。深入基层调研，分析梳理工会组织存在的“四化”现象，提出加强和改进工会工作的对策建议，及时向省委上报群团工作调研报告，在全省工会系统深入开展“四化”现象专项整治工作。学习借鉴上海、重庆市改革试点的具体做法，加强与西北省（区）总工会的联系沟通，相互交流做法。在此基础上，结合青海工会工作实际，制定了工会改革初步方案。

二、明确改革的基本原则和目标任务，牢牢把握改革的正确方向

贯彻中央、全总、省委关于工会工作改革的要求，顺应广大职工群众的期盼，把握坚持正确方向、突出问题导向、奋力开拓创新的基

本原则，围绕增强工会组织广泛性和代表性、建立扁平化工会组织机构、改革工会干部管理方式、完善联系基层服务职工工作机制四项主要任务，着力改进工会的组织体制、管理模式、运行机制和活动方式，克服“四化”现象，推进工会“三基”（基层组织、基础工作、基本能力）建设更加深入扎实开展，努力使工会组织和工会工作的政治性先进性群众性进一步增强、省总机关的工作效率和服务基层服务职工的能力进一步提高、工会工作的空白点和盲区进一步减少、职工群众对工会的满意度进一步提升、工会组织的影响力号召力战斗力进一步强化，努力建成政治工会、民生工会、书香工会、廉洁工会。

三、突出“四个着力”，增强改革的针对性和实效性

一是着力优化机关机构设置和干部配备。着力整合优化职能，提高机关效能，对性质相同、业务相近的部门和职能进行适当整合，重点强化工会维权服务职能，加强对基层工会的指导服务。为增强工会组织的广泛性、代表性，省总将劳模、一线职工和基层工会工作者在常委会、全委会、工会代表大会代表中的比例分别提高到15%、40%和80%。省总领导班子采取专兼挂相结合的方式，配备2名兼职、1名挂职副主席。为优化省总机关干部的配备，突出基层一线工作、群众工作经历，建立专职为主、兼职与挂职相结合的机关干部队伍，完善各级工会干部双向挂职交流机制。

二是着力增强基层工会组织的活力。以“三基”建设为抓手，有序推进市、州、县（区）工会改革，依法推动企事业单位特别是非公经济组织、社会组织普遍建立工会组织。配强配好县（区）、开发区（工业园区）、乡镇（街道、社区）工会干部，巩固社会化工会工作者队伍，健全完善管理办法，提高工资等待遇。进一步完善工会经费税务代收、财政划拨机制，合理调整并确定乡镇（街道）工会经费留成比例，加大工会经费向基层倾斜力度，省总预算经费的80%以上用于服务基层、服务职工。

三是着力完善联系职工的长效机制。建立健全密切与职工群众的联系机制，做实做细工会领导干部接待职工群众来访、机关干部深入

基层联系职工和下基层考核评价工作。建立健全以职工为本的维权机制，突出抓好基层工会和职工需求调研，及时回应职工群众诉求。建立健全以职工为主的工作机制，与职工群众一起谋划工作、设计活动，推行适应职工群众需求的作息时间和菜单式服务，满足职工群众多样化需求。建立健全以职工为主体的评价机制，加大职工群众和基层工会满意度测评结果的考核权重。

四是着力创新服务发展服务职工的载体和手段。围绕实现全省“十三五”规划和奋力打造“三区”（国家循环经济发展先行区、生态文明建设先行区、民族团结进步先进区）战略目标，实施“五项工程”，即以“青海高原工人先锋号”为载体的建功立业工程、以劳模精神为引领的创新创造工程、以提高技能为重点的职工素质提升工程、以打造精神高地为旗帜的工人先锋工程和以“安康杯”竞赛为抓手的维护职工劳动安全工程。围绕服务职工，打造“六个品牌”，即以精准帮扶为重点的服务职工新品牌、以会员服务卡为形式的普惠制服务新品牌、以疗休养为内容的关爱职工服务新品牌、以入会和帮扶为重点的服务农民工新品牌、以办实事为载体的服务新品牌、以“互联网+工会”为模式的网上服务新品牌。

工会改革是全总和省委交给我们的一项重要政治任务。全总改革以上率下，为省级工会改革提供了重要遵循。我们将认真贯彻落实这次会议精神，悉心学习借鉴兄弟省（区、市）工会的经验和做法，以奋发有为的精神面貌，抢抓机遇、乘势而上，进一步完善改革方案，积极稳妥、扎实有序推动各项改革任务的落实，向全总和省委交上一份满意的答卷。

李玉赋在全总机关机构编制调整实施工作会议上的讲话

（2016 年 7 月 20 日）

今天，我们召开全总机关正处长以上干部和直属单位领导班子成员会议，主要任务是，学习贯彻习近平总书记系列重要讲话精神特别是“七一”重要讲话精神和关于群团改革的重要论述，按照李建国同志的要求，落实《全国总工会改革试点方案》，对全总机关机构编制调整实施工作进行部署。刚才，陈荣书同志通报了中央编办关于全总机关和事业单位机构编制调整的批复，通报了新成立部门局级干部任职的情况。

下面，我代表全总党组、书记处，就全总机关机构编制调整实施工作讲几点意见。

一、充分认识机关机构编制调整的重要意义

党中央高度重视群团组织改革创新特别是机构编制调整工作。2015 年 1 月印发的《中共中央关于加强和改进党的群团工作的意见》，对推动群团组织改革创新、增强活力专门进行阐述和部署。习近平总书记在 2015 年 7 月 6 日召开的中央党的群团工作会议上指出，群团组织要坚持眼睛向下、面向基层，改革和改进机关机构设置、管理模式、运行机制，坚持力量配备、服务资源向基层倾斜；要牢牢掌握维护群众权益大旗，下大气力开展网上工作，加大做农民工工作力度，做好联系和引导相关社会组织工作。2015 年 11 月 9 日，习近平总书记主持召开中央全面深化改革领导小组第十八次会议，审议通过《全国总工会改革试点方案》，强调要从群众需要出发开展工作、深化改革，眼睛向下、面向基层，改革和改进机关机构设置、管理模式、

运行机制，坚持力量配备、服务资源向基层倾斜。今年2月26日，刘云山同志主持召开中央书记处办公会议，听取全总等5家群团组织贯彻落实中央党的群团工作会议精神、深化改革进展情况的汇报，对全总改革试点和工会系统改革创新工作给予了充分肯定，对进一步推进群团改革提出要求，强调机构人事制度改革是群团改革的关键点和突破口，要着眼于建立运转高效的扁平化组织结构，积极改革群团组织机构设置，创新管理模式和运行机制。李建国同志对贯彻落实习近平总书记重要讲话和中央书记处重要指示精神、推进全总机关机构编制调整，多次提出明确要求。我们要充分认识到，习近平总书记等中央领导同志的重要指示和中央有关文件，为我们有效整合精简机关机构、推进工会工作创新发展指明了方向，提供了遵循。

中央改革办、中央组织部、中央编办等单位对全总机构编制调整加强工作指导，为我们推进这项改革提供了有力支持。去年12月，国家审计署对全总2015年度预算执行情况进行审计；今年3月，中央第十二巡视组对全总党组进行2个多月的专项巡视，同时中央组织部第六检查组对全总选人用人工作进行专项检查；今年7月，中央第六督查调研组就《中国共产党党组工作条例（试行）》贯彻落实情况到全总开展督查调研。这些工作是对全总工作的有力指导和推动，为我们做好机构编制及人员调整工作创造了良好条件。在配合巡视、审计、检查和督查等工作中，全总党组一方面大力加强党的建设，扎实推进改革试点工作；一方面抓住有利契机，加深对工会职能、机构设置调整的认识与把握，加强对干部的教育、培养、考察、了解，对进一步做好干部工作进行了反复研究和酝酿，为推进机构编制及人员调整打下了坚实基础。在这个过程中，全总机关广大干部特别是领导干部恪尽职守、履职尽责，兢兢业业、埋头苦干，推动各项工作迈上新台阶，体现出党员领导干部的政治觉悟、全局观念和组织纪律性，全总党组对此给予充分肯定。

工会是党联系职工群众的桥梁和纽带，适应党在各个历史时期中心任务的变化，全总的任务、职能及机构设置、工作方式等也需要适时进行调整。当前，随着形势任务的发展变化，职工队伍特别是农民工队伍不断发展壮大，劳动关系矛盾复杂多发，劳动关系领域社会组织快速兴起，网络对职工群众生产生活影响愈加深入，敌对势力加紧对职工队伍和工会组织渗透破坏，工会工作对象日益扩大、领域逐步拓宽、内容持续增加、责任更加重大，这对工会组织依法履行职能、充分发挥作用提出了新的要求和挑战。全总作为全国工会的最高领导机构，必须积极应对，勇于改革创新，通过整合精简机构，优化强化职能，更好地突出主责、聚焦主业。全总党组高度重视机关机构编制调整，把它作为改革试点一项重要的基础性工作，进行了深入系统调研论证。《全国总工会改革试点方案》提出的七条改革措施中，第一条就是改进工会领导机构人员构成和全总机构设置。这是贯彻落实党中央关于群团组织改革创新决策部署的具体举措，是适应新形势新任务、回应基层和职工群众期待的客观要求，也是全总机关广大干部职工的迫切愿望。

为推进机构编制调整，全总党组进行了深入研究、充分酝酿和通盘考虑。在这个过程中，坚持和把握以下原则要求：

*一是积极稳妥。*广泛征求意见，多方研究论证，充分考虑各种因素。既尊重历史延续性，又回应现实要求；既立足改革全局，又适应工会特点；既强调加强改革力度的必要性，又注重符合工作需要的可行性。

*二是面向基层。*强化服务基层、服务职工的导向，把编制资源向基层倾斜，进一步做强基层、夯实基础。为更好适应基层工作和职工群众需要，全总机关通过整合机构、优化职能，努力形成眼睛向下、面向基层、职责明确、运转高效的格局。

*三是聚焦主责。*机构设置的调整注重职能整合优化，有利于聚焦工会法定职责、强化维权服务职能，突出农民工入会和服务工作；有利于强化指导职工群众参与经济建设、劳动技能竞赛和安全生产等职能，充分调动职工群众劳动创造和安全生产的积极性主动性；有利于加强基层工会组织建设和工会工作，推进企事业单位民主管理；有利于适应互联网迅猛发展和职工生产生活方式深刻变化的趋势，统筹推动工会网上工作；有利于应对劳动关系领域社会组织发展迅速等新情

况，强化联系和引导劳动关系领域社会组织职能，维护职工队伍和工会组织的团结统一；有利于推动全总直属事业单位分类改革和发展，增强服务基层和职工的能力。

四是依法合规。严格执行中央编办关于机构和编制管理的政策规定，认真落实精简、统一、效能的要求，确保机构编制调整方案符合中央要求，符合全总机关实际，体现新形势下工会工作的特点。

二、扎实有序推进机构编制调整工作

7 月 15 日，全总党组第七十一次会议已经审议通过了全总机关机构编制调整的方案，审议通过了新设部门领导班子配备及部分局级干部职务调整的决定。这次机构编制调整，标志着全总改革试点工作进入了关键环节、攻坚阶段。现在，目标任务已经明确，关键是要加强领导、统一思想，精心组织、抓好落实。

一是统一思想认识。改革既要重视方案的研究制定，更要重视方案的贯彻实施。今年以来，习近平总书记就如何抓好改革任务落实、取得实效，多次发表重要讲话，提出明确要求。2 月 23 日，习近平总书记在中央全面深化改革领导小组第二十一次会议上强调，各地区各部门要牢固树立全局意识、责任意识，把抓改革作为一项重大政治责任，坚定改革决心和信心，增强推进改革的思想自觉和行动自觉，既当改革促进派、又当改革实干家，以钉钉子精神抓好改革落实，扭住关键、精准发力，敢于啃硬骨头，盯着抓、反复抓，直到抓出成效。在 6 月 27 日中央全面深化改革领导小组第二十五次会议上，习近平总书记强调，要增强改革定力，聚集改革资源，激发创新活力，抓实目标任务、精准落地、探索创新、跟踪问效、机制保障，更加富有成效地抓好改革工作。习近平总书记的重要讲话，涉及到改革方向、目标、原则、重点、措施，是对全面深化改革的总体要求，对于推进全总改革试点、落实机构编制调整任务具有很强的针对性和指导性。4 月 5 日，中央全面深化改革领导小组印发《关于加强和规范改革试点工作的意见》，对加强和规范改革试点工作提出指导性要求，强调要准确把握试点方向、加强试点工作统筹、严格把握试点要求、科学组织实施、及时总结推广、全面清理规范。我们要深入学习领会习近平总书记的重要指示和中央有关文件精神，切实把思想统一到党中央决策部署上来，统一到全总改革试点任务要求上来。要按照党中央的要求，把准改革方向、突出改革主线，把机构编制调整作为全总改革试点的着力点，下大气力抓好这项牵引性强的重点任务。

二是加强组织领导。机构编制调整是全总当前工作的重点。这项任务能不能圆满完成，落实责任是关键。参加今天会议的都是机关正处长以上领导干部和直属单位领导班子成员，各位同志特别是各单位主要负责同志肩负着重要的责任，大家既是这次机构调整的组织者和参与者，同时部分同志也是岗位调整、变动的当事者。各单位领导班子要认真履行一岗双责，主要负责人要切实负起领导责任，带领本单位干部提高对改革试点工作特别是机构编制调整工作重要性的认识。领导班子成员要以身作则、以上率下，先学一步、深学一层，充分认识机构编制调整的必要性和紧迫性。在学习中央文件、把握全总方案的基础上，按照机构编制调整的总体要求，对本单位的改革调整工作作出周延、周密、周全和细致的安排，抓好每个环节的组织实施。好的开始是成功的一半。对新成立的部门，我特别强调“四个一开始”，即一开始就要有个好班子，一开始就要有个好队伍，一开始就要有个好作风，一开始就要有个好的团结合作精神。

在机构编制调整中，各单位要进一步明确责任、落实分工，积极主动推动各项工作，遇有重要问题和事项应及时请示报告，确保机构编制调整工作一环紧扣一环、一步紧跟一步进行。每个同志都要坚决按照党组的部署要求，根据调整方案的安排，一级抓一级，层层负起责任来，把机构编制调整工作做细、做实、做好。

三是严格遵守纪律。机构编制调整是对全总机关党的建设特别是干部队伍建设水平的集中检验，是对广大干部职工思想政治素质和业务工作素质的现实考验。这次机构编制调整涉及到150位左右同志职务变动和岗位划转。对这些同志，全总党组按照有利于推动干部交流和多岗位锻炼、有利于充分发挥干部作用、有利于提高机关工作效率、有利于促进工会工作创新发展的原则进行安排。新老部门领导班子特别是主要负责同志要履行主体责任，纪检组织要履行监督责任，引导广大干部职工按照“讲政治、有信念，讲规矩、有纪律，讲道德、有品行，讲奉献、有作为”的要求，遵守各项纪律，贯彻执行党组决定，以党的工会事业为重，服从大局的需要，服从改革的需要。要摆正个人和组织的关系，自觉听从组织安排，坚决服从组织决定，以实际行动参与改革、支持改革，正确对待职责的转换、机构的调整和岗位的变动，做到有令必行、有禁必止，维护机关机构编制调整工作的严肃性，确保机关机构编制调整工作稳妥有序进行。

四是强化思想引导。在全总改革试点方案征求意见的过程中，我们重视发扬民主，广泛听取意见建议，努力使方案建立在厚实的群众基础之上。机关广大干部职工对机构编制调整普遍表示赞成，并对方案提出了不少有益的意见建议，体现了全总机关干部职工的大局意识、责任意识。这既是改革试点工作顺利开展的重要基础，也是有效推进机构编制调整的有力保证。

在机构编制调整方案实施中，各单位要进一步做好干部职工的思想政治工作，畅通干部职工意见的反映和表达渠道，有针对性地做好解惑释疑、理顺情绪、温暖人心的工作。坚持解决思想问题和解决实际问题相结合，思想政治工作与关心爱护干部相统一，帮助干部解决工作生活难题，努力增强思想政治工作的吸引力、感染力和说服力。要通过各单位各方面扎实有效的工作，使机构编制调整的过程，成为机关干部进一步统一思想、凝聚共识、振奋精神、改进作风的过程，成为机关干部进一步强化信念、严守纪律、提升素质、推进工作的过程。

三、以机构编制调整为契机推进全总改革试点和各项工作

今年全总工作任务很重，大事多、要事多。我们要在前段工作的基础上，凝心聚力、真抓实干，更加扎实有效地做好各项工作。

一是推进全总改革试点与指导工会系统改革创新相协调。今年 3 月 31 日，全总召开工会系统改革工作推进会，对工会系统全面推进改革创新进行部署。为加强对各级工会改革创新的工作指导，全总密

切关注和掌握各级工会改革进展，专门听取重庆、上海、天津、辽宁、青海、广东、浙江、陕西、甘肃、江西、黑龙江、湖南等地工会推进改革的思路打算，及时给予工作指导。各地工会按照全总的统一要求，在当地党委的领导下，把抓改革作为一项重大政治责任，认真研究谋划改革工作，及时跟进、主动对接全总各项改革举措。目前，上海、重庆工会正在积极推动改革试点工作，18 个省（区、市）工会正在制定或已经完成改革方案起草工作，11 个省（区、市）工会和兵团工会正在开展改革前期调研准备工作。工会系统的改革有力有序推开，呈现出良好发展势头。下一步，我们要坚持以上带下、协同推进，指导各级工会跟进对接全总改革举措，结合实际尽快制定实施改革方案，通过改革推动落实新的发展理念，实现思想观念的更新、职能职责的优化、工作模式的创新、工作作风的改进，把工会组织建设得更加充满活力、更加坚强有力。

二是推进改革与落实巡视整改任务相结合。中央第十二巡视组专项巡视以来，全总党组和机关各级党组织以高度的政治自觉积极主动支持配合巡视工作。特别是 6 月 3 日中央巡视组反馈意见后，全总党组多次召开会议，成立全国总工会整改工作领导小组，认真反思巡视组指出的问题，深入剖析产生问题的原因，研究制定《全国总工会党组专项巡视整改方案》，明确问题清单、任务清单、责任清单，各单位主要负责同志向党组签订了《巡视整改责任书》。我们一定要坚定政治方向，坚持问题导向，坚守价值取向，高度重视巡视组提出的意见、发现的问题，不管是历史遗留问题，还是新出现的问题，都要敢于担当、勇于负责，不回避、不推诿，做到即知即改、立行立改，查找根源、吸取教训，切实履行主体责任和第一责任人的职责，以最坚决的态度、最有力的举措抓好整改落实，确保按期完成整改任务，取得实质性效果。

三是推进改革与实施机构编制调整相统筹。今年是工会改革创新的攻坚之年。2015 年 7 月确定全总为群团机关改革试点单位以来，党中央已先后 4 次听取了全总关于改革试点工作的汇报，充分体现了对这项工作的高度重视和关心支持。李建国同志在庆祝“五一”国际劳动节暨全国五一劳动奖表彰大会及全总十六届九次主席会议上，对积极稳步地推进工会改革提出了明确要求。全总党组和机关各单位围绕引领动员职工、联系服务职工、引导和团结广大职工坚定不移跟党走中国特色社会主义道路这一职能定位，把握增强“三性”、去除“四化”、做强基层、着力创新这一整体思路，认识到位、行动迅速，责任明确、措施有力。目前，13 项重点任务正按计划积极推进，25 个主要文件制度中 21 个已经制发或即将制发，其他正在抓紧制定修改完善，一批改革成果陆续出台。现在距离完成全总改革试点任务的时间节点越来越近，我们要切实增强紧迫感，以机构编制调整为契机，进一步加快进度、加大力度，认真贯彻落实中央关于加强和规范改革试点工作的意见精神，按照既定的时间表和路线图，明确目标、突出重点、压实责任，倒排工期、拧紧发条、持续用劲，把 13 项重点任务和 25 个主要文件制度作为标志性、牵引性的任务，以时不我待的精神状态，落实领导责任，狠抓工作落实。全总党组成员和各单位主要负责人要既当改革促进派、又当改革实干家，亲自抓进度、抓细节、抓具体，已经完成的要巩固扩大成果，正在推进的要加大力度，正在启动的要抓紧进行，扎实有序地把改革试点任务落实到位，确保改革取得预期成效。

*四是推进改革与加强机关干部队伍建设相促进。*习近平总书记在“七一”重要讲话中强调：“伟大的斗争，宏伟的事业，需要高素质干部。我们要坚持德才兼备、以德为先，坚持五湖四海、任人唯贤，坚持事业为上、公道正派，坚决防止和纠正选人用人上的不正之风，把党和人民需要的好干部精心培养起来、及时发现出来、合理使用起来。”作为全总各项改革任务的具体承担者、推动者，全总机关干部队伍的政治素质、能力水平、工作状态和精神面貌，直接关系到改革的成效。加强机关领导班子和干部队伍建设，提高干部联系引导能力、维权服务能力、调查研究能力、沟通协调能力，打造一支绝对忠诚党的事业、竭诚服务职工群众的干部队伍，既是改革的重要内容，也是改革的组织保障。我们要通过改革试点工作，推动体制、机制和工作创新，加强干部教育培养，高度重视和热情关心年轻干部的健康

成长。要改进干部选拔任用，推动干部交流轮岗，把严格管理干部与热情关心干部结合起来，调动机关干部职工的积极性主动性创造性，引导机关干部打开眼界、打开思路、打开胸襟，进一步坚定理想信念，弘扬优良作风，严守纪律规矩，强化责任担当，带头成为全心全意为人民服务宗旨的忠实践行者、党的群众路线的坚定执行者、党的群众工作的行家里手，自觉承担起团结带领广大职工听党话、跟党走的政治任务。

五是推进改革与做好重点工作相统一。我们要以改革为动力推动工会各项重点工作的落实，做到有机结合、相互促进。要深入学习贯彻习近平总书记系列重要讲话精神特别是“七一”重要讲话精神，认真开展“两学一做”学习教育，深刻领会党中央治国理政新理念新思想新战略，切实增强政治意识、大局意识、核心意识、看齐意识，坚决维护党中央权威，坚决维护习近平总书记这个核心，在思想上政治上行动上始终同以习近平同志为总书记的党中央保持高度一致。围绕统筹推进“五位一体”总体布局和协调推进“四个全面”战略布局，充分发挥工人阶级主力军作用，组织引导广大职工广泛开展“践行新理念、建功‘十三五’”主题劳动技能竞赛，积极支持和参与供给侧结构性改革，投身大众创业万众创新。深化社会主义核心价值观和“中国梦·劳动美”主题教育，大力弘扬劳模精神、劳动精神、工匠精神，培养和推出更多的“大国工匠”。密切关注兼并重组、破产清算企业中职工的生产生活状况，及时提出有针对性的政策建议，做好维权服务与思想政治工作，加强职工技能培训和下岗失业人员技能再培训，推动构建和谐稳定的劳动关系。积极融入国家脱贫攻坚大局，更加精准地加大城市困难职工解困脱困的帮扶和保障力度，推进吸收农民工入会和服务农民工行动，让更多职工共享改革发展成果。

同志们，当前，工会改革创新已经进入关键时期，工会工作面临难得的历史发展机遇。让我们高举中国特色社会主义伟大旗帜，深入学习贯彻习近平总书记系列重要讲话精神，坚决贯彻党中央的决策部署，团结一致、锐意创新，扎实推进工会工作改革发展，团结带领广大职工群众为实现中华民族伟大复兴中国梦作出新的更大的贡献！

中共中华全国总工会党组关于认真学习贯彻习近平总书记重要指示精神大力弘扬工匠精神的情况报告

（2016 年 10 月 21 日）

习近平总书记高度重视工人阶级和广大劳动群众，多次就大力弘扬工匠精神发表重要讲话、作出重要指示，极大地提振了广大职工立足岗位建功立业的精气神。全国总工会党组多次研究部署，在各级工会组织和广大职工中掀起了学习宣传贯彻习近平总书记重要指示精神、大力弘扬工匠精神的热潮，释放了正能量，社会反响热烈，对习近平总书记重要指示纷纷点赞，工匠精神深入人心，亿万职工以大国工匠为榜样争当全面建成小康社会主力军。现将有关情况报告如下。

一、认真传达学习习近平总书记重要指示精神，把弘扬工匠精神作为一项重大任务抓紧抓好

今年 4 月 26 日，习总书记在知识分子、劳动模范、青年代表座谈会上发表重要讲话，号召广大劳动群众立足本职岗位诚实劳动，在工厂车间，就要弘扬工匠精神，精心打磨每一个零部件，生产优质的产品，只要踏实劳动、勤勉劳动，在平凡岗位上也能干出不平凡的业绩。5 月 27 日，习总书记主持召开中共中央政治局会议，就弘扬工匠精神作出重要指示，强调要一件一件事去做，一茬接一茬地干，发扬工匠精神，精心推进，不留历史遗憾。这些关于弘扬工匠精神的重要指示，是习近平总书记系列重要讲话的重要组成部分，让我们深受巨大鼓舞，倍感亲切和温暖，为我们做好新形势下党的职工群众工作、团结动员广大职工为经济持续健康发展建功立业提供了根本遵循。

全总党组高度重视学习贯彻工作。全总党组书记李玉赋先后主持召开全总党组会及有关专题会议，包括4月29日全国总工会学习贯彻习近平总书记“4·26”重要讲话精神座谈会、5月19日党组中心组弘扬工匠精神专题学习会、8月15日弘扬工匠精神主题座谈会等，就为什么要弘扬工匠精神、如何弘扬工匠精神、如何推动建立健全培育大国工匠机制等进行深入研究，作出具体部署，推进工作落实。全总党组通过召开会议、下发学习通知、举办培训班等多种方式，及时学习贯彻习近平总书记重要指示精神，并与学习贯彻习近平总书记系列重要讲话精神结合起来，进一步统一思想、提高认识、振奋精神，找准工会贯彻落实的切入点和着力点，制定贯彻落实措施。

各级工会面向基层和职工群众，广泛宣传习总书记重要指示精神，引导职工群众争做大国工匠式的高技能人才。目前全总推进的大国工匠品牌已成为工会工作的亮点、社会关注的焦点、媒体宣传的热点，各大新闻媒体争相宣传，广大网民正面评价如潮，促进形成了良好的舆论环境和社会氛围。全国广大职工纷纷表示，习总书记的重要指示精神非常重要、非常深刻、非常及时，鼓舞人心，振奋士气，贯穿了党的全心全意依靠工人阶级的方针和以人民为中心的发展思想，体现了对劳动、劳动者的高度重视，对广大职工特别是技术工人寄予了厚望，符合经济社会发展大势和职工群众的愿望要求，自己要在本职工作岗位上牢记历史使命，弘扬工匠精神，进一步焕发劳动热情和创造潜能，以劳动托起中国梦，绝不辜负习总书记的期望和嘱托。

二、坚持把习近平总书记重要指示精神贯彻到工会工作各方面，引导广大职工不断谱写新时代的劳动者之歌

一是把做实叫响“大国工匠”品牌作为当前和今后一个时期工会的重点工作。全总充分发挥自身优势，积极主动与中央宣传部、中央电视台联合制作8集新闻专题片《大国工匠》，与中央电视台合作连续第4季推出《大国工匠》新闻节目，先后报道了50多位大国工匠。与中央电视台联合录制2016年“中国梦·劳动美”五一特别节目，用艺术的形式呈现大国工匠的感人故事，展示大国工匠鼓舞人心的时

代力量。以“弘扬工匠精神、提升职业素养”为主题，与教育部联合主办“大国工匠进校园”活动。广泛开展“身边的大国工匠”推荐学习活动，引导广大职工学习大国工匠、争当大国工匠，目前各地职工已推荐身边大国工匠近万名。联合国家网信办开展“中国梦·大国工匠篇”大型主题宣传活动，组织网络媒体采访团共50余名记者编辑深入企业生产车间一线，采访报道了60多位职工身边的大国工匠，刊发了大国工匠系列人物报道150多篇。充分发挥工会媒体主阵地作用，推出弘扬工匠精神专栏，持续宣传阐释工匠精神，浓墨重彩讲述大国工匠故事，及时报道各地弘扬工匠精神的好做法好经验。各地工会和产业工会结合本地区、本产业实际，积极开展大国工匠选树活动，在广大职工和全社会进一步形成了社会需要工匠精神、技术工人大有作为的共识。

二是把开展劳动和技能竞赛作为弘扬工匠精神的重要载体。制定实施《2016—2020年劳动和技能竞赛规划》《农民工工作规划（2016—2020年）》，围绕实现“十三五”规划目标任务、推进供给侧结构性改革，深入开展以“践行新理念、建功‘十三五’”为主题的劳动和技能竞赛，引导广大职工以大国工匠为榜样，弘扬劳模精神、劳动精神、工匠精神，立足本职岗位，刻苦钻研技能，干一行爱一行、学一行精一行，不断提高技术技能素质，练就过硬本领，投身大众创业、万众创新的时代洪流，为推动创新驱动战略和制造强国战略、实施“中国制造2025”充分发挥工人阶级主力军作用。

三是把弘扬工匠精神作为工会改革创新的重要举措。着眼创新职工建功立业活动平台，围绕建立健全弘扬工匠精神、培育大国工匠机制，制定实施职工素质建设工程五年规划和《职工创新补助资金管理办法（试行）》，研究制定《关于在建设知识型、技术型、创新型技术工人队伍中充分发挥工会作用的意见》，推动建设知识型、技术型、创新型产业工人队伍。改进全总领导机构人员构成，选举全国劳模、农民工代表巨晓林为全总兼职副主席，并组织兼职副主席许振超、郭明义、巨晓林就提升产业工人素质、弘扬工匠精神到地方和基层调研，与一线职工面对面现身说法，对弘扬工匠精神形成了有力推动。

各地工会及时跟进、主动对接，结合各自实际，把弘扬工匠精神纳入改革任务，提出具体举措。

三、切实加强组织领导，努力把学习贯彻工作不断引向深入

一是进一步加大学习宣传力度。继续面向基层一线和职工群众，加强对习总书记重要指示精神的学习宣传和解读，加强对党中央关于弘扬工匠精神部署要求的宣传阐释，激发广大职工主人翁责任感和使命感，在思想上政治上行动上始终同以习近平同志为总书记的党中央保持高度一致。在用好传统媒体的同时，更加重视发挥互联网等新兴媒体的作用。加大与中央宣传部、教育部、国家网信办等部门和人民日报、中央电视台等媒体的合作力度，深化“大国工匠”系列节目，深入开展“中国梦·大国工匠篇”大型主题宣传活动和“大国工匠进校园”活动，组织广大文艺工作者创作更多展现工匠风貌的优秀作品，营造更加浓厚的社会氛围。

二是进一步推动相关制度的制定和实施。按照党中央的要求，在研究制定《推进产业工人队伍建设改革方案》中，坚定政治方向，坚持问题导向，坚守价值取向，勇于责任担当、勇于直面问题、勇于自我革新，在调查研究基础上，吸收各地弘扬工匠精神、培育大国工匠的成功经验做法，对接发展改革委、教育部、工业和信息化部、人力资源社会保障部等部门已经或即将出台的相关政策措施，在改革方案中充实完善关于弘扬工匠精神、培育大国工匠的目标任务和具体举措，突出指导性、针对性、可行性、有效性，为弘扬工匠精神提供有力的制度体制保障。

三是进一步把弘扬工匠精神纳入工会系统改革范畴。发挥全总改革试点的示范效应、引领效应、推进效应、指导效应、督促效应，坚持以上率下、以下促上、上下联动，指导各级工会跟进对接全总改革试点相关举措，把弘扬工匠精神、培育大国工匠纳入工会系统改革的目标任务之中，结合各自实际积极探索、大胆实践，使工匠精神进一步落地生根、发扬光大。

中华全国总工会办公厅关于印发《上海市宝山区顾村镇加强基层工会建设的经验做法》的通知

总工办发〔2016〕40号

各省、自治区、直辖市总工会，各全国产业工会，中共中央直属机关工会联合会、中央国家机关工会联合会，全总各部门、各直属单位：

为认真贯彻落实中央党的群团工作会议精神，推动工会改革向基层延伸，自今年7月以来，上海市总工会开展了非公有制企业工会改革试点工作，宝山区顾村镇作为首批试点单位，目前已取得阶段性成效。顾村镇经验的主要特点是，以贯彻落实习近平总书记关于加强基层工会建设“三个着力”的重要批示精神为指导，坚持党的领导，坚持依法建会、依法管会、依法履职、依法维权，以改革创新精神努力破解非公有制企业工会组建难、职工入会难、经费人员保障不足、维权服务不够到位等基层工会面临的突出问题，以此打通了联系服务职工的“最后一公里”，扩大了工会有效覆盖，激发了基层工会活力。

现将《上海市宝山区顾村镇加强基层工会建设的经验做法》印发给你们，供学习借鉴。一要进一步突出非公有制企业工会组建这个重点，以学习推广顾村镇经验为抓手，实现非公有制企业工会组建的有效覆盖。二要着力推动工会改革向基层延伸，下大气力解决突出问题，运用改革精神谋划推进基层工会组织建设工作。三要紧紧抓住增强基层工会活力、发挥基层工会作用这个关键环节，找准切入点、选好着力点、抓住关键点，切实破解基层工会特别是非公有制企业工会工作难题。各省（区、市）总工会相关工作进展情况，请于2017年11月底前形成专题报告报全国总工会。学习推广典型经验，一定要结合实际，不搞“一刀切”。各地加强基层工会建设的好经验、好做法，也请及时总结报送。

中华全国总工会办公厅
2016 年 12 月 27 日

坚持法治思维　运用法治方式
以改革精神推动基层工会建设取得新突破
——上海市宝山区顾村镇加强基层工会建设的经验做法

顾村镇位于上海市宝山区，镇域面积 41. 7 平方公里，实有人口 32. 8 万人（其中户籍人口 10. 4 万人），工会会员 1. 5 万余人，是上海市总工会确定的非公有制企业工会改革试点单位。自今年 7 月以来，顾村镇总工会认真落实中央、市委党的群团工作会议精神和上级工会要求，以贯彻落实习近平总书记关于加强基层工会建设“三个着力”的重要批示精神为指导，在区委、镇党委的坚强领导和市、区总工会的悉心指导下，坚持运用法治思维和法治方式，积极推进工会改革向基层延伸，着力扩大工会有效覆盖，打通联系服务职工的“最后一公里”，推动非公有制企业工会建起来、转起来、活起来，增强了职工群众对工会改革的获得感。

一、坚持问题导向，认真谋划加强基层工会建设的改革思路

顾村镇现有非公有制企业工会 114 家，占基层工会组织总数的 94%，非公有制企业工会组织已成为镇基层工会的主体。从该镇非公有制企业工会建设情况看，在一定程度上存在企业建会难、会员意识弱、经费保障不足等突出问题，而且企业工会干部多为兼职，在履职中容易发生角色冲突，导致工会组织在职工群众中凝聚力不强，作用发挥不明显。现实表明，加强基层工会建设、增强基层工会活力，非

公有制企业工会首当其冲，必须首先进行改革破题。

为此，上海市总工会在推进工会改革过程中，将非公有制企业工会改革作为重要内容，赋予顾村镇率先开展改革试点的重大任务，加强全程跟踪、全程指导、全程服务，并将由点及面、积极稳妥逐步在全市各区进行推广。宝山区委全力推进非公有制企业工会改革试点工作，构建与改革试点需要相配套的组织架构和岗责体系，做到“领导有力、支持有力、保障有力”。顾村镇总工会因势利导、抢抓机遇，精心谋划、周密部署，在党委领导和政府支持下，从强化服务入手，依法规范非公有制企业工会运行机制和活动方式，通过开展网上申请入会、建立会员发展“蓄水池”、实施建会“两书”制度、建立镇总工会财务结算中心、明晰基层工会职责为基层减负等措施，着力破解基层工会特别是非公有制企业工会建设难题，并分阶段分步骤制定出台了一系列改革试点文件，打出了一套加强非公有制企业工会建设的“组合拳”，逐步实现了工会改革在基层落地生根。自 7 月 11 日召开顾村镇非公有制企业工会改革试点动员大会以来，短短 5 个月时间，改革试点工作已取得了阶段性成效。目前，全镇 114 家非公有制企业工会，已全部纳入改革试点范围，其中 26 家企业工会已完成阶段任务，改革效果不断凸显，工会组织的吸引力凝聚力明显增强。

二、坚持“四个依法”，切实落实加强基层工会建设的改革举措

（一）坚持党的领导，坚持改革正确方向。一是强化组织领导。在区层面，区委书记专题会、区委常委会多次研究部署非公有制企业工会改革试点工作，成立工作领导小组，明确由区委副书记牵头，区总工会、顾村镇党委、顾村镇总工会参与，负责统筹领导、督促落实。在镇层面，由镇党委书记为第一责任人，党委副书记分管协调，总工会主席牵头推进。二是注重协同配合。上海市总工会多次深入顾村镇调研指导，专题研究改革试点事宜。区、镇两级设立工作组，落实协调、沟通、配合、支撑机制。同时建立政府和工会联席会议制度，积极争取党委和政府在政策、人员、经费等方面的支持。镇总工会还将镇域划分为 3 个网格区，包干到人、责任到人，确保改革措施

落地。三是坚持党工共建。在酝酿人大代表、政协委员、工商联执委等具有政治身份人士和各类评先评优活动、财政资助项目中，主动征询工会对非公有制企业人选的意见。在维护职工合法权益的同时，通过楼宇、园区、街面、租住地等工会形式，努力将工会服务领域拓展到所有职工、所有“两新”组织，积极参与社会治理创新等重点工作。

（二）坚持职工主体地位，拓展依法建会路径。一是吸引职工自愿入会。坚持服务为先，聚焦职工需求有针对性地开展入会宣传，实施普惠性服务、精准化服务，激发职工的入会愿望。以会员服务卡为载体，开展会员实名制信息采集，加强会员会籍管理。将依法交纳会费作为职工自愿入会的主要标志，并实行会费增值措施，在工会经费中安排会员个人交纳会费额的150%～200%用于直接惠及会员的项目，形成会员与非会员的区别效应，变职工“被入会”为“要入会”。二是拓展职工入会渠道。以“依法合规、职工为本、就近入会、循序渐进”原则，依托村居、园区、街面、楼宇、服务站等工会作为“蓄水池”吸收未建会企业的职工入会。发挥“网上入会”快捷通道作用，利用上海市总工会申工社APP、微信公众号等网络平台，使符合条件、有入会意愿的职工快速、便捷加入工会组织。三是推动和倒逼企业建会。将企业外入会和网上入会工作有效对接，当会员积累到一定数量后，派人深入会员所在企业帮助指导筹建工会。对阻挠或拖延建会的企业，通过推行工会组建法律监督整改意见书和法律监督整改建议书“两书”制度责令其改正。对仍不改正的上报上级工会，将其违法信息在上海市公共信用信息服务平台曝光，依法维护职工参加和组织工会的权益，切实摆脱和改变建会依赖企业的窘境。

（三）加强“以上代下”工作力度，增强依法维权实效。一是建立“以上代下”维权机制。牢固树立维权基本职责理念，合理界定基层工会工作职责，为非公有制企业工会“瘦身”减负。明确将非公有制企业工会主要职责定为发展会员、服务职工、协商协调和沟通报告四项，改变工会职责任务“上下一般粗”的状况。明确非公有制企业工会在服务中实现维权、上级工会在维权中实现服务的工作定位，加大“以上代下”工作力度，依法破解非公有制企业工会不敢维权、不愿维权问题。明确在发生劳动关系矛盾纠纷时，非公有制企业工会要当好第一发现人、第一知情人、第一报告人，协助配合上级工会化解纠纷；上级工会主动与企业直接沟通谈判，当好第一协调人，积极为职工争取权益。二是加强服务阵地建设。以职工维权“条块化”为抓手，对接全区升级版“红帆港”党群服务三级体系，在镇、开发区建立职工援助服务分中心和服务站，培育扶持职工服务类社会组织，并依托微信公众号、QQ 群、服务热线等方式，延伸工作手臂，延长服务时间，畅通职工诉求表达和权益维护渠道，打造“全天候、立体型、零门槛”的职工服务网络。建立法律援助志愿者队伍，发挥区职工法律援助服务中心、劳动人事争议仲裁院职工法律援助站、法院诉调对接渠道等平台作用，扩大工会法律援助惠及面。

（四）加强干部队伍建设，提升依法履职能力。一是建立社会化工会工作者队伍。成立顾村公惠职工服务社，通过购买服务、社会招募等方式，建立专职、兼职和志愿者三支工会工作者队伍。目前，镇总工会和下属职工服务中心共有 11 名专职工会干部、16 名兼职工会干部和 6 名职工服务志愿者。同时推行规范招聘录用、健全薪酬管理、开展绩效考评等制度，有效破解基层工会工作力量薄弱难题。同时探索规模企业配备专职工会干部制度，并通过外派专职人员协助非公有制企业工会主席开展工会工作等方式，逐步推进工会干部职业化进程。二是完善工会干部激励机制。遵循依法规范、公开公正的原则，规范完善工会主席选举制度，逐步扩大直接选举的范围，选优配强非公有制企业工会主席。制定与非公有制企业工会主要职责相匹配的考核办法，建立非公有制企业兼职工会干部岗位补贴制度，结合职工满意度测评等方式，根据会员规模大小和履职考核情况，给工会干部发放一定金额的岗位补贴，为其履职创造必要的条件。三是加大工会干部培训力度。通过精心设计课程、挑选优质师资、拓展交流平台等措施，加大对工会干部的初任培训、年度轮训和专题培训，不断提高非公有制企业工会干部的履职能力和综合素养。

（五）加强经费使用管理，强化依法管会理念。一是坚持工会经费向基层和职工倾斜。镇总工会调整工会经费分成比例，将80%以上的所收经费下拨给基层工会，上级工会留存不超过20%，把更多的工会经费留在基层、服务职工，并用好用足上级工会经费保障政策，解决非公有制企业工会无钱办事的问题。二是建立先收后返经费收缴制度。在非公有制企业工会自愿的基础上，对暂未设立工会专项账户的工会组织，实行“上代下”财务集中核算。确立镇总工会为收费主体，建立镇总工会财务结算中心，配备专门人员，以上代下收缴工会经费。强化预算编制和预算执行管理，监督、服务和指导非公有制企业工会依法合理使用工会经费，并定期进行审计，确保账目明晰、管理规范、公开透明。三是实行差异化管理。根据企业的经营状况、发展特点，实行工会经费上缴留存差异化管理，破解非公有制企业工会经费收缴难题。对生产经营稳定、劳动关系稳定的企业，依法按工资总额2%收缴工会经费；对确有困难的企业，可通过提出书面申请，经镇总工会审核同意后以先收后返的形式在一定期限内缓交或少交；对非单独建会、职工在25人以下的微利企业，减半收缴并全额返还；对“两非、一无”（非正规就业、非标准劳动关系的职工和无工会组织的企业）的会员，按会员交纳的会费、市总工会经费补助、市区财政补贴1∶1∶1.5比例筹措会员项目经费。对无正当理由拖延或者拒不拨缴工会经费的企业，经宣传教育、沟通协商无效的，依法向法院申请支付令。截至目前，镇总工会对延交工会经费的9家企业发出了整改通知书，对其中1家拒不整改的企业向法院申请了支付令，依法追缴了工会经费。

三、坚持有序推进，不断彰显加强基层工会建设的改革成效

顾村镇总工会自开展非公有制企业工会改革试点工作以来，坚持根据改革流程图和任务分解表倒排进度、把握节点，一项一项抓落实、求特色、上水平，保证了改革试点工作的有序有力推进。其成效主要体现在四个方面。

一是工会组织覆盖面进一步扩大。通过先服务职工再发展会员、先活动覆盖再组织覆盖、先体制外入会再单独建会等方式，形成“横

向到边、纵向到底、上下贯通”的工会组织网络化格局，基本实现了工会组建全覆盖。目前，顾村镇企业建会率动态保持在90%以上。

二是职工主动入会积极性不断提高。借助推行“惠利会员项目”，形成会员与非会员的区别效应，大大提升了职工的归属感和获得感，增强了工会组织的吸引力和凝聚力，最大限度地把游离在组织外的职工吸收到工会中来。目前，顾村镇职工入会率达到90%，通过网上入会和企业体制外入会的会员达420人。改革试点期间，自愿交纳会费的会员已近2000人。

三是服务职工水平显著提高。通过优化法律援助、法律监督、集体协商和民主管理“四位一体”工会维权体系，畅通职工诉求表达和权益维护渠道，工会主业主责进一步凸显。今年以来，经过上级工会和企业工会的联动处理，已调解劳动争议49起，成功率95%以上。通过健全完善职工服务网络，做强做精工会服务职工实事项目，工会服务职工惠及面进一步扩大，今年以来，共有7584人参加市总工会组织的职工互助保障计划，共有61人获得高级工以上技能人才奖励。

四是非公有制企业工会活力持续激发。依托向基层倾斜的工会经费收缴使用制度，确保了基层工会有钱办事。改革试点以来，顾村镇总工会已向非公有制企业工会返还经费21.2万元，并将根据年终考核结果为非公有制企业兼职工会主席发放岗位补贴，极大地调动了基层工会干部的工作积极性。通过改革试点，非公有制企业工会参与和推进改革，心系职工、服务职工的氛围日益增强，职工对工会工作和工会活动的参与度明显提升，工作有效覆盖面进一步扩大，工会改革成效正逐步显现出来。

顾村镇推进非公有制企业工会改革的成功实践，给我们带来了诸多启示：

一是加强基层工会建设，必须坚持党的领导。坚持党的领导，是工会工作始终保持正确的政治方向，工会改革有序推进的根本保证。只有在党的领导下，主动争取党政领导和支持，广泛动员社会资源，构建开放式、社会化格局，才能保证工会改革任务的顺利完成，更好地提升基层工会服务职工群众的能力水平。

二是加强基层工会建设，必须秉持法治精神。依法开展工会工作，是贯彻落实依法治国精神的客观需要，是推进工会组织健康发展的重要保障。只有将法治思维和法治方式贯穿于入会、建会、办会等各个环节，融入到工会工作的全过程，才能真正有效地推进工会改革、切实加强基层工会建设。

三是加强基层工会建设，必须坚持服务为先。工会改革的出发点和落脚点是服务职工群众。只有站稳职工立场，扎扎实实地为职工群众做好事、办实事、解难事，密切与职工群众的联系，围绕服务建工会、狠抓服务办工会、提升服务强工会，才能更好地吸引和凝聚职工，切实发挥基层工会作用。

四是加强基层工会建设，必须强化保障机制。健全完善的机制是做好基层工会工作的有效保障。只有着眼“党委政府在想什么，职工群众在盼什么，要求工会组织干什么”的思维模式，积极探索符合时代发展的新的运行保障机制，才能充分激发基层工会的生机与活力，提高工会的吸引力凝聚力战斗力，不断夯实工会基层基础。

李玉赋在全总十六届五次执委会议上的工作报告（节选）

（2017 年 1 月 16 日）

一、2016 年的工会工作

……

（二）凝心聚力推进工会改革创新，进一步增强了工会组织的生机和活力。

坚持把推进工会改革创新作为重大任务。明确 2016 年为工会改革创新攻坚之年，有力有序推进改革，改革试点取得阶段性成果。坚持增强“三性”、去除“四化”、做强基层、着力创新的总体思路，在加强党的建设、改革领导机构、强化机关职能、改进干部管理、推动力量资源向基层倾斜等重点领域和关键环节取得明显成效。全总十六届四次执委会议选举了农民工兼职副主席，十六届九次主席团会议推选了挂职书记处书记，全总执委会委员和主席团成员中，劳模和一线职工比例分别增至 15.4% 和 13.5%。全总出台了 35 项制度文件，将 6 个主要职能部门整合为 3 个，新成立了网络工作部和社会联络部，对 149 名干部进行了工作岗位调整，工作交接和干部对接有条不紊。

加强对各地工会和产业工会改革创新的领导和指导。坚持以上带下、协同联动，各地工会跟进对接全总改革试点举措。目前，上海、重庆工会改革试点工作取得阶段性成效，其他省（区、市）工会都已经制定了改革方案，工会系统改革创新全面展开。召开全国产业工会工作会议，制定意见，推动产业工会在健全组织体系、完善工作机制等方面加大改革创新力度。各驻会全国产业工会全委会委员、常委会成员中劳模和一线职工比例均提高到9%以上，并分别增设2名兼职副主席，产业工会创新发展呈现良好态势。

……

二、2017年工会工作总体要求和主要任务

2017年是党的十九大召开之年，是实施“十三五”规划的重要一年，是供给侧结构性改革的深化之年。党的十八届六中全会对全面从严治党作出重大部署和制度安排。中央经济工作会议提出全面做好稳增长、促改革、调结构、惠民生、防风险各项工作。面对新形势新任务，2017年工会工作的总体要求是：全面贯彻党的十八大和十八届三中、四中、五中、六中全会精神及党中央一系列部署，以邓小平理论、“三个代表”重要思想、科学发展观为指导，深入贯彻习近平总书记系列重要讲话精神和治国理政新理念新思想新战略，围绕统筹推进“五位一体”总体布局和协调推进“四个全面”战略布局，坚持全心全意依靠工人阶级的方针，贯彻稳中求进工作总基调，坚定不移走中国特色社会主义工会发展道路，以改革为动力全面推进工会工作，以夯实基层为重点激发工会活力，以全面从严治党为保证建设工会组织，团结动员广大职工为决胜全面建成小康社会而奋斗，以优异成绩迎接党的十九大胜利召开。

……

（六）深化工会系统改革创新，不断增强工会组织的吸引力凝聚力战斗力。

加大工会改革的系统集成力度。着力健全完善相关体制机制，巩固拓展改革成果，推进各项改革综合配套、形成整体，确保可核查、不可逆。强化试点引领和示范，加强对各地工会改革创新的指导督导，将工会改革向纵深推进、改革成果向基层延伸，鼓励基层工会从自身实际出发，把工会改革与基层工会建设紧密结合起来，使广大职工切实感受到改革带来的实效。

大力推进网上工会建设。积极落实工会网上工作纲要和行动计划，把这项工作作为一把手工程来部署推进，增强互联网思维，适

应、运用和驾驭网络空间，走好网上群众路线，不断提升运用网络服务职工的能力水平。有效利用国家基础网络设施和信息资源，大力推进“互联网+”工会工作，统筹网络资源，统一工作标准，加强智慧数据库建设、工会系统新媒体矩阵建设、工会网上办公平台建设、网络安全建设，实现网络覆盖职工群众、工作覆盖基层工会，构建线上受理、线下办理、一键通达的全方位、全时段服务体系。与中央网信办联合开展2017世界互联网大会“全总主题活动日”“国家网络安全宣传周”活动，积极推进“网聚职工正能量、争做中国好网民”主题活动，建设清朗网络空间。

着力补好基层短板。集中开展“强基层、补短板、增活力”行动，把非公企业作为夯实基层的切入点和着力点，深化“职工之家”建设，激发基层工会活力，力争取得新突破，展现新作为。尊重基层首创精神，总结和运用基层经验推动工会工作，推广上海宝山区顾村镇等非公企业建会经验，坚持职工主体地位，依靠职工建会，健全非公企业工会运行机制，做到依法建会、依法管会、依法履职、依法维权，真正使基层工会建起来、转起来、活起来。拓宽职工便捷入会渠道，探索实行职工企业体制外单体入会和网上入会，有效扩大工会组织覆盖面。做好国有企业改革改制和兼并重组中的工会工作。坚持把工会资源向基层倾斜、力量向基层集中，健全工会经费对下补助机制，充实基层工会力量。落实机关干部直接联系群众和基层联系点等制度，坚持下基层常态化，面对面、心贴心、实打实地做好服务工作，进一步发挥好党联系职工群众的桥梁纽带作用，把“职工之家”和“娘家人”的称号做得更加名副其实。

李玉赋在工会系统推进改革工作会议暨“深入推进工会改革创新”专题研讨班上的讲话

（2017 年 3 月 20 日）

在深入学习贯彻全国“两会”精神之际，我们召开工会系统推进改革工作会议暨“深入推进工会改革创新”专题研讨班，总结交流工会改革创新的经验做法，研究解决工会工作面临的新情况新问题，推进工会系统改革向基层延伸、向实践拓展，具有积极的现实意义。刚才，上海、重庆、广东、河北等 4 个省（市）总工会的负责同志分别介绍了推进改革进展情况和下一步工作安排，讲得都非常好，听后很受教育和启发。下面，我围绕学习贯彻习近平总书记系列重要讲话精神特别是关于工人阶级和工会工作重要论述、深化工会系统改革、推进产业工人队伍建设改革、做好维权维稳工作、加强工会系统全面从严治党等 5 个方面问题，谈几点体会和意见，与大家一起交流研讨。

一、强化理论武装、夯实思想基础，坚持用习近平总书记系列重要讲话精神引领工会改革创新

党的十八大以来，习近平总书记围绕改革发展稳定、内政外交国防、治党治国治军发表一系列重要讲话，形成了治国理政新理念新思想新战略，为我们在新的历史起点上实现新的奋斗目标提供了基本遵循。习近平总书记高度重视工人阶级和工会工作，作出了一系列重要论述，涉及工人阶级地位和作用、工人运动时代主题、工会工作创新发展等方面。李建国同志在全总十六届五次执委会上，对这些重要论述作了系统梳理，对深入学习和研究提出了明确要求。目前，全总组织部、研究室、工运研究所、劳动关系学院等有关部门和单位正在组织编写学习读本，为各级工会做好学习宣传贯彻提供参考。

习近平总书记关于工人阶级和工会工作的重要论述是一个博大精深、不断丰富发展的理论体系，对其学习研究也有一个与时俱进、逐步深化、准确理解、全面落实的过程。按照李建国同志的讲话要求，在深入学习习近平总书记最新重要讲话精神基础上，结合我在《求是》杂志2016年第一期发表的题为《忠诚党的事业 服务职工群众》的文章，再次作一梳理和概括，主要内容有这么几个方面：

（一）关于工会自觉接受党的领导。习近平总书记指出，坚持党的领导，是做好党的群团工作的根本保证，是必须坚持的正确政治方向。工会要始终把自己置于党的领导之下，在思想上政治上行动上始终同党中央保持高度一致。在坚持党的领导这个根本问题上，工会干部必须头脑十分清醒、立场十分坚定、行动十分坚决。

（二）关于坚持全心全意依靠工人阶级方针。习近平总书记指出，坚持全心全意依靠工人阶级，要在政治上保证、制度上落实、素质上提高、权益上维护，不能只当口号喊、标签贴，而要贯彻到经济、政治、文化、社会、生态文明建设以及党的建设各方面，落实到党和国家制定政策、推进工作全过程，体现到企业生产经营各环节。要发挥社会各方面作用，激发全社会活力，群众的事同群众多商量，大家的事人人参与。

（三）关于把为实现中华民族伟大复兴中国梦而奋斗作为新时期我国工人运动时代主题。习近平总书记指出，我国工人运动的时代主题，是为实现中华民族伟大复兴的中国梦而奋斗。工会要牢牢抓住这个主题，把推动科学发展、实现稳中求进作为发挥作用的主战场，把做好新形势下职工群众工作、调动职工群众积极性和创造性作为中心任务，把巩固党执政的阶级基础和群众基础作为政治责任。

（四）关于坚持走中国特色社会主义工会发展道路。习近平总书记指出，中国特色社会主义工会发展道路是中国特色社会主义道路的重要组成部分，深刻反映了中国工会的性质和特点，是工会组织和工会工作始终沿着正确方向前进的重要保证。要始终坚持这条道路，不断拓展这条道路，努力使这条道路越走越宽广。

（五）关于大力弘扬劳模精神、劳动精神、工匠精神。习近平总书记指出，实现我们的奋斗目标，开创我们的美好未来，必须依靠辛勤劳动、诚实劳动、创造性劳动。劳模精神丰富了民族精神和时代精神的内涵，是我们极为宝贵的精神财富。无论从事什么劳动，都要干一行、爱一行、钻一行。在工厂车间，就要弘扬“工匠精神”，精心打磨每一个零部件，生产优质的产品。要大兴识才爱才敬才用才之风，改革人才培养使用机制，真正聚天下英才而用之，让更多千里马竞相奔腾。

（六）关于高举维护职工权益旗帜。习近平总书记指出，要认真倾听职工群众呼声，关注一线职工、农民工、困难职工等群体，扎扎实实为职工群众做好事、办实事、解难事，排除阻碍劳动者参与发展、分享发展成果的障碍，努力让劳动者实现体面劳动、全面发展。

（七）关于坚持增强“三性”、去除“四化”改革方向。习近平总书记强调，加强和改进新形势下党的群团工作，最重要的是要保持和增强政治性、先进性、群众性。政治性是群团组织的灵魂，是第一位的；必须把保持和增强先进性作为重要着力点，组织动员广大职工群众为完成党的中心任务而共同奋斗；群众性是群团组织的根本特点。工会要增强自我革新的勇气，坚持眼睛向下、面向基层，创新组织体制、运行机制、活动方式、工作方法，自觉运用改革精神谋划工会工作。

（八）关于坚持“三个着力”加强基层工会建设。习近平总书记强调，要从巩固党执政的阶级基础和群众基础的高度出发，始终坚持正确方向，不断创新工作方法，着力扩大覆盖面、增强代表性，着力强化服务意识、提高维权能力，着力加强队伍建设、提升保障水平，引导广大职工群众坚定跟党走。

（九）关于把农民工这支工人阶级新生力量最广泛地组织到工会中来。习近平总书记指出，工会要加大力度做好农民工工作。一方面把农民工组织起来，切实维护他们的利益；另一方面通过发挥工会的作用，把广大农民工团结在党的周围，使他们成为工人阶级坚定可靠的新生力量。

（十）关于加强新形势下工人阶级地位及工运理论研究。习近平总书记强调，要深入开展新时期工会理论研究。工运理论要与时俱进，要深入研究工人阶级发生了什么变化，研究工人阶级的时代特征和时代内涵。这实际上也是党的重要理论课题。

习近平总书记关于工人阶级和工会工作的重要论述，传承和深化了马克思主义劳动学说和群众学说，丰富和发展了党的群众工作理论和工运理论，是习近平总书记系列重要讲话精神和治国理政新理念新思想新战略的重要组成部分，为我们做好新形势下工会工作提供了强大思想武器、指明了前进方向。我们要把学习贯彻重要论述作为当前和今后一段时期的重大政治任务，深入领会、学深悟透，努力把重要论述贯穿到工会工作全过程，不断厚植党执政的政治基础。在座的各位同志，要做学习宣传贯彻的表率。

二、坚持自我革命、勇于攻坚克难，推动工会系统改革创新向纵深推进

党的十八大以来，以习近平同志为核心的党中央以非凡政治勇气和智慧推进全面深化改革，一批具有标志性、关键性的重大改革方案出台实施，一批重要领域和关键环节改革举措取得重大突破，一批重要理论创新、制度创新、实践创新成果正在形成，全面深化改革的主体框架基本确立。党中央经过慎重考虑，将工会改革创新工作放在全面深化改革的总盘子，在群团改革的大框架下进行总体设计、精心指导，并确定全总为中央群团改革试点单位，为工会事业的长远发展带来新的生机、提供强劲动力。

2017 年 2 月 6 日，习近平总书记主持召开中央深改组第 32 次会议。会议听取了全总、上海市、重庆市群团改革试点工作总结报告，充分肯定试点工作围绕保持和增强政治性、先进性、群众性这条主线，着力破除“机关化、行政化、贵族化、娱乐化”问题，取得明显成效，强调已经开展试点的群团和地方要继续在建机制、强功能、增实效上下功夫，巩固和扩大改革成果。

一年多来，全总坚持增“三性”、去“四化”、强基层、促创新的总体思路，勇于责任担当、勇于直面问题、勇于自我革新，以上率

下强化指导，有力有序推进改革创新。各省级工会在同级党委和全总领导下，及时跟进、主动对接，成立改革工作领导小组，结合实际制定实施改革方案。目前，上海、重庆工会改革试点工作实现既定目标，取得阶段性成效，其他省（区、市）工会改革创新全面展开，形成上下互动、全国“一盘棋”的良好局面。各级工会和广大工会干部把握正确政治方向的立场越来越坚定，树立责任担当的精神越来越自觉，直面现实问题的态度越来越鲜明，推进改革创新的决心越来越大，深耕基层一线的意识越来越强，服务职工群众的措施越来越实，狠抓贯彻落实的动力越来越足，做职工群众工作的能力水平得到有效提升。今年全国“两会”期间，全总改革试点和工会改革创新工作引起了代表委员和社会各界高度关注，我接受了有关媒体采访，在参加上海团讨论、全国政协总工会界别联组会议等场合几次发言作了介绍，宣传工会改革，引起了热烈反响。

习近平总书记强调，党政主要负责同志是抓改革的关键，要把改革放在更加突出位置来抓，不仅亲自抓、带头干，还要勇于挑最重的担子、啃最硬的骨头。在座的各位都是工会系统各单位、各部门的主要负责同志，对抓改革、抓落实负有重要领导责任，是推进工会改革创新的关键，要在研究改革思路上发挥主导作用，在推进改革中发挥示范作用，做到重要改革亲自部署、重大方案亲自把关、关键环节亲自协调、落实情况亲自督察，干字当头、真抓实干、埋头苦干，既当改革促进派，又当改革实干家。

（一）*在建机制上下功夫，扩大改革内驱力。*全总在改革试点工作中，围绕加强党的建设、改革工会领导机关机构、优化强化机关职能、改进干部管理方式、推动力量资源向基层倾斜、加快作风转变、做强工会网络平台、加大对劳动关系领域社会组织联系引导力度等重点领域和关键环节，研究出台了35项制度文件。各级工会要及时跟进对接全总制度文件，结合实际进行细化，推动各项制度落实。同时，要把基层改革创新中发现的问题、解决的方法、创造的经验形成理性认识，努力使实践成果上升为制度成果。对于一些涉及干部、编制、经费等方面的制度机制，需要党委重视、政府支持的，要主动会同有关方面加以解决。比如，如何更好地发挥农民工兼职副主席的作用，需要加强与组织部门的沟通协调，进一步明确职责定位，为兼职挂职领导干部更好发挥作用提供制度保障。

（二）*在强功能上下功夫，增强改革影响力*。习近平总书记指出，服务党和国家工作大局是党的群团工作的主线，群团组织既要围绕党和国家工作大局搞好“公转”，又要聚焦服务群众搞好“自转”，做到“顶天立地”。这一重要论述，深刻回答了工会功能是什么、如何增强工会功能这一重大问题。“顶天”就是对党的忠诚，“立地”就是服务职工群众。工会改革的思路设计、原则遵循、制度构建、政策制定等，都要着眼于强化这个使命担当和职能定位。具体来说，一方面，要更好地发挥工会作为党联系职工群众的桥梁纽带作用，始终把工会置于党的领导之下；另一方面，要强化工会联系服务职工群众的意识、能力和效果，从职工群众需要出发开展工作，努力成为职工群众信得过、靠得住、离不开的知心人、贴心人。

（三）*在增实效上下功夫，提升改革凝聚力*。改革是动力，目的是革故鼎新、解决问题。推进工会改革，必须从制约工会组织发展最突出的矛盾入手，从职工群众反映最强烈的问题改起，在重点领域和关键环节持续用劲发力。要完善相关制度规定，更新思想观念，改进模式方法，健全台账管理，加强跟踪问效，把责任压实、要求提实、考核抓实。要推进工会改革自上而下渐次展开，推动改革成果向基层延伸，集中开展“强基层、补短板、增活力”行动，以推广包括上海宝山顾村镇在内的地方和基层经验为抓手，着力推进非公有制企业工会组建、扩大工会组织有效覆盖，不断增强工会组织吸引力凝聚力战斗力。

习近平总书记强调指出，要把调研贯穿改革全过程，做到重要情况、矛盾问题、群众期盼心中有数，对改革举措成效如何，要刨根问底，掌握实情。调查研究是工会一项重要的基础性工作，是围绕中心服务大局、更好地履职尽责、提升工作水平的现实需要。今年，我们要集中精力做好两个重大课题的调研。

一是深入开展保障和改善民生重点课题调研。全总党组对这一重点课题高度重视，专门成立了由我任组长，党组副书记邓凯同志任常务副组长，阎京华、焦开河、赵世洪、田辉同志任副组长，有关部门负责同志为成员的调研组，围绕保障和改善民生、维护职工劳动经济权益问题，分赴江苏等6个省开展实地调研。同时组织北京等12个省（区、市）总工会，根据全总调研工作方案协同调研。目前，调研组在对调研情况梳理、总结基础上形成调研报告。

二是认真搞好全国第八次职工队伍状况调查。全国职工队伍状况调查是一次全面的大规模基础性调查，每5年进行一次，涉及面广、工作量大、专业性强、工作要求高，具有很强的政治性和广泛的社会影响。今年，全总正在开展第八次全国职工队伍状况调查，一方面是了解职工队伍状况，同时为明年筹备召开中国工会十七大做好准备。为此成立了由我任组长、有关领导任副组长、有关部门负责同志为成员的调查领导小组，下设办公室进行组织协调。1月，全总印发了《调查方案》，明确了本次调研的指导思想、调查目标、组织机构、课题设置、调查方式、时间进度、主要成果和调查要求。本次调查总课题是：在实现“两个一百年”奋斗目标、实现中华民族伟大复兴中国梦中铸就工人阶级新辉煌。调查选择在北京等15个省（区、市），通过问卷抽样调查、专题调研、典型调查、网络调查和文献研究相结合的方式进行。目前已完成了调查问卷的设计论证工作。下一步，将对工会调查骨干进行培训，组织开展调查，8月底前形成调查总报告。承担调研任务的省级工会要相应成立领导机构，选派调研骨干，按时保质完成各自调研任务。要深入职工群众，尽可能多地掌握第一手素材，力求反映的情况准确真实，得出的结论客观公正，提出的建议科学合理，确保调查成果可靠权威，经得起实践和历史的检验。

三、聚焦重点群体、集中精准发力，推进产业工人队伍建设改革落地见效

2017年2月6日，习近平总书记主持召开中央深改组第32次会议，审议通过《新时期产业工人队伍建设改革方案》。各级工会要提高思想认识，采取有力措施，做好贯彻落实工作。

（一）深刻认识产业工人队伍建设改革的重大意义。党中央决定制定和实施《改革方案》，就产业工人队伍建设改革专门进行谋划和部署，在我们党和国家历史上尚属首次，释放了坚持以人民为中心的发展思想和全心全意依靠工人阶级方针的强烈信号，发出了推进产业工人队伍建设改革的动员令。这对于建设一支有理想守信念、懂技术会创新、敢担当讲奉献的宏大的产业工人队伍，意义重大而深远。今年全国“两会”，代表、委员高度关注这个问题，展开了热烈讨论，提出了建设性的意见。

一是产业工人队伍建设改革，是巩固党的执政基础和阶级基础的内在要求。工人阶级是我国的领导阶级，产业工人是工人阶级中发挥支撑作用的主体力量，是最有组织性、纪律性的强大力量，是我们党最坚实最可靠的执政基础。推进这一改革，关系到党执政的阶级基础、群众基础，关系到改革发展稳定大局，关系到实现“两个一百年”奋斗目标、实现中华民族伟大复兴的中国梦。

二是产业工人队伍建设改革，是实施制造强国战略、振兴实体经济、深入实施《中国制造 2025》的现实需求。产业工人是创造社会财富的中坚力量，是创新驱动发展的骨干力量。我国要在日趋激烈的国际竞争中抢占先机、赢得主动，解决制造业大而不强、创新能力不足的问题，必须贯彻落实新发展理念，推动我国社会生产力水平实现整体跃升。这对产业工人队伍建设改革提出了新的更高要求。

三是产业工人队伍建设改革，是提高产业工人整体素质、实现全面发展的迫切需要。当前，产业工人队伍技能素质总体不高、结构不合理，技术工人总量不足，产业工人队伍建设还存在一些体制机制障碍。必须推进产业工人队伍建设改革，提高队伍建设的质量与水平。

（二）统筹抓好《改革方案》的贯彻实施。

一是要抓好《改革方案》的宣传工作。运用工会报刊和“两微一端”等新媒体，通过多种形式，为产业工人队伍建设改革营造良好环境。全国“两会”期间，“工匠精神”“中国制造”等备受社会关注。要借助《改革方案》出台和庆祝“五一”节点，大力弘扬劳模精神、劳动精神、工匠精神，厚植工匠文化，恪尽职业操守，崇尚精益求精，奋力追求卓越，在全社会形成劳动光荣、技能宝贵、创造伟大的浓厚氛围。

二是要形成落实《改革方案》的强大合力。要按照中央的统一部署，积极运用各方面资源，加强对产业工人队伍建设改革的宏观指导、政策协调和监督检查，有力有序推进产业工人队伍建设改革，确保实现预定目标和任务。

三是要充分发挥工会在推进改革中的重要作用。工会要抓住这一重大历史机遇，在突出思想政治引领、打造更多“大国工匠”等方面加大力度，体现工会特点，积极发挥作用。

四、立足改革大局、积极主动作为，扩大职工群众改革的获得感

2017 年是党的十九大召开之年，是供给侧结构性改革的深化之年。今年政府工作报告指出，民生是为政之要，必须时刻放在心头、扛在肩上。如何让改革发展成果更多更公平惠及广大职工，是工会改革的着力点，也是检验工会改革成败的重要标准。各级工会组织要依法维护职工合法权益、维护职工队伍团结稳定，使广大职工在共建中共享、在共享中共建。

（一）用维护职工劳动经济权益的扎实行动打动人心。劳动就业、收入分配、社会保障等劳动经济权益是职工的核心利益。要在当前经济形势下突出维护好职工劳动经济权益，扩大职工群众的获得感。随着供给侧结构性改革步伐加快，“三去一降一补”力度加大，一些企业和职工遇到了暂时困难。越是这样，越要重视维护职工权益。要积极参与涉及职工利益法律法规的制定和修改，推动实施更加积极的就业政策，支持职工积极就业、大胆创业。高度关注产能过剩企业和“僵尸企业”关停并转迁中的职工权益维护问题，协同有关方面做好安置下岗分流职工工作，确保分流职工就业有出路、生活有保障。加强对灵活就业、新就业形态的支持，确保零就业家庭至少有一人稳定就业。积极推行企业工资集体协商制度，努力增加职工收入，锲而不舍解决拖欠工资特别是拖欠农民工工资问题。做好深入细致的职工思想政治工作，引导职工积极支持、参与、推动改革。

（二）用做好困难职工帮扶解困工作的积极进展温暖人心。要把困难职工帮扶解困融入国家脱贫攻坚大局，围绕实现“四个一批”，坚持因地制宜和差别化方针，突出精确识别、精准施策，实现精准帮扶、精准脱困。通过社会救助联席会议等工作机制，加强困难职工帮扶工作与社会救助体系衔接。坚持政策帮扶、制度保障、普惠性服务相结合，继续推进送温暖、金秋助学、阳光就业、就业援助月等工会帮扶品牌工作，开展职工医疗互助等活动，使困难职工心里有温暖、生活有奔头。加强帮扶资源区域间协作、系统共享，推动解决东北老工业基地、边疆地区、民族地区、革命老区和资源枯竭型城市等区域以及困难企业资源不足问题。

（三）用密切联系和服务职工群众的工作作风影响人心。群众路线是工会工作的生命线和根本工作路线。要强化群众观念，增强群众意识，及时了解职工所思所想、所忧所盼，以职工需求为导向，以“四倾”（倾心、倾情、倾听、倾力）为前提，以“四个一”（一片心、一叠卡、一张网、一个家）为抓手，以“互联网+”工会普惠性服务为载体，多为广大职工做好事、做实事、做善事。健全服务职工的长效机制，着力构建服务职工的平台、载体、网络和体系，把更多的人力物力财力投到基层，为基层工会工作创造良好条件。

（四）用维护职工队伍团结和社会和谐稳定的实际效果赢得人心。维护社会稳定和政治安全是工会组织的重要政治任务。要切实处理好维权和维稳的关系，对职工队伍稳定工作做到早谋划、早部署，制定预案、关口前移，把矛盾和问题解决在萌芽状态。积极稳妥推进工会联系引导劳动关系领域社会组织工作，探索建立工会主导的区域性劳动关系领域社会组织联合会，通过购买社会组织服务等方式为职工提供优质服务，以劳动关系和谐促进社会和谐稳定。

五、提升政治站位、强化政治自觉，用工会系统全面从严治党的成效深化工会改革创新

习近平总书记在关于全面从严治党的重要论述中，始终把讲政治摆在首要位置。在党的十八届六中全会和省部级主要领导干部专题研

讨班开班式上，习近平总书记对讲政治问题作出深刻阐述。各级工会要充分认识讲政治的极端重要性和现实紧迫性，旗帜鲜明地讲政治，不断提高工会系统全面从严治党水平。

（一）树立“四个意识”，坚决维护以习近平同志为核心的党中央权威。坚决维护党中央权威，是最大的政治。“四个意识”成为今年“两会”热议的高频词、热门词。工会系统各级党组织和广大党员干部，要牢固树立政治意识、大局意识、核心意识、看齐意识，坚决维护党中央权威，坚决维护习近平总书记这个核心，坚决维护党中央集中统一领导，坚决维护全党团结统一，始终在思想上政治上行动上同以习近平同志为核心的党中央保持高度一致，扎实推进中央大政方针和决策部署在工会落地生根、形成生动实践。

（二）严守纪律规矩，增强工会系统党内政治生活的政治性时代性原则性战斗性。党内政治生活是党组织教育管理党员和党员进行党性锻炼的主要平台。各级工会党组织要严格遵守《关于新形势下党内政治生活的若干准则》和《中国共产党党内监督条例》，把坚持民主集中制作为重要制度保障，用好组织生活这个经常性手段，坚持“三会一课”制度，用好批评和自我批评这个利器，引导广大工会干部做到忠诚、干净、担当，营造风清气正的政治生态。

（三）坚持抓早抓小，提高工会系统党内监督的针对性实效性。加强党内监督是我们党的优良传统和政治优势。各级工会党组织要把党内监督摆到重要位置来抓，加强对党员领导干部的日常管理监督，实现监督常态化、长效化。要强化纪检组织履行专责，运用好监督执纪“四种形态”。要加强对拟提拔干部的廉洁审查，加强对工会经费、工会资产等重点领域、关键环节的审查审计监督，提高廉洁风险防控水平。

（四）抓住“关键少数”，切实履行领导干部管党治党的政治责任。讲政治的要求能不能落到实处，领导干部是关键。工会领导干部想问题、作决策、干工作、谋创新，都要把讲政治摆在第一位，严格履行全面从严治党、依规治党的政治责任，抓住主体责任这个“牛鼻子”，坚持“一岗双责”，敢抓敢管敢担当，带好班子、带好队伍、带好作风，推动工会系统全面从严治党向纵深发展。

这次会议和研讨班很重要。各位作为部门和单位的主要负责同志，工作任务繁重，集中几天在中央党校一起学习，机会十分难得。要大兴学习研究之风，静下心来，学学相长、教学相长，加强交流、相互启发，确保学有所成、不虚此行。工会工作是党的事业重要组成部分，也是一项专业性很强的工作。大家要通过学习和实践，努力增强和提升专业思维、专业修养、专业水准、专业能力，成为工会工作的行家里手。

上海市总工会在工会系统推进改革工作会议上的发言

（2017 年 3 月 20 日）

一年多来，在全总和上海市委的领导下，上海工会紧紧围绕增“三性”、去“四化”，以转职能、转方式、转作风为基本路径，推动改革措施落实落地，改革取得阶段性成果。

一、实施工会工作机构和干部队伍改革，推动形成“小机关、强基层、全覆盖”的工作格局

以强基层、强支撑、强服务为基本要求，将上海市总工会机关 13 个内设机构整合为 9 个，形成了职责清晰、运转高效，面向基层、服务便捷的机关机构新架构。推进管办分离，强化上海市总工会相关事业单位的公益性、服务性职能，把机关部室服务职工的具体事务和日常活动转由直属事业单位承接；剥离上海工会学院学历教育功能，强化其干部教育培训、职业培训职能。上海市总工会领导班子实行“专挂兼”，选配 1 名挂职副主席、2 名兼职副主席。建立工会机关工作人员“2+1”（专职、兼职干部+工会志愿者）使用机制，实施工会专职干部遴选和选派优秀人才挂职工作，“不唯年龄、不唯学历、不唯身份、不唯职级”选拔使用工会干部。实施“减上补下”，上海市总机关精简 53 个编制，全部下沉到街镇（园区）工会。提高基层一线人员在上海市总工会常委、委员中的比例，进一步提升了工会领导机构议事决策民主化程度。各区、街镇（开发区）总工会也对工作机构、干部队伍等进行了优化调整，切实增强了活力、提高了效率。

二、加强基层工会组织建设，努力打通联系服务职工的“最后一公里”

探索推行职工企业体制外单体入会，动员、吸纳未建会企业职工入会，倒逼体制外入会的职工所在企业建会。开辟网上入会渠道，通过“申工社”APP设置“我要入会”栏目，依规有序吸纳职工入会。开展非公企业工会改革试点工作，在宝山区顾村镇等8个区、9个街镇（开发区）开展非公企业工会改革试点，推动非公企业工会工作回归到依法依章程建会办会的路子上来。加强社会化工会工作者队伍建设，为区域性、行业性工会联合会配备工作人员，解决基层工会“有人办事”问题。就“小三级”工会经费补助、“两非一无（非正规就业、非标准劳动关系和无单独建立工会）”会员项目经费使用等制定具体办法，加大新建工会资金补助力度，确保基层工会“有钱办事”。因地制宜探索职工服务站建设，全市共建成177家服务站，使工会更接地气、更贴近职工群众。

三、聚焦维护主业主责，加快构建法律援助、法律监督、集体协商和民主管理“四位一体”的工会维权工作体系

制定《关于突出维护职能，加强工会协调劳动关系体系建设的指导意见》，明确提出构建“四位一体”的工会维权工作体系。加强工会法律援助站点建设，在上海市职工援助服务中心成立朱雪芹劳动争议调解室，在15个区仲裁院设立工会法律援助窗口，推动劳动争议案件较多的街镇、工业园区普遍建立职工法律援助工作站。探索建立“应援尽援”和“零门槛”援助服务制度，2016年共提供1.3万件次法律援助服务。运用定向监督、“两书”（工会劳动法律监督整改意见书、处理建议书）、政府信用信息平台等手段，加大工会劳动法律监督工作力度，促进劳动关系和谐稳定。发挥集体协商、民主管理制度的“正向推进”作用，推进集体协商提质增效，循序渐进提高非公企业职代会的运行质量。充分运用《劳动报》等媒体，加大对劳动违法企业的问题曝光和公开谴责力度，倒逼企业遵纪守法、规范建制，

切实维护职工合法权益和正当利益。

四、适应网络发展趋势，大力加强网上工会建设

以维护职工权益的新阵地、服务职工的新窗口、联系职工的新渠道、教育职工的新平台为目标，制定上海工会网络工作总体发展规划，初步建立了工会网络平台体系、制度体系、服务体系。打造“指尖工会”，开发运行申工社 APP，构建线上受理、线下办理、一键通达的全方位、全时段服务体系。2016 年 APP 总下载量达 17.6 万次，申工社微信公众号被评为 2016 年“上海十大政务新媒体”。通过互联网，3000 多名职工实现“网上入会”，职业道德“双十佳”评选等实行网上申报和评选，1.3 万个班组、7 万多名职工参与班组文化网络大赛。

此外，我们还持续加强服务职工各项工作，深化拓展服务职工实事项目，推动各类工会服务阵地、设施围绕职工“生物钟”开展高效便捷的服务，一大批职工群众从中受益。

下一步，我们将深入贯彻习近平总书记系列重要讲话精神特别是关于工人阶级和工会工作的重要论述，按照中央深改组第 32 次会议关于“建机制、强功能、增实效”的要求，坚持不懈深化工会改革，不断增强工会组织和工会工作的政治性先进性群众性。

重庆市总工会在工会系统推进改革工作会议上的发言

(2017年3月20日)

按照中央批准的《重庆市群团改革试点方案》，我们紧紧围绕增“三性”、去“四化”的改革思路，坚持问题导向、需求导向、结果导向，扎实推进改革任务落地见效。

一、健全组织体系

针对工会主业不鲜明、工会组织“头重脚轻”和代表性广泛性不够等问题，一是优化市总机关职责机构。强化党的领导、维护职工合法权益、组织覆盖和工作覆盖三项职能，精简6个机构和123名机关及所属事业单位编制，整合设立直接联系服务职工的宣传网络中心、职工权益维护中心、职工服务中心。二是改革产业工会组织形式。实行委员会制改革，将工作触角延伸到与本产业相近的非公企业、行业协会，并建立委员会议事规则等6项制度，实行民主化、扁平化管理。三是强化区县工会力量。通过“减上补下”和同级调剂，区县工会机关平均达到10人左右，设立“一办两部一中心”(办公室、基层工作部、服务发展部、职工服务中心)。四是优化领导机关组成结构、拓宽干部来源渠道。市、区县和产业工会领导班子中专职成员不超过50%，代表、委员、常委中一线人员比例分别不低于80%、40%、20%。其中市总工会减少专职副主席2名，配备挂职2名、兼职4名，人选突出基层导向、群众性、代表性。

二、加强基层基础

针对基层工会覆盖不全、缺人员缺阵地缺经费以及资源力量分散等问题，一是推动落实基层工作力量。强化“小三级”工会建设，企业100家以上、职工5000人以上的乡镇（街道、园区）建立总工会，村（社区）建立联合基层工会，乡镇（街道）设置至少1名群团综合岗位，村（社区）设置群团委员，并采取挂职、兼职、购买社工服务、招募志愿者等方式充实力量。开展“新领域建会集中行动”“农民工入会集中行动”，进入和引导非公经济和社会组织，推动党员工会主席进入党组织班子。二是推动基层群团形成合力。联合团市委、市妇联出台《关于协同推进“四个联手”工作的意见》，牵头联手建设基层服务站160个、爱心妈咪小屋130个，重点打造基层群团服务站市级示范点14个，联手打造“技能提升”“法律援助”“四季帮扶”服务品牌，联手建立职工服务类社会组织联席会议制度。三是推动工会经费向基层倾斜。联合市地税、财政等部门出台工会经费征缴办法和计拨管理办法，完善地税代收、财政拨交工会经费机制。市、区县总工会分别拿出2%、5%的留成比例作为乡镇（街道）工会经费，并采取项目化方式补助基层工会工作经费。

三、创新方式方法

针对网上工作薄弱、活动不接地气、职工参与度不足等问题，一是创新网上工会工作。建设市总工会官网、“渝工娘家人”微信公众号和APP等网络服务平台，重点打造新闻发布、网上工会、技能提升、渝工创新、大数据分析五大系统，实现十大类“互联网+”工会专业化服务，基本形成“1网+1证+1卡”的服务职工模式。二是创新服务品牌打造方式。技能提升突出基层化，举办都市功能区火锅调味、渝东南生态保护发展区旅游服务等技能大赛。困难帮扶突出经常化，做实春送岗位、夏送清凉、秋送助学、冬送温暖“四季帮扶”，经常化精准化做好“雪中送炭”工作。法律服务突出专业化，推动修订出台《重庆市集体合同条例》，启动开展“千名律师进企业服务职工在基层”工作，主动为所联系企业工会及职工（农民工）提供法律服务。职工文体突出思想性教育性，打造网络宣传教育平台，深化以社会主义核心价值观为引领的“中国梦·劳动美”主题教育。三是创新活动开展和工作评价机制。着力构建“职工提出—工会主导—社会力量承办—职工参与—职工评价”的活动运行机制。2016年，市总工会评选推荐重庆“五一劳动奖”拿出15%名额面向社会公开征集；联合市质监局和重庆日报通过挖掘宣传、专家评审与网民投票相结合方式评出首届“巴渝工匠”10名；区县、产业工会年度考核拿出30%的分值委托第三方引入基层和职工满意度调查。推动各级工会建立职工需求定期调查和诉求及时反馈制度，各级职工服务阵地探索推行错时上下班、周末值班、职工预约和上门服务制度，基层工会完善会员代表大会、代表常任制、会员评家、会务公开等制度，工会机关干部推行联系1个非公经济组织、1名一线职工、1名农民工和帮扶1名困难职工的“四个一”的联系结对机制。

下一步，我们将按照中央关于“继续在建机制、强功能、增实效上下功夫”的要求，推进工会改革向纵深发展、向基层延伸、向实践拓展，使改革在基层见效、让职工满意。

广东省总工会在工会系统推进改革工作会议上的发言

（2017 年 3 月 20 日）

广东省总工会围绕增“三性”、去“四化”，积极跟进对接全总改革试点，学习借鉴上海、重庆试点经验，按照省委去年年底批准的《广东省总工会改革方案》，着手组织实施。

一、广东工会改革的总体情况

（一）全国总工会加强对广东工会改革的领导指导。去年 5 月，李建国主席亲临广东考察工会工作，听取了广东工会工作包括工会改革工作的汇报并作重要指示。去年 3 月，李玉赋书记听取了黄业斌主席关于《广东省总工会改革方案》起草情况的汇报，肯定了改革方案的框架内容，并提出修改意见。

（二）广东省委高度重视工会改革工作。省委书记胡春华同志多次对广东工会改革作出重要指示，要求省总积极向全总跟进对接，学习借鉴上海、重庆改革经验。省政法委书记林少春同志多次召集工青妇等单位负责人研究我省群团改革方案。省委组织部长邹铭同志出席省总全委会并到工会调研，要求争取今年 6 月、7 月完成省总本级改革，8 月推进各市工会改革，年底基本完成改革目标任务。

（三）广东省总工会强化改革组织实施工作。一是先后两次赴上海、重庆学习考察，全面了解两市工会改革的经验做法，为我们制订改革方案提供借鉴。二是加强组织领导，明确责任分工。省总成立改革工作领导小组，以领导班子成员为成员，分片联系指导各市改革工作；对改革方案中的 35 条措施，明确责任领导、责任部门和责任人，明确进度时限和改革台账，制定督导检查机制。要求各市县总工会根据工作任务制定分工安排和时间表。三是健全完善工作制度，确保改革措施管长远。拟制定或修订 31 项工作制度或意见，促进改革工作的规范化、制度化、长效化。

二、下一步推进工会改革的工作安排

下一步，我们将坚持问题导向，转机制、转方法、转作风，推动改革重点措施落地，努力形成一批经验做法，打造一批工会改革示范点，制定出台一批制度文件，把改革成效转化为服务职工的能力，不断增强工会组织的吸引力凝聚力战斗力。

（一）转机制，突出工会主业。一是优化工会机关职能和机构设置，注入新的生机和活力。机构编制向维权维稳、服务职工、网上工会等方面倾斜，形成重点明确、职责清晰、运转高效的机关机构新格局。增强工会领导机构的广泛性代表性，将省总常委、委员、代表中基层代表的比例分别提高到 15%、30%、70%以上。加强专挂兼相结合的工会领导班子和机关干部队伍建设，省总领导班子挂职兼职比例达 50%以上；推行机关专职干部一般通过遴选录用，建立工会干部挂职选派制度，拓宽工会兼职干部来源渠道。二是实施“三个一批”，完善“小三级”工会体系。省总加大力度建设一批村（社区）、园区工会联合会，建立一批职业化社会化工会工作者队伍，建设一批“会、站、家”一体化的职工之家；通过“减上补下”，将精简的编制充实到乡镇（街道）和开发区（工业园区）工会。实行工会经费差异化管理改革，90%以上的工会经费返还给基层。三是创新服务职工模式，让职工有更多的获得感。在职工集聚度高的园区、项目工地建立职工服务站，打通联系服务职工的“最后一公里”。打造好劳资纠纷应急处置分队工作品牌，扩大工会法律服务律师团的规模和影响。积极推进工会会员服务卡建设，实行会员管理实名制。培育扶持一批由工会直接领导的职工服务类社会组织或社会组织服务平台，为职工提供更专业化的优质服务。

（二）转方法，使广大职工切实感受到改革的实效。一是用群众方法开展工会工作。建立依靠职工群众推进工作制度，把工作对象转变为工作力量。围绕职工作息时间安排活动，推行适度错时上下班、周末值班制。二是大力建设“网上工会”。构建全省工会统一的信息网络、新媒体和大数据平台，打造网上网下相互促进、有机融合的工作新格局。推进“互联网+”工会普惠性服务，实现服务对象全覆盖、服务时间全天候。

（三）转作风，当好职工群众的“娘家人”。一是建立健全工会机关全员直接联系基层、服务职工制度。建立“下基层周”制度，工会干部每年下基层不少于60天；落实领导干部接访制度，建立健全机关干部到信访岗位、服务窗口轮流工作制度。二是建立健全基层工会和职工需求调查制度。定期分析研判基层工会和职工需求，开展重点工作、举办重大活动、制定重要文件前，广泛听取基层和职工意见建议。三是建立健全工会工作评价机制。健全职工评价工会工作、评价工会干部制度，下级工会评价上级工会制度和工会代表、委员接受职工群众评议制度。

河北省总工会在工会系统推进改革工作会议上的发言

（2017年3月20日）

去年以来，按照全总和省委的安排部署，我们坚持问题导向，聚焦增“三性”、去“四化”，在机构设置、干部管理、职工服务方式、基层建设等方面进行重点改革，扎实推进，目前成效初显。

一、改革省总机构人员构成，工会组织战斗力进一步提高

一是改进工会领导机构人员构成。补选2名基层工会干部、劳动模范为省总兼职副主席，1名企业工会主席为省总常委；选配、增替补9名一线职工、劳动模范兼任省驻会产业工会副主席，6名为省总委员。基层工会干部、一线职工、劳动模范在省总委员中的比例由13.6%提高到18%，在常委中的比例由12.5%提高到21.7%，增强了领导机构的广泛性代表性。二是整合优化机关内设机构和职能。省总内设机构由24个调整为19个，减少20.8%，人员编制由132名精简为118名，精简比例10.6%，初步实现了总数压减、主业突出、效率提高的目标。三是开展直属事业单位清理规范工作。预计核减事业单位编制10%以上，逐步合并功能定位不明确、不清晰的事业单位。四是改革省总机关工作运行模式。打破部门界限，成立劳动竞赛、创业就业扶持、普惠化服务、网络信息化建设4个重点工作项目组，厅级领导牵头，年终单独考核，形成聚集资源、合力抓重的工作格局。一年来，各项目组工作取得了突破性进展。

二、改革服务职工方式，职工群众获得感进一步增强

职工群众关心什么、期盼什么，我们改革就抓什么、推什么，不

断把改革的成效转化为服务职工群众的能力和水平。一是由特惠服务向普惠服务转变。去年，我省累计发放 270.5 万张“河北工会会员卡”，初步形成了以“一卡（工会会员卡）四功能（会员身份识别、工会服务、商家服务、金融服务）”为框架的普惠服务体系，让每一名会员都能感受到加入工会带来的实惠。二是由一般性帮扶向精准帮扶转变。变原来的“大水漫灌”为“精准滴灌”，今年省总针对困难职工和去产能企业下岗人员，安排创业就业专项资金 3500 万元，计划扶持项目 800 多个，受益职工达到万人以上。三是由线下服务向线上线下共融转变。今年试点建设 300 多个“户外劳动者爱心驿站”，为户外一线职工解决实际困难。大力推进“互联网+”工会工作，让职工群众随时随地“一键找到工会”“一键享受服务”。

三、改革办会模式，工会组织社会美誉度进一步提升

工会工作好与坏，让党委政府评价，让职工群众评说。一是创造性引入评先评模“社会化”推荐方式。立足提高工会工作的社会认可度，对省五一劳动奖评选机制进行改革，去年拿出 40 个名额以社会化推选的方式进行“海选”，一批在科技创新等领域贡献突出的“行业尖兵”获得省五一劳动奖章。今年又增加了 10 个省五一劳动奖状社会化推选名额，进一步扩大工会劳模品牌的公信力和影响力。二是探索开展社会化评议工会干部活动。组织全省职工群众参与开展“河北省职工信赖的工会干部”选树活动，仅网络投票就有近 10 万人参与，“民选”优秀工会干部的新方法使职工群众对“娘家人”更认可、更信赖。三是探索建立设区市总工会评价体系。由省总制订方案、列出项目，给各市总打分排出名次，并首次引用第三方评价机构对职工满意度进行测评，考评结果送各市委、市政府相关领导，这一办法加强了双重领导，促进了比学赶超、增比进位。

四、改革资源配置，基层工会活力进一步迸发

坚持眼睛向下、重心下移、资源下沉。一是坚持向下倾斜经费分配比例。修订了省、市总工会对下级工会经费回拨补助办法，每年将

不低于上缴经费的1/3补助给县级总工会，其中省总用于下级工会的补助达到总支出的70%以上，比规定的比例高出10个百分点。二是推进县级工会和县级职工服务中心建设。省总2015年、2016年投入6000多万元，今年继续安排预算资金3000万元，支持县级职工服务中心建设。在全省开展县级工会规范化建设达标创优活动，去年先后投入2715万元补助县级工会建设，今年继续加大资金投入，力争全省95%以上的县级工会动态实现规范化建设达标。三是壮大基层干部队伍。与省政府召开联席会议，研究加强开发区（工业园区）工会工作力量，确定1~3名人员负责工会工作。在不增编的前提下，通过总量调剂的办法，配备与工作要求相适应的县级工会经审专业人员。每年投入860万元，为每个乡镇（街道）工会配备1名专职工会工作者。这些举措使基层工会组织更加充满活力、更加坚强有力。

关于全国总工会改革试点工作的总结报告

全国总工会改革试点工作领导小组

按照中央全面深化改革领导小组的部署，2015 年 11 月以来，全国总工会开展了为期一年的改革试点工作。现将改革试点情况报告如下。

一、改革试点的基本情况

2015 年 7 月 23 日，中央改革办下发通知，决定在全总开展中央群团机关改革试点。11 月 9 日，习近平总书记主持召开中央全面深化改革领导小组第 18 次会议，审议通过《全国总工会改革试点方案》(以下简称《改革试点方案》)，对推进党的群团改革作出重要指示、提出明确要求。2016 年 2 月 26 日，刘云山同志主持召开中央书记处办公会议，专题听取全总等群团组织深化改革进展情况汇报，对全总改革试点工作给予肯定并提出具体要求。

一年来，在以习近平同志为核心的党中央坚强领导下，在李建国同志直接带领下，全总党组书记、副主席、书记处第一书记李玉赋同志组织全总领导班子，认真贯彻落实中央全面深化改革领导小组要求，充分履行“忠诚党的事业、竭诚服务职工”的使命担当，态度坚决、行动迅速，积极主动、全面谋划，按照增“三性”、去“四化”、强基层、促创新的改革总体思路，认真制订《全国总工会改革试点方案》，有序有力有效推进改革试点工作。目前，《改革试点方案》提出的 7 个方面 27 条改革举措均如期完成，原定制订 25 项制度文件而实际出台了 35 项，改革试点工作实现了既定目标，取得了阶段性成果。与此同时，全总坚持以上带下，指导各级工会主动对接、及时跟进，整个工会系统改革全面展开、态势良好。中央改革办《改革情况交流》多次专门介绍全总改革试点进展情况，给予充分肯定。

二、改革试点的主要做法及成效

（一）以发挥全总党组领导核心作用为保证，增强了工会系统党组织的先进性纯洁性。

一是坚决维护习近平同志的核心地位。党的十八届六中全会正式提出“以习近平同志为核心的党中央”，确立了习近平同志是党中央的核心、全党的核心。这是实践和历史的选择、全党和人民的选择，充分反映了包括亿万职工在内的全国各族人民的共同心愿。全总党组进一步增强政治意识、大局意识、核心意识、看齐意识，引导广大工会干部和职工群众更加紧密地团结在以习近平同志为核心的党中央周围，更加坚定地维护以习近平同志为核心的党中央权威，更加自觉地在思想上政治上行动上同以习近平同志为核心的党中央保持高度一致，更加扎实地把党中央各项决策部署落到实处。

二是坚持自觉接受党的领导。把深入学习贯彻习近平总书记系列重要讲话精神作为重大政治任务。健全完善传达学习贯彻党中央重大决策部署工作制度和向党中央请示、报告重要工作制度。坚持第一时间传达学习党中央决策部署，以党中央的旗帜立场、决策部署、担当精神为标杆，提高政治站位，确保中央政令畅通，切实把党的路线方针政策落实到工会工作各方面和全过程。改革试点工作开展以来，就贯彻落实中央决策部署和工会工作中的重大问题，以书面形式向党中央和中央改革办报送请示报告 15 次。全总党组和中心组坚持每周组织 1 次集体学习，机关党员干部 3000 余人次参加。《求是》2016 年第 1 期刊登了全总党组书记学习习近平总书记关于工人阶级和工会工作重要论述的体会文章。《人民日报》7 月 8 日要闻版报道了全总党组中心组学习贯彻习近平总书记“七一”重要讲话精神的情况；10 月 19 日报道了全总党组牢固树立和自觉践行“四个意识”、激励引导广大职工充分发挥工人阶级主力军作用的情况。《中国纪检监察报》多次在头版报道了全总党组严守政治纪律和政治规矩、扛起“两个责任”、勇于责任担当的做法。

三是全面落实党建工作责任制。把加强党建工作作为改革的重要内容和关键举措。成立了由党组书记任组长的全总党建工作领导小组，承担全面从严治党的主体责任，构建党组书记负总责、分管领导分工负责、机关党委推进落实、各单位主要负责同志“一岗双责”的党建工作格局。修订了《中共中华全国总工会党组工作规则》《中共中华全国总工会党组中心组学习制度》，制定了党组议事内容目录和党组中心组学习目录，指导驻会全国产业工会等 8 个分党组修订了分党组工作规则。健全机关各级党组织，强化党建基础工作，落实“三会一课”等党的组织生活制度，加强基层党组织队伍建设。在机关减编情况下，专门为机关党委、纪委增加编制，增强了监督的力量。

四是坚定不移推进全面从严治党。认真贯彻落实《关于新形势下党内政治生活的若干准则》《中国共产党廉洁自律准则》《中国共产党党内监督条例》《中国共产党纪律处分条例》《中国共产党问责条例》等党内法规，坚持把政治纪律和政治规矩挺在前面，加强和规范党内政治生活、加强党内监督，净化党内政治生态。认真开展“两学一做”学习教育，引导广大党员做“四讲四有”合格党员。召开全国工会党风廉政建设工作会议，制定《全国总工会机关落实党风廉政建设主体责任和监督责任实施意见》，深入推进工会系统党风廉政建设和反腐败工作。

五是自觉接受中央巡视组对全总党组的专项巡视。坚持在政治高度上突出坚持党的领导，在政治要求上抓住党的建设，在政治定位上聚焦全面从严治党，从严从实、不折不扣落实整改要求，做到全面改深入改、改到底改到位。修订了《全国总工会关于贯彻中央改进工作作风、密切联系群众八项规定的实施办法》，持之以恒反“四风”。全面清理规范全总会议活动、评比表彰、期刊等，撤销了 25 个评比表彰项目，将全总所属的 13 个期刊撤并为 5 个。制定了《工会行政事业性资产管理暂行办法》《工会行政事业性资产使用管理暂行办法》和《工会行政事业性资产处置管理暂行办法》等，强化工会资产监管，落实工会资产损失责任追究办法，提高了廉洁风险防控水平。

六是强化对工会意识形态工作的领导。坚持把做好工会意识形态工作作为事关全局的重大政治任务来抓，旗帜鲜明地用马克思主义占领意识形态阵地，着力把握政治方向、增强政治定力，坚守主阵地、释放正能量。多次就工会意识形态工作进行专题研究，制定了《全总党组关于贯彻落实〈党委（党组）意识形态工作责任制实施办法〉的实施细则》，下发了加强工会网络宣传和舆情工作意见，整合了工人日报、中工网等宣传阵地，突出加强了网上舆论引导工作。工人日报在中国新闻奖、长江韬奋奖评选中获得大奖。

（二）以整合机构优化职能为突破口，增强了工会组织的广泛性代表性。

一是改进了工会领导机构人员构成。突出工会组织群众性特点，在工会副主席、常委、委员、代表及内部工作部门人员的安排上，提高了劳模和一线职工比例，把更多普通职工中的优秀代表吸纳进工会领导机构。全总十六届四次执委会议选举全国劳模、农民工代表巨晓林为全总副主席（兼职），全总十六届九次主席团会议推选北京师范大学党委副书记田辉为全总书记处书记（挂职）。全总执委中增加劳模和一线职工 12 名，比例由 11.6%增至 15.4%；主席团成员中增加劳模和一线职工 3 名，比例由 9.9%增至 13.5%。各驻会全国产业工会全委会委员、常委中劳模和一线职工比例均提高到 9%以上，并分别增设 2 名兼职副主席。制定了《关于充分发挥全国总工会劳模兼职副主席作用的暂行办法》，组织全总劳模兼职副主席参加学习培训、开展调研、参加送温暖活动，切实发挥了全总劳模兼职副主席作用。制定了《工会全国代表大会代表、全国总工会执行委员会委员提案办理办法（试行）》，通过全体会议发言和向大会提交提案等方式，扩大了代表、委员的参与渠道。

二是优化了全总机关组织架构。将 6 个主要职能部门整合为 3 个，新成立了网络工作部和社会联络部，职能部门总数减少了 1 个。5 个生产经营类事业单位转制为企业，事业单位由 18 个减少到 13 个。深入细致做好机关干部的思想政治工作，机构整合过程中，149 名干部进行了工作岗位调整，一周内全部到岗，高效平稳地完成了工作交接和干部对接。通过整合精简机构，减少了中间层次和交叉重复，进一步优化强化硬化职能，更加聚焦主责主业，机关工作效率和工作质量明显提升。

（三）以改进干部管理方式为关键点，激发了机关干部的动力和活力。

一是实行工会干部专挂兼。通过“总量不变、调整结构”的方式，优化干部结构，探索建立了一支以专职干部为骨干力量、以挂职兼职干部为重要支撑的机关干部队伍。制定了全总接收挂职锻炼干部管理办法，接收使用兼职干部办法，各驻会产业工会机关和委员、常委单位互派挂职干部管理办法，全总机关干部挂职锻炼工作办法和扶贫驻村第一书记管理办法等制度。加大了全总机关干部和地方、企事业单位工会干部双向挂职工作力度，改革试点工作开展以来，全总机关共接收了来自基层工会的 32 名挂职干部、23 名兼职干部（包括 9 个部门的兼职副部长），并选派了 46 名机关干部到基层挂职锻炼，进一步增强了机关全体干部的改革意识和创新意识。

二是拓宽机关干部来源渠道。突出机关干部基层一线工作经历、群众工作经历，探索建立符合工会组织特点的机关干部遴选、管理、使用办法，制定了《关于全总机关从劳模和一线优秀工会工作者中考录遴选机关干部工作的意见》，把更多知职工、懂职工、爱职工的人充实到全总机关。

三是创新局级干部推选办法。在副局级职务晋升工作中，采取“三推两核一汇报”的方式推荐人选、确定考察对象，取得较好效果。“三推”是指对副局级职务人选先后进行 3 轮推荐；“两核”，即各部门推荐初步人选时进行“一核”，研究确定考察对象时进行“二核”；“一汇报”，是指在“二推”会议推荐环节，各部门推荐的初步人选向与会的机关局级干部简要汇报本人基本情况和近 3 年工作实绩。此办法得到了机关干部的充分认可。

（四）以增强基层活力发挥作用为着力点，推动了工会工作的重心下移力量下沉。

一是构建工会网络化组织体系。按照习近平总书记关于加强基层工会建设和农民工工作的重要指示精神，深化基层工会建设落实年活动。以开发区（工业园区）、建筑项目、物流（快递）业、家庭服务业、农业专业合作组织以及社会组织等为重点，加大了工会组建力度，创新建会形式，采取单独组建、区域联建、行业统建、依托组建等多种方式，总结推广地方工会坚持依法办事、依靠职工建会的经验，有效破解非公有制企业建会难题，扩大了工会组织覆盖面，工会会员达到3亿人。制定了《工会会员会籍管理办法》，拓宽职工便捷入会渠道，积极探索网上入会、手机APP入会等新途径，打通了职工入会“最后一公里”。制定了“十三五”时期工会农民工工作规划，广泛开展“农民工入会集中行动”，2015年增加农民工会员1500万人，2016年又新增1500万人，农民工会员达到1.4亿人，占农民工总数2.77亿人的50.5%。

二是做实基层工会工作。制定了增强基层工会活力发挥基层工会作用的指导意见，深化职工之家建设，开展“六有”工会建设和“双争”活动。制定了深入推进产业工会工作创新发展的意见，支持产业工会开展各具特色的工作。制定了加强工会社会工作专业人才队伍建设的意见，推动工会社会化工作者纳入国家社会工作专业人才队伍体系。修订了工会基层组织选举工作暂行条例，提高了一线职工在工会委员会、代表大会代表中的比例，规范基层工会民主选举，有力地促进了基层工会作用的发挥。

三是加大工会资源向基层倾斜力度。全总机关和事业单位精简编制25%，将精简的50个行政编制补充到任务繁重、力量薄弱的县级工会，以此带动省级、市级地方工会实行编制“减上补下”，推动解决基层基础薄弱问题。将全国工会经费全年收入的95%留在地方和基层工会，由全总本级集中5%，把其中的70%用于对下级工会的补助，重点投向基层工会。

四是密切机关干部与职工群众的联系。建立了基层联系点、调查研究、基层挂职任职、定期接待群众来访、谈心和征求意见5项直接联系群众制度，全总党组所有成员都确定了1个县级工会和1个企业工会作为联系点，下沉到基层，直接到一线，了解实情和职工诉求。

把机关干部直接联系职工群众和基层联系点工作列入干部考核内容，推进了工会领导机关干部下基层活动常态化、制度化。以职工参与率、满意率、受益率为重点，探索建立了工会服务职工满意度评价制度，适应职工的作息特点安排工作时间，推广“错峰服务”模式。建立了依靠职工群众推进工会工作的运行机制，畅通普通职工直接参与工会工作渠道。

五是强化工会资产服务职工的功能。制定了加强和规范工人文化宫管理、工人疗休养院管理的意见，探索并创新工会资产在市场经济条件下依法依规、更好服务职工的措施和办法。加大了职工书屋建设经费投入和建设规模，专门增加电子职工书屋建设基础经费投入。目前，职工书屋已达10万多家，辐射职工5000万人以上，在社会上产生了广泛影响，形成了品牌。职工书屋被列入公共文化设施范围，写进了公共文化服务保障法草案。

（五）以创新工作载体机制为切入点，提升了工会组织凝聚力影响力。

一是着力用社会主义核心价值观引领职工群众。创新思想政治工作方式方法，把思想引领贯穿工会各项工作和活动，突出政治性、思想性和教育性。通过开设专版、专栏、专题，推出出版物和微感言、微故事、微视频、随手拍、拍摄公益广告等方式，运用企业内部报刊、闭路电视、网站和宣传栏、橱窗、活动室等载体，深入开展核心价值观教育，形成强大宣传声势，引导职工坚定中国特色社会主义的道路自信、理论自信、制度自信、文化自信。在全国10个省（区、市）的万名职工中开展了思想状况调研，提高职工思想政治工作的针对性和实效性。

二是叫响做实大国工匠品牌。广泛开展“中国梦·劳动美”主题教育，全总牵头组织大国工匠纪录片和新闻专题片，大力弘扬劳模精神、劳动精神、工匠精神，在职工群众和社会各界赢得了普遍点赞，大国工匠品牌已经家喻户晓。以“弘扬工匠精神、提升职业素养”为主题，联合教育部开展“大国工匠进校园”活动，与国家网信办开展“中国梦·大国工匠篇”主题宣传，在《人民日报》《工人日报》开设专栏持续宣传阐释工匠精神，推动工匠精神进车间、进班组、进校园，树立先进典型，引领广大职工争做工匠人才。

三是创新职工建功立业载体和方式。深入开展“践行新理念、建功‘十三五’”主题劳动和技能竞赛，组织职工群众在经济建设主战场创新创业创优。完善竞赛组织、评估、表彰机制，扩大了竞赛覆盖面，提高了职工参与率，2016 年共有 180 多万家企业开展了劳动和技能竞赛，参与职工 8000 多万人。落实中央改革办要求，全总牵头就推进产业工人队伍建设改革开展调查研究，起草相关重要文件。认真贯彻《中国制造 2025》，实施职工素质建设工程五年规划，开展多种形式的职工技能培训、岗位练兵、技术创新活动，发挥劳模创新工作室、“首席技师”“首席员工”的示范作用，设立职工创新补助资金，推动建设知识型、技术型、创新型产业工人队伍。

四是完善工会维权服务制度机制。扎实做好经济发展新常态下职工权益维护工作，积极参与化解过剩产能职工安置等政策制定，引导和督促企业帮助职工多转岗少下岗、多转业少失业。贯彻落实全国国有企业党的建设工作会议精神，健全以职工代表大会为基本形式的民主管理制度，推进厂务公开、业务公开，坚持企业重大决策听取职工意见，涉及职工切身利益的重大问题必须经过职代会审议。制定了关于深入推进非公有制企业民主管理工作的意见。与有关部门协调沟通，制定加强职工董事制度、职工监事制度建设意见，组织和代表职工有序参与企业民主管理。进一步推动构建和谐劳动关系，协调劳动关系三方机制、政府与工会联席会议制度逐步健全，平等协商和集体协商工作得到深化，实现了数量质量双提升。目前，全国已建工会企事业单位职代会和厂务公开建制率均超过 90%，集体合同覆盖职工约 3 亿人。

五是加大城市困难职工解困脱困的帮扶和保障力度。精准、分类做好 400 多万名城市困难职工的解困脱困工作，修订了工会困难职工档案管理办法，对困难职工进行精准识别、精准帮扶。围绕国家脱贫攻坚大局，充实工会扶贫工作力量，增加资金投入，实施了一批工会定点扶贫开发项目。指导地方工会建立健全市、区（县）、街道（乡镇）三级服务体系，提高精准服务职工能力。加强农民工维权服务工作，配合有关部门开展农民工工资支付专项检查，为225万名农民工追回被拖欠工资230多亿元。

（六）以建设“互联网+”工会工作新格局为手段，实现了服务职工群众全方位全天候。

一是实施全国工会“互联网+”行动计划。增强互联网思维，把打造互联网工作平台作为推进工会工作改革创新、提高服务引领职工能力的重要手段。推动将工会网络安全与信息化重点工作纳入“十三五”国家政务信息化工程，整合工会系统网络资源，加大投入和工作力度，实现联系网、工作网、服务网整体合一、工会工作线上线下互动融合、实体和虚拟两大空间共同开展工作，提高建网、用网、占网能力。

二是推行“互联网+”工会普惠性服务。召开全国“互联网+”工会普惠性服务现场推进会，总结推广地方工会构建“互联网+”服务职工体系的经验。以“一片心、一叠卡、一张网、一个家”为抓手，打造全国工会系统服务职工网络。开通全总微博、微信公众号，开发移动客户端，制定工会工作和会员信息基础数据库相关标准，强化工会帮扶、劳模管理、社会信用代码登记等服务职工相关系统的功能设计，依托中国职工教育网开发“职工驿站”APP，实现服务职工工作全方位。

三是构建联系动员职工网上网下“同心圆”。开展工会新媒体聚合联动行动，首次召开全国最有影响力工会新媒体论坛，发挥工会系统9000多个新媒体账号作用，积极参与构建清朗网络空间。充分发挥互联网社会动员功能，积极回应网民关切、解疑释惑，让互联网成为了解职工、贴近职工、联系职工、服务职工的新途径。

（七）以实行工会工作社会化为抓手，拓展了联系职工的新途径新方式。

一是联系引导劳动关系领域社会组织。发挥工会枢纽型组织作用，把联系引导相关社会组织作为一项重要任务，接长手臂、形成链条、扩大影响。会同有关部门联合开展调研，推动建设劳动关系领域社会组织数据库，开发建设全国工会社会组织工作信息服务平台。制定推进工会联系引导劳动关系领域社会组织工作意见，探索联系引导服务劳动关系领域社会组织新路径、新方式。通过购买服务等方式，引导社会组织依法依规为职工提供专业优质高效的服务。探索在基层培育孵化工会直接领导的劳动关系领域社会组织和志愿者队伍，与共青团、妇联等群团组织联合建立社会组织或社会组织服务平台。

二是做好维护职工队伍稳定工作。针对化解过剩产能中职工下岗失业、劳动关系矛盾可能激化等新情况新问题，加强调查研究、风险评估和会商研判。指导地方工会加强对劳动关系和职工队伍情况监测和研究，建立源头治理劳资纠纷试验区，发挥工会在劳资纠纷源头治理中的基础性作用，及时有力化解了劳动关系中出现的矛盾和问题，坚决维护了社会大局稳定。

（八）以推进全总改革试点为引领，促进了各级工会改起来强起来。

一是按照双重领导原则加强对省级工会的领导。进一步完善与省级党委沟通协调机制，共同研究解决工会工作特别是工会改革中遇到的问题，建立与省级党委协调推进工会工作的运转机制。通过多种方式，向省级党委通报中央关于工人阶级和工会工作的重要指示以及工会重点工作，要求省级总工会及时向省级党委汇报全总重要会议精神。完善全总定期听取省级工会工作报告和意见建议制度，省级总工会每半年向全总作一次工作报告，重大事项随时报告。

二是强力推进工会系统改革创新。召开了工会系统改革工作推进会，下发指导文件，对工会系统全面推进改革创新进行部署，充分发挥全总改革试点的示范效应、引领效应、推进效应、指导效应、督促效应，使工会系统改革自上而下、自下而上有机结合，形成了强劲推动的格局。深入调研督导，了解掌握各级工会改革进展，对省级工会改革方案及时给予指导，以全总机关改革带动工会系统改革。各级工会在同级党委领导下，主动对接、及时跟进全总改革试点工作，结合各自实际研究谋划改革。目前，31个省（区、市）总工会参照全总改革试点方案，均已制定了改革方案，工会系统改革创新工作全面展开。

三、改革试点的几点体会

（一）坚持正确政治方向是推进改革的根本保证。工会工作具有很强的政治性、政策性。推进工会改革，必须坚持把保持和增强政治性放在第一位，把保持和增强先进性作为着力点，把保持和增强群众性作为工会工作生命线，确保工会改革始终沿着正确政治方向前进。

（二）坚持问题导向是推进改革的必要前提。推进工会改革，必须勇于责任担当、勇于直面问题、勇于自我革新，从制约工会组织发展最突出的矛盾入手，从职工群众反映最强烈的问题改起，在重点领域和关键环节改革上持续用劲发力，力求尽快取得实质性进展。

（三）坚持制度创新是推进改革的关键环节。推进工会改革，必须坚持立足当前、着眼长远，注重用制度机制巩固改革成果。全总党组在发挥党组领导核心作用、选拔任用管理干部、增强基层工会活力、加强产业工会工作、突出工会资产公益性服务性等方面，研究制定了35项管长远、治根本的制度文件，同时强化了制度的执行力。

（四）坚持上下联动是推进改革的重要方式。我国工会是党领导的统一的工会组织，工会改革必须进行系统设计、协同配合、良性互动。全总党组坚持把调研论证作为制定《改革试点方案》的必经程序，充分汲取基层创造的鲜活经验。同时，加强对各级工会改革创新的领导和指导，科学谋划改革的整体推进和政策配套，支持各级工会因地制宜推进改革。

（五）坚持求真务实是推进改革的内在要求。《改革试点方案》能否落地见效，需要以实打实、硬碰硬的作风来推动。全总党组坚持把“三严三实”专题教育和“两学一做”学习教育的各项要求贯穿改革全过程，把抓改革落实同抓重点工作结合起来，认真抓好责任分工、沟通协调、督促检查等环节，扎实推进改革试点工作，使各项任务落地见效。

四、进一步深化工会改革的考虑和安排

改革没有完成时，只有进行时，工会改革永远在路上。全总党组

清醒地认识到，改革试点工作只是取得了阶段性成果，与党中央的要求和职工群众期待相比，仍然存在差距和不足，如工会领导机关职能作用需要进一步优化和强化，干部队伍建设需要加强，对地方和基层工会改革的指导力度需要加大，基层基础薄弱、活力不足的短板需要补齐，改革中出台的制度文件必须严格执行并接受检验、不断完善提高等。持续并深化改革，需要锲而不舍地从理论和实践两个方面进行探索和总结，努力取得新进展、新成效。

下一步，全总党组将认真学习贯彻党的十八届六中全会精神，按照以习近平同志为核心的党中央关于以自我革命精神推进改革的要求，深化增“三性”、去“四化”、强基层、促创新等各项工作，坚定不移推进工会系统改革创新，推动工会工作再上新台阶。

（一）以党建促改革，用全面从严治党的成效深化工会改革。坚持把深入学习宣传贯彻党的十八届六中全会精神尤其是习近平总书记的重要讲话精神作为重要政治任务，强化政治引领，增强政治责任感、工作使命感，坚决贯彻落实全面从严治党各项要求，努力筑牢工会系统全面从严治党的政治根基。全总党组将把学习贯彻六中全会精神与推进工会改革有机结合起来，加强领导班子和干部队伍建设，鼓励工会干部围绕深化工会改革打开眼界、打开思路、打开胸襟，继续创新、创造、创优，切实担负起引导广大职工群众听党话、跟党走的政治责任。

（二）继续加大全总改革力度，推动改革不断取得新进展。全总党组将进一步坚定改革信心，增强改革定力，继续把改革抓在手上，突出重点难点，聚焦深层次问题，持续用力、久久为功，以钉钉子精神抓好改革各项任务的落实落地。

（三）推动工会系统深化改革，确保改革落地生根。全总党组将坚持以上带下、以下促上、整体联动，既抓全总改革试点工作，为工会系统改革树立标杆，又抓好对地方和基层工会改革的指导，推动各级工会跟进对接全总改革举措，努力做到顶层设计源自基层、改革成果惠及基层，不断增强职工群众对工会改革的获得感。

（四）创新工会工作制度机制，巩固扩大改革成果。全总党组将把改革中行之有效的经验及时上升为制度机制，把改革成效努力转化为服务党和国家工作大局、服务职工群众的能力和水平，切实把广大职工的积极性主动性创造性充分调动起来，把工人阶级的主人翁地位充分体现出来，不断增强工会组织的吸引力凝聚力战斗力。

全总党组将继续高举中国特色社会主义伟大旗帜，全面贯彻党的十八大和十八届三中、四中、五中、六中全会精神，更加紧密地团结在以习近平同志为核心的党中央周围，坚定不移深化工会改革创新，把工会组织建设得更加坚强有力、更加充满活力，更好地团结动员广大职工为实现“两个一百年”奋斗目标、实现中华民族伟大复兴的中国梦充分发挥工人阶级主力军作用，以优异成绩迎接党的十九大胜利召开。

（《工人日报》2017 年 3 月 28 日 01 版）

李玉赋：坚持以制度创新推进工会改革

党的十八大以来，以习近平同志为核心的党中央团结带领全国各族人民，紧紧围绕实现“两个一百年”奋斗目标和中华民族伟大复兴的中国梦，统筹推进“五位一体”总体布局和协调推进“四个全面”战略布局，以新发展理念引领新实践，以非凡政治勇气和智慧推进全面深化改革，一批具有标志性、关键性的重大改革方案出台实施，一批重要领域和关键环节改革举措取得重大突破，一批重要理论创新、制度创新、实践创新成果正在形成，全面深化改革的主体框架基本确立。

党的群团工作是党治国理政的一项经常性、基础性工作，新时期党的群团工作发展史就是一部在党领导下的改革创新史。深化群团改革是新形势下加强党的群团工作、巩固党的执政基础的重大举措，是全面深化改革的重要内容。党中央高度重视群团改革创新，2015年印发《关于加强和改进党的群团工作的意见》、召开中央党的群团工作会议，对深化群团改革作出重要部署。2015年7月23日，中央全面深化改革领导小组办公室下发通知，决定在全国总工会开展中央群团机关改革试点。

在以习近平同志为核心的党中央坚强领导下，全总党组按照李建国同志的要求，充分履行忠诚党的事业、竭诚服务职工的使命，勇于责任担当、勇于直面问题、勇于自我革新，按照增加“三性”、去除“四化”、做强基层、着力创新的改革整体思路，以制度创新为核心，研究制定《全国总工会改革试点方案》。

2015年11月9日，习近平总书记主持召开中央全面深化改革领导小组第18次会议，审议通过《全国总工会改革试点方案》，对推进党的群团改革作出重要指示。全总党组带领机关党员、干部和职工，把思想和行动统一到中央的决策部署上来，以强烈的历史责任感和使命感，有序有力有效推进改革试点工作，实现了既定目标，各方反映良好。同时，全总坚持以上带下，指导各级工会主动对接、及时跟进，整个工会系统改革全面展开，态势良好。

2017 年 2 月 6 日，习近平总书记主持召开中央全面深化改革领导小组第 32 次会议，听取《全国总工会改革试点工作的总结报告》。会议充分肯定工会改革试点围绕保持和增强政治性、先进性、群众性这条主线，着力破除“机关化、行政化、贵族化、娱乐化”问题，取得明显成效；强调已经开展试点的群团和地方要继续在建机制、强功能、增实效上下功夫，巩固改革成果。这既是对我们的巨大鼓舞，也是有力鞭策，为不断深化工会改革创新指明了方向。

改革本质上是制度创新。在推进全总改革试点中，全总党组坚持立足当前、着眼长远，针对制度建设的根本性、全局性、稳定性和长期性特征，充分发挥全总党组领导核心作用，抓住重点，破解难点，在改进工会领导机构人员构成和全总机构设置，创新职工建功立业的载体方式，完善维护职工权益制度机制，做强基层夯实基础，维护职工队伍和工会组织团结统一，创建工会网上工作平台等方面，研究制定了一批管长远、治根本的制度文件。这些制度文件，是在尊重基层首创精神，广泛调查研究，深入进行理论思考和实践探索的基础上形成的，凝聚了各级工会干部的智慧和心血。将这些制度文件汇编成册，是对全总改革试点工作的集中检阅，有利于广大工会干部系统地了解全总改革试点的创新思路和丰富实践，学习和掌握工会改革制度文件的重要精神，也便于在推进工会系统改革创新乃至群团改革有所借鉴和参考。

制度的生命力在于执行。全总机关和各级工会要把抓好改革制度文件的贯彻落实作为重要任务，强化责任担当，加强督促检查，努力使各项改革举措落地见效，真正解决问题。要坚定改革信心、增强改革定力，打开眼界、打开思路、打开胸襟，加大改革的系统集成力度，将工会系统改革不断向纵深推进、向基层延伸，把改革中行之有效的经验及时上升为制度机制，推进各项改革综合配套、形成体系，以制度形式巩固、扩大和深化改革成果。要通过改革促进工会工作全面创新，大力推进新时期产业工人队伍建设改革，叫响做实“大国工匠”等品牌，着力激发基层活力，以“四个一”（一片心、一叠卡、一张网、一个家）为抓手，推行“互联网+”普惠性服务，做到精准帮扶、精准解困，不断增强工会组织的吸引力凝聚力战斗力，以工会组织热诚真情地为职工群众服务，打动人心、温暖人心、影响人心、赢得人心，让职工群众对工会改革有更多的获得感。

实践无止境，改革无穷期，工会改革永远在路上。各级工会要更加紧密地团结在以习近平同志为核心的党中央周围，提高政治站位、增强政治自觉，牢固树立政治意识、大局意识、核心意识、看齐意识，坚决维护党中央权威，坚决维护习近平总书记这个核心，坚决维护党中央集中统一领导，坚决维护全党团结统一，以全面从严治党的新成效推进工会改革创新，努力提高服务党和国家工作大局、服务职工群众的能力和水平，把工会组织建设得更加充满活力、更加坚强有力，更好承担起引导职工群众听党话、跟党走的政治责任。

（本文为《全国总工会改革试点制度文件汇编》和《全国总工会改革试点制度文件辅导读本》序言）

关于上海工会改革试点的总结报告

（2017 年 4 月 25 日）

上海市总工会

中央和上海市委党的群团工作会议召开以后，上海市总工会于2015 年 11 月 24 日召开改革动员部署会，正式启动工会改革工作。一年多来，根据习近平总书记关于群团改革、工会改革的有关精神和要求，围绕“强三性”“去四化”的改革总体目标，上海各级工会全力以赴推进改革，认真落实各项改革硬指标，并着眼于建机制、强功能，聚焦主业主责，深化推进“三转”（转职能、转方式、转作风），工会改革取得积极进展。

一、总体情况

在全总、上海市委的领导下，上海市总工会切实加强组织领导，认真组织实施，有序有力推进工会改革，努力在围绕中心、服务大局中重铸上海工会新辉煌、展现上海工会新形象、体现上海工会新作为。

（一）加强组织领导，形成改革合力

为有力有效推进工会改革工作，上海市总工会成立了上海工会改革工作领导小组，由上海市总工会主席亲自担任组长，上海市总工会有关领导和相关部门负责同志为成员，并下设办公室，统筹抓好改革的各项工作。在上海市总工会机关机构改革中，成立 9 个由局级领导担任组长的内设机构筹备组，落实责任，梳理职能，确保了机构和工作的不断不乱。9 个新部门成立后，及时分解工会改革的任务措施，明确责任人和时间节点，形成工会改革的路线图、时间表和任务书。同时，加强对改革工作的督查，设立工会改革简报专刊，沟通信息、交流经验，确保改革积极有序推进。

（二）制订实施方案，明确改革目标

在认真学习、深入调研、广征良策的基础上，上海市总工会就如何实施改革试点多次专程向全总、上海市委领导汇报请示，集中精力制订了《上海市总工会改革实施方案》。《实施方案》贯彻了坚持党的领导、坚持职工为本、坚持依法依规、坚持问题导向、坚持积极稳妥等基本原则，以增强“三性”、做实基层、惠及职工、搞活机制为思路，提出6大方面、17条改革举措。主要包括：精简上海市总工会机关内设机构，建设德才兼备、精干高效、活力充沛的工会干部队伍，增强工会组织活力和工作力量；建立实施以职工为主体开展工作的制度办法，以普通劳动者为主要工作对象，以企业、行业、街道乡镇、园区等为主要阵地，增强工会组织对职工的号召力动员力凝聚力；开辟网上工作平台，大力开展网上工作，以新媒体拉近与职工的距离，让职工特别是农民工和青年职工在网上参与活动、得到服务；培育发展工会社会组织，加强对职工服务类社会组织的联系引领，并探索建立职工服务站，接长手臂、形成链条；探索改革工会经费收缴和保障办法，着力破解工会经费收缴难题，为推进基层工会组建等建立起多渠道的经费保障机制；加强和改进党对工会工作的领导，实现坚持党的领导与依法依章程开展工会工作的有机统一。

（三）广泛学习宣传，凝聚改革共识

中央党的群团工作会议后，上海市总工会率先召开贯彻落实中央党的群团工作会议精神学习班，时任上海市委副书记应勇出席并讲话，有效地把大家的思想统一到中央精神上来。改革启动后，于2015年12月26日举办务虚会暨学习会，紧紧围绕《上海市群团改革试点方案》《上海市总工会改革实施方案》的落实，集思广益、群策群力谋划工会改革工作。改革实施中，为进一步促进大家突出主业主责，于2016年3月下旬再次组织处级以上干部开展解放思想大讨论，聚焦改革，围绕工会在改革中履行主业主责时还存在的短板问题以及如何改进的主题，敞开思想、热烈讨论，把大家的思想认识统一到用“三转”履行好维权主业主责上来。同时，上海市总工会还利用“上海市群团改革专题研讨班”解读工会改革、机关改革动员部署会、媒体集中采访等机会，通过信息简报、报纸杂志、微博微信等各种载体，广泛宣传群团改革和工会改革的精神要求，积极营造支持改革、参与改革、奉献改革的良好氛围。

（四）积极沟通合作，落实政策资源

对工会改革中需要得到有关部门支持的措施，上海市总工会积极加强与相关方面的沟通对接，确保改革举措能够落地。在上海市委组织部、市编办的支持、指导下，稳妥做好机关行政编制、年轻干部“减上补下”工作。加强与财政部门的沟通，细化农民工工作专项资金的配备使用。与上海市委组织部、市社会工作党委合作，选拔到上海市总工会挂职的干部。在上海市公务员局的牵头和指导下，工青妇三家联合开展机关干部的遴选工作。多次与上海市教委协商沟通，商讨解决工会管理职业学院剥离学历教育的具体落实方案。

（五）深入调研指导，汲取基层智慧

在工会改革方案制订过程中，上海市总工会做了大量深入细致的调研工作，时任主席洪浩同志亲自到一些街镇开展蹲点调研，摸清了基层工会建设面临的困难和问题；洪浩同志与17个区县（其时静安与闸北尚未合并，崇明尚未撤县设区）总工会的主席进行一对一的当面沟通，仔细听取大家对工会改革的意见建议。改革启动后，上海市总工会班子成员及时深入区县、街镇、园区以及企业工会，对各级工会改革情况进行调研，洪浩同志亲自到宝山区顾村镇等基层工会开展蹲点调研，深入研究打通工会联系服务职工“最后一公里”问题。上海市总工会党组书记、主席莫负春同志到任后，积极开展座谈调研，就继续推动各项改革举措落地落细落实、进一步深化改革创新各项工作广泛听取各方面意见和建议，明确了下一步改革方向。

截至2016年3月底，上海市总工会机关机构及干部体制改革已顺利完成，实现了上海市总工会机关内设机构优化调整到位、机关编制“减上补下”方案落实到位、年轻干部下基层任职安排到位、第一批到上海市总工会机关任职的挂职干部选派到位，为改革的深化推进奠定了良好的组织基础和干部队伍基础。与此同时，上海市总工会认真贯彻全总李建国主席、上海市委韩正书记的要求，牢固树立职工为本的理念，突出履行好维护职工权益这个主业主责，以转职能、转方式、转作风为基本路径，雷厉风行、卓有成效地把工会工作开展起来、把职工群众团结凝聚起来，初步实现了“四个明显”的阶段性目标（即上海市总工会干部队伍的群众工作能力素质和工作作风明显改进、工会工作的空白点和盲区明显减少、职工群众对工会的满意度明显提升、工会组织的动员力号召力影响力明显增强），上海工会改革初显成效。

二、主要进展

一年多来，在上海各级工会的共同努力和各有关方面的大力支持下，上海工会改革的各项举措有序推进，取得积极进展。

（一）完成机关机构和干部队伍改革，工会机关重心下移、活力增强、效率提高

1. 抓好机关机构改革。以机构精简、职能聚焦、效率提高为目标，以强基层、强支撑、强服务为基本要求，将上海市总工会原来 13 个机关内设机构整合为 9 个。一是强基层，新建基层工作部，承担起夯实基础、搞活基层、充分发挥基层工会功能作用的重要职责。二是强支撑，以强化宏观参与、提高服务职工能力为导向，重组劳动关系工作部、权益保障部、宣传教育部等综合服务部门，并对机关工作部门的职能进行优化整合，设置组织部、财务资产管理部、经审办。三是强服务，设置办公室、研究室两个综合服务部门，发挥好管家和智囊作用。各区总工会按照上下对应、服务职工、精简高效的原则，以“三部一室”为基本架构，对工作机构也作了相应的优化和调整，初步构建起了“小机关、强基层、全覆盖”的组织体系。根据上海市总工会开展的改革实施情况测评，在上海工会推出的一系列改革举措中，机构扁平化设置、部门精简一项的效果认可度在职工、工会干部中均位列首位。

2. 抓好干部队伍改革。以“领导班子专挂兼、专职干部遴选制、基层队伍多元化”为主要措施，创新工会干部建设和使用机制。一是

领导班子实行“专挂兼”，进一步完善班子结构。市总工会选配了1名挂职副主席、2名兼职副主席。各区总工会也按照“专挂兼”要求重新配备了领导班子。“专挂兼”相结合的工会领导班子，较好地体现了来源广泛、代表性强的要求，增强了班子的活力。如从卫生系统到长宁区总工会担任挂职副主席的凌妍，通过调研思考，提出了改变工会对外形象的一系列设想；从外资企业到静安区总工会担任兼职副主席的安从真，利用自身企业资源，与环卫系统结对子，为环卫职工带来了切实的实惠。二是实施“减上补下”，充实基层工作力量。上海市总工会机关编制从原来的135个精简到82个，精简的53个编制全部下沉到街镇（园区）工会，其中13名基层经历相对缺乏的年轻干部“带编”到街镇总工会工作。浦东、静安、黄浦等区也通过各种形式把部分年轻机关干部下沉到街镇、园区、基层服务站等基层一线，经受锻炼，服务职工。如从上海市总工会到宝山区大场镇总工会担任专职副主席的陆新超，不仅发挥自身优势，主动承接了市、区工会的调研课题，更积极进行摸索实践，努力把自己锻造成基层工会需要的“年轻力量”；从上海市总工会到浦东新区洋泾街道总工会担任专职副主席的秦伟，到任后积极探索党政工联手的互动方式，并综合兼管的商会资源，扩大工会在企业中的地位和影响力，多通道服务工会工作。三是机关工作人员实行“2+1”（即专职、挂职干部+工会志愿者）的使用机制。贯彻落实“不唯年龄、不唯学历、不唯身份、不唯职级”的原则，在上海市委组织部、市公务员局和市社会工作党委等的帮助支持下，启动工会专职干部遴选和从企业、街镇、机关事业单位和“两新”组织中选派优秀人才到上海市总工会挂职工作。市区两级工会经遴选招录首批专职干部13人，23名挂职干部充实到上海市总工会机关各部室，这些干部来源广泛，具有扎实的基层工作经历，较好体现了群团改革对改进机关干部队伍结构要求。如从上海石化到上海市总工会劳动关系工作部挂职的张敏，把在基层工作的感受和经验融入到现在的工作中，不仅提升了工作效率，也为基层工会和职工提供了更有针对性的服务；通过遴选从工会社工岗位上充实到崇明区总工会的钱陈成，具备丰富的工会基层工作经验，不仅成为工会改革的获益者，更成为工会改革继续深入发展的实践者、推动者。

3. 提升工会领导机构议事决策民主化程度。切实提高基层一线人员在上海市总工会常委、委员中的比例。按法定程序，上海市总工会补选了38名委员、2名常委。38名委员中有32名来自基层一线，上海市总工会基层委员比例由20.7%提高到了40.1%，上海市总工会常委中基层一线人员的比例由11.8%提高到了25%。各区总工会也按照这一原则，相应提高了基层一线人员的比例。如黄浦区总工会常委会委员中一线人员比例增至28.6%，全委会委员中一线人员比例增至43.8%；金山区总工会常委会委员中一线人员比例增至20%，全委会委员中一线人员比例增至50.9%，体现了基层委员来源广泛、更接地气的特点。

（二）健全完善工会组织体系，基层工会进一步建起来、转起来、活起来

1. 创新工会组建方式。一是探索新领域、新群体的工会组建方式。聚焦开发区（工业园区）、城市综合体等重点区域和建筑项目、快递物流、餐饮酒店、物业管理、家庭服务、集贸市场等重点行业和企业，加强地区和产业、用人单位和用工单位的联动，进一步开展"农民工入会集中行动"，不断创新"两非"（非正规就业、非标准劳动关系）职工建会入会的方式方法。二是探索推行职工企业外单体入会。依托园区、楼宇等联合工会，建立综合分工会等作为体制外职工入会的"蓄水池"，动员、吸纳未建会企业职工入会，倒逼体制外入会的职工所在企业建会。2016年，企业外吸纳会员14028名，同时倒逼12家企业建立工会。三是开辟网上入会渠道。开展网上入会工作，通过"申工社"APP设置"我要入会"栏目，经"平台分拣、信息初审、入会受理、身份审核、吸纳入会"等环节，实现"线上申请、线下受理、分级审核、各司其职、全程跟踪、闭环管理"，依规有序吸纳入会。截至2016年11月底，已有4059名职工网上申请入会，2612名职工通过审核加入工会。

2. 积极探索非公企业工会改革试点。针对非公企业建会依赖企业、办会依赖企业、职工被动入会以及非公企业工会"不敢为、不愿

为、不想为、不能为”等问题，上海市总工会在宝山区顾村镇启动非公企业工会改革试点工作，依照《工会法》和《中国工会章程》，明确非公企业工会基本职责，推行落实会员依法交纳会费制度，拓展依靠职工依法建会路径，实施履职工会主席岗位补贴制度，推行向基层倾斜的经费收缴使用制度，着力激发基层工会活力，使之成为反映职工诉求的快速通道、服务职工的有力平台、教育引导职工的坚强阵地、促进劳动关系和谐的重要载体。2016 年 11 月，中央政治局委员、全国人大常委会副委员长、全国总工会主席李建国同志来上海调研时，高度肯定了上海顾村的做法，要求全总进行总结、在全国予以推广。按照李建国同志的要求，全总到上海进行了深入调研，并印发了《上海市宝山区顾村镇加强基层工会建设的经验做法》的通知，要求全国工会系统学习借鉴，进一步突出非公企业工会组建的重点，着力推动工会改革向基层延伸，破解基层工会特别是非公企业工会工作难题，切实增强基层工会活力、发挥基层工会作用。2016 年，上海非公企业工会改革试点已扩大至 8 个区、10 个街镇（开发区）。

3. 推动财力资源向基层工会倾斜。制定《关于街镇“小三级”工会建设经费补助的实施办法》，明确新建会单位工会运转启动资金补助、企业体制外发展职工入会活动经费补贴、非公企业工会和联合工会兼职工会主席工作补贴等政策，对组建工会和职工入会给予一定的经费补助，2016 年对街镇“小三级”工会建设经费补助达 6000 多万元。会同上海市财政局制定《关于服务非正规就业、非标准劳动关系和无单独建立工会会员项目经费使用管理办法（试行）》，通过建立工作项目补贴制度，对“两非一无”会员权益维护、素质技能提升、帮困送温暖、劳动保护、会员活动五个方面按照会员会费、工会经费、财政资金 1∶1∶1.5 的比例予以专项配套，为进一步推动基层工会“建起来、转起来、活起来”夯实基础。

4. 加强社会化工会工作者队伍建设。为切实解决基层工会“有人办事”问题，上海市区两级共同出资，按照每 2000～3000 名会员或30～50 家工会配备 1 名社会化工会工作者的比例，为区域性、行业性工会联合会配备工作人员，2016 年全市 12 个区总工会已有社会化工会工作者841人。制定出台《关于上海社会化工会工作者队伍建设的指导意见》，对社会化工会工作者的招聘录用、薪酬管理、岗位资格、职业发展等方面进行制度设计，使社会化工会工作者培养和管理工作更具规范性和统一性。各区总工会也加快了相应制度设计和队伍建设步伐，如青浦区制定了社会化工会工作者管理办法，浦东、杨浦、徐汇、青浦、崇明等区也对社会化工会工作者进行了扩招，充实了队伍力量。

5. 推动职工（基层）服务站建设。加大探索实践力度，推动在职工集聚度高且流动性大、工会覆盖不到的各类园区、重大建设项目、城市综合体等建立职工（基层）服务站。召开上海工会职工（基层）服务站建设现场推进会，总结推广服务站建设的有效做法和成功经验，推动形成长效机制。建立职工（基层）服务站“一站一表”信息库，组织推荐“最具人气、最有影响力、最让职工满意”的职工（基层）服务站。2016年以来，全市各级工会因地制宜探索职工（基层）服务站建设、运作的有效做法，共建成207家服务站。服务站根据服务对象不同，所设计的服务内容和方式各有不同，受到职工欢迎，并直接推动了工会等群团组织的建制。如徐汇滨江建设者之家，针对项目工地农民工大量集聚的特点，由徐汇区委统一领导，工青妇等群团组织共同参与管理运营，在建设思路上围绕建筑工设计功能，在运营模式上实现党群共建“同频共振”，在工作方式对标建筑工生物钟，融政策咨询、法律援助、纠纷调解、常见病诊疗、图书借阅、党员学习、电影放映、技能培训、免费上网等服务为一体，基本打通了联系服务职工的“最后一公里”；杨浦区万达基层服务站以万达商圈所属企业和职工为主要服务对象，积极迎合楼宇企业和职工的需求特点，着力满足楼宇内企业员工的学习、工作、文化、健身、公益等多元需求，从“就近服务、就近培育、就近活动、就近公益”四方面着手，努力打造服务楼宇企业、职工的多功能“企业社区”。

（三）聚焦主业主责，工会法律援助、法律监督、集体协商和民主管理“四位一体”的工会维权工作体系初步形成

研究制定《关于突出维护职能，加强工会协调劳动关系体系建设

的指导意见》，明确提出构建法律援助、法律监督、集体协商和民主管理“四位一体”的工会维权体系，站稳职工立场，坚决守住维护职工合法权益这个底线，努力促进社会公平正义。

1. 对职工合法的劳动经济权益诉求探索建立“应援尽援”和“零门槛”援助服务制度。上海市总工会提出，对因劳动关系纠纷寻求工会帮助的会员，工会要提供无偿的协商、调解服务，协调不成且确属侵权的，提供免费的代理仲裁、诉讼服务，实现“应援尽援”和“零门槛”服务，让职工在每一起劳动争议的合法诉求调处中感受到工会的关怀和关爱。积极推进工会法律援助站点和窗口建设，做实市区两级职工法律援助中心，在上海市职工援助服务中心成立朱雪芹劳动争议调解室，大力推进在各区劳动人事仲裁院开设职工法律援助站，已有15个区完成劳动人事仲裁院设点工作。切实加强队伍建设，在原有工资集体协商指导员队伍基础上，建立由159人组成的上海工会劳动关系指导员志愿者队伍。拓展网络维权途径，开发集劳动关系矛盾调处、职工法律援助、工会劳动法律监督等为一体的网络服务平台，并在“申工社”微信平台、手机APP和12351官网上设立法律援助服务“快速通道”，帮助职工群众通过网络方便快捷地申请工会法律帮助。通过一系列努力，工会参与劳动争议调处和职工法律援助力度不断加大，2016年上海各级工会共为职工提供代写法律文书、协商调解、仲裁诉讼代理等法律援助服务13300起，远远超过2015年3656起的办案量。各级工会积极参与劳资纠纷调处，凸显了工会法律援助的力度。如2016年4月，生鲜电商“美味七七”宣布倒闭并解除与全体员工的劳动关系时，上海市总工会劳动关系工作部及时会同企业所在地的浦东新区总工会，为职工提供法律援助服务，并全程参与案件审理，持续跟踪事态发展，维护了职工的合法权益。

2. 强化工会劳动法律监督工作。上海市总工会提出，每年在职工法律援助受理案件中选择5%左右严重侵犯职工权益的企业，对其开展工会劳动法律监督，对发生群体性劳动关系矛盾的企业实施工会劳动法律监督全覆盖。2016年，对发生群体性劳资纠纷企业按季度实施监督，对严重侵犯职工权益的企业实施即时监督，共定向监督79

家企业；加强与人大执法检查等活动的联动，充分运用“两书”（工会劳动法律监督整改意见书、处理建议书）和政府信用信息平台，倒逼 85 家企业建立工会、74 家企业建立集体协商制度、70 家企业建立职代会制度；做好工会预防化解群体性劳资纠纷“亮灯”通报工作督查，上海各级工会参与调处群体纠纷 147 起、涉及职工 1.9 万人；规范企业改革调整中的民主程序，对 70 多家改革调整企业的人员安置及履行民主程序方案进行预审指导，促进了企业改革的平稳有序。通过一系列动作，工会协助党政把一些劳动关系矛盾消除在了基层和萌芽状态。如上海业合服饰有限公司因搬迁补偿存在发生群体性劳资纠纷的隐患，青浦区徐泾镇总工会第一时间赶到现场，对于职工提出的社保、动迁补偿等问题多次调解，最终全体职工签署了解除劳动合同补偿协议。

3. 推进集体协商和民主管理各项工作。制定《集体协商工作评价标准》，扎实推进行业集体协商，开展《上海市集体合同条例（修正案）》系列培训，不断提升基层工会集体协商能力和水平。稳步推进非公企业建立职代会制度并规范运作，循序渐进提高非公企业职代会的运行质量。推进职工董事、监事制度建设，会同上海市委组织部、市国资委等相关部门制定加强职工董事监事工作的意见，加强培训、抓好试点，促进职工董事监事制度规范运行、发挥作用。

（四）适应网络发展趋势，网上工会建设取得积极成效

在原有工作基础上积极开展网上工会建设，2016 年 4 月 28 日正式上线运行“申工社”APP，进一步把工会工作拓展到网上和移动终端。2016 年，“申工社”APP 总下载量 17.6 万次、栏目总点击数 750 万次，“申工社”微信公众号被评为 2016 年“上海十大政务新媒体”。

1. 推动形成工会网上工作体系。以“身边的工会、温馨的家园”为理念建设网上工会，努力打造维护职工权益的新阵地、服务职工的新窗口、联系职工的新渠道、教育职工的新平台，基本形成了网上工作平台体系，即由上海市总工会官方网站、上海工会发布官方微博、“申工社”官方微信、“申工社”APP 组成的四大平台体系；形成上

海市总工会官网和直管单位中的劳动报社、12351援助服务中心、工会会员卡、互助保障、职工技协、工会学院、海鸥集团、市文化宫等“1+8”的官网体系；形成上海市总工会与直管单位、区局产业工会官方微博、微信、APP“3+150”官微矩阵。

2. 积极拓展网上工作功能。把工会线下服务向线上移植，内容包括职工入会、权益维护、帮困救助、教育培训、就业援助、文体活动、心理调适、技能提升、岗位创新、劳模服务等，形成线上受理、线下办理、一键通达的全方位、全时段服务体系。“申工社”APP实现的网上功能涵盖工会多个领域，主要包括：一是资讯发布，开设了“新视窗”栏目，响亮发声，敢于亮剑，打造体现工会立场、反映职工呼声、维护劳动者权益的资讯发布平台。二是权益维护，开设了“我要入会”栏目，实现了职工入会线上申请、线下受理的新模式；设计了“我要维权”栏目，为职工在线申请并免费提供零门槛、全覆盖的法律服务。三是职工服务，开辟了“援助服务”“互助保障”“减压舱”“福利街”等栏目，为职工提供就业援助、互助保障、心理疏导等特惠普惠服务。四是素质提升，设计了“书刊亭”“申工院”“民星榜”“欢乐谷”“创客园”等栏目，发挥工会大学校作用，为职工读书修身、教育培训、文体生活、创新创造、才艺展示、建功立业等提供平台。五是诉求表达，开设了“我要谏言”“我要咨询”等栏目，及时反映、传递职工声音，让网上工会成为职工民主参与、建言献策的重要渠道。六是资源共享，设立了“矩阵”栏目，在线展示各区局（产业）工会的工作特色、重点项目与重大活动，共同打造网上工会品牌。

3. 发展网上工作队伍。成立网上工会建设专家顾问团，邀请上海市网信主管部门、相关媒体、知名商业机构的领导、专家及负责人担任顾问；以上海工会组织体系为依托，以新媒体平台为主要阵地，努力打造一支多层次、广覆盖、跨领域的工会网络评论员队伍，并提出了“十百千”的建设目标，即工会网评专家10名、核心网评员100名、基础网评员1000名，同时培育建立区局产业工会新媒体联盟。

网上工会工作的开展有力推动了工会工作流程的再造和工作方式

的转变，在提高工会工作覆盖面、精准度、互动性上取得了新的突破。例如，各项服务职工实事项目加入网络平台，使职工更加方便快捷地享受到工会服务；职工职业道德“双十佳”评选、“上海工匠”选树等先进评选活动在网上进行，吸引了更多职工参与；“中国梦·劳动美”班组（团队）文化网络大奖赛，全程利用网络开展，吸引了1.3万个班组、7万多名职工参与，凸显了网络的开放性、互动性、社会化。

（五）深化职工素质工程和服务职工工作，工会组织的吸引力得到增强

1. 帮助职工提升素质、创新创效。一是明确支持措施。围绕全面贯彻落实《上海市委、市政府关于加快建设具有全球影响力的科技创新中心的意见》，上海市总工会会同市发改委、市经信委、市科委、市人社局、市知识产权局等单位，在深入调研、集思广益的基础上，研究制定了《关于推动一线职工创新实践，促进“大众创业、万众创新”的若干意见》，对上海职工创新的平台、环境、动力、机制和支撑服务等方面提出了“22条”具体措施。二是实施职工晋升技师、高级技师奖励计划。对上海职业技能等级晋升到技师、高级技师且符合相关条件的职工，由上海市总工会及相关工会组织给予现金奖励。其中，职业技能等级晋升为技师（国家职业资格二级）的，一次性奖励1000元；职业技能等级晋升为高级技师（国家职业资格一级）的，一次性奖励2000元。2016年共奖励技师、高级技师5000余名，上海市总工会配套奖励金额400万元。三是实施“上海工匠”培养选树计划。通过单位推荐、社团推荐、个人自荐等渠道，不拘一格选拔人才，产生88位首批“上海工匠”。选树活动坚持面向基层、面向一线、面向普通劳动者，重点聚焦先进制造、现代服务和战略性新兴产业，重点关注基层一线、操作岗位职工群体，调动了基层工会的积极性，激发了职工群众的创造活力和实干精神。

2. 大力拓展服务职工实事项目。服务职工实事项目从2015年的8项扩展为2016年的10项，内容涵盖职工休息休假、教育培训、技能提升、健康安全、文体活动、普惠福利、帮困援助、女职工特殊权

益保护等职工群众最关心、最直接、最现实的问题，355 万名职工受益，上海市总工会补贴资金 1 亿元。扎实做好困难职工帮扶工作，并积极参与职工养老、医疗、工伤、失业保险等社会保险以及社会救助、支出性贫困等相关政策的制定和调整，帮助符合条件的困难职工和农民工纳入政府社会救助和帮扶序列。工会会员服务卡覆盖面持续拓展，历年累计办卡 307 万张，其中有效会员 279.5 万名；职工疗休养行动、健康体检行动、会员个人休养度假等项目影响力不断提升，2016 年共有 11 万名职工参加疗休养和健康体检行动；工会互助互济工作深入开展，职工参加“四项医疗互助保障计划”789 万人（次），2016 年共向 112 万人（次）职工给付 8.66 亿元互助保障金。

（六）改革工会系统内部管理，工会组织公信力有力提升

1. 实施工会企事业改革。明确工会企事业发展定位，正确认识和处理好公益性与市场化的关系、经济效益与社会效益的关系、组织优势和企事业定位的关系，坚持为职工服务的宗旨与市场化运作机制有机结合，统筹兼顾社会效益和经济效益，更多地把社会效益和社会责任放在突出位置，把工会企事业办成为职工服务的非营利、公益性、服务型的社会企业，造福职工和社会，体现工会组织应有的责任担当。加大工会直管单位改革力度，推进公益性资产和经营性资产的分类管理，对职保中心、职保会等单位实施“事社分开”，促进了工会企事业单位职能和工作重心回归公益。健全工会资产监管体系和工作模式，积极推进海鸥控股集团现代企业制度建设，进一步创新发展思路，转变发展方式，提高资产运行质量和效益，增强了工会企事业自我发展能力和服务职工能力。

2. 推进国有企业工会开办的企业清理规范工作。对国企工会开办的企业进行清理规范，是推进工会改革、突出工会维权主业主责的一项重要举措。上海市委对此高度重视，韩正书记作出重要指示，上海市委常委会专题研究。上海市总工会会同市国资委党委等部门制定《关于对国有企业工会开办的企业开展清理规范工作的通知》，明确了清理规范的对象范围、清理方法、时间步骤和工作要求。主要方法是采取关闭、回购、转让、托管等措施，对上海国有企业工会开办的企

业予以清理规范。此次清理规范的对象主要涉及两个层面，一是市层面，二是区层面。为及时研究解决清理工作具体问题，上海市总工会与市财政、工商、税务等部门组成了联合工作组，上海市总工会成立了市工会企业清理规范工作办公室，具体负责工会企业清理规范的组织工作。2016 年，共对 413 家工会企业进行了清理规范，促进了工会企事业的健康发展。

3. 完善工会财务审计监督体系。建立健全财务管理制度，建立直属事业单位财务负责人委派机制，完善内部控制管理体系，确保财务和资金高效廉洁运行；改革工会经审制度，会同上海市审计局研究制定操作性文件，推动构建“工会内审、国家审计、社会审计、职工会员监督”四位一体的经审工作新体系，逐步加大工会经费使用公开工作力度，让工会经费使用在阳光下运行，接受职工和社会监督。

通过上述一系列改革，上海各级工会在“强三性”“去四化”方面发生可喜变化，维权职能更加突出、服务方式不断改进，有效拉近了与职工的距离，使职工对工会的认同感不断增强，有了“家”的感觉。如虹口区总工会第一时间介入“年代秀”餐饮连锁店欠薪、经济补偿事件，专门签约法律援助律师为职工免费申请仲裁，维护了职工合法的经济权益，回想案件审理的过程，有职工反映：“那些焦躁不安的日子里，多亏有工会和法律援助律师当主心骨，才让我们成功维了权。”如杨浦区大桥街道城市概念园基层服务站推出一系列主题不同的白领沙龙、俱乐部，并针对白领女性对烘焙感兴趣的情况推出“抢面包”活动，1 名“全程网络”公司的女职工将“抢”到的面包分给老板和同事吃，直接引发了老板对工会的兴趣，最终促使这家民营 IT 企业组建了工会，该名女职工感慨：“我们跟工会，只有一个面包的距离!”如静安区在市北高新技术服务业园区成立联合工会，积极吸纳企业职工体制外入会，通过这一方式新加入工会的精生物科技上海有限公司的职工戴晔感叹：“以前对工会没什么概念”“看到园区工会的宣传易拉宝，知道了工会组织是职工的‘娘家人’，有困难可以找工会”“期待着今后，能得到工会更多的帮助”。

职工对上海工会改革及工会工作成效的认可，也在数据上得到了有力支撑。“申工社”微信公众号开展的改革实施情况及成效测评（共有7628人次参加，其中职工6985人次、工会干部643人次）结果显示，受访职工和工会干部总体肯定了上海工会改革。其中，在改革知晓度方面，受访职工和工会干部总体知晓率达到91.2%（其中职工卷为90.6%、工会干部卷为96.9%）；在对改革成效的认可度方面，受访职工和工会干部认为工会改革“很有成效”的比例达到73.9%（其中职工卷为74.7%、工会干部卷为70.8%）；在改革成效的具体体现方面，受访职工认为改变最大的前三项依次为“相关办事流程更高效了”（35.5%）、“服务内容更丰富了”（15.1%）、“职工得到的实惠更多了”（13.8%），受访工会干部认为改变最大的前三项依次为“相关办事流程更高效了”（29.9%）、“职工得到的实惠更多了”（16.3%）、“服务内容更丰富了”（16.0%）。

三、工作体会

通过一系列改革，上海工会初步实现了工会组织和工会工作的创新发展。2016年11月，中央政治局委员、全国人大常委会副委员长、全国总工会主席李建国在上海调研时，高度肯定了上海工会改革成绩，认为其探索了一条体现工会性质、符合地方实际的工会改革路子，转职能、转方式、转作风，走在全国工会改革的前列，发挥了工会改革的排头兵作用。中央政治局委员、上海市委书记韩正肯定了工会等群团组织在改革上取得的新突破，并在听取群团改革进展情况汇报时就工会工作指出，维护职工合法权益是工会的基本职能，是整个工会的主业主责，工会要高举维护职工权益的旗帜，把维权工作做实做好，真正使维权成为上海工会的一张亮丽名片和城市软实力的重要体现。全总党组书记、副主席、书记处第一书记李玉赋对上海工会真抓实干、勇于创新的工作作风和工作经验给予了积极评价，希望上海工会以先行先试、改革创新的勇气，进一步推动工会事业的发展。

一年多来，在各方的共同努力下，上海各级工会心齐气顺，支持、参与和推进改革、心系职工、多做实事的氛围日益增强，各级工会百花齐放，创造性开展工作，亮点工作和品牌项目逐步形成，上海工会工作新局面正在形成。在做好此项工作的过程中，主要收获了以下几点体会：

（一）始终坚持在党的领导下，加强组织实施，确保正确的改革方向

工会工作首先是党的工会工作，改革要始终以政治性为灵魂，坚持党建带工建、工建服务党建的基本原则，教育引导广大职工群众听党话、跟党走，为党分忧、为民谋利。针对《中共中央关于加强和改进党的群团工作的意见》中所指出的“有的地方和部门党组织对群团工作重视不够，对群团工作的特点和规律缺乏深入研究，对发挥群团组织作用缺乏有力指导和支持”的情况，在本次改革中，上海各级党组织从巩固党执政的阶级基础和群众基础的高度出发，将群团事业、工会事业作为党的事业的重要组成部分，下功夫抓好改革方案制订和具体举措的推进落实，牢牢把握住了正确的改革方向。上海市委高度重视群团改革、工会改革工作，成立“地方群团改革试点工作”领导小组，由上海市委副书记应勇任组长，研究推动各项改革工作；中央政治局委员、上海市委书记韩正多次就改革的目标方向、重大举措、进度节奏等作出重要指示。上海市总工会党组根据习近平总书记重要指示精神和上海市委的要求，发挥战斗堡垒作用，成立改革工作领导小组，把中央、全总和上海市委的决策部署贯彻到具体工作当中，坚决实施并推进改革，为着力破解瓶颈难题和制度性障碍做出持续努力。各区在区委统一领导下，立足区情实际，成立由区委领导牵头的领导小组，不断加强工青妇等群团组织的资源和功能优化整合，全面统筹、支持、协调、推进群团改革、工会改革，动员广大群团组织干部、工会干部做改革的促进派和实干家。

（二）坚持问题导向，聚焦“四化”抓突破，切实增强工会的政治性先进性群众性

改革必须聚焦问题，对症下药，有针对性地解决工会工作中的瓶颈难题，才能有效发挥好工会组织作为党联系职工群众的桥梁纽带作用。为此，上海市总工会认真对照习近平总书记关于“四化”问题的论述，紧密联系实际，从思想观念、组织体系、干部管理、工作方

式、工作作风五个方面，对上海工会“四化”问题的具体表现进行了系统梳理。针对“四化”问题及“五个不适应”的具体表现，贯彻上海市委群团改革试点方案精神，围绕切实保持和增强工会组织的政治性、先进性、群众性，谋划工会整体改革。坚持即知即改，在研究制订改革方案的同时，对基层反映较为普遍和强烈的瓶颈难题，及时研究制定相应的对策措施予以改进和突破。在改革推进中，深入基层工会和职工群众，主动收集、汇总有关各方的意见建议，针对改革实施中存在的问题，切实加强指导，研究制定改进的对策措施。各区、街镇总工会也对照自身存在的问题，加强研判分析，提出有针对性的改革举措，如黄浦区总工会抓住改革契机，在服务人口集中而工会工作薄弱的地方，以“五张清单”的服务形式，加强职工（基层）服务站建设；宝山区顾村镇总工会正视非公企业工会建设中存在的突出问题，开展了非公企业工会改革试点，推动打通联系服务职工的“最后一公里”。通过以问题为导向的改革创新，充分发挥了工会组织作为职工群众组织的优势特长，使工会更加紧密地团结凝聚起广大职工群众，夯实了党执政的阶级基础和基层基础。

（三）找准工作的结合点和着力点，把服务大局与服务职工有机结合起来，充分发挥工会的职能作用

服务党和国家工作大局是工会工作的主线，服务职工是工会组织的职责，二者紧密相连，不可偏废。为此，上海市总工会一方面强调坚决守住维护职工合法权益这个底线，当好职工利益的代表者和维护者，努力赢得广大职工群众的信赖和支持；另一方面强调充分发挥工会“大学校”作用，千方百计提升职工素质，推动职工岗位创新，大力培养高技能专业人才、高素质创新人才，在促进经济社会发展中展现工会作为，体现工会作为职工群众组织的特色。如围绕服务上海创新驱动发展大局与提升职工创新能力，会同上海市发改委、市经信委等举办职工科技节等活动，广泛组织动员一线职工立足岗位、创新创业，助力上海加快建设具有全球影响力的科技创新中心；会同上海市人社局等推动地方教育附加专项资金相关政策的实施与调整，在服务上海经济社会发展大局、监督检验专项资金使用效果的同时，切实提

升职工综合素质、维护职工发展权益；培养选树“上海工匠”，在各行各业培育弘扬“工匠精神”，推动打造一支与上海经济社会发展要求相适应的“有智慧、有技术，能发明、会创新”的新型劳动者和产业工人队伍。通过“顶天立地”式的“结合”，工会组织既围绕党和国家工作大局搞好了“公转”，又聚焦服务职工搞好了“自转”。

（四）抓住干部队伍这个关键，千方百计转职能、转方式、转作风，大力激发工会组织的生机活力

不改变工会干部传统管理体制，工会组织的“四化”问题难以得到较为彻底的解决。为此，上海市总工会把干部管理作为工会改革的关键环节，采取各种措施打破工会干部传统管理体制的壁垒，拓宽工会干部流动渠道、工会机关干部来源渠道、优秀干部交流培养渠道。特别是挂职干部等加入工会机关干部队伍中来，为干部队伍注入了新的活力，使干部配备和队伍结构更好地契合了工会作为群众组织的工作特点和实际需要。同时，推动广大工会干部牢固树立职工为本的理念，以突出履行好维权主业主责为主线，聚焦解决工会脱离职工群众问题，围绕主业主责转职能，切实转变机关化行政化工作方式，密切联系职工群众转作风，充分发挥工会职工群众组织的优势和作用。特别是立足增强工会干部的群众意识、加强工会干部的作风建设，各级工会组织都积极探索设立工会干部下基层“蹲点”制度，为工会干部不断提高履行主业主责、开展精准服务的能力和水平，密切与职工群众的直接联系夯实制度基础。通过工会干部管理体制改革，使工会系统上下成为一盘棋，有效激发了广大工会干部的工作热情与活力，工会干部的精神面貌焕然一新。

（五）坚持眼睛向下、重心下移，持续加强基层工会建设，积极打通工会组织联系服务职工的“最后一公里”

基层工会是全部工会工作的基础，但基层工会“缺人、缺钱、缺指导”的现状使基层工会难以有效实现“建起来、转起来、活起来”，影响了工会整体功能的发挥。为此，上海市总工会把更多的工作精力投向基层一线，推动更多的资源向基层倾斜，进一步使基层工会实现“有人办事、有钱办事、有能力办事”。开展非公企业工会改

革试点工作，以《工会法》和《中国工会章程》为基本依据，鼓励和支持各区总工会和相关街镇（园区）工会因地制宜、各显神通，共同把基层工会这一“神经末梢”激活起来、真正发挥好作用。首先展开试点的宝山区顾村镇非公企业工会改革完成预期的阶段性试点任务，其他各有关区、街镇（开发区）也陆续展开改革试点工作，越来越多的职工主动要求加入工会，为进一步扩展改革覆盖面、切实激发非公企业工会活力提供了有益的探索和实践。通过眼睛向下的改革，逐步解决了基层工作中面临的困难和问题，帮助基层工会着力强化服务意识、提高维权能力，使工会组织在基层更好地发挥了凝聚人心、联系群众的作用。

（六）坚持职工为本，把惠及职工作为出发点和落脚点，使职工群众在工会改革中有更多的获得感

工会改革不能关起门搞自我封闭、自我循环，必须把职工群众的获得感、认可度、感受度作为根本标尺，只有这样，工会改革才能得到职工群众的欢迎和拥护。为此，上海市总工会把工作重心更多地放到源头参与上来，站在维护职工群众利益的角度，充分利用“两会”等平台载体，提出工会的意见主张，努力维护职工群众的整体利益和长远利益。聚焦职工群众最关心最直接最现实的利益问题、最困难最忧虑最急迫的实际问题，拓展服务内容和服务方式，使广大职工群众特别是一线职工得到工会实实在在的帮助，不断增强工会对职工群众的吸引力和向心力。围绕职工群众“生物钟”，各级工会通过延长服务窗口服务时间、实施网络平台全天候回应职工群众诉求等措施，努力让职工群众随时随地“进得了门、找得到人、办得好事”，如上海市总工会12351援助服务热线从2015年开始实行24小时服务，全天候接听、全年无休，让职工群众随时能找到、能接受服务；杨浦区职工援助服务中心和部分街道职工援助服务分中心，实行工作日延长服务至晚上8点、星期六照常服务的工作制度，每个延时服务窗口单位每天服务接待量平均在10批次以上，重点解决了工会窗口服务在实践上与职工群众“生物钟”不合拍的问题。通过强化职工群众为主体的改革，让职工群众从改革中得到了更多实惠，从而使各级工会对职

工群众的凝聚力、吸引力、影响力得到进一步增强。

改革只有进行时没有完成时，改革永远在路上。按照习近平总书记关于群团改革的有关指示精神和中央深改组第 32 次会议提出的“建机制、强功能、增实效”的总体要求，上海市总工会正在以更加昂扬的精神状态，进一步抓好各项改革措施的落实落细，加强创新突破，不断扩大改革成效，推动工会事业再上新台阶！

关于重庆工会改革试点的总结报告

（2017 年 4 月 25 日）

重庆市总工会

按照《重庆市群团改革试点方案》《重庆市总工会专项改革实施方案》，市总工会紧紧围绕政治性先进性群众性显著增强、服务大局服务职工能力显著增强、自我发展活力显著增强的改革目标，着力破解“四化”问题，特别是基层基础薄弱、网上工作薄弱、服务职工薄弱、引导社会组织薄弱等突出问题，在增强政治性、先进性前提下突出群众性，在完善组织体系、服务体系基础上突出基层性，推进各项改革试点任务落地。

一、改革总体推进情况

从总体上看，重庆工会改革试点是有序有力有效的，主要表现为：

（一）领导有力

一是中央、市委加强领导。中央高度重视重庆群团改革试点工作，2016 年 1 月习近平总书记来重庆视察时，要求重庆群团改革试点“为面上改革摸索经验”。市委多次召开会议研究工会等群团改革中的重大问题，特别是 2015 年 11 月 20 日召开了市委党的群团工作会议进行动员部署。市委全面深化改革领导小组增设群团改革专项小组，由市委国清副书记任组长，负责改革方案起草和协调推动相关改革试点工作，定期听取推进情况汇报，研究推进中发现的问题，协调解决推进中遇到的困难。二是全国总工会加强领导指导。全总高度重视重庆工会改革试点，全国总工会党组书记、副主席、书记处第一书记李玉赋多次听取重庆工会改革方案起草和推进情况汇报。特别是 2016

年6月13~15日专程来重庆调研，肯定重庆改革试点，提出具体要求，指明工作方向。玉赋书记指出，重庆工会改革认真贯彻中央决策部署，紧密结合自身实际，方向正确、思路清晰、措施得力、已见成效。9月20~21日、10月19~20日陈荣书副主席、范继英副主席分别来渝调研工会改革试点以及产业工会建设、工会女职工工作。三是市总工会加强统筹督导。市总工会成立重庆市工会改革试点工作领导小组，由主席任组长、党组书记任副组长，党组成员为成员负责分片联系指导区县工会、产业工会改革试点工作，明确市总研究室承担领导小组办公室职责，并落实4人从事改革日常工作。

（二）实施有序

按照市委的统一部署，重庆市群团改革分两个阶段进行，市总工会、团市委、市妇联3家市级群团机关和万州、江北、渝北、铜梁、开州、秀山6个区县群团改革自2015年11月启动先行试点；其他13家市级群团机关、32个区县和两江新区、万盛经开区群团改革自2016年4月8日全面推行，到年底试点基本结束。市总工会在改革推进过程中编制并实施“三个清单”，确保改革沿着正确轨道有序进行。一是问题清单。逐字逐句对照习近平总书记在中央党的群团工作会议上的重要讲话，广泛问计于基层和职工群众，列出市总工会“四化”问题整改清单18条，指导各区县工会梳理出12~19条，针对问题制订专项改革方案。二是任务清单。市总工会制订专项改革1+12实施方案，列出改革任务清单40项、重点措施129条、拟新建或修订出台制度文件41个、重点调研课题7个，并明确责任领导、责任部门和完成时限。各区县工会均推行清单管理、打表推进、逐一销号，实行台账式管理、挂单式作业、周清式调度。三是方法清单。印发《关于建立工会改革推进落实工作机制的通知》《区县及以下工会改革督导提纲》，列出方法清单和督导重点，建立定期研究、汇报、协调制度，联系指导区县、产业、基层工会改革制度，以及总结、宣传、问责制度；明确“强队伍、强阵地、强服务，抓四个联手、抓购买服务、抓社会力量，破工作盲点、破自娱自乐、破封闭运行”的督导重点；由市总工会党组成员分组负责40个区县、7个产业工会的督促指导，坚持每月现场指导1次，每两月组织召开1次片区推进会。

（三）进展顺利

按照市委的统一部署，全市工会改革试点工作推进顺利，目前，试点基本完成、取得明显成效。一是市总工会改革稳步推进。市总工会机关机构改革、市级产业工会委员会制改革、网络平台和实体窗口建设已到位，直属单位改革、服务品牌打造等正有序进行，拟定的129条重点措施逐步落地，修订或出台制度文件42个。二是区县工会改革已见成效。全市40个区县（开发区）特别是6个先行试点区县在健全组织体系、配强工作力量、转变服务方式以及联手其他群团建设基层服务站、打造服务品牌、进入和引导社会组织等方面迈出了新步伐、实现了新突破，形成了一些经验做法、典型案例和制度成果。三是基层工会改革有序试点。2016年7月制定下发《关于进一步全面推进基层工会改革的意见》，以开展“创建模范职工之家、争做职工信赖娘家人”活动为总抓手，实行典型引导，推动改革落地。目前，已分类初步打造基层工会改革市级示范点86个。

二、改革中的主要做法

对照改革方案，坚持问题导向、需求导向、结果导向，以优化工作职责、健全组织体系、加强基层基础、创新方式方法、改进干部管理为抓手，突出强基层、重服务、转方式、建制度，重点加强对非公领域和农民工群体有效覆盖以及产业工会建设。

（一）优化工作职责

针对工会主责主业不鲜明、政治性先进性群众性体现不突出等问题，立足“三个增强”，让工会职能定位进一步强化、硬化、优化。

1. 增强工会工作的政治性。出台《市总工会党组会议规则》《市总工会中心组学习会规则》《市总工会党组民主生活会规则》，发挥工会党组领导核心作用。完善向同级党委常委会和上级工会定期汇报工作制度，市总工会党组研究决定重大事项，及时向市委请示报告。加强对职工群众的政治引领和思想引导，深化以社会主义核心价值观为引领的“中国梦·劳动美”主题教育，打造“互联网+APP+微博+

公众号+手机报”的网络宣传机制，深入学习宣传习近平总书记系列重要讲话精神和治国理政新理念新思想新战略，引导职工听党话、跟党走。累计开展主题演讲比赛225场、专题知识竞赛126场、主题报告会125场、座谈会73场；发布各类新闻及资讯1.7万条，阅读访问量120万人次。例如，2016年重庆市五一职工文艺汇演，把“去娱乐化、有乐有教”要求贯彻体现其中，突出“劳动铸就中国梦”主题和节目的思想性、教育性、群众性，得到了有关领导和职工群众的高度评价。

2. 增强工会组织的先进性。坚守工会工作主战场，制定《市总工会2016—2020年劳动和技能竞赛规划》，完善劳动竞赛、技术创新、劳模引领等机制，组织动员职工群众在改革发展稳定第一线建功立业、为完成党的中心任务而共同奋斗。深入实施职工素质建设工程，健全思想素质提升、职业技能提升、文化素养提升等机制，引导职工群众弘扬劳模精神、劳动精神、工匠精神，努力培养造就高素质职工队伍。例如，围绕重庆五大功能区域发展战略，深入开展“践行新理念、建功‘十三五’”劳动竞赛，全年举办五大功能区域劳动竞赛14场，涉及比赛工种17项，参赛职工80万人次；联合产业、行业和市级相关部门举办重大劳动竞赛13场、技能竞赛30场。制定实施《重庆市劳模创新工作室创建办法》《重庆市劳模创新示范工作室验收评选办法》，2015~2017年拟建成劳模创新工作室500个，培育高质量的市级示范工作室100个，目前已创建劳模创新工作室400多个，其中全国示范工作室5个。

3. 增强工会组织的群众性。配合市委出台《重庆市总工会机关机构编制方案》，强化党的领导、维护职工合法权益、工会组织覆盖和工作覆盖三项职责，增加联系和引导职工服务类社会组织的职责，组织和代表职工群众参与协商民主，推动构建和谐劳动关系。《重庆市群团改革试点方案》对工会、共青团、妇联的主要工作对象和主阵地进行明确，工会以普通劳动者为主要工作对象，以企业、行业、乡镇（街道）、园区等为主阵地，重点加强产业工会建设以及对非公经济组织和社会组织的有效覆盖。

（二）健全组织体系

针对工会组织“头重脚轻”“高位截瘫”和代表性广泛性不够等问题，立足“五个化”，让组织有活力、运行有效率、人员有说服力。

1. 优化市总工会机关机构编制设置。设立直接面向职工群众的宣传网络中心、职工权益维护中心、职工服务中心，总体调减内设机构6个，由19个减为13个，精简率为31.6%；实施“减上补下”，精简编制123名（机关行政编制10名、产业工会事业编制10名、所属事业单位编制103名），精简率为20%，由市编办统筹下达各区县工会等群团机关。改革直属单位，推动重庆工会大厦酒店转企改制，其他事业单位进一步回归公益服务属性。

2. 转化产业工会组织形式和运行机制。实行产业工会委员会制改革，7个市级产业工会陆续召开第一次代表大会，以吸收为代表、委员、常委、兼职副主席的形式将工作触角延伸到与本产业相近的非公企业、行业协会。加强沟通协商，将市总直代管14家基层工会以及市国资委、市文化委、市直机关工会联合会管理的27个企事业单位工会划转至相应产业工会管理，并建立产业工会主席办公会决策议事规则等6个制度，实现了扁平化管理、民主化决策、科学化运行。例如，市教科文卫体工会打破产业服务工作内循环，开展“健康企业行”“高校专家教授进企业”等服务活动，受到了企业和职工群众的欢迎。

3. 强化乡镇（街道、园区）和村（社区）工会组织建设。指导区县在辖区内有企业100家以上、职工5000人以上的乡镇（街道）和开发区（工业园区）建立总工会，并配备专职副主席，其他乡镇（街道）和开发区（工业园区）均改建为工会联合会；村（社区）普遍建立工会联合会或联合基层工会。例如，万州区在符合条件的15个街道（乡镇）建立总工会，其他37个乡镇健全了工会联合会；187个社区建立区域（行业）性工会联合会，448个行政村建立联合基层工会，有效解决“中梗阻”问题。渝北区在创新经济走廊、空港工业园区建立总工会，在仙桃数据谷、国际物流分拨中心、空港新城建立工会联合会，实现了对新兴经济区域的组织全覆盖。

4. 实化对新领域新阶层的组织覆盖。深入开展“新领域建会集中行动”和“农民工入会集中行动”，依法推动非公经济组织和社会组织普遍建立工会，采取源头入会、劳务市场入会、用工单位入会等多种形式吸收农民工，最大限度把农民工吸引到工会组织中来。2016年，新增基层工会组织2300家、会员14.8万人。指导区县采取“打楔子”“引导好”、双向选派挂兼职、建立联席会议制度或联合会等方式，进入和引导职工服务类社会组织。例如，市总工会牵头建立重庆市职工服务类社会组织联席会议制度，首批吸收行业协会、社会服务机构等29家成员单位。市金融财贸轻工纺织工会也与所属行业协会建立了联系会议制度，包括重庆市银行业协会、餐饮行业协会、保健按摩行业协会、服装行业协会、烟草学会等10余个社会组织参与其中。铜梁区东城街道成立社会组织联合会，立足于承接各类公益性和非公益性的社会活动，目前已吸纳辖区登记注册的10多家社会组织。

5. 细化工会组织成员结构和来源。围绕增强各级工会组织代表性、广泛性、群众性，优化市总工会委员会、常委会结构，改革后一线人员的比例分别达到了44%和23%，分别增加7%和20%，重点增加乡镇（街道）、工业园区、村（社区）、楼宇、非公企业工会主席以及行业协会、劳模、一线职工和农民工等方面的代表；7个市级产业工会共选举委员285人，其中一线人员256人，占90%；选举常委147人，其中一线人员119人，占80%；区县总工会在改革中均达到了委员、常委中一线人员比例分别不低于40%、20%的改革要求，一批真正知群众、懂群众、爱群众，德才兼备的优秀人才进入工会组织中。同时，在总结经验做法的基础上，出台了《重庆市总工会关于工会召开代表大会及组成工会委员会、经费审查委员会的若干规定》。

（三）加强基层基础

针对基层工会缺编制、缺人员、缺阵地、缺经费以及群团组织资源力量分散等问题，立足“三个推动”，让基层有人办事、有阵地办事、有钱办事。

1. 推动落实基层工作力量。推动市编办出台《关于区县（自治县）群团改革试点有关机构编制工作的指导意见》，明确通过“减上补下”和区县调剂编制，各区县工会机关一般在现有基础上增加2~5个编制，推动设立“一办两部一中心”（办公室，基层工作部、服务发展部，职工服务中心）。同时，广泛采取专职、兼职、挂职、购买社工服务、招募志愿者等方式，充实乡镇（街道）和村（社区）工会工作力量，其中工会主席由同级党组织成员兼任，乡镇（街道）设置至少1名群团工作综合岗位，村（社区）设置群团委员。例如，铜梁区总工会增加事业编制4个，在乡镇（街道）党政办（党建办）增设群团工作综合岗位，人口2万人以下镇街至少明确1~2名，2万人以上镇街明确2~3名专职群团干事。在区县职工服务中心重点采取聘用专业人士、项目化运行等方式，购买社会组织专业化服务，提升工会服务能力和水平。例如，万州区总工会与4家律师事务所签订服务合作协议，聘请职工法律援助服务志愿律师31名，推行点单式法律服务。开州区在改革中分批招聘专业社工30名，联合其他群团实施16个志愿服务项目。市总工会出台《关于加强新领域基层工会干部队伍建设的指导意见》，建立党组织的非公经济组织和社会组织，推动党员工会主席进入党组织领导班子，普遍推行由党组织书记或副书记（出资人除外）担任工会主席，并吸纳企业团组织主要负责人进入工会委员会。

2. *推动基层群团工作形成合力*。牵头联合团市委、市妇联出台《关于协同推进“四个联手”工作的意见》，打破相对封闭、自我循环的运行机制，强化党建带工建机制，联手依托区域性党群服务中心建设群团服务站，联手进驻乡镇（街道）公共服务中心和村（社区）便民服务中心开展群团服务项目，联手打造服务工作品牌，联手进入和引导各类社会组织，推动基层群团工作资源统筹、力量整合，形成群团工作合力。其中，市总工会打造群团服务站市级示范点14个，重点牵头打造“技能提升”“法律援助”“四季帮扶”三大服务品牌。例如，渝北区武陵路社区由工会牵头建立美食街群团服务站，以“一站五队”（群团服务站，文化宣传队、讲师培训队、义工服务队、妇幼互助队和律师援助队）为平台，以“四送五进”（春送岗位、夏送清凉、秋送助学、冬送温暖，技能培训、法律援助、帮扶工作、安全卫生、职工书屋进工作站）为载体，以落实“五大服务”（政策宣传咨询、创业就业、帮扶服务、维权服务、素质提升）为抓手，实现对辖区餐饮企业职工群众服务的全覆盖。

3. 推动工会经费向基层倾斜。联合地税、财政等部门出台《重庆市工会经费征缴办法（修订）》《重庆市财政拨款行政事业单位工会经费计拨管理办法》，完善非行政事业单位的工会经费地税代收机制，推动同级财政足额预算行政事业单位的工会经费。出台《乡镇（街道）、开发区（工业园区）工会留成经费及规范管理的规定》，明确市、区县总工会各拿出本级留成工会经费的20%，即市总工会拿出2%、区县总工会拿出5%，作为乡镇（街道）、开发区（工业园区）工会留成经费，有效缓解了乡镇（街道）一级工会无钱办事的问题。渝北、江北、开州等区县还成立了群团公益基金或专项资金；铜梁区财政每年为每个镇街预算安排群团工作经费10万元；开州区财政每年为全区524个村（社区）各预算群团工作经费5000元。

（四）创新方式方法

针对网上工作薄弱、活动不接地气、职工参与度不足等问题，立足“三个创新”，让职工能方便找到“家”、获得“家”的服务、参与“家”的建设。

1. 创新网上工会工作。大力实施工会“互联网+”行动计划，着力打造“1网+1证+1卡”（1网：市总工会官方服务平台，1证：基于“渝工娘家人”APP的市总工会移动会员证APP，1卡：基于银行卡的惠工卡）“三合一”工会服务职工新模式。市总工会官方服务平台突出互动引导、线上服务等功能，采用“顶层设计+分级部署+五级联动”机制，有效解决基层工会网络建设力量薄弱的问题，并实现了各级工会服务功能、业务流程和信息数据的互联互通；从基层工会和职工的需求出发，重点打造工会新闻发布、网上工会服务、技能素质提升、渝工创新服务、工会大数据分析五大系统，实现了网上网下相结合的十大类“互联网+工会”专业化服务，并具备较好的“便捷化、模块化、智能化、个性化”特点。通过“三微一端”，实现市总工会官方服务平台、官方微博、“渝工娘家人”微信公众号和“渝工娘家人”APP的同步推送、服务整合和错位发展。截止到2016年年底，APP下载量40万，微信粉丝量11万，手机报覆盖职工12万人，录入会员数据260多万，150余万职工关注并使用各类“互联网+工会”服务。出台《重庆市工会网上工作管理办法》，加强网络舆论引导队伍建设，重点培育一支以工会机关干部为主的网络新闻发言人队伍，联系一批以社会知名人士为主的职工网络“大V”，培养一支以青年职工为主的网络志愿者队伍，市总工会层面已形成近1000人的网络工作者队伍。

2. 创新服务品牌打造方式。“技能提升”突出基层化，立足五大功能区域产业特色和职工特点，举办都市功能区火锅调味、城市发展新区车工、渝东北生态涵养发展区农副产品推介、渝东南生态保护发展区旅游服务、全市女职工餐饮服务等技能大赛。“四季帮扶”突出经常化，在做好春送岗位、夏送清凉、秋送助学、冬送温暖常态化帮扶的同时，市总工会注资500万成立重庆市温暖基金会，依托中国职工保险互助会建立职工互助保障平台，利用超市、医院、学校等社会资源拓展爱心网点，采取工会专项资金、财政配套和社会募集相结合方式，加大临时性救助、项目化帮扶、互济性活动的力度，经常化精准化做好“雪中送炭”工作。南川区总工会还出台《建档困难职工创业贷款贴息办法（试行）》，符合条件的建档困难职工自主创业，最高可享受20万元的贴息贷款。“法律援助”突出专业化，牵头起草并推动市人大常委会修订出台《重庆市集体合同条例》，并在依托职工（群团）服务中心（站点）设立窗口提供法律咨询服务的同时，通过购买市律师协会专业化服务等方式，启动开展“千名律师进企业服务职工在基层”活动，首批签订服务律师389名，使其主动出击为所联系乡镇（街道）、企业工会及职工（农民工）提供劳动法律知识普及、法律咨询、协助规范用工行为、及时调处矛盾纠纷、法律援助五项服务。修订《重庆市工会法律援助办法》，推动与18个重庆籍农民工聚集度高的省市签订《农民工联动维权合作协议》。同时，各区县积极探索创新工作品牌，提供法律援助，维护职工权益。例如，开州区总工会牵头开展“服务农民工·携手促发展”工作品牌，提供农民工入会、就业创业培训、困难帮扶、维权维稳、文体生活等服务项目。秀山县确定每季度第二月第一日为“职工权益保障服务日”，定期深入物流园区、工业园区、火车站等职工集聚的地方开展上门维权服务和政策咨询。

3. 创新活动开展和工作评价机制。着力构建“职工提出—工会主导—社会力量承办—职工参与—职工评价”的活动开展和工作评价机制。市总工会2016年评选推荐的重庆市五一劳动奖状（奖章）、工人先锋号拿出15%名额面向社会公开征集；为弘扬工匠精神，联合市质监局在重庆日报推出寻找“巴渝工匠”栏目，挖掘宣传职工身边的能工巧匠，并通过专家评审和网民投票相结合方式评选“十大巴渝工匠”；在2016年度区县工会、产业工会年度综合目标考核中拿出30%的分值委托第三方引入基层和职工满意度调查，强化“面向基层、服务职工”的工作导向。指导区县创新参与基层社会治理方式，通过网格长兼任工会小组长等方式，把工会工作融入到社区网格化管理体系之中，实现工会服务在工作地、居住地和网络空间的三重覆盖。各级职工（群团）服务中心（站点、窗口）适应职工群众作息时间需求，普遍推行错时上下班、周末值班、职工预约和上门服务制度。指导区县建立需求调查和诉求反馈制度，完善基层工会会员代表大会、代表常任制、会员评家、会务公开等制度。例如，渝北区总工会牵头开展面向社会公开征集的“小改造大变化”服务职工主题活动，在22个镇街路演中由第三方机构测评的职工群众满意率达99%以上，并将方案策划人作为选拔挂兼职干部的重要人选。万州区建立第三方评价机制，引入国家统计局万州调查队定期调查评估工会工作的职工满意度。

（五）改进干部管理

针对工会干部来源单一、作风不够深入、服务能力不足等问题，立足“三个改进”，让工会干部群“星”荟萃、形成“一池活水”。

1. 改进班子结构。市总工会领导班子减少专职副主席2名，配备挂职副主席2名、兼职副主席4名，挂兼职人选主要从科技创新人才、基层工会主席、农民工、基层职工群众维权干部、非公企业等方面的优秀代表中产生，专职成员占45%。市级产业工会班子各配备挂职副主席1名、兼职副主席3~4名，其中1名来自非公经济组织；区县总工会班子均实现了专挂兼相结合的结构，人选突出基层导向、群众性、代表性，普遍配备了1~2名挂职成员、2~3名兼职成员，符合“班子中专职成员不超过50%”的改革要求。其中，万州等区县兼职副主席中有维权律师代表。

2. 改进干部管理。研究出台《市总工会机关干部平时考核办法》《市总工会机关挂（兼）职干部管理实施细则（试行）》《市总工会机关工作规则（试行）》，落实《市级群团机关挂职、兼职干部及志愿者工作补助试行办法》，明确工作职责、日常管理、考核评价、工作保障等内容，重视发挥好专挂兼职干部的优势作用。加强维权工作力量建设，出台《重庆市专职集体协商指导员管理办法（试行）》，明确了聘用与解聘、考核与激励、日常管理、经费保障等规定，市总工会每年给予每名指导员聘用经费补助18000元，并实行日常考核，按照考核不同等次每月给予500元、800元、1000元的工作奖励。

3. 改进工作作风。把工会改革试点与“两学一做”学习教育结合起来，注重发挥工会系统党组织作用，落实党风廉政建设党组主体责任和纪检监督责任，推动把抓工会工作情况列入各级党组织书记抓党建工作述职评议考核范围，形成工会改革推动合力。修订出台《关于工会干部直接联系服务职工群众的实施意见》，市、区县、乡镇（街道、园区）工会机关干部普遍推行联系1个非公经济组织、1名一线职工、1名农民工、帮扶1名困难职工的“四个一”的联系结对活动；市总工会举办工会干部“大庆精神”“延安精神”主题培训班，市机械冶金工会开展“周三、周四下基层”活动，强化群众意识、群众观点、群众感情。万州区还有计划地选派区、镇街两级工会干部到商圈、园区、社会组织、非公企业、对口扶贫村等主阵地挂兼职，提高联系服务引导职工群众的能力。

三、改革试点的初步成效

一年来，在市委、全总的坚强领导下，全市各级工会组织和工会干部深入推动工会改革试点工作，逐步破解了工会组织存在的“四化”问题，基本实现了《重庆市总工会专项改革实施方案》提出的目标任务，取得了5个方面的主要成效：

第一，工作职责进一步优化明晰，从空泛化到突出主责主业。改革前，工会组织存在“主责主业不突出”的倾向，导致出现机关为自身服务职责过重、承办具体活动精力过多等问题，职工群众渐渐感到工会组织离自己越来越远。改革过程中，全市工会组织进一步强化维护职工合法权益的基本职责，坚持服务职工群众的工作生命线，下大力气打造服务职工工作阵地和品牌，积极联系和引导职工服务类社会组织，组织和代表职工群众参与协商民主，推动构建和谐劳动关系。改革后，工会干部和职工群众普遍反映，工会职能得到了进一步明确、拓展、优化，主责主业更加突出，在增强政治性、先进性的前提下更加凸显了维权服务的群众性。

第二，组织体系进一步健全完善，从中梗阻到疏通毛细血管。改革前，工会组织存在“机关臃肿、基层消瘦”、基层工会组织活力不足，特别是不少非公经济组织和社会组织覆盖不到、覆盖不全等问题。通过改革，一是精简了上级机关机构编制。减少市总工会内设机构6个，精简机关及所属事业单位人员编制123名，改善了“人浮于事”“线条过多”的问题。二是实行了产业工会委员会制。7个市级产业工会以实行委员会制为突破口，将工作触角向与本产业相近的非公企业、行业协会延伸，并建立了自主性较强的决策运行机制，实现了组织体系由封闭型向开放型的转变、运行机制由行政化向社会化的转变、管理模式由机关化向民主化的转变、活动方式由部署型向需求型的转变。三是强化了“小三级”工会建设。乡镇（街道）、开发区（工业园区）建立总工会350余个、其他乡镇（街道、园区）改建为工会联合会，村（社区）普遍建立基层联合工会，对非公经济和社会组织等新领域的工会组织覆盖不断扩大。改革后，实现了工会组织的优化设置，增加了基层工会的工作力量，接长了工会工作的手臂和触角，基层工会组织和职工群众普遍反映，工会组织活力越来越强，运行效率越来越高了。

第三，基层基础进一步夯实强化，从空壳化到激发活力动力。改革前，基层工会缺编制、缺人员、缺阵地、缺经费现象普遍，开展工作多凭感情、依靠人脉，既没有基本的经费保障，也没有强硬的工作约束。通过改革，一是充实了区县及以下工会工作力量。普遍采取专职、兼职、挂职、购买社工服务、招募志愿者等方式，充实工会工作力量。区县总工会共增加行政编制 23 名，事业编制 209 名，乡镇（街道、园区）配备了专兼职副主席和群团工作综合岗，村（社区）在党组织班子中设立群团委员，非公经济和社会组织等基层工会带头人队伍也得到加强。二是增强了基层工会工作经费。市、区县总工会拿出本级留成工会经费的 20%，作为乡镇（街道）、开发区（工业园区）工会工作经费，有效解决了乡镇（街道）、开发区（工业园区）工会没有稳定工作经费的问题。三是健全了工会组织服务阵地。市总工会牵头打造了 14 个群团服务站市级示范点，区县总工会牵头打造了 160 个群团服务站，全市已建成区县职工服务中心 40 个、帮扶站点 7000 多个、爱心妈咪小屋 130 个。改革后，实现了工作力量下沉、资源下沉、经费下沉，有效解决了基层工会无人办事、无阵地办事、无经费办事的问题，基层工会作用发挥更加明显，工会组织在职工群众中的影响力得到了进一步提升。

第四，方式方法进一步创新转变，从行政化到让职工当主角。改革前，工会网上工作薄弱，基本没有开展网上服务，工会工作方式方法不接地气，不符合职工群众需求，导致职工群众参与度不高、获得感不强。通过改革，一是工会组织知晓度得到了有效提升。实施“互联网+工会”行动，打造“1 网+1 证+1 卡”的工会服务职工新模式，在建网、占网、用网上实现了突破。市总工会官方服务平台、“渝工娘家人”公众号和工会手机报发布的各类新闻及资讯，吸引了大批职工群众浏览和阅读，累计访问关注量达到 150 余万次。同时，改进工会宣传方式，开展了一系列形式多样、喜闻乐见的工会知识普及和工会改革宣传活动。二是职工群众参与度得到了有效提升。通过将工会组织的评选表彰面向社会公开推荐，区县、产业工会年度综合目标考核开展基层和职工满意度调查，实现职工需求定期调查制度，进一步强化了“面向基层、服务职工”的工作导向，活动方式逐步实现由自上而下到自下而上的转变。三是工会组织满意度得到了有效提升。改进工会品牌打造方式，重点推动技能提升、法律援助、四季帮扶、职工文化等服务品牌从常规化转向常态化+经常化，从高大上转向基层化+小众化，从自办型转向社会化+专业化，让职工群众有了更多的获得感。改革后，基本建立起了网上网下有效互动、引导社会组织有序参与的服务工作体系，逐步构建了“职工提出—工会主导—社会力量承办—职工参与—职工评价”的活动开展和工作评价机制，工会工作逐步从封闭运行转向开放多元，推动实现了工会服务品牌落小落细、更接地气，特别是“互联网+工会”建设赢得了社会和职工群众的好评。

第五，干部队伍进一步充实优化，从机关化到面向基层一线。改革前，工会机关干部来源单一、缺乏基层工作经历，没有深入职工群众、缺少服务职工的能力，一些机关干部安于现状，能进不能出、想进不想出，没有形成“一池活水”。通过改革，一是优化了干部队伍结构。在市、区县总工会和产业工会领导班子中全面推行专挂兼职相结合，市总工会配备挂职副主席 2 名、兼职副主席 4 名，市级产业工会配备挂职副主席 7 名、兼职副主席 27 名，区县总工会挂职副主席 44 名、兼职副主席 85 名，挂兼职比例都达到了 50%以上，一线职工也能够进入工会领导班子。二是强化了工会干部管理。通过出台《市总工会机关工作规则（试行）》《市总工会机关挂（兼）职干部管理实施细则（试行）》等一系列文件制度，进一步加强了日常管理和作风建设，做到了有章可循、有规可守。三是改进了干部队伍作风。在市、区县、乡镇（街道、园区）工会机关干部普遍推行了“四个一”的联系结对机制，促使广大工会干部深入基层、了解职工、解决困难。改革后，进一步拓宽了工会干部来源渠道，优化了工会干部队伍结构，增强了工会组织代表性，激发出了工会组织的生机活力。

工会改革涉及各级党政、工会组织和工会干部，涵盖了工会工作的方方面面，关系广大职工群众的切身利益，在全市各级党委坚强领导、政府大力支持和相关部门的积极配合下，得到了有力有序有效推进。回顾一年来的工会各项改革工作，主要有以下六点启示：一是必须落实党委主体责任。只有始终坚持自觉接受党的领导，强化群团组织的责任担当，才能确保工会改革方向正确、推动有力，形成党委统一领导、党政齐抓共管、部门各负其责、工会履职尽责的工作格局。二是必须坚持突出问题导向。只有坚持问题导向、需求导向、结果导向，找准工会工作、工会组织和工会干部中存在的具体问题，才能制定切实可行的改革举措，增强工会工作和服务职工的针对性、有效性和开放性。三是必须打开眼界思路胸襟。只有聚焦转职能、转方式、转作风，充分调动社会资源和力量，接长手臂、延伸触角、扩大影响，才能真正打破自娱自乐、自弹自唱、封闭运行的现状，实现资源统筹、力量整合、开放协同。四是必须突出群众性基层性。只有坚持眼睛向下、面向基层，以群众为中心、让群众当主角、由群众说了算，充分调动职工群众的积极性主动性创造性，才能有效转变工会工作的方式方法，切实增强工会组织的政治性先进性群众性。五是必须因地制宜分类指导。只有针对不同工作领域、不同职工群体来谋划推进改革，打通联系服务职工群众的“最后一公里”，才能让职工群众有更多获得感，切实承担起引导职工群众听党话、跟党走的政治责任。六是必须立足制度机制创新。只有按照可复制可推广的要求，把制度创新作为改革核心任务，把实践经验上升为制度成果，才能形成持续发展的体制机制，不断增强工会组织自我发展的活力和动力。

着力构建立体经审监督体系
在保障工会系统改革中彰显新作为

（2017 年 5 月）

全总经审办

自 2015 年 11 月全国总工会改革试点工作开展以来，各级工会经审组织和广大经审干部全面贯彻党的十八大和十八届三中、四中、五中、六中全会精神，贯彻落实中央党的群团工作会议精神，深入学习贯彻习近平总书记系列重要讲话精神特别是关于工人阶级和工会工作的重要论述，紧紧围绕全总十六届三次、四次、五次执委会议提出的目标任务，着力构建工会内部审计、国家审计、社会审计和职工会员监督相结合的立体经审监督体系，依法履行经审监督职责，努力推进审查审计监督全覆盖，在工会系统改革中发挥重要保障作用，以工作实效推动改革、彰显作为。

一、顺应工会改革要求，在服务大局中科学谋划经审工作

工会作为党领导的工人阶级群众组织，政治性是第一位的要求，包括经审工作在内的所有工会工作都时刻体现政治要求。

1. 提升政治站位、强化政治自觉。各级工会经审组织始终坚持正确政治方向，严守党的政治纪律和政治规矩，切实增强政治意识、大局意识、核心意识、看齐意识，坚决维护习近平总书记的核心地位，坚决贯彻党中央决策部署，始终在思想上政治上行动上同以习近平同志为核心的党中央保持高度一致。不断把习近平总书记系列重要讲话精神和治国理政新理念新思想新战略的学习引向深入，扎实推进“两学一做”学习教育常态化制度化。认真按照中央党的群团工作会议精

神，查找和解决思想认识、工作思路、方式方法、工作作风等方面的问题，牢牢把握保持和增强政治性先进性群众性这条主线，站在全局和战略的高度来思考和谋划经审工作，进一步找准经审工作在工会全局工作中的职责定位，找准经审工作的切入点和着力点，在工会系统改革中发挥积极作用。

2. 认清形势任务，强化使命担当。当前经审工作的内外部环境正在不断优化。从工会外部形势来看，党的十八大以来，党中央、国务院高度重视审计工作，党的十八届三中、四中全会从全面深化改革、全面依法治国的高度，对新形势下加强审计监督、完善审计制度、保障依法独立行使审计监督权提出了明确要求；中办、国办下发《关于完善审计制度若干重大问题的框架意见》及相关配套文件，国务院下发《关于加强审计工作的意见》，这些都为审计事业发展指明了方向，提供了强有力的制度保证。从工会内部环境来看，经济发展新常态、工会系统改革新任务和党风廉政建设新要求都迫切需要进一步发挥经审监督作用。李建国同志高度重视经审工作，在全总十六届三次、四次、五次执委会议上都讲到经审工作，提出明确要求。各级工会经审组织和广大经审干部认真贯彻执行李建国同志关于经审工作的重要指示精神，不断增强做好经审工作的责任感和紧迫感，切实担负起审查审计监督职责，严在平时，管在当下，筑牢制度笼子，严防工会经费和资产在管理使用中出现黑洞漏洞，以工作实效保障工会系统改革顺利开展。

二、坚持改革创新，着力构建立体经审监督体系

李建国同志在全总十六届五次执委会议上指出，工会资产要突出公益性服务性，工会经费要依法收缴、依法管理、依法使用，提高廉洁风险防控水平。要加强工会经费审查审计监督，积极构建工会内审、国家审计、社会审计、职工会员监督相结合的立体经审监督体系，进一步扎紧制度笼子，严防使用管理上出现黑洞漏洞，绝不能让工会经费和资产成为滋生腐败的土壤。

构建立体经审监督体系是新时期开展经审工作的新理念新战略新

要求，是保障工会经费资产安全完整效益和经济活动健康运行的现实需要，是落实全面从严治党要求、促进工会系统党风廉政建设的重要举措。

1. *充分发挥工会内部审计的主体作用*。近年来，各级工会经审组织认真贯彻中央关于审计工作的指示精神，在充分考虑审计资源、审计能力情况的基础上，周密部署、努力推行审计全覆盖，取得了一定成效。根据近几年工会审计实际，参考审计署实施审计全覆盖的工作经验，全总和各省级工会经审会对本级及直属企事业单位每年必审，对下一级工会保证届期审计全覆盖，努力做到应审必审、凡审必严。对个别问题多的单位切实加大审计频次，逐步实现有重点、有步骤、有深度、有成效的审计全覆盖。不断优化配置各层级审计资源，通过自审、交叉互审和聘用特邀审计员审计等多种形式开展审计，提高审计能力和效率。上级经审会切实加强对下级经审工作的指导与监督，一级抓一级、层层抓落实。通过有效的审计监督，推动及时完善制度、加强管理和化解风险，防止经费使用上出现黑洞漏洞，维护工会经费和资产安全完整。

2. *积极配合国家审计*。国家审计署在“十三五”国家审计工作发展规划中明确提出，对各级党政工作部门、事业单位、人民团体等部门预算执行和决算草案五年内至少审计 1 次，重点部门和单位每年审计，监督检查部门预决算的真实性、合法性和效益性，重点关注贯彻中央八项规定精神、“三公”经费和会议费支出等情况，促进严格预算约束，提高预算绩效管理水平。两年来，已有 10 个省级工会接受了地方政府审计部门的审计，全总本级 2016 年也接受了国家审计署的审计。国家审计作为强有力的外部监督力量，其对工会审计的根本目的与工会内审是一致的，工作方法和程序也基本趋同。各级工会经审组织积极构建与国家审计机关沟通的长效机制，主动配合国家审计机关到工会开展财政（行政）资金审计、经济责任审计和其他审计工作，不断学习他们的先进审计理念和审计方法，充分利用国家审计的成果，推动工会经费资产管理制度更加明细严格科学，保障工会经费资产使用管理规范化制度化。

3. 大力引入社会审计监督。工会经济活动比较繁杂，涉及不同行业、组织形式和管理模式。仅依靠经审组织自身力量难以达到监督要求，势必需要引入社会审计力量。当前全总和很多地方工会都通过购买服务等方式引入社会中介机构参与工会审计工作，解决工会审计力量不足的问题。《中华全国总工会经费审查委员会办公室关于聘请社会中介机构参与审计工作管理办法》已下发各地参照执行，对社会中介机构参与审计工作的方式、项目、选聘程序和工作要求等作出明确要求，并对其业务质量进行考评，逐步建立健全质量标准、绩效评估体系和退出机制，不断提高工会审计质量和审计结果的公信力。

4. 不断加大职工会员监督力度。从近几年规范化建设考核情况来看，全总和各省级工会（会员）代表大会、执委会、全委会都能做到定期听取经审工作报告，地市级以下工会也在不断健全完善工会经审工作向工会（会员）代表大会、全委会报告制度，充分发挥会员代表的民主监督作用。当前，在经费管理中，基层工会经费分成比例一般为 60%，是分成最多的、体量最大的，也是监督最薄弱的地方。上级工会经审组织坚持眼睛向下、重心下沉，切实加强对基层工会经费管理使用的审计力度，坚决整治和防范个别基层工会经费使用中的乱象。基层工会组织积极落实全总《关于加强基层工会经费收支管理的通知》要求，贯彻民主管理原则，逐步推进财务公开、定期公布账目，接受职工和会员监督，确保工会经费依法依规合理使用，真正惠及广大会员和职工群众。

上述四个方面相互结合、互为补充，逐步构建起以工会内部审计为主体、以国家审计为指导、以社会审计为补充、以职工会员监督为基础的立体经审监督体系，真正达到全方位、无死角的监督效果。

三、依法履职尽责，积极推进审计全覆盖

经审监督作为工会经费资产安全完整和经济活动健康运行的一道重要防线，在工会系统改革中发挥着重要保障作用。《全国总工会改革试点工作具体实施方案》对加强审查审计监督提出了明确要求；坚持工会经费使用进一步向基层倾斜、强化工会资产服务职工功能、构

建以精准帮扶为重点的服务职工体系、拓展职工职业技能培训等几方面任务也迫切需要发挥经审监督作用。一年多以来，各级工会经审组织找准经审工作服务工会系统改革的切入点和结合点，在履行审查审计监督职责中，做到旗帜鲜明、态度坚决、行动有力。

1. 审计覆盖面进一步拓展，努力消除空白点。各级工会经审组织按照统一领导、分级管理、分级负责、下审一级的工作体制，继续推进审计对象的全覆盖。全总经审会2016年共完成各类审计、检查项目74项，包括对中国工人出版社等5个全总直属企事业单位2015年度财务收支审计、对北京市总等8个省级工会2011—2015年度预算执行情况审计、对全总本级及直属企事业单位的49个竣工结算项目委托审计，并首次对中国石油天然气集团公司等5个在京中央企业工会2015年度财务收支情况进行了审计，进一步拓展了审计覆盖面。同时，还组织开展了经济责任审计，积极参与了全总对部分省区市工会系统落实中央八项规定精神情况的监督检查、专项整治检查工作，取得良好成效。

2. 审计监督力度进一步增大，层层推进成效显著。据统计，全国县以上工会经审组织2016年共开展本级审计1967项，直属企事业单位审计6812项，对下一级工会、独立管理经费的产业工会和直管基层工会审计36787项，领导干部任期经济责任审计1756项。审计各类专项资金56.9亿元，委托开展工会建设项目审计2014项，送审12.7亿元，审减1.5亿元，审减率12%。开展计拨审计共查出少、漏、欠缴工会经费5.5亿元，补缴入库3.4亿元，入库率62%。提出审计意见和建议4.8万条，落实整改4.2万条，整改率为87%。

3. 审计重点进一步突出，加强审计成果运用。着力加强对工会预决算的审查审计监督，加大源头参与力度，严把“预算关”，严格落实中央八项规定精神，压减一般性支出，绝不允许增加“三公”经费，做到在经费使用上厉行节约、精打细算、勤俭办事，最大限度地盘活存量资金，把更多的经费向基层工会倾斜。坚持问题导向，在对本级及其直属单位每年进行审计、对下一级工会每个审计周期全覆盖审一轮的基础上，对重点单位、重大建设项目、重要专项资金等实行每年审计、跟踪审计、专项审计，切实加大审计力度。不断强化对工会资产管理的监督，重点关注工会资产的使用方向和投入产出比，逐步构建科学合理的绩效审计评价体系，引导工会企事业切实发挥公益性和服务性效能。注重审改结合，建立健全整改跟踪督查联动机制，严肃整改问责追责，维护经审监督的权威性和严肃性。用好用足审计成果，将审查审计结果和整改情况作为考核、任免、奖惩领导干部的重要依据，充分发挥审计成果在加强干部管理、推进党风廉政建设等方面的作用。

四、加强经审自身建设，在保障改革中彰显作为

经济发展新常态、工会系统改革新任务和党风廉政建设新要求对经审干部队伍的思想作风、能力素质、纪律约束提出了更高标准。只有抓住改革机遇，努力打造一支政治坚定、业务精通、工会放心、职工信赖、业内认可的经审干部队伍，才能更好地服务工会工作全局，保障改革顺利推进。

1. 加强组织和队伍建设，切实增强审查审计力量。在工会改革中，经审工作只能加强、不能削弱。各级工会经审组织积极争取同级党委和工会的支持，以工会系统机构改革为契机，在努力保证工会经审组织机构和人员不减少、经审会主任专职配备的同时，认真落实《中国工会审计条例》对经审组织建设、机构设置、干部配备的要求，配齐配强经审会主要领导和经审办人员。上海市总在此次机构改革中，克服种种困难增加了经审干部编制，为经审办配备了6名专职的专业干部，其中4名具有中级以上会计职称，为做好经审工作打下了良好基础，其经验值得大力推广。

2. 加强能力建设，提升经审干部专业素养。经审工作政策性和专业性较强，想干好经审工作，光有干劲儿是不够的，还必须具备专业思维、专业素养和专业方法。引导广大经审干部树立“本领恐慌”意识，努力跟上时代节拍，加快专业知识更新，增强职业胜任能力。切实加强业务培训，立足于工作需要和干部个人成长需要，科学设计培训课程和班次，加快推进培训教材、培训师资库、网络培训建设。注

重在工作实践中培养锻炼干部，加大干部交流轮岗力度，不断提高经审干部的业务水平和工作能力。2016年各级工会经审组织共举办培训9346期，累计培训46.8万人次。

3. 健全完善制度体系，提高经审工作规范化水平。近年来，全总经审会十分注重加强制度建设，与全总财务部、资产监督管理部共同制定并以全总名义下发了《中华全国总工会关于加强工会财务管理、资产监督管理和经费审查审计监督的意见》，制定下发了《工会预算审查监督办法》《工会预算执行情况审计监督办法》《工会企业事业单位财务审计办法》《工会建设项目审计办法》《在京中央企业工会财务收支审计暂行办法》和《中华全国总工会经费审查委员会办公室关于聘请社会中介机构参与审计工作管理办法》等一批制度文件，从源头上进一步规范工会审计行为、提高审计质量、防范审计风险。

4. 牢固树立宗旨意识，锲而不舍抓作风建设。经审工作本质是服务，必须更好地服务大局、服务基层、服务职工群众。引导广大经审干部牢固树立宗旨意识，深入基层、深入实际、深入职工群众，加强调查研究，把准职工群众需求的脉搏，从工会经费保障上为职工群众服好务。坚持眼睛向下、工作下沉，以经审工作实效推动更多资源手段向基层倾斜，真正使基层工会建起来、转起来、活起来，真正打通工会组织联系服务职工的“最后一公里”。注重加强岗位廉政教育和职业道德教育，以树立正确的权力观、地位观、利益观为重点，构建审计廉政风险防控体系。严格执行中央八项规定精神和审计“八不准”工作纪律等规定，坚持不懈纠正“四风”，建立健全作风建设长效机制。

使命重在担当，实干铸就辉煌。各级工会经审组织和广大经审干部，将按照全总十六届五次执委会议的部署，勇于担当，主动作为，在工会系统改革中充分有效地发挥保障作用，以优异成绩迎接党的十九大胜利召开！

李玉赋在全国工会推广上海顾村经验观摩交流会上的讲话

（2017 年 5 月 26 日）

今天，我们在上海市宝山区召开顾村经验观摩交流会，主要任务是深入学习贯彻习近平总书记系列重要讲话精神特别是关于工会改革创新的重要论述，总结推广上海市宝山区顾村镇等地非公有制企业工会改革经验，交流借鉴各地加强基层工会建设的创新做法，进一步推动工会改革向基层延伸，激发基层工会活力，真正使基层工会建起来、转起来、活起来，通过改革给广大职工带来更多获得感。

上午，大家考察了顾村镇职工服务中心和上海法维莱交通车辆设备有限公司工会，听取了顾村镇总工会的经验介绍。刚才，上海市总工会、上海市宝山区委先后介绍了推进非公有制企业工会改革的经验，北京市总工会、江西省总工会、贵州省总工会、黑龙江省哈尔滨市总工会、浙江省宁波市总工会、广东省深圳市总工会分别介绍了加强工业园区、区域（行业）、社区等基层工会建设，拓展联系职工路径，激活基层“神经末梢”等经验做法。这些经验做法臻于实践、源于基层，各具特色、亮点纷呈，听后很受启发，希望大家结合实际认真学习借鉴。下面，我围绕会议主题，就加强基层工会建设讲几点意见。

一、站在全局高度，深刻认识加强基层工会建设的重要性和紧迫性

习近平总书记高度重视工会工作，对推进工会改革提出明确要求，围绕加强基层工会建设作出“三个着力”的重要指示，为做好新形势下工会工作提供了基本遵循，指明了前进方向。李建国同志对上

海市总工会在宝山区顾村镇启动非公有制企业工会改革试点给予充分肯定，要求总结推广。2016 年 12 月，全总印发了《上海市宝山区顾村镇加强基层工会建设的经验做法》。2017 年 1 月，全总十六届五次执委会议提出，要集中开展“强基层、补短板、增活力”行动，推广顾村镇等非公有制企业建会经验，把推进非公有制企业工会组建作为工会基层建设的重点，力争取得新突破，在维护职工合法权益上有新作为。我们要认真学习领会习近平总书记系列重要讲话精神特别是关于工人阶级和工会工作的重要论述，把思想统一到党中央决策部署上来，充分认识加强基层工会建设的重要意义，进一步增强责任感和紧迫感。

（一）加强基层工会建设是推动工会系统改革成果向基层延伸的重要举措。党中央决定在全总开展中央群团机关改革试点工作以来，全总坚持把推进工会改革作为重大任务，按照增“三性”、去“四化”、强基层、促创新的总体思路，有力有序推进改革创新，改革试点工作实现了既定目标，在一些重点领域和关键环节取得了新的突破。各省级工会在同级党委领导下，及时跟进、主动对接全总改革试点工作，结合实际谋划改革，目前上海、重庆工会改革试点工作取得阶段性成效，其他省（区、市）工会改革创新全面展开，形成了上下互动、全国“一盘棋”的良好局面。2017 年 2 月 6 日，习近平总书记主持召开中央深改组第三十二次会议，对全总改革试点工作给予充分肯定，强调要继续在建机制、强功能、增实效上下功夫，巩固和扩大改革成果。贯彻落实习近平总书记重要指示精神，必须把工会改革向纵深推进、改革成果向基层延伸，推动基层工会以改革为强劲动力，切实加强自身建设，使工会组织真正成为职工信赖的“职工之家”。

（二）加强基层工会建设是补齐工会短板的迫切需要。工会建设的薄弱环节在基层，工会工作的新鲜经验也来自于基层。近年来，各级工会把加强基层工会建设摆在突出位置，坚持眼睛向下、工作下沉，探索了许多新鲜经验，工作取得了积极进展。但是，基层工会建设还存在一些短板，仍然是工会建设的薄弱环节。比如，上级工会对基层工会指导不够及时有力，资源力量倾斜力度不够大；非公有制企业建会率和职工入会率偏低，工会工作还存在“盲区”和“飞地”；一些基层工会职能作用发挥不够，与维护职工合法权益、构建和谐劳动关系的现实需要相比还有不小差距；有些基层工会开展的活动对职工特别是青年职工、农民工的吸引力不够，不能满足职工的多样化需求；等等。基层工会是工会组织的重要基础，是工会发挥作用的重要环节。只有加强基层工会建设，提升基层工会工作质量和效能，才能补齐补足补好这些短板，把基层工会组织建设得更加充满活力、更加坚强有力。

（三）加强基层工会建设是巩固党的阶级基础和群众基础的内在要求。习近平总书记指出，要切实保持和增强党的群团工作的政治性。政治性是群团组织的灵魂，是第一位的。工会是群众组织，也是政治组织，承担着引导职工群众听党话、跟党走的政治责任。基层工会离职工最近，联系职工最直接，服务职工最具体，是工会工作的基础和关键，承担组织引导职工群众的政治责任更艰巨、任务更繁重。基层基础工作不实起来、活起来、强起来，工会就很难发挥桥梁纽带作用。按照习近平总书记关于加强基层工会建设“着力扩大覆盖面，增强代表性；着力强化服务意识，提高维权能力；着力加强队伍建设，提升保障水平”的重要指示精神，我们要持之以恒、常抓不懈，把广大职工更加紧密地团结在以习近平同志为核心的党中央周围。这样工会组织才能充分履行好忠诚党的事业、竭诚服务职工的使命和担当，为筑牢党执政的阶级基础和群众基础作出应有贡献。

二、抓住关键环节，大力推动基层工会改革

推动基层工会改革，既是深化工会改革的重要内容，也是加强基层工会建设的重要途径。各级工会要始终坚持正确方向，突出工作重点，找准工作切入点，推动工会改革各项部署落地见效。

（一）坚持党的领导，确保基层工会改革正确方向。坚持党的领导是做好工会工作的根本原则，是确保工会改革沿着正确方向前进的政治保证。推进基层工会改革，必须牢牢把握中国工会的性质和功能定位，切实增强政治意识、大局意识、核心意识、看齐意识，在思想

上政治上行动上始终同以习近平同志为核心的党中央保持高度一致，坚决贯彻落实党的大政方针和决策部署，自觉服从服务于党和国家工作大局，坚持中国特色社会主义工会发展道路，牢牢把握我国工人运动的时代主题，勇于责任担当、勇于直面问题、勇于改革创新，坚持在党委领导下推进工会改革、开展工会工作，努力把党的主张转化为广大职工的自觉行动。只有在党的领导下，主动争取各方面的支持，广泛动员社会资源，构建开放式、社会化格局，才能保证工会改革任务的顺利完成，有效提升基层工会服务职工群众的水平和能力。

（二）坚持职工为本，不断扩大工会组织有效覆盖。当前，我国企业特别是非公有制企业大量涌现。截至 2017 年 3 月底，全国各类市场主体 8900 多万户，其中个体私营经济占市场主体总数的 94.7%，个体私营经济从业人员 3.1 亿人。但企业特别是非公有制企业建会和职工入会进度总体上跟不上企业和职工增长速度。针对非公有制企业工会组建工作难题，顾村镇转变建会“找行政、找老板”的传统方式，坚持依靠职工、组织职工依法建会，充分发挥职工在建会工作中的主体作用，通过区域（行业）工会吸收未建会单位职工加入工会，建立“蓄水池”，待会员达到一定人数后倒逼企业支持建会。这是推进依法建会工作的有益实践和积极探索。各级工会要以总结推广顾村经验为契机，集中开展“强基层、补短板、增活力”行动，把非公有制企业作为夯实基层的切入点和着力点，推动基层工会工作整体水平的提高和作用的发挥。要从非公有制企业实际出发，注重通过建立联合基层工会和基层工会联合会的形式，扩大对中小微企业的有效覆盖。要积极推广网上申请入会、企业体制外职工单体入会做法，推行在农民工集聚地设立流动服务窗口等形式，畅通职工入会渠道，努力把包括农民工、劳务派遣工在内的广大职工最大限度地组织到工会中来。

（三）强化法治思维，推进基层工会依法履职维权。党的十八届四中全会作出了全面推进依法治国的重大战略部署。推进工会工作法治化建设，是法治国家、法治政府、法治社会一体化建设的重要组成部分，既是工会改革的重要内容，又为工会改革提供法治保障。为贯彻落实党的十八届四中全会精神，全总下发了《关于贯彻落实党的十八届四中全会精神大力推进工会工作法治化建设的实施意见》，各地工会也制定了相关文件，工会工作法治化建设取得了很好的成效。只有将法治思维和法治方式贯穿入会、建会、办会等各个环节，融入工会工作全过程，才能真正有效地推进工会改革、切实加强基层工会建设。顾村镇非公有制企业工会改革试点之所以能取得突破性进展，一个重要原因就是坚持以《工会法》和《中国工会章程》为基本依据，将《工会法》第十条的规定落到实处。推进基层工会改革，必须秉承法治精神，善于运用法律武器，依法依章程开展工作。要坚持依法建会、依法管会、依法履职、依法维权，运用法治思维和法治方式，不断提升基层工会建设法治化水平。要认真贯彻《工会基层组织选举工作条例》，把坚持党的领导、上级工会指导和尊重职工民主权利结合起来，严格把好工会主席候选人产生关，增强工会代表性。要积极推行“上代下”维权模式，合理界定基层工会工作职责，改变工会职责任务“上下一般粗”的状况，为基层工会“强体”减负，依法破解非公有制企业工会不敢维权、不愿维权问题。要坚持维权与维稳相统一，引导职工依法理性有序表达利益诉求，维护职工队伍和社会和谐稳定。

（四）创新活动方式，充分激发基层工会内生动力。着力开拓创新是推进工会改革的重要原则，是保持工会组织生命力的动力源泉。伴随着经济社会的发展，工会在推进改革方面进行了持续探索，形成了一系列理论和实践成果，但是工作中仍然存在一些脱离职工的现象，基层工会基础薄弱，组织体制不顺、运行机制不畅等问题还比较突出。推进基层工会改革，必须从实际出发，转职能、转方式、转作风，坚持以职工为中心，让职工当主角，以职工需求为导向，开展形式多样、富有工会特色的活动，切实提高职工的参与度。要深化“互联网＋”工会普惠性服务，运用工会网上工作平台，适应职工作息特点安排工作时间，推广“错峰服务”模式，打造方便快捷、务实高效的服务职工新通道，使工会组织更接地气、更旺人气。要按照全总近期下发的《推进基层工会组织和工会会员实名制管理工作方案》，做好会员实名制管理工作，在先行试点、总结经验的基础上全面铺开，逐步建立完善会员实名制与普惠服务综合管理系统，以普惠服务推进会员管理的实名制、信息化和网络化。要广泛开展“争创模范职工之家、争做职工信赖娘家人”活动，进一步增强广大工会干部的政治责任感和工作紧迫感，增强职工群众对工会组织的认同感和归属感，更好地实现工会对广大职工的团结、引导和服务。

（五）加强服务保障，大力夯实基层工会工作基础。长期以来，一些基层工会存在无人干事、无钱办事、无制度保障等问题。这既是基层工会改革要解决的重点，也是改革的难点所在。基层工会改革向前推进一步，服务保障就要跟进一步。在这方面，顾村镇总工会探索出成功经验，他们通过建立镇总工会财务结算中心，对暂未设立工会专项账户的基层工会，实行以上代下收缴经费、统一代管经费，确保了工会经费的依法收缴和管理使用。各级工会要坚持将工会资源向基层倾斜、力量向基层集中，帮助基层工会解决实际问题，打牢基层工作基础。要健全工会经费对下补助机制，建立完善工会干部激励机制，积极推广上海等地非公有制企业工会主席岗位补贴制度。要探索向规模企业选派专职工会干部制度，充实基层工会力量。要加大培训力度，用好大数据、“互联网＋”等手段，坚持线下培训和线上培训有机结合，不断提高基层工会干部履职能力和综合素质。

三、精心组织实施，确保基层工会建设取得新进展

一分部署，九分落实。要认真贯彻全总十六届五次执委会议部署，推动工会改革及其成果向基层延伸，关键要见诸行动、落到实处。各级工会要把加强基层工会建设摆上工会工作重要日程，发扬钉钉子精神，落细落实落小，盯紧抓牢、务见成效。

（一）加强组织领导，搞好督促检查。各级工会要以学习推广顾村经验为抓手，切实加强基层工会建设。地方工会主要领导要切实担负起第一责任人职责，亲力亲为、作出表率，一级抓一级、层层抓落实，推动形成主要领导亲自抓、分管领导具体抓、职能部门共同抓的工作格局。要针对不同地区、不同行业的企业在企业规模、组织形

式、职工队伍、工作基础等方面的差异，因地制宜、因企制宜、分类施策，有针对性地提出制定集中开展“强基层、补短板、增活力”行动方案，明确工作目标，落实责任分工，实现既定任务。要按照中央改革办《关于加大督察力度狠抓改革落实的通知》要求，把抓好工会各项改革任务落实摆到更重要的位置，加强改革督察力量，健全督察机制，创新督察方式，投入更多精力抓好改革落实工作。要拓展改革督察工作的广度深度，既要督任务、督进度、督成效，又要察认识、察责任、察作风，及时发现改革落实中的问题和工作短板，列出清单、明确责任，找出症结、提出对策，切实推动问题解决。

（二）注重典型引路，强化舆论宣传。这次上海市总工会选择宝山区顾村镇率先启动改革试点，点上积极探索，面上快速推进，效果很好。各地在这方面的创新经验也很多。我们要从理论和实践的结合上加强对基层经验的分析评估，对行之有效的经验做法，及时总结提炼、完善规范，在面上推广。要把运用典型经验指导工作作为重要的工作方法，注重发挥典型经验的示范引领作用，尊重基层首创精神，尊重基层实践，多听基层和一线声音，多取得第一手材料，鼓励创新创造，及时发现、总结、推广基层工会和广大职工创造的鲜活经验。总结经验不求全求大，要善于发现其亮点和特点，并帮助其不断完善、不断提高。学习经验不能照抄照搬，要结合自身实际，汲取其有益养分。推广经验不搞“一刀切”，要选择适合的地区和行业，先行先试，吸收消化再创新，探索积累经验，进而全面推广，打造出符合本地区、本产业（行业）特点的基层工会建设新模式。要创新宣传方式，用好传统媒体，重视发挥互联网等新兴媒体的作用，释放工会改革声音，凝聚改革共识，推动工会改革更加深入人心。全总《工人日报》、中工网带头，各级工会报刊网络都要开设专题专栏，深度报道宣传各地加强基层工会建设的经验和做法，推出一批先进典型，让各行各业、各种所有制企业的基层工会都能学会做，形成加强基层工会建设的浓厚氛围。

（三）改进工作作风，务求工作实效。要把加强基层工会建设作为一项长期任务，与改进工会干部工作作风结合起来，把党的群众路线作为工会工作的生命线和根本工作路线，推进“两学一做”学习教育常态化制度化，认真践行“三严三实”要求，严格执行中央八项规定精神，自觉抵制和纠正“四风”，防止和克服“四化”等脱离群众问题。要把加强基层工会建设与推进工会系统改革和产业工人队伍建设改革结合起来，与做好当前维权、维稳等各项工作结合起来，把加强基层工会建设作为推动工会工作创新发展的重要任务，抓在手上、毫不松懈。要落实工会机关干部直接联系群众和基层联系点等制度，探索建立工会服务职工满意度评价制度，深入基层，深入一线，心贴心、手拉手地做好服务工作，努力打通联系服务职工的“最后一公里”，把“职工之家”和“娘家人”的称号做得更加名副其实。

同志们，新形势新任务对推进工会改革、加强基层工会建设提出了新的要求。我们要更加紧密地团结在以习近平同志为核心的党中央周围，奋发进取、锐意创新，努力提升基层工会建设水平，增强工会组织吸引力凝聚力战斗力，奋力开创工会工作新局面，以优异成绩迎接党的十九大胜利召开。

上海市总工会
让工会改革举措在基层精准落地

非公企业工会是工会工作的薄弱环节。上海市总工会全面落实群团改革各项“硬指标”，坚持把非公企业工会作为上海工会改革的突破口，着力打通工会联系服务职工的“最后一公里”。

一、坚持依法依规，突破瓶颈难题

上海市总工会明确提出了坚持依法依规，坚持依靠职工推进非公企业工会改革的理念，推动非公企业工会真正“建起来、转起来、活起来”。一是破解职工建会难、会员意识不强问题，采取依托园区、楼宇等联合工会、建立综合分工会等措施，直接吸纳未建会企业职工入会。同时，积极推行会员实名制管理，以会员服务卡为载体，开展线上线下普惠、商惠和特惠活动，将会费直接惠及会员。二是破解基层工会不敢维权、不愿维权的问题，积极推行“上代下”维权模式，切实维护非公企业工会干部的合法权益，同时，建立外合内联机制，在外部与人社、法院、司法联动合作，在内部完善工会法律援助、法律监督、集体协商、民主管理“四位一体”维权体系。三是破解非公企业工会主席积极性不强的问题，进一步规范非公企业工会民主选举制度，大力推进企业民主管理、民主监督，建立非公企业兼职工会主席履职激励机制，把考核权交到职工手上。

二、坚持重心下沉，强化支撑保障

上海市总工会制定了关于加强街镇“小三级”工会经费保障等制度办法。一是经费下沉，让非公企业工会有钱办事。市总工会率先示范，每年拨付近亿元资金，直接用于保障街镇、行业工会建设、新建工会启动、职工企业外入会等工作，并会同市财政局联合推出服务“两非一无”会员项目经费政策，为非正规就业、非标准劳动关系、无单独建会人群的建会办会提供资金保障。二是干部队伍下沉，让非公企业工会有人有能力办事。市总工会出台指导意见，按照每2000~3000名职工、每30~50家企业安排1名工会社工的标准，为区域（行业）工会联合会配备专职工会干部，指导帮助非公企业工会开展工作。三是项目平台下沉。针对不同职工群体、不同类型工会推出可选择、可组合的服务项目“套餐”，并广泛吸纳非公企业职工参加上级工会举办的劳动竞赛、技能培训、文体娱乐等活动，着力建设有形阵地，在职工集中的园区、工地、楼宇等建立职工服务站、工会工作室，推动资源同城共享。

三、坚持深化拓展，扩大改革成效

上海市总工会主动将开展非公企业工会改革融入改革发展大局。一是坚持党的领导，确保正确方向，主动争取把非公企业工会改革列入地方党委重要议程，积极融入、服务区域化党建和社会治理，纳入各级党组织工作考核序列。二是点上积极探索，面上快速推进，选择宝山区顾村镇率先启动改革试点，并在总结试点经验基础上，逐步向各区、街镇拓展。同时，探索开展区域性、行业性工会两次覆盖，以人群为导向，做好流动、分散、灵活就业人群的入会和建会工作。目前，已有快递物流员、家政服务员、护工护理员、商场服务员、房产中介员、网约送餐员等就业人群逐步纳入改革拓展序列。三是用好法律武器，汇聚改革合力，大力推行职工企业体制外入会制度，对于企业拒绝建会的，运用“两书”、政府信用信息平台等手段，通过申工社、劳动报等工会媒体曝光，形成震慑。

（《工人日报》2017年5月31日08版）

中共上海市宝山区委员会
发挥党的优势推进非公企业工会改革

宝山区现有“双实”（实地、实体型）非公企业8000余家，从业职工36万余人，非公领域已成为党的群众工作的主阵地。

一、切实做到“领导有力”，推动工会改革向纵深发展

宝山区非公企业分布广泛、新兴产业集中，职工流动频繁、年轻职工集聚。全区上下形成共识，要把非公企业工会改革作为深化群团改革的重要突破口，凝聚起最强大的改革发展力量。

一是开展先行先试，区委支持工会在顾村镇先行试点，建立区镇两级组织架构和岗责体系，在全区整体推进非公企业工会改革，并将改革情况纳入区委重点推进和督查工作、街镇园区目标管理绩效考核、党建工作责任制检查和党组织书记抓基层党建工作述职评议考核内容，层层压实责任。

二是推进“三建融合”，坚持党建社建群建融合发展，形成互促共进良性态势。在非公经济领域，注重发挥工会依法先行进入优势，探索党员工会干部担任党建联络员，延伸党建触角。

二、切实做到“支持有力”，提升工会改革内涵与实效

一是强化政策支持，围绕破解“企业建会难”，区相关部门在酝酿推荐人大代表、政协委员、工商联执委等具有政治身份人士和评先评优活动中，主动征询工会对非公经济人士的意见。围绕破解“会费收缴难”，支持工会推行差异化经费管理、惠利会员项目等制度。

二是落实维权支持，把维护职工合法权益作为促进经济社会协调发展的重要保障，完善政府、工会、企业劳动关系三方协调以及法院

诉调对接、劳动仲裁部门快速维权、律师志愿团法律援助等机制，支持基层工会“上代下”维权，更好地发挥工会联系职工群众的桥梁纽带作用。

三是形成合力支持，将职工发展事业纳入经济社会发展规划，健全政府与工会联席会议制度，把工会主张和职工意愿及时体现到政府决策中。城管、税务、公安、市场监管等职能部门发挥专业优势，支持街镇园区工会探索街面工会、楼宇工会、租住地工会、社区工会等新型工会组织形式，为改革保驾护航。

三、切实做到“保障有力”，推动基层工会有效运作

一是队伍强基础，选优配强区镇两级工会干部，12 个街镇工会主席均由同级人大副主席（主任）兼任，全部配备正科实职专职副主席。探索规模以上非公企业、经济园区、楼宇配备专职工会干部，对兼职工会主席实行津补贴。加强政府购买服务，按照上海市总工会确定的社会化工会工作者配备比例，建立职业化、社会化工会工作者队伍，择优选派到区域性、行业性工会联合会或“双实”工会、联合工会任职。

二是经费有保障，区委支持工会经费“先收后返”，街镇园区工会留存控制在20%以内，把更多经费留在基层工会、惠及职工。区、街镇园区、居村工会工作经费列入同级财政预算，区镇两级政府每年安排服务职工实事项目，开展互助帮困、就业援助、专享保障等实事项目。每年安排 600 万元“两新”组织党建群建经费，覆盖非公企业工会等群团阵地建设。

三是服务聚资源，财政拨款 1.7 亿元，建设区职工文化活动中心，丰富职工精神文化生活。依托区域化党建和“红帆港”三级党建平台，在街镇、产业园区、楼宇等建立职工援助服务分中心和服务站，形成 193 个党群一体化站点，协同联系服务群众。

（《工人日报》2017 年 5 月 31 日 08 版）

北京市总工会
沟通会制度拓展联系服务职工新路径

北京市总工会及时跟进、主动对接全总深化改革工作要求，结合实际探索实行了职工沟通会制度，进一步拓展了会员发展途径，逐步建立联系服务职工的常态化工作机制，将工会改革有效延伸到基层。

一、着眼加强基层，倡导推出职工沟通会制度

北京市总工会提出建立职工沟通会制度的工作设想：组织全市各级工会机关干部、专职工会社会工作者、社区（村）工会专职干事，主动深入职工密集的区域，利用职工休息时间摆摊设点、主动推介，集中宣传工会组织的职能作用和会员服务项目，现场吸纳包括农民工、小微企业职工、零散就业人员在内的广大职工加入社区（村）联合工会。

二、坚持试点先行，不断完善职工沟通会制度

按照“试点先行，逐步推开”的工作思路，市总工会先后在顺义等3个区的7个乡镇（街道）开展试点工作。选点集中在职工较多的商务楼宇、工业园区、集贸市场，利用下班和周末时间，摆设工会工作摊点，向职工宣传中国工会的性质地位、建立工会和成为会员的好处、工会普惠服务，现场解答职工提出的问题。2016年8月，市总工会面向全市进行部署。截至2016年年底，全市共有130个乡镇（街道）、工业园区组织开展了职工沟通会工作，现场发展会员20747人，直接促成1622家企业建立工会。

三、加强统筹推进，深化发展职工沟通会制度

2017年4月，市总工会下发《关于深入开展职工沟通会的实施方

案》，全面规范工作目标、工作步骤、工作要求、职责分工和保障措施。包括：精准定位工会组织覆盖的“盲区”和空白点，将工会会员信息管理系统与税务代收管理系统、市人保局社保数据库进行对接，有效掌握职工分布情况；建立常态化运行机制，开展“错峰服务”，实行“错时上下班、按需开关门”工作制度，落实工作人员巡回、包干、交叉轮换职工沟通会站点等措施；建立社区（村）联合工会经费保障制度，每发展1名会员，由区、街道（乡镇）两级工会分别补贴30元经费；优化基层工会工作力量，逐步为全市5957个社区（村）联合工会各配备1名专职社会工作者，并健全完善薪酬保障机制；依法推动企业组建工会，对阻挠和限制职工参加和组织工会、阻挠和限制上级工会派员帮助指导职工组建工会的企业，纳入劳动保障守法诚信档案和企业信息信用公示系统“两个黑名单”，增强对违法行为的震慑效果。

（《工人日报》2017年5月31日08版）

江西省总工会
聚焦“薄弱点”全面加强工业园区工会建设

江西共有省级以上工业园区97个，下辖企业1.5万家。2016年以来，江西省总工会广泛开展了工会干部“进园区、强基层、惠职工、促发展”专项行动，形成了“工会组建薄弱点在园区，重点在园区，难点在园区，园区工会非抓不可、早抓早好”的共识。

一、演好重头戏，破解园区工会工作的发展瓶颈

一是破解工会组建覆盖难。积极推动将省级以上园区成立工会，列为地方党委群团工作会议、工会向党委专题汇报以及与政府联席会议重要议题，作为省市工会领导联系园区、寻求党政支持的重点内容。将职工25人以上、开业一年以上的正常经营企业作为组建重点，通过上门宣传、集中建会、普惠服务、依法倒逼企业支持建会等方式，新增企业工会2325个，新建区域（行业）工会联合会361个。二是破解机构人员配置难。通过社会化和深挖内潜等途径，自筹经费公开招聘214名工会协理员，聘用26名退居二线的科级干部专职从事工会工作，市、县工会还派出工作组常驻园区。三是破解工会活动开展难。省、市总工会拿出2000余万元推动园区职工活动场所建设，同时引导各基层工会建立“小药箱”“小书屋”“小影院”等“十小”服务阵地。四是破解工会干部履职难。首次举办了全省园区工会主席培训班，市、县工会先后举办园区企业工会干部培训班100余期，基本实现了对园区和企业工会干部培训全覆盖。

二、打好组合拳，激发园区工会工作的动力活力

一是建“三师一室”维权到家。在园区普遍建立了“三师一

室”，即法律援助律师、劳动关系协调师、健康咨询师和劳动争议调解室，着力化解劳资矛盾纠纷。二是推“普惠服务”实惠到家。大力推行“互联网+”工会普惠性服务，先后为园区职工发放工会普惠龙卡46万张。省职工互助保障会投入100余万元，为全省2.1万名已建档的园区困难职工每人赠送了一份二次医保，总保障额达16.3亿元。三是强“主力军作用”建功到家。园区和企业工会组织各类劳动竞赛和技术创新活动1995场次，参赛职工36.6万人次，参加各类职业技能培训的职工21万多人，收集合理化建议3.6万余条，选树培育园区劳模创新工作室200余家。

（《工人日报》2017年5月31日08版）

贵州省总工会
打造“一县一特”工会联合会建设品牌

2014年以来，贵州省总工会以推行“一县一特”模式——每个县（市）根据县域经济特色，打造至少一个区域（行业）工会建设品牌——为切入，扎实推进区域（行业）工会联合会建设。

一、坚持因地制宜，打造“一县一特”工会联合会建设品牌

2014年，省总工会在黔东南州开展区域（行业）工会联合会建设工作试点，经过一年努力，该州共建立区域（行业）工会联合会237个，每个县（市）都有了自己的区域（行业）工会建设品牌，成功打造了“一县一特”建会模式。

省总工会分别在黔东南州、黔南州召开现场观摩会，要求各地工会结合实际，层层抓好典型示范。截至2016年年底，全省88个县（区、市）工会全部根据各自产业和行业特点开展了区域（行业）工会联合会建设，共成立开发区（工业园区）、乡镇（街道）、社区工会联合会716个，成立建筑建材、交通运输、文化旅游、医药卫生、商贸物流、家政服务、民族工艺以及白酒、茶叶、煤炭、餐饮、快递等各具特色的行业工会联合会近300个。

同时，省总工会不断加大工作和资金投入。近三年累计投入资金5000多万元，采取“以奖代补”方式，在全省深入开展基层工会规范化示范点建设。目前，全省企业动态建会率和职工动态入会率均达90%以上，工会会员每年新增100万以上，其中农民工会员占80%以上。

二、着眼长远长效，增强区域（行业）工会联合会建设活力

一是严格按照联合制、代表制原则，规范区域（行业）工会联合

会成立程序和组织架构，明确工会联合会委员由成员单位工会的负责人及有关方面代表组成，所辖基层单位规范建立单独工会委员会或联合基层工会，防止出现虚假覆盖问题。二是坚持资源、力量向基层倾斜，全省先后招聘了1201名社会化工会工作者，主要放在县以下区域（行业）工会联合会使用。三是普遍落实“五个一”的工作要求，即每年召开一次会员代表大会，召开一次职工代表大会，与企业行政开展一次工资集体协商，开展一次劳动技能竞赛活动，开展一项职工群众喜闻乐见的文化体育活动，有效破解中小企业工会开展活动难、依法维权难等问题。

（《工人日报》2017年5月31日08版）

哈尔滨市总工会
力推工会组织工会工作“两个覆盖”

哈尔滨市总工会明确开发区工业园区工会、行业主管部门工会、乡镇（街道）和村（社区）工会三类主体的建会责任，全面推进工会组织和工会工作“两个覆盖”。

一、明确园区工会责任，推进园区内企业工会普遍建

明确园区工会是区内企业建会第一责任主体，全面负责指导区内企业建会工作。一是落实“三同时”建会模式，即在企业注册登记时签订建会协议，企业开工建设时筹建工会组织，企业投产运营时开展工会工作。二是坚持党建带工建、党工共建，将符合条件的党组织负责人作为工会主席候选人，把创建职工之家与创建先进党组织相结合，把开展“工人先锋号”创建活动、职工技能比赛与开展“党员先锋岗”创建活动相结合，把争当文明职工与争创优秀党员相结合，实现党建工建“双促双赢”。

二、明确行业主管部门工会责任，推进园区外规模企业工会规范建

由县（区、市）总工会牵头，联合行业主管部门，成立工会组织建设推进工作组，归口负责抓好非公企业建会工作。一是大力推进行业工会建设，先后建立了物流、纺织、汽配、广告喷绘、铁艺、饮品、餐饮等行业工会。二是充分发挥行业主管部门工会作用，依法推进社会组织建会。

三、明确乡镇（街道）、村（社区）工会责任，推进零星分散企业工会挂靠建

由街道（乡镇）、社区（村）工会负责园区外中小微企业、有劳动关系的中介组织和个体工商户等建会工作。一是抓社区，实现网格兜底，建立健全750个社区工会联合会，通过网格化管理，由社区党员网格长担任主席，分片建立工会联合会，并坚持“会、站、家”一体化建设。二是抓商圈，拓展工作领域，以专业市场、综合市场、商务楼宇、“孵化器”等为单位，建立商圈联合工会，并建立联席会、工会恳谈会、职工联系会。三是抓村屯，加强农民工入会宣传引导，及时转接返乡创业农民工的会员组织关系。

四、坚持资源下沉，强化建会工作服务保障

坚持力量下沉、经费下沉、服务下沉，将招聘的385名社会化工会工作者和组织员充实到基层工会，完善薪酬保障和绩效考核机制，助推“两个覆盖”长效发展。

（《工人日报》2017年5月31日08版）

宁波市总工会
建强“小三级” 锻造活力工会

宁波市总工会坚持把工作重心向“小三级”工会倾斜，基层工会活力明显增强，服务职工渠道更加通畅。

一、筑牢“桥头堡”，切实做强乡镇（街道）工会

一是专兼结合，出台进一步加强镇乡（街道）工会建设的实施意见，招聘社会化工会工作者，推进镇街工会干部兼职化改革。二是健全机制，探索市总直接联系镇街工会机制，建立落实基层联系点和工作例会制度，推动镇街工会主席每季度轮流打擂台、赛实绩等机制。三是坚持“心往基层想、人往基层走、钱往基层投、事在基层办”理念，为镇街工会工作提供保障。

二、打通“中梗阻”，有效运转区域（行业）工会

一是激发商圈工会新活力，聚焦城市商业综合体，深入开展建会行动，不断健全工作网络，以购买服务方式配备工会工作指导员（联络员），同时，加强与党委组织部门协调配合，共建共享区域性党群服务设施，并积极引导和培育职工活力社团，开辟“工创家”活动阵地，开展“众筹式”活动。二是探索工业社区工会新模式，实施“定岗位职责、定目标考核、定工作保障，统筹人员使用”工作模式，建立起“区域社区—片区—企业”新的基层工会“小三级”等。三是提升村级工会新能级，在村级工会推广村（社区）、片区、企业的“1+P+X”模式，建立和谐联创、阵地联建、维权联手、活动联搞、服务联动的“五联”工作机制和“六个一”内容清单，并采取“村（社区）书记+社会化工会工作者”“村（社区）书记+工会志愿者”

和“村（社区）政工负责人+其他班子成员”三种干部配备模式，创新补助方式，解决经费紧张问题。

三、激活“子细胞”，着力打造基层活力工会

一是构筑广覆盖组织体系，聚焦新兴行业、新社会组织，积极探索以商场工会为依托、组织商业信息员入会，建立镇街直属联合工会，打造工会服务平台，吸纳职工入会。二是开展分类型星级创建，分成示范引领、规范建设、成长扶持、休眠空壳4类，以大带小、以强扶弱。三是优化多元化工作保障，实施三星级及以上非公企业工会主席工作补贴制，推广绩效积分岗位津贴制度，明确职业化工会工作者职级发展通道，夯实基层基础。

（《工人日报》2017年5月31日08版）

深圳市总工会
社区工会联合会激活神经末梢

2014年起，深圳市总工会确立“建设有用工会、实力工会、办好源头治理劳资纠纷试验区”的工作思路，围绕“深耕基层、最大限度凝聚和团结工人”这一中心，在做实社区工会联合会（以下简称工联会）等方面大胆探索实践，进一步激活工会组织“毛细血管”。

一、坚持资源下沉，做实做强社区工联会

选择宝安和平社区、龙岗嶂背社区、龙华银星高科技工业园作为源头治理劳资纠纷试验区，将其打造成汇聚工会资源、发挥组织优势、密切联系职工、提升运作水平的工会基层组织枢纽。一是资源下沉，市、区、街道三级工会在人员、资金、活动场所上对工联会给予重点扶持，上级工会干部与职业化工会工作者并肩作战。二是创新模式，明确工联会接受同级党组织和上级工会双重领导，工作经费主要由市、区两级总工会负责拨付，确保工联会依法依章程独立自主地开展工作。

二、坚持联合制代表制原则，构筑有效覆盖的基层组织网络

以社区工联会为枢纽，不断扩大工会组织有效覆盖。工联会由社区工会会员代表民主选举产生，大企业工会主席、社区代表、职业化工会工作者等任委员，并由职业化工会工作者担任常务副主席，明确小微企业工人可以直接申请加入工联会。从而形成了以工联会委员为核心，以职业化工会工作者团队为中坚，同时汇集多方资源的基层工会工作力量。

三、坚持高素质职业化标准，培育愿做善做能做工会工作的专业团队

高起点把好入口关，面向全国选聘“高素质、复合型、年轻化”的社会化工会工作者放在试验区使用。为保证他们有效履职，在入职之初即安排进工厂、下产线，与工人同吃同住同劳动，建立工人情怀；同时，探索科学高效的工作流程和管理模式，为职业化工会工作者提供工作指引和行动指南。

四、坚持发现培养和示范带动，发展扎根职工的工会积极分子队伍

依托工联会，注意发现和培养活跃分子，并通过定期培训、案例研讨、团队游戏等方式，潜移默化地进行工会意识教育，让他们在活动小组或职工兴趣协会从事运作管理工作，锻炼组织领导能力。目前，已有1566名工会积极分子，成为传播工会意识的宣传队、工会团结职工的播种机和企业工会干部队伍的后备军。

（《工人日报》2017年5月31日08版）

全国总工会关于推动非公有制企业工会组织建设增强基层工会活力的情况报告

（2017年6月）

一、大力推广顾村经验，发挥典型引路作用

2016年11月，建国主席就学习贯彻党的十八届六中全会精神、推进工会工作改革创新在上海调研时，对宝山区顾村镇总工会坚持依法建会、依法管会、依法履职、依法维权，破解非公有制企业工会组建难、职工入会难等问题的做法，给予充分肯定，要求作为典型总结推广。2017年1月16日，建国主席在全总十六届五次执委会议上强调，要贯彻落实习近平总书记关于加强基层工会建设的重要指示精神，把推进非公有制企业工会组建作为工会基层建设的重点，力争取得新突破。玉赋同志在部署今年工作时指出，要集中开展“强基层、补短板、增活力”行动，把非公有制企业作为夯实基层的切入点和着力点，真正使基层工会建起来、转起来、活起来。

半年来，各级工会认真贯彻落实全总十六届五次执委会议部署，在同级党委领导下，大胆探索、积极实践，着力推动非公有制企业工会组织建设，不断激发基层工会活力，取得了阶段性成果。今年年初，全国工会基层工作会议对总结推广顾村经验、补齐基层工会工作短板进行专门部署，将推广顾村经验作为重点，制定推进方案，明确工作举措和任务目标。全总党组、书记处领导同志带头深入各地调研督导，相关职能部门先后赴14个省（区、市）开展20批次专题调研。上海市总工会召开全市非公有制企业工会改革工作推进会，将改革试点单位扩大到全市16个区的18个街镇（开发区），全面深化拓展顾村经验。辽宁、江苏、广东等省总工会召开专题会议，部署顾村

经验推广工作。5 月 26 日，全总在上海召开全国工会推广顾村经验观摩交流会，玉赋同志出席会议并讲话，就深入学习贯彻习近平总书记系列重要讲话精神特别是关于工会改革创新的重要论述，按照建国主席要求，总结推广上海市宝山区顾村镇等地非公有制企业工会改革经验，加强基层工会建设进行动员部署。各省（区、市）总工会、新疆生产建设兵团工会负责同志及基层工作部门主要负责同志，各全国产业工会、中共中央直属机关工会联合会、中央国家机关工会联合会主要负责同志等参加会议，大家表示，顾村镇总工会聚焦依法建会、依法管会、依法履职、依法维权，扎实开展非公有制企业工会改革试点工作，经验值得学、可以学，这次会议解渴、接地气，开得非常及时和成功。截至目前，各地工会已有 21 批 410 余人次赴顾村学习考察，上下联动、全国一盘棋推广顾村经验的态势已经形成。《工人日报》、中工网开设“基层工会调研行”等专栏，各地工会充分运用报纸、电视台、电台及新媒体，深度报道基层工会建设的创新经验，营造了重视基层、加强基层、服务基层的浓厚氛围。

二、积极创新建会方式，扩大工会有效覆盖

各级工会深化党建带工建机制，把法治思维和法治方式贯穿到一系列创新探索举措之中，根据区域、群体、行业特点，分别施策，综合运用正向引导职工建会与反向倒逼企业支持建会方式，不断提升非公有制企业建会率。北京市总工会牢牢把握坚决依法办事，坚持职工主体地位，组织职工、依靠职工依法建会这一顾村经验核心精髓，探索建立职工沟通会制度，面对面向职工宣传工会的职能作用和会员服务项目，今年以来现场发展会员 1.1 万人，直接促成 600 余家非公有制企业建立工会。江西省总工会坚持完善目标分解、督查通报、考核激励、集中行动等制度，持续开展工会“进园区”活动，今年新增建会企业 6825 个，园区内非公有制企业建会率达到 89.6%。安徽、贵州等省总工会着眼于中小微企业数量大，但单个企业职工人数少、流动快等实际，通过加强联合基层工会和基层工会联合会建设，扩大对中小微企业的有效覆盖。广东深圳市总工会探索建立源头治理劳资纠

纷试验区，通过加强社区工会联合会建设等措施激活基层“神经末梢”的经验做法，为加强基层工会建设提供了有益借鉴。广西柳州市总工会发挥产业链上的龙头企业、先进企业、规模企业工会优势，积极开展“联建联创”（推动非公有制企业建会建家，创建劳动关系和谐园区和谐企业）工会建设活动，进一步扩大了工会组织覆盖面。

三、不断拓展普惠服务，吸引职工主动入会

各级工会认真贯彻全国“互联网+”工会普惠性服务现场推进会精神，将开展普惠服务作为吸引非公有制企业职工入会的有效手段，先服务职工再发展会员、先活动覆盖再组织覆盖，最大限度地将包括农民工、劳务派遣工在内的广大职工吸引到工会中来。加强统筹谋划，明确2017年“互联网+”工会普惠性服务重点工作安排，积极探索全国性“互联网+”工会普惠性服务示范项目。大力推进工会会员服务卡建设，打造方便快捷、务实高效的服务职工新通道，形成服务促进入会、入会享受服务的良好局面。坚持将更多的人力物力财力投入到服务职工、普惠会员的实事上，主动争取政府有关部门支持和社会力量参与，积极实行社会化运作，通过购买专业服务项目的方式，接长服务职工工作的手臂，构建社会化、市场化、多元化、开放型的普惠服务职工工作格局。目前，已有内蒙古、湖北等近20个省份全面部署开展“互联网+”工会普惠性服务，其余省份均已开展试点工作。天津滨海新区总工会开启从开发区层面向基层工会延伸的“错峰服务”模式，让职工随时随地感受到“职工之家”的人文关怀和热情服务。

四、有序推进实名管理，夯实工会工作基础

全总成立基层工会组织和工会会员实名制管理工作领导小组，把基层工会组织和工会会员信息化、精准化管理作为牵引非公有制企业工会组建的重要基础，创新基层工会组织形态、工作载体和运行机制。结合推进工会网上工作，制定《推进基层工会组织和工会会员实名制管理工作方案》，健全整体谋划、分层管理、分工负责、紧密协

作的工作机制。全总明确基本原则、目标任务、主要工作和进度安排，统一数据标准和数据交换标准，并指导条件具备的地方先行试点；省级工会统筹协调本地区实名制管理工作，推动各级地方工会和基层工会落实全总要求。目前多数省份启动了实名制管理试点工作，浙江、重庆等10余个省份的实名制管理工作已全面开展，河北、河南等省纳入数据库实名制、动态管理的工会会员已占本地会员总数的60%以上。

五、切实加强制度建设，提高基层工作水平

各级工会认真贯彻全总改革文件要求，大力推进基层工会规范化建设，确保基层工会工作扎实有序推进。坚持把规范选举作为加强基层工会建设的重要抓手，总结推广山东潍坊、山西临汾等地基层工会规范选举工作经验，严把工会主席候选人产生关，推动地方工会把坚持党的领导、上级工会指导以及尊重和保障会员民主权利结合起来。健全完善会员（代表）大会制度，落实会员群众的知情权、参与权、选举权和监督权，加强基层工会民主化建设。以开展“六有”（有依法选举的工会主席，有独立健全的组织机构，有服务职工的活动载体，有健全完善的制度机制，有自主管理的工会经费，有会员满意的工作绩效）工会建设和“双争”（争创模范职工之家、争做职工信赖“娘家人”）活动为抓手，积极推进“会、站、家”一体化建设。

目前，推广顾村经验、加强基层工会建设，已成为各级工会的广泛共识和自觉行动，非公有制企业工会组织建设取得了积极进展，基层工会活力正逐步得到激发。但是基层工会特别是非公有制企业工会建设还存在一些短板和薄弱环节，部分非公有制企业还没有被工会组织覆盖，工会规范化建设有待继续加强，增强基层工会活力的工作任重道远，这些都需要引起高度重视，切实加以改进。

今后，我们要进一步加强非公有制企业工会组织建设，推动非公有制企业依法普遍建会，不断扩大工会组织有效覆盖；进一步加强“互联网+”工会普惠性服务工作，适时举办培训班，组织开展交流研讨活动，及时总结推广经验；进一步加强基层工会规范化建设，召

开全国工会规范基层工会选举工作现场经验交流会；进一步加强“会、站、家”一体化工作，积极探索建立“全国模范职工之家”动态评估管理机制，做实叫响职工之家品牌；进一步加强基层工会服务保障，推行非公有制企业工会主席岗位补贴制度，将工会资源向基层倾斜、力量向基层集中；进一步加强培训工作，提高基层工会干部履职能力和综合素质，适时研究出台工会社工队伍管理实施细则，充实基层工会工作力量。

全国总工会党组2017年上半年抓改革督察问效进展情况总结

(2017年7月13日)

2017年上半年，在李建国同志直接领导下，全总党组紧紧围绕落实中央改革重点任务，继续推进改革创新各项工作，全总党组书记、副主席、书记处第一书记李玉赋同志坚决履行主体责任，带领党组、书记处同志自觉承担责任、加大督察力度、狠抓改革落实，全总改革试点工作不断深化，省（区、市）工会改革全面铺开，工会改革取得重要阶段性成果，产业工人队伍建设改革起步平稳、开局良好。

一、深入学习贯彻习近平总书记系列重要讲话精神特别是关于狠抓改革落实的重要论述，始终把抓改革举措落地作为一项重大政治责任

（一）坚持不懈强化理论武装。2017年上半年，全总党组通过召开党组（扩大）会议、理论学习中心组会议、专题研讨会等多种形式，深入学习贯彻习近平总书记系列重要讲话精神和治国理政新理念新思想新战略，第一时间传达、原原本本学习中央全面深化改革领导小组第三十二次、三十三次、三十四次、三十五次、三十六次会议精神，牢固树立政治意识、大局意识、核心意识、看齐意识，始终在思想上政治上行动上同以习近平同志为核心的党中央保持高度一致。2月6日上午，中央深改组第三十二次会议审议通过《新时期产业工人队伍建设改革方案》《关于全国总工会改革试点工作总结报告》后，全总党组于当天下午召开专门会议，传达学习会议精神，对贯彻落实《新时期产业工人队伍建设改革方案》、深化工会系统改革创新作出部

署。全总党组还就学习贯彻习近平总书记在深改组第三十三次会议上的重要讲话精神向改革办报送专题报告。上半年，全总党组和理论学习中心组专题学习 8 次。全总党组主要负责同志分别在《求是》《中直党建》发表《建设宏大的产业工人队伍 唱响新时代的劳动者之歌》《把握正确方向坚持问题导向以工会改革创新优异成绩迎接党的十九大胜利召开》文章。全总机关和各级工会就抓改革落实进行了多种形式的学习。通过广泛深入的学习，各级工会和广大工会干部进一步坚定了抓改革落实的思想自觉和行动自觉。

（二）始终把抓改革落实摆在重要位置。2017 年 1 月 16 日召开的全总十六届五次执委会议，6 月 7 日召开的全总十六届十二次主席会议，均把深化工会改革、牵头抓好《新时期产业工人队伍建设改革方案》实施作为重点任务。全总党组、书记处围绕改革任务部署，扎实开展工作，推动改革举措落地见效。一是推动《新时期产业工人队伍建设改革方案》贯彻落实。4 月中旬，党中央、国务院印发《新时期产业工人队伍建设改革方案》，全总立即着手抓好各项落实工作，专门召开相关部门负责人会议落实责任分工，筹备召开推进产业工人队伍建设改革协调小组全体会议，研究制订贯彻落实的工作方案和 2017 年工作安排，研究制订《贯彻落实〈新时期产业工人队伍建设改革方案〉全总负责任务实施方案》。及时印发《中华全国总工会关于认真学习宣传贯彻〈新时期产业工人队伍建设改革方案〉的通知》，统筹协调中央和工会新闻媒体做好改革方案的宣传解读工作，传递党中央对包括产业工人在内的工人阶级的高度重视和亲切关怀，激发广大产业工人参与改革的热情，为推进改革营造良好氛围。二是抓好工会系统深化改革。举办工会系统推进改革工作会议暨“深入推进工会改革创新”专题研讨班。召开全国工会推广上海顾村经验观摩交流会，制订《推进基层工会组织和工会会员实名制管理工作方案》，开展“强基层、补短板、增活力”行动，扩大工会有效覆盖，激发基层工会生机活力。配合中央组织部做好《全面深化改革问题研究》重点课题调研。三是指导省级地方工会、全国产业工会推进改革创新，在建机制、强功能、增实效上下功夫，形成上下联动、左右互动、整体推动的良好态势。

（三）高度重视督察问效工作。一是着力健全督察机制。规范督促检查工作流程，实现全过程、动态化管理，建立健全分解立项、限期报告、协同沟通、调查复核、跟踪问效等制度机制，充分发挥改革督察打通关节、疏通堵点、破除阻力、追效问责的作用。前不久，中共中央印发《关于加强新形势下党的督促检查工作的意见》，全总党组认真学习领会，正在抓紧研究制定具体落实措施。二是着力创新督察方式。坚持用改革创新精神推动督察工作，更新观念、创新方法，把书面督察与实地督察、独立督察与联合督察、明察与暗访相结合，对督察发现的问题，有什么问题就整改什么问题，是谁的问题就由谁来负责整改，不断拓展改革督察的广度深度。三是着力加强改革督察力量。赋予督察机构组织协调、调查核实、情况通报、处理问题等职权，分级开展督促检查工作，一级抓一级，层层抓落实。加强力量配备，选择政治坚定、业务过硬、综合协调能力强的干部做督察工作，压担子、抓培训，提高其综合协调、把握政策、调查研究、决策参谋能力。

二、亲力亲为，以上率下，全总党组主要负责同志主动履行抓改革落实的主体责任

李玉赋同志作为全总党组书记、全总改革试点工作领导小组组长、推进产业工人队伍建设改革协调小组组长，始终把抓改革落实的主体责任扛在肩上，全力以赴抓改革、扑下身子抓落实，从制订改革方案到部署实施、政策配套、督察落实，都勇于担当、靠前指挥，亲自上手、全程参与，为全总承担的改革任务顺利推进发挥了领军示范作用。

（一）抓总体谋划。始终高度重视把好改革的政治方向关，坚持以习近平总书记系列重要讲话精神和治国理政新理念新思想新战略为行动指南，贯彻落实自觉接受党的领导、团结服务职工群众、依法依章程开展工作相统一的根本原则，牢牢把握我国工会的根本性质和功能定位，紧紧围绕增强工会工作和工会组织的政治性、先进性、群众

性这条主线，始终保持工会改革的正确政治方向。既统筹考虑宏观层面的问题，自觉把工会改革和产业工人队伍建设改革放在党和国家工作大局中认识思考谋划，又统筹考虑微观层面的问题，认真做好思想武装、问题查找、调研论证、方案研制工作，使工会改革的思路、原则、举措有底气、接地气，为推进改革奠定了坚实基础。

（二）抓推进落实。把推进改革方案落实牢牢抓在手上，坚持思想教育先行，在机关和赴地方调研期间反复向大家宣讲改革的重要性，要求工会干部提高政治站位，正确看待改革、充分理解改革，引导干部统一思想、凝聚共识、形成合力。亲自审改学习宣传贯彻《新时期产业工人队伍建设改革方案》的工作方案和新闻稿、评论员文章、答记者问等宣传材料，撰写理论文章、接受中央电视台专访。做好改革方案的实化细化工作，组织征集牵头单位、参与单位落实《新时期产业工人队伍建设改革方案》拟出台的制度文件、计划和工作项目等，力求做到对症下药，推动改革精准落地。注意加强沟通协同、虚心听取大家意见，注重调动各方积极性，处理好轻重难易关系，履行牵头抓总部门责任，密切与相关部门沟通联系，协同推动改革方案落实。

（三）抓跟踪问效。始终高度重视改革成效问题，一竿子插到底，深入车间、码头、工地、工会基层服务站点、联系点了解工会组建和会员发展、基层工会运转、维权维稳、普惠性服务等方面改革举措的实践效果，与一线职工交流座谈，了解工作生活学习困难和对工会的需求，发现问题、疏通堵点，健全完善反馈机制，着力破解改革落实中的阻力。重视建立抓改革落实的责任制，紧盯责任主体，抓住“关键少数”，明确全总党组成员、全总部门单位和省级工会主要负责同志抓任务、抓进度、抓成效的责任，把责任一级一级压下去。坚持从自身做起，带头挑最重的担子，啃最硬的骨头，亲自担任全总党建工作领导小组组长，研究解决工会系统加强党的领导、党的建设、全面从严治党等重大问题，连续 3 年召开全国工会党风廉政建设工作会议，营造工会系统风清气正的政治生态。

（四）抓作风改进。始终注重把抓改革落实的过程作为改进工会作风、提升干部能力的过程。推动各级工会认真践行党的群众路线，坚持职工主体地位，问计于职工、问需于职工，建立依靠职工推进工作的运行机制，不断增强工会组织和工会工作政治性、先进性、群众性，努力克服“四化”现象。引导工会干部打开眼界、打开思路、打开胸襟，争当改革促进派和实干家，勇于责任担当、勇于直面问题、勇于自我革新，在推进改革中接受考验、增长才干、提升能力，用改革成效打动人心、温暖人心、影响人心、赢得人心，增强广大职工对工会改革的获得感。

三、加强督察，务求实效，着力突破工会工作难题

（一）*以督察全覆盖促改革*。全总于5月下旬至6月底开展的专项督察，围绕工会改革、贯彻落实《新时期产业工人队伍建设改革方案》和《中共中央关于全面深化改革若干重大问题的决定》《中共中央关于加强和改进党的群团工作的意见》《中共中央、国务院关于深化国有企业改革的指导意见》分工中全总牵头的6项改革任务进行，采取书面督察和实地督察相结合，既督任务、督进度、督成效，又察认识、察责任、察作风，8个督察调研组、省级地方工会和全总机关部门单位均形成专题报告。通过督察，省级地方工会主动作为、稳步推进各项改革任务，认识到位、责任明确、作风扎实。一是工会改革普遍进入施工高峰期，认真贯彻落实省级党委批准的改革方案，普遍定于2018年年底前完成省级、市级、县级工会改革，改革进度符合预期。二是对贯彻落实《新时期产业工人队伍建设改革方案》，普遍进行了认真的传达学习、广泛的公开宣传，绝大多数省级党委指定工会牵头，成立工作协调机构、开展调查研究，着手制定贯彻落实的实施办法，改革任务落到了实处。三是对另外6项改革任务，全总有关单位都按照党组、书记处的要求，把相关工作纳入年度工作计划，落实责任分工，细化工作方案，明确工作进度和具体举措，广泛开展践行社会主义核心价值观主题活动、制定劳动和技能竞赛规划、切实推动保障和落实职工民主权利、探索建立资金管理公开制度和第三方监督评价机制；地方工会普遍从推动制定修订地方性法规、联合政府有

关部门出台政策、健全完善制度机制、策划品牌活动、改进工作方式方法等方面着手，加强对职工的思想政治引领、创新职工建功立业载体、完善国有企业民主管理制度、建立志愿服务组织开展志愿服务活动、规范工会资金管理，改革成效比较明显。

（二）以点带面促破解难题。全总尊重职工首创精神，汲取基层智慧，注重抓正面典型，及时发现总结基层创新举措和鲜活经验，以点带面、综合施策，破解工会工作难点。总结推广上海宝山区顾村镇总工会非公有制企业建会经验、基层工会源头治理劳资纠纷试验区、“错峰服务”模式等做法，与加大工会经费向基层倾斜力度、实行编制“减上补下”、建设社会化工会工作者队伍、推动会员实名制管理等加强基层工会建设的改革举措配合，形成组合拳，集中力量打歼灭战，切实补强基层短板，真正使基层工会建起来、转起来、活起来。总结推广“互联网+”服务职工体系的经验，以“一片心、一叠卡、一张网、一个家”为抓手，结合会、站、家一体化建设，实现线上线下互动融合、实体和虚拟两大空间共同开展工作，打通服务职工“最后一公里”，实现服务职工全方位全天候。

（三）以系统集成促改革深化。全总注重推进各项改革综合配套、形成整体，不断巩固拓展改革成果。将在改革试点工作中出台的32项制度文件汇编成册并进行深入解读，与全总改革试点工作总结报告一并下发，提供系统集成的制度建设和实践做法成果，为省级工会在加强党的建设、改革工会领导机关机构、改进干部管理方式、做强工会网络平台、加大对劳动关系领域社会组织联系引导力度等重点领域和关键环节的深化创新，提供借鉴和指导，不断提高工会工作制度化、规范化、科学化水平。加强工会宣传舆论工作系统集成，大力推进工会门户网站建设、开通“两微一端”、做优做强工会报刊，形成传统媒体与新媒体融合发展的工会媒体矩阵；策划制作《大国工匠》新闻专题片、2017年庆祝“五一”国际劳动节心连心特别节目，广泛宣传工会改革经验、“最美职工”事迹等；培训工会新闻发言人、网评员，一系列集成化的改革举措，增强了传播力引导力影响力公信力，牢牢掌握工会宣传舆论工作的主导权主动权。“五一”特别节目首播收视率达到1.36%，观众累计超过1亿人，“大国工匠”“工匠精神”成为社会热词。

四、真抓实干，砥砺前行，持续推进改革任务落实

当前，工会落实中央改革任务虽然取得了一定成效，但深化改革的任务仍然繁重，改革过程中还存在着一些突出的矛盾和问题，需要持续不断地将改革引向深入。下一步，全总要既抓重点改革任务，也抓面上改革工作，特别是要紧紧扭住深化工会系统改革和产业工人队伍建设改革两项重点任务，搞好督察问效，推动改革举措真正落地，取得预期成效，以优异成绩迎接党的十九大胜利召开。

一是加强统筹协调，落实好《新时期产业工人队伍建设改革方案》责任分工。按照政治上保证、制度上落实、素质上提高、权益上维护的总体思路，围绕5个方面25条有针对性的改革举措，推动改革不适应产业工人队伍建设要求的体制机制，造就一支有理想守信念、懂技术会创新、敢担当讲奉献的宏大的产业工人队伍。提高政治站位，发挥牵头抓总作用，加强宏观指导、政策协调和组织推进，坚持领导到位、组织到位、协调到位、指导到位、落实到位，确保各项改革举措落地见效。对《改革方案》中由全总负责的改革任务，协调相关部委，明确每项改革举措的分管领导、牵头单位、参与单位、工作路径、总体目标和阶段性目标、进度要求等，带头抓好落实，进一步展现工会组织的新形象、新作为。

二是始终坚持问题导向，把工会改革向基层和职工延伸。按照增强“三性”、去除“四化”、做强基层、着力创新的改革总体思路，坚定政治方向、坚持问题导向、坚守价值取向，加强与省级党委的沟通协调，引导和鼓励地方工会坚决改、大胆试，从制约工会组织发展最突出的矛盾入手，从职工群众反映最强烈的问题改起，在重点领域和关键环节改革上持续用劲发力，创新组织体制、运行机制、活动方式、工作方法，推动工会工作迈上新台阶，把工会组织建设得更加充满活力、更加坚强有力，更好担负起团结引导职工听党话、跟党走的政治责任。

三是持续发力、久久为功，围绕落实改革任务持续开展督察行动。发挥改革督察重要作用，抓住重点改革促进面上改革，对改革推进过程中的问题和短板，列出清单、明确责任、找出对策，集中力量打好“攻坚战”。充分利用互联网、手机短信、微信群等新媒介，拓宽信息反馈渠道，缩短督察周期，提高工作效率；建立“回头看”“再督察”机制，变“一次性”督察为“全程跟踪”，不断提高督察的实效。强化督察力量配置，选派优秀干部、拓宽督察力量来源渠道，培养一支对党忠诚、敢于担当、业务精湛、作风扎实的工会督察干部队伍。

充分发挥省级地方工会兼职副主席作用 切实增强工会组织广泛性代表性

（2017 年 7 月）

全总组织部

2015 年 7 月，习近平总书记在中央党的群团工作会议上发表重要讲话，对在工会等群团组织中适当增加兼职干部比例，增强群团组织广泛性、代表性，提出了明确要求。在工会领导班子中增设兼职副主席，是贯彻落实习近平总书记重要讲话精神的一项重要举措。中共中央政治局委员、中华全国总工会主席李建国对全国总工会增设兼职副主席并切实发挥作用作出重要指示。全总党组、书记处把增设兼职副主席、充分发挥作用作为推进工会改革的一项重要任务来抓。2016 年 1 月，全总十六届四次执委会选举全国劳动模范、农民工代表巨晓林为全总兼职副主席。全总积极为兼职副主席在参与重点工作、深入基层调研、参加中央组织部调训等方面创造条件、搭建平台，产生了良好的示范带动作用。同时，全总积极指导省级地方工会按照党中央要求在领导班子中增设兼职副主席，取得了阶段性成效。

一、省级地方工会兼职副主席配备基本情况

全总党组书记、副主席、书记处第一书记李玉赋带领全总党组、书记处深入学习习近平总书记系列重要讲话精神特别是关于工人阶级和工会工作的重要论述，站在巩固党执政的阶级基础和群众基础的高度，认识、把握和推进在工会领导班子中增设兼职副主席工作。2015 年 7 月，中央改革办部署全总承担中央群团机关改革试点任务，全总党组、书记处按照增“三性”、去“四化”、强基层、促创新的总体

思路，有力有序有效推进改革试点工作，下发《中华全国总工会关于做好从劳动模范中选拔工会专兼职干部工作的指导意见》《关于充分发挥全国总工会劳模兼职副主席作用的暂行办法》等文件，把工会领导班子中增设兼职副主席作为加强和改进工会领导班子建设的一项重要任务，切实抓好落实。

省级地方工会主动对接、及时跟进全总改革试点工作，在省级地方党委的领导下，切实推动工会改革。全总与省级地方党委密切沟通，按照干部双重管理工作有关规定，指导省级地方工会做好兼职副主席配备工作。按照工会改革精神，省级地方工会加大了兼职副主席配备力度。截至目前，全国已有23个省级地方工会配备了77名兼职副主席。其中，有8个省级地方工会领导班子中兼职副主席配备人数占到班子人数的40%以上，有19个省级地方工会领导班子配备了劳模和一线职工兼职副主席，其他省级地方工会正在积极推进选配兼职副主席工作。总的来看，兼职副主席在工会领导班子中人数越来越多、发挥作用越来越明显。

二、省级地方工会兼职副主席发挥作用情况

省级地方工会通过建立经常性联系制度、搭建履职尽责平台等多种方式，积极为兼职副主席工作、学习创造条件，为他们更好发挥作用提供保障。兼职副主席不辱使命，积极发挥作用，主要体现在以下几个方面。

（一）履职尽责，参与工会领导班子集体决策

23个已配备兼职副主席的省级地方工会，都明确兼职副主席参加省级地方工会委员会全体会议、常务委员会会议、主席会议、主席办公会议等，参与工会重要事项的研究和决策。劳模和一线职工兼职副主席充分发挥来自基层、贴近职工、了解职工的优势，听取汇集职工意愿，积极为职工代言；来自地方和基层工会的兼职副主席，发挥他们处在工会工作第一线、直接面对职工群众的优势，对政策如何在基层落地生根提出意见建议，并结合本职岗位，积极推动工会重大决策部署在本地区、本企业率先贯彻落实。

（二）调查研究，联系职工群众反映意见诉求

北京、吉林、黑龙江、上海、福建、湖北、新疆等省级地方工会建立了兼职副主席开展调研的工作制度，围绕工会重点工作，确定调研课题，深入基层和职工开展调研。北京、上海等地劳模兼职副主席注重发挥其全国人大代表身份的作用，积极主动反映广大职工群众的意愿和诉求，2015 年全国“两会”期间，北京市总工会劳模兼职副主席赵郁以企业发展对高素质技能人才的需求为例，提出应当借鉴发达国家校企合作模式，加大对高技能人才的培养力度；上海市总工会农民工兼职副主席朱雪芹在担任两届全国人大代表期间，撰写 35 份书面建议和 1 份议案，重点聚焦加大“农二代”职业培训力度、恶意欠薪行为“入刑”等问题。来自地方和基层工会的兼职副主席把调研放在日常工作中，了解职工队伍思想动态，提供企业工会组织建设方面的经验做法，反馈工会重点工作落实情况和存在的困难问题，提出推动落实的意见建议。

（三）示范带动，加强对职工群众思想引领

劳动模范担任工会兼职副主席，体现了党对先进人物的重视关心，在全社会树立了崇尚劳动、尊重劳动者、弘扬劳模精神的鲜明导向，凸显了工人阶级的主人翁地位和作用。劳模兼职副主席普遍结合自身经历和工作，在职工中开展宣讲和教育活动，大力弘扬劳模精神、劳动精神、工匠精神，践行社会主义核心价值观，努力钻研技术、提升素质，影响和带动职工自觉把个人梦想与中国梦紧密结合在一起，坚持辛勤劳动、诚实劳动、创造性劳动，密切了与职工群众的联系，扩大了劳模的社会影响力。劳模兼职副主席积极推动劳模创新工作室建设，为培育高技能人才提供支撑，引导职工立足本职岗位形成创新成果，在推进产业工人队伍建设改革等工作中充分发挥了示范引领作用。

实践证明，在工会领导班子中增设兼职副主席，是自觉接受党的领导、争取政府支持、发挥工会桥梁纽带作用的有效途径；是密切联系职工、倾听职工呼声、反映职工意愿、竭诚服务职工的重要渠道。各级工会组织和广大职工群众普遍反映，增设兼职副主席进一步增强

了工会组织的广泛性、代表性，有利于工会组织更好承担起团结引导职工群众听党话、跟党走的政治责任。

三、进一步发挥省级地方工会兼职副主席作用的措施

省级地方工会兼职副主席在工作中发挥了重要作用，但也存在着一些问题和不足，具体体现在：兼职副主席职责定位不够规范；一些同志参与工会中心工作比较欠缺；有的一线职工兼职副主席履职能力需要进一步提高；在加强对兼职副主席服务保障、为他们发挥作用创造条件方面还不够到位等。针对这些问题，全总党组、书记处将坚持问题导向，采取有力措施，推动兼职副主席更好履职尽责。

（一）研究制定制度规范

研究制定《关于充分发挥工会兼职副主席作用的意见》，从明确职责定位、严格资格条件、做好选配工作、创新工作方式、加强管理考核、强化服务保障等方面提出具体意见。全总将适时召开工会兼职副主席工作座谈会，进一步推动兼职副主席发挥作用。

（二）拓宽发挥作用平台

进一步整合优化资源，充分发挥兼职副主席在其业务领域有着丰富工作经验的优势，注重整合兼职副主席及其所在单位的资源优势，充分了解每位兼职副主席专业特长、本职工作特点，推动其将岗位优势与工会工作紧密结合。打造先行试点样本，确保来自基层和一线的兼职副主席立足所在企业、单位，认真贯彻工会改革各项部署，大胆探索工会工作新思路、新方式、新抓手，努力出特色、出经验、出亮点，使其所在企业、单位成为基层工会工作的“试验田”。

（三）建立专题调研报告制度

建立兼职副主席联系基层和职工制度，经常深入基层、深入生产一线，广泛听取职工群众意见建议。兼职副主席围绕加强基层工会建设、维护职工合法权益、加大服务职工力度、构建和谐劳动关系等方面，确定调研课题，结合自身工作特点，深入职工中开展实地调研，提交专题调研报告，为推进工会工作创新发展提供有力支撑。

（四）着力提升素质能力

定期举办兼职副主席专题培训班，依托工会教育培训阵地和互联网平台，为兼职副主席创造更多的培训机会和更好的学习条件，明确当选兼职副主席1年内应参加培训，使兼职副主席全面系统掌握工会工作的特点和必要知识，提高议事能力和服务职工水平；创造交流机会，促进兼职副主席之间的工作交流，相互学习、共同提高；积极与省级地方党委组织部门沟通，将兼职副主席培训纳入地方党委党校、行政学院等主体培训班次范围。

（五）切实强化服务保障

切实支持兼职副主席履行职责，给予充分理解和关心，为其开展工作创造必要条件；及时了解兼职副主席在开展工会工作中遇到的困难和问题，积极协调解决；加强与兼职副主席所在单位的沟通，对兼职副主席在工作时间和经费上提供充分保障；加大舆论宣传力度，对兼职副主席履职情况及时进行宣传报道，进一步调动兼职副主席的积极性，提高兼职副主席的社会影响力和在职工群众中的号召力。

李玉赋：坚定政治方向　牢记政治责任 迅速兴起学习宣传贯彻习近平总书记“7·26”重要讲话热潮

7月28日上午，全国总工会党组书记、副主席、书记处第一书记李玉赋同志主持召开全总党组会议，传达学习习近平总书记在省部级主要领导干部“学习习近平总书记重要讲话精神，迎接党的十九大”专题研讨班上的重要讲话精神。他强调，各级工会要迅速兴起学习宣传贯彻习近平总书记“7·26”重要讲话精神热潮，以此为重要指导和强劲动力，团结引导亿万职工为决胜全面建成小康社会、实现中华民族伟大复兴的中国梦建功立业。

李玉赋指出，在党的十九大召开之前，党中央举办省部级主要领导干部专题研讨班，对于统一全党思想、凝聚全党意志、指明前进方向，具有重大而深远的意义。习近平总书记的重要讲话博大厚重、透彻精辟、思想深邃、观点鲜明，聆听后精神为之一振，耳目为之一新，深受教益、备受鼓舞。重要讲话科学准确分析形势、实事求是总结成绩，全面阐述了5年来党和国家事业发生的历史性变革，深刻阐明了在新的历史条件下坚持和发展中国特色社会主义的一系列重大理论和实践问题，提出了一系列新的重要思想、重要观点、重大判断、重大举措，具有很强的思想性、战略性、前瞻性、指导性，是对全党的政治总动员，为开好党的十九大奠定了重要的政治基础、思想基础、理论基础。

李玉赋强调，各级工会要坚定政治方向，站稳政治立场，牢固树立“四个意识”，坚决维护习近平总书记在党中央和全党的核心地位，坚决维护党中央权威和集中统一领导；始终不渝地向习近平总书记看齐，始终不渝地不忘初心、牢记使命，自觉在思想上政治上行动上始终同以习近平同志为核心的党中央保持高度一致。

李玉赋要求，各级工会要把学习宣传贯彻习近平总书记“7·26”重要讲话精神作为当前和今后一个时期的重大政治任务，加强对广大职工和工会干部的思想政治引领，把广大党员干部思想和行动统一到重要讲话精神上来；牢牢把握我国工人运动的时代主题，紧紧围绕迎接和服务党的十九大这条主线，大力弘扬劳模精神、劳动精神、工匠精神，做好经济发展新常态下职工维权服务工作，推进产业工人队伍建设改革和工会改革创新，切实增强工会组织吸引力凝聚力战斗力；落实全面从严治党部署要求，驰而不息加强作风建设，深入推进工会系统党风廉政建设和反腐败斗争，营造工会系统风清气正的政治生态，更好地承担起团结引导广大职工听党话、跟党走的政治责任。

会上，全国总工会党组同志都结合工作实际谈了体会，一致表示要认真学习，不断加深对讲话丰富内涵、精神实质、基本要求的理解认识，坚决把重要讲话精神贯彻落实到实际工作中去。

连日来，全国总工会机关各部门积极组织党员干部收听收看中央媒体报道，通过召开会议、专题讨论等多种形式深入学习领会习近平总书记“7·26”重要讲话精神。广大党员干部纷纷表示，要认真学习贯彻总书记重要讲话精神，坚守责任担当、不断砥砺奋进，为迎接党的十九大胜利召开作出新的贡献。

（《工人日报》2017年8月1日01版）

第四编

广泛关注　反响热烈

人民日报

创新形式提升农民工维权服务水平

编者按

全国总工会和各地工会扎实开展“农民工入会集中行动”，加强对农民工的宣传引导，组织农民工入会，做好为农民工服务工作，农民工入会数量和服务质量实现双提升。2015 年 10 月 15 日，《人民日报》第 19 版工会特刊专版介绍了各地工会推进农民工入会、提升服务水平的经验做法。

北京：创新形式提升农民工维权服务水平

在北京市昌平区，广大农民工可以参加一个叫“学习圈”的项目，从中可以选择自己感兴趣的项目进行学习与提升。家庭教育、亲子共修、布艺贴画、贴纸画、英语学习、特长技能分享、玩转自媒体等各种小组，让大家乐不可支。这个由北京市总工会、温暖基金会与公益机构“农民之子”共同推动的“农民工社区学习圈项目”，得到农民工家庭的好评。

近年来，北京市总工会以提高农民工组织化程度为着力点，全面提升农民工维权服务工作水平。

没有有效的覆盖面，就谈不上服务提升。北京市总工会近年来创新组织形式，先后建立了 8 个市级产业工会，并在所有街道乡镇建立总工会，形成产业和区域相结合的建会工作格局。同时，为吸引区域内小微企业、零散就业农民工就近加入工会组织，北京市总工会激活了社区（村）联合工会，凭借贴近企业、了解职工的优势，通过经常有效的活动，吸引农民工入会。今年以来，北京市总工会正推进在条件成熟、对开展工会工作有利的“餐饮一条街”“大卖场”和“建材市场”等区域、行业建立工会联合会。

据调查，截至目前，外地在京施工企业农民工49万人，其中有34万人加入了工会组织；140家保安企业已有105家建立工会组织；家政服务、保洁、快递、美容美发行业职工约有农民工90万人，北京市总工会正在积极推进相关行业农民工入会工作。

维权工作做得好不好，对工会组织的吸引力影响极大。工资问题是农民工关注的首要问题。近年来，北京市总工会深入普遍开展工资集体协商，特别是做好安保、家政服务、保洁，开发区等农民工集中行业和区域的行业性、区域性协商，连续3年开展保安行业市级专项集体协商，有效保障农民工权益。

北京市各级工会还积极开展农民工法律服务。去年一年全市各级调解组织受理农民工劳动争议1.9万件，占受理总数的67%，调解成功1.2万件，为农民工挽回经济损失近7500万元，其中涉及外埠农民工1.3万件。去年共受理农民工法律援助案件812件，占受理总量的78%，农民工成为工会法律援助的最大受益群体。

更加关注需求的服务，让工会的凝聚力大增。2015年，北京市总工会依托三级服务体系工作平台，推出了技能助推、工会法律服务、文体推介、医疗互助、健康促进、职业康复、意外保障、心理关爱、困难帮扶、母婴关怀十个品牌项目，解决职工最困难最操心最忧虑的实际问题。十大品牌服务项目向全市职工提供全覆盖、普惠制的服务，并针对农民工群体的特殊要求，不断提供延伸与针对性服务。

技能提高与农民工的劳动报酬密切相关。因此，在技能助推服务中，北京市总工会着力开展农民工技能提升工作，将入会的农民工纳入职业技能培训范围，免费为农民工开展职业培训，以培训促农民工就业创业。在施工企业项目部开设“农民工流动课堂”，帮助农民工学习知识、提高技能。开展了“农民工大学生助推计划”，帮助农民工提高学历，增长知识和技能，已惠及农民工2000人。市总工会还将在全市建立100个农民工技能学习基地，免费配送播放设备、选送视频材料、提供师资培训、免费指导教学等。

上海：组织农民工入会有“心”更有“力”

日前，参与建设上海国际旅游度假区的1.2万多名农民工全部加入了工会，而这得益于上海市总工会采取的分层排摸、分类施策，积极创新组织形式、拓展入会渠道和倡导服务先导的做法。上海市总工会设立1亿元的资金预算，对基层工会创新农民工入会形式和建会方式实行项目化补贴，使各级工会在组织农民工入会行动中有“心”更有“力”。

根据农民工群体总量持续快速增长，学历和技能总体偏低，制造业、建筑业和服务业一线岗位就业者居多，季节性强、流动性大，劳务派遣用工方式占多数等特点，上海各级工会创新组织形式，拓展入会渠道，以工地工会、项目工会、小区工会、居住地工会、劳务公司工会等多种工会组织模式为依托，采取团体入会、集体登记、公示告知、凭会员证转接关系等方法，实行农民工会员的“委托管理”“挂靠管理”，将大量农民工纳入工会组织，解决农民工流动快、管理难的问题。

同时，上海市总工会还推进属地入会，强化属地服务，在一些区域功能相对齐全、群团组织机构相对完整、社区服务设施相对完备，且农民工相对集中的街镇，实行农民工属地入会的办法。如浦东川沙新镇开展了农民工“三属地”活动，即属地入会、属地维权、属地关爱工作，使农民工“两进入”，即农民工所在区域工会、团委、妇联积极吸收农民工加入相关组织，通过提高农民工组织化程度，让农民工进入职工队伍序列，进入社区、镇总工会和团委、妇联的组织框架范围内。

针对农民工工作流动性大的特点，每年上海市还设立专项经费用于会员证的印制下发，要求各地区、各系统、各单位督促基层工会及时将会员证发放到会员特别是流动性较大的农民工会员手中；对团体入会的农民工群体做好会籍转移等服务工作；注重劳务派遣公司和用工单位之间的会籍接转手续；加强企业台账的管理，使农民工会员的流动有据可循。

上海市各级工会组织还积极探索团体登记入会、网络申请入会等方式，方便农民工入会。他们通过“商业一条街”“楼宇大厦”“小区”等联合工会来吸纳小微企业农民工入会；针对部分中小企业主不愿建会的情况，他们又探索企业体制外建会，依托区域性、行业性工会联合会吸收农民工会员。

同时，上海还推动地区工会与产业工会联手推进农民工入会。如奉贤区总工会与百联工会联手推进奉贤百联商业广场农民工入会；崇明县总工会与船舶工会联手，推动长兴岛船厂农民工入会。上海市各级工会组织还借势借力，与建委、房地、农委、民政、邮政等部门联手，积极发挥职工服务类社会组织作用，整合社会各方资源，形成工作合力。杨浦区总工会与区民政局联手，在 27 家养老机构建立工会，吸收农民工会员 876 人。目前双方正加紧推进后续 24 家养老机构的建会工作，力争年底前全部建立工会组织。

福建：以优质服务提升工会吸引力

近年来，福建省总工会依托有利的政策环境，以优质服务不断增强自身吸引力，切实做好农民工权益维护各项工作，为农民工生产生活创造良好的环境和有利条件。

就业是民生大事，福建省总工会主动参与各级政府就业政策制定，积极反映包括农民工在内的各阶层、各群体的就业需求和工作意向。与此同时，依托各级工会职工服务（帮扶）中心，积极开展“春风行动”“就业援助月”活动，有针对性地为农民工开展政策咨询、就业指导、职业介绍等就业援助服务。整合和利用各级工会现有的职校、干校、文化宫及全国工会就业培训基地等文化教育场所和培训基地，根据劳动力市场需求，有针对性地开展免费技能培训。联合有关部门继续开展“企业诚信用工承诺”等活动，引导企业规范用工行为，加强人文关怀，进一步优化农民工就业环境。

扶贫帮弱是工会的常态化工作，福建省各级工会广泛开展“春送岗位、夏送清凉、金秋助学、冬送温暖”等活动，尤其重视对建筑、环卫、公交等农民工比较集中的艰苦行业的服务和帮扶工作。目前，全省已建立职工服务中心（站）1170家，其中乡镇（街道、园区）服务中心（站）598家；建立困难职工档案7.5万户，其中农民工1.9万户。同时福建省总工会还建立全省职工“大病补助”制度，对已参加医疗互助活动的职工，在一个互助周期内净自付超过6000元的，分不同档级和标准给予“大病补助”，切实缓解职工特别是农民工“看病难”“看病贵”问题，更好地对患病困难农民工进行救助。“情满返乡路、温馨在八闽、深情问薪金”，每年元旦春节期间，除了传统的送温暖活动，福建省各级工会还开展了关爱农民工三大行动，通过包火车、包专列、包车、包机和购买团体车船票等方式，帮助农民工平安返乡。

维权要从源头抓。福建省总工会积极推动立法，先后参与制订了《福建省企业职工合法权益保障条例》《福建省企业集体协商和集体合同条例》《福建省保障企业职工民主参与权利规定》等8部地方性法规。目前，正积极推动省人大常委会制定《福建省工会劳动法律监督条例》，力求通过建立“一函两书”制度，即守法《提示函》、涉法《意见书》、执法《建议书》，更好地维护农民工合法权益。现在该条例已经进入立法调研和准备阶段。政府与工会联席会议制度是福建省坚持多年的做法。每次会议前，福建省总工会都会对有关维护农民工权益和加强保障机制建设等议题进行充分调研，并向省政府提出意见和建议。经过多年经营与建设，如今福建省总工会已建立起多条帮助农民工维权的畅通渠道，如省协调劳动关系三方会议、省职工维权联席会议等，积极反映并研究解决损害农民工权益的苗头性、倾向性问题。目前，全省各级工会已建立劳动法律监督组织2.3万个，建立劳动争议调解组织2.9万个，推动在93家县级以上法院建立了职工维权合议庭。

广西：全方位打造农民工之家

每年春节前的农民工返乡潮，从广东出发的“骑行大军”都会经过广西梧州、贺州、玉林、百色、桂林等地，天寒地冻，长途奔波，迫切需要中途补给。

广西壮族自治区总工会与广东省总工会合作实施“暖流行动”，在“骑行大军”所经沿途设立服务站，免费提供取暖、热饮、食物、医疗、车辆维修等近20项服务，还为摩托车大军赠送护膝、手套、围巾，换头盔挡风玻璃和给孩子开学用的文具等小礼品。据统计，“暖流行动”开展以来，全区各级工会共为163万名骑行返乡的农民工提供了服务。

近年来，广西壮族自治区总工会通过切中农民工需求的各项服务措施，全方位打造农民工之家，让广大农民工感受到组织的温暖。

劳动技能是农民工的立身之本。广西壮族自治区总工会专门制定《开展技能培训促就业行动》实施方案，充分发挥工会组织教育培训场所、基地作用，整合社会资源，以技能培训、创业培训和家政服务培训为重点，开展具有工会特色的技能培训。同时，以进城务工人员及其他就业困难群体为重点，组织开展“全国工会就业援助月”、困难职工家庭高校毕业生“阳光就业行动”，积极配合人力资源社会保障部门开展“春风行动”“民营企业招聘周”等就业服务活动，为进城务工人员等群体实现高质量就业提供精准化、科学化服务。据统计，自2011年以来，全区各级工会共培训进城务工人员31.96万人，实现就业21.77万人，就业率达到68.81%。

创业是更高质量的就业，为激活农民工群体的创新创业活力，广西壮族自治区总工会从2011年开始，与中国邮政储蓄银行广西区分行合作，共同开展工会创业小额贴息贷款工作，加大信贷扶持力度，解决他们创业资金短缺问题。引导和帮助他们实现创业、促进就业。据统计，自2011年以来，全区工会共办理申请贷款人数2790人，发放贷款1.66亿元，带动吸纳就业人数3.13万人，带动民间资金投入1.53亿元。

广东是广西籍农民工的主要流入地。广西壮族自治区总工会搭建异地双向维权平台，创新跨省工会农民工维权帮扶新机制，与广东省总工会签订了《两广工会友好交流合作协议书》，共同建立了服务广西籍在粤农民工工作机制，并成立帮扶救助基金。同时，广西壮族自治区总工会还在广东建立了驻粤农民工服务机构，搭建维权帮扶服务活动新平台。今年3月，在广州市成立了驻粤农民工服务总站，同时在深圳、珠海、中山、顺德、东莞、惠州6个市建立农民工服务工作站。今年7月，服务总站联合广西商会、澳门医护志愿者协会，组织了一场为广西籍农民工免费健康体检活动。今年8月，服务总站还联合广东省总工会、广州市总工会、东莞市总工会等单位，组织开展了“亲情牵手·温馨关爱”广西农民工留守儿童暑期赴粤与父母团聚亲子活动，40多名来自广西河池的留守儿童到广东与家人团聚，并与家人一起参加了照全家福、吃团圆饭、看电影等亲子活动。

安徽：分类推进力争农民工入会全覆盖

“按照每年增长20%的目标，力争年底新增农民工会员54万人、明年增加65万人、后年增加78万人。通过3年时间，新增农民工会员近200万人，总数达到472万人，把农民工入会率提高到80%以上。”这是安徽省总工会制订的“农民工入会三年行动计划”。今年以来，安徽省总工会严格按照农民工入会数量和服务质量“双提升”的要求，整合各类政策、资金资源，分类推进农民工入会和服务工作。

安徽省总工会及时汇报、主动协调，力争在全省工作大局中争取政策、资金、人力、财力等支持，力争形成工作合力。今年以来，安徽省陆续出台了《关于进一步做好农民工服务工作的实施意见》《安徽省开展建筑业参加工伤保险“同舟计划”专项扩面行动工作方案》等一系列指导性政策。在资金投入方面，省总工会拿出1000万元，市县工会相应配套1000万元，专门用于农民工入会工作经费补贴。与此同时，各地也相继出台落实政策措施：合肥市、马鞍山市还建立了农民工入会集中行动联席会议制度；亳州市总工会则联合有关部门下发了《关于进一步加强非公企业党工共建工作的实施意见》和《关于开展“农民工入会集中行动”的通知》；安庆市委办公室印发了《关于在全市相关重点行业开展农民工集中入会专项行动实施方案》。

为做好重点区域和行业农民工入会工作，安徽省总工会先后出台多项指导意见，坚持分类指导，因地制宜，综合施策。《关于推进建筑工程项目、建筑（劳务）企业组建工会工作的实施意见》《关于推进快递企业工会组建和农民工入会工作的实施意见》等文件，将任务目标、步骤和举措层层分解；与此同时，安徽省总工会还分北片、中片、南片分别在亳州、安庆、芜湖召开全省工会农民工入会和服务工作调度会，分类指导农民工入会和服务工作，并联合省住建厅召开安徽省建筑行业“农民工入会集中行动”现场推进会，在全省建筑行业大力推进农民工入会工作。

农民工分布广、流动性大，创新工作方式，让农民工便捷入会，也是扩大覆盖面的关键。安徽省总工会对一些规模较小、职工人数少、不便单独建立工会组织的企业，推进建立区域性、行业性工会联合会，实现对小微企业工会的二次覆盖，并通过工会联合会，引导在小微企业从业的农民工加入工会，做到“哪里有农民工，哪里就要有自己的工会组织”，“怎么有利于做好工作，就怎么建组织”，切实构架起纵横交织的工会网络化组织体系。在入会方式上，适应农民工流动性强的特点，各级工会组织在帮扶（服务）中心、劳务市场等服务场所开设入会窗口，为农民工入会提供了便捷的条件；同时注意搭建“互联网+”工会工作新平台，探索网上宣传、发动、组织农民工入会，开发手机APP软件，直接通过APP软件申请入会，并且运用信息化手段，加强会员会籍管理，实现会籍的动态化管理。

贵州：服务农民工贵在务实

“终于找到组织了！”中建五局三公司贵州分公司农民工代表黄勇欣喜地说。今年6月10日，贵阳市总工会对黄勇所在公司的4个在建项目授牌“工会服务站”，集中吸收公司的1100余名农民工兄弟加入工会组织，并颁发工会会员证。

请进来，还要服务好。近年来，贵州省总工会通过春送岗位、夏送清凉、秋送助学、冬送温暖“四季送”，全面打造服务农民工“六大平台”，创新和加强农民工服务工作，取得了良好的社会效果。

工会组织是个大学校，贵州省总工会通过职业技能免费培训、农民工夜校、农民工技能大赛等服务载体，为农民工提高职业技能提供免费服务。同时，还采取订单式培训、定向培训、企业定岗培训等方式，做好农民工安全生产、劳动法律法规、职业安全教育培训。上半年，全省工会举办职工夜校1000多期，举办各类培训班1000余场次，开展各类技能比武100多场，培训农民工5.7万人次。

就业与创业，犹如农民工改变命运的两翼。贵州省总工会开展就业援助月、春风行动、民营企业招聘周等活动，促进农民工顺利就业，同时依托各级工会困难职工帮扶中心，通过免费登记介绍岗位，举办大型招聘会，开展“工会送岗位下乡服务车”等活动。还与省农信社建立合作机制，由省、市、县三级工会按3∶2∶1提供贷款贴息(计划2年贴息共计1200万元)，在全省培育100户返乡农民工创业示范企业。同时，通过“惠工贷”、创业培训和创业讲坛等方式，为农民工自主创业提供服务帮助。今年上半年，全省各级工会促进农民工就业6.4万余人。

劳动权益保障，是农民工最关心的问题。近年来，贵州省总工会加大劳动保障法律法规实施的督促力度，加强集体协商、工资谈判机制建设，监督指导用人单位与农民工依法普遍签订并履行劳动合同和集体合同。落实工资“欠薪报告制度”，建立了农民工工资清欠信息一周一报制度。建立农民工欠薪困难救助机制，对因欠薪造成生活难以为继的农民工实施临时生活困难救助。深化“六五”普法，加大劳动法律法规普法宣传，开设农民工法律援助“绿色通道”。2014年，全省各级工会为农民工追讨工资5.9亿元；今年上半年，为农民工追讨欠薪近4亿元。

“有牌子、有人员、有场所、有资金、有制度、有活动”，这是贵州省总工会对职工服务中心站点的“六有”标准，通过政策指导、资金扶持等途径，积极推动乡镇、社区、园区和规模以上企业建立健全职工服务中心站点，打造农民工服务的窗口和平台，今年力争实现100%全覆盖。依托这些服务中心，工会组织将符合救助条件的困难农民工及时纳入工会困难帮扶救助体系，并开展好两节“送温暖”“金秋助学”、女职工关爱、大病医疗救助、职工医疗互助等活动，切实为农民工解决生产生活上的难题。

(《人民日报》2015年10月15日19版)

打造大国工匠品牌　建设高素质职工队伍

编者按

党的十八届五中全会提出创新、协调、绿色、开放、共享五大发展理念，强调要加快建设人才强国和人力资源强国，提高劳动力素质，这为工人阶级发挥主力军作用提供了广阔舞台。

"大国工匠"是我国广大一线技术工人的杰出代表，是实现"十三五"规划目标任务的一支重要力量。"大国工匠"的先进事迹和崇高精神，对于引导广大职工积极投身"十三五"奋斗实践、将个人梦融入中国梦，起着重要的榜样和示范作用。

培育好、学习好、宣传好"大国工匠"，打造和做强"大国工匠"品牌，培养和造就高素质职工队伍，引导广大职工为实现"十三五"规划目标任务而奋斗，是工会组织和全社会的共同责任。

徐立平：雕刻火药的勇者

固体燃料发动机是战略战术导弹装备的心脏，有上千道制造工序，要求最高的工序之一就是固体燃料的微整形。0.5 毫米，是固体发动机药面精度的最大误差，而徐立平雕刻的精度不超过 0.2 毫米，堪称完美。

徐立平，中国航天科技集团公司第四研究院 7416 厂发动机药面整形组组长，高级技师。工作 28 年来，徐立平一直从事着极度危险的航天固体动力燃料的微整形工作。火药药面整形目前无法完全实现机械化操作，危险性高，稍有不慎蹭出火星，就会引起燃烧甚至爆炸，对于手工操作的人来说，没有任何的逃生希望。凭着对事业的忠诚和责任，过人的胆识和智慧，徐立平苦钻善学，练就了一手高超的技艺绝活，积累了丰富的工作经验，多次出色完成急难险重任务。

怎样更好地改进刀具，提高整形效率，确保安全性，是徐立平一直思考和研究的问题。徐立平根据整形的不同阶段和不同部位，设计、制作和改进了各种整形、挖药刀具30多种，不仅缩短了操作时间，提高了工作效率，更保证了整形、挖药的安全和质量。

长年一个工作姿势，加上火药的刺激性，徐立平的身体变得向一侧倾斜，双腿也一粗一细，头发更是掉了一大半。有人问徐立平图什么，他说，再危险的岗位总得有人去干，每当看到飞船上天、火箭上天，心中的自豪感是任何东西都换不来的，所以觉得值。

毛腊生：聚砂成模为国铸剑

中国航天科工十院航天风华公司的毛腊生是一个“高人”，一个“专家级”的老技工。他所在车间是为导弹铸造舱体的，但是他却和砂子打了一辈子的交道。

铸造，俗称“翻砂”。在全球的铸件生产中，70%的铸件是用砂型生产的。毛腊生的工作就是对砂模进行造型、修型。砂子本身质地疏松，对造型的精准度有很高的要求。毛腊生干这行已经39年了，和砂子打了一辈子交道，不管什么样的砂子，他抓一把就知道好坏。

39年来，毛腊生凭借丰富的经验和高超的技能，先后主持完成了“无毒型砂”、超大型薄壁舱体、两种耐高温镁合金实际运用等研制任务，成功解决了某重点导弹舱体铸造合格率低、某外配套铝合金产品“白裂纹”缺陷等多个难题，其中10余项课题、项目处于国内行业领先水平。在平时生产中用于提高产品质量、生产效率的小改革、小创新更是举不胜举。同时，他参与生产的系列型号导弹，先后四次亮相国家盛大阅兵仪式，接受党和国家的检阅。毛腊生也先后获得全国劳动模范、全国技术能手、中华技能大奖等一系列荣誉。

如今，59岁的毛腊生仍旧奋战在铸造一线，与成千上万个执着于信念和事业的航天人，共同铸造着中国航天事业的美好未来！

方文墨：精于毫厘志在千里

方文墨是中航工业沈阳飞机工业（集团）有限公司的一名钳工，

沈飞历史上最年轻的高级技师。从2003年参加工作至今，方文墨搜集整理了20余万字的钳工技术资料，改进各种刀、量、夹具100多种，改进工艺方法60余项，取得了3项国家发明专利和实用新型专利。他创造了加工公差0.003毫米，相当于1/25头发丝的表面加工精度的“文墨精度”，是国产新型隐形战机和航母舰载机的幕后功臣。

在飞机制造中，钳工负责为零件做最后一道手工精密加工，其精细程度、艰苦程度和枯燥程度都是常人难以想象的。每天，方文墨必须半弓着高大的身躯，至少站上八九个小时，反复做锉修动作8000多次。正常情况下，钳工一年会换10多把锉刀，而方文墨一年却换了200多把。为保证手掌对加工部件的敏锐触觉，他坚持每天都用温水泡手除手茧；为避免手受伤和工作时手抖，他不得不远离心爱的篮球，有一斤酒量的他，索性也把酒戒掉了。

方文墨设计制造的“定扭矩螺纹旋合器”，使生产效率提高了8倍，仅人工成本每年就为企业节约100多万元；他改进的铁合金专用丝锥，能提高工效4倍，每年节约人工成本和材料费46万余元。方文墨先后获得全国技术能手、全国“五一”劳动奖章等称号。

方文墨用自己的双手打磨出航空零件的精度，更用一名航空蓝领青年的志向与毅力，打磨着自己的人生精度。

潘玉华：军工“绣娘”

“9·3”阅兵，新一代预警机惊艳亮相。预警机是空中指挥所，是整个飞行队伍的神经中枢。这神经中枢里最精密的一部分器件是由手工焊接的，而完成这项工作的就是中国电子科技集团的女技师潘玉华。

潘玉华在军工精细焊接的岗位上一干就是20年，从没做过别的工作，每天琢磨的就是如何让手更稳定，心更静。同事们经常能看到她很晚了还在独自加班研究技术。工间休息的时候，潘玉华会带着徒弟们做投硬币的练习。在已经盛满水的水杯中投入一元硬币，保证水不会溢出，为的是锻炼观察力和手的平衡感。潘玉华的最高纪录是45枚硬币。

军工精细焊接中有一种叫作植柱的工艺。在一块一元硬币大的电子板上，在没有任何机器辅助的情况下，全凭手感精准焊接1144根细小的铅柱。潘玉华完成一块1000多根的植柱只需要两个多小时。她的这一手绝活为卫星的研发提供了有力保障。

在厂里，潘玉华是技术水平最高的师傅，也是最严苛的师傅。“真正看到我做的东西，谁在使用它，谁在进行操控，进行掌握的时候，这个心情真的是非常的自豪。我对自己、对徒弟要求严格，是因为使用我们产品的人的生命是由我们来保障的。”潘玉华说。

李世峰：一把榔头巧制战机

在李世峰的工具箱里，收藏着十几把大大小小的榔头。“木榔头用于铝合金零件成形，铝榔头用于校正，铁榔头用于钢件成形……”说起这些心爱之物，李世峰如数家珍。中航飞机西安飞机分公司钣金工、高级技师、中航工业首席技能专家李世峰，28年来，凭着一把榔头，为国内外各型飞机打造矫健的身躯，实现着航空报国的人生理想。

工作中，李世峰勇于选难题、攻难关，干活思路敏捷、注重技巧。凭着精湛的操作技能，他出色地完成了《ARJ21飞机货舱门框异形件的成形工艺研究》等多项攻关课题，攻克了飞机研制生产中许多关键、复杂零件的成形难关。他根据自己的加工方法总结出的一整套波音产品最佳工艺流程，得到了波音公司代表的赞誉；他组织搭建了钣金结构件手工和液压成形的技术平台，牵头把一批在生产中摸索的绝招诀窍整理成了教材；他干活精益求精，产品质量过硬，零件一次交检合格率始终保持100%。在今年“9·3”阅兵的空中方队中，五型参阅飞机上就安装了李世峰和他的团队亲手制造的机身零件。

在李世峰工作的厂房流传着这样一句话：“祖国终将选择那些忠诚于祖国的人，祖国终将记住那些奉献于祖国的人。”当看着自己亲手打造的战机飞翔在天空时，李世峰知道所有的苦和累都是值得的。

洪海涛：“主刀”打磨导弹点火器

发射导弹时，最牵动人心的莫过于发射前点火的瞬间，它直接决定着导弹发射的成败。而洪海涛就是一位常年打磨导弹点火器的特级技师。

洪海涛是中国航天科工六院359厂的一名车工。工作21年来，在车工这条看似平凡又单调的路上，他凭着一身硬功夫走得越来越稳健。某型号发动机燃烧室壳体为超高强度钢制作，工件壁薄，刚性差，精度高，装夹和加工时极易变形，极易造成产品超差或报废，这个技术瓶颈一直困扰着科研生产。洪海涛从一次打生鸡蛋的过程中找到了软工硬做的灵感。他发现车削鸡蛋与上述零件的装夹和加工有着类似之处：车削蛋壳而内膜不破，难点是装夹、找正和切削用量。经过反复试验，洪海涛总结出了“三三旋转找正法”，有效提高了加工精度，使产品合格率提高到100%。

车削生鸡蛋，只是洪海涛技艺精湛、善于创新的一个例证。近年来，洪海涛自行设计、适合实际操作的工艺装备有10多种，攻克了许多关键零部件的加工难题，解决了多项生产瓶颈问题，精湛的技术让他成为工厂车工线上的“主刀手”。

2009年，深圳一家公司以年薪20万元邀请洪海涛加入，这差不多是他当时收入的三四倍。当时洪海涛父母退休、儿子上学，正是需要钱的时候，洪海涛也曾心动，但他最终选择留了下来。洪海涛说，车床已经成为他身体的一部分，自己舍不得离开这个奋斗了21年的地方。

巩鹏：“巩氏绝技”助神剑飞天

巩鹏，中国航天科工三院33所钳工，特级技师，中国航天科工集团公司首席技师，精密加工领域钳工专业的技术领军人物，国家级技能大师工作室“巩鹏国家级技能大师工作室”带头人。

作为钳工，巩鹏带领班组承担了导弹武器控制系统关键件的工艺攻关和生产加工。他提出的一系列创造性的加工方法，被同事们称为“巩氏加工法”。设计制造的80余套工装和加工设备，使得所在岗位的工作效率由几倍提高到了几十倍。探索出的航天特殊材料小直径螺纹孔加工方法，解决了软磁合金、钛合金等特种材料小螺纹的加工难题。他的“巩氏研磨法”将导弹中关键部件产品的合格率由原来的50%提高到100%，大大提高了产品生产的质量和效率。此外还成功应用于高精度石英挠性加速度计，该型加速度计在神舟系列飞船、飞船与天宫一号对接、嫦娥三号精准落月、探月三期再入返回飞行试验等任务中立下汗马功劳。

高超的技艺背后是艰辛的付出。为了提高技艺，巩鹏付出了比身边人更多的努力，书写了当代版“铁杵磨成针”的励志故事：每天两三个小时练锉，寒来暑往，一根直径为50厘米的45号钢棒，在巩鹏手里反复地锉，到最后锉成一根小细条。

巩鹏十分注重技术的传承。他先后培养了20余名徒弟，多数已成为生产骨干。2014年，他所带领的钳工班，被授予“全国工人先锋号”称号。

张新停：弹药精度把关人

张新停是中国兵器工业集团西北工业集团有限公司工具制造二分厂的一名钳工，第一批享受国务院政府特殊津贴的高技能人才。

张新停所在的工厂主要是研制和生产多种型号的弹药，这些弹药要想完美地达到设计要求，做到精准打击，从各个零部件到总装完成，都需要使用特殊的测量工具，来保证它们的精密度。张新停就是制作这些量具，给弹药把关的人。张新停自制的测量工具精度达千分之一毫米，有力保证了弹药质量的一致性和可靠性，也大大提高了生产效率。哪怕是一个入厂才几个月的工人，用上他制作的量具，仅用48秒就能测量完一个零件上的12个数值。20多年来，张新停做出了近万件构思精巧，形状各异，大大小小的测量工具，用来检测弹药生产过程中各个零部件的精度。38岁时，张新停就获得了国务院政府特殊津贴，成为中国兵器工业集团的关键技能带头人。他带领的创新工作室钻研出12项经济技术创新成果，其中1项已获得国家专利。

张新停总是毫无保留地把自己的知识和技术传授给年轻工人。他说：“我的技术再好，也只能为企业贡献30来年，如果能带出一个好徒弟，就等于把我工作的时间延长了一倍，带出一个好团队，就等于给企业留下了一笔宝贵财富。”近几年来，他带了6个徒弟，个个都成了公司的顶梁柱。

卢仁峰："独手焊侠"挑重担

卢仁峰，中国兵器工业集团内蒙古一机集团大成装备公司电焊工人、高级技师、兵器工业集团公司首席技师。只有一只手可以正常工作的他，执着地坚守在平凡的焊接岗位上，克服了常人难以想象的困难，攻克了多个焊接技术难题，赢得了"独手焊侠"的美誉。

从拿起焊钳的第一天起，卢仁峰就给自己树立了目标：当工人就当一个最优秀的工人。然而，一次意外让他的左手基本上不能再工作。面对打击，卢仁峰没有退缩，他给自己定下了每天要练习 50 根焊条的底线，常常一蹲就是几个小时，直到厂房里空无一人。就是凭着这股较真劲，卢仁峰掌握了单手焊条电弧焊、氩弧焊等十几种焊接方法。

作为技术骨干，卢仁峰和他的工友们攻克了多个型号坦克、装甲车和动车组的焊接技术难关。"正反面焊接，以变制变"操作方法，使参加 2009 年国庆阅兵的某型号轮式车辆生产合格率一下子由 60%提高到 96%。经过上百次的试验，他总结出的母材熔化时间、加入填充金属的最佳时机和最佳焊接角度等技术理论，克服了动车组铝摇枕焊接的技术难题。

在由一名普通焊工成长为焊接高级技师后，卢仁峰把很大的心血花费在了带徒弟和团队建设上。十几年间，卢仁峰带出了 50 多名徒弟，个个都成了技术上的骨干。

（《人民日报》2015 年 12 月 16 日工会特刊）

针对封闭运行自弹自唱等问题
重庆探索群团工作新模式

——群团怎么干群众说了算

"路演"，这个对多数人来说还比较陌生的词汇，最近在重庆主城社区一些居民心中开始生动起来，而这种变化，与群团改革有关。在渝北区，来自工会、团委、妇联三个类别的9个服务群众主题活动策划方案在全区22个镇街进行了巡回路演，群众满意的方案才能落地实施；在江北区，以职业能力提升、青少年成长提升等为内容的大型主题服务活动路演吸引了商圈企业、市民群众数百人参加……"群众点菜、群团下单"的服务理念和模式正在落地生根。

作为全国群团改革试点单位之一，重庆市于去年11月启动试点工作，市总工会、团市委、市妇联3家市级群团机关和6个区县先行先试。试点工作中，重庆全面准确把握中央精神，立足实际大胆探索创新，改革试点取得了积极成效，探索出一批较为成熟的经验做法。今年4月，重庆市召开会议再次部署相关工作，吹响了全面推开群团改革工作的"冲锋号"。

以群众为中心，让群众当主角，创新群团工作

针对群团组织"封闭运行、自弹自唱"等问题，重庆在改革中探索建立"以群众为中心、让群众当主角、让群众说了算"的群团工作新模式。

5月4日，重庆市渝北区"小改造大变化"服务群众主题活动巡回路演圆满结束。这个以职工、青少年、妇女群众等服务对象为重点，"问计于民、问需于民"的主题活动，在近一个月的路演中，接受群众的现场评议和网络投票，工会、团委、妇联类网络投票总数已超过69

万票。在第三方公司的问卷调查中，群众满意率达 99.75%。“这些方案非常贴近社区群众的需求。”渝北区两路街道临港社区干部王颖说，以前有些群团组织活动摸不准基层的“脉”，现在是活动方案公开“晒”，百姓当“评委”，真正体现了“让群众说了算”。

走进江北嘴中央商务区俊豪 ICFC 建筑工地“党群服务中心”，记者见到，整洁明亮的场地内，多功能培训室、电子阅览室、职工书屋、健康加油站等功能区一应俱全。正值下班时间，这里聚集了不少来看书和锻炼的务工人员。在服务中心，务工人员还可以就近便捷办理工会入会、政策咨询等事项。

针对青年群体“网络化、自主化、小众化”的特点，重庆团市委探索“互联网+”群团工作的新模式，以支部为单位，依托微信、微博、QQ 等社交媒体建立“网上团支部”，让青年在网上也能找到自己的组织。目前全市已建立“网上团支部”3 万余个，覆盖率为 52.52%。

在重庆市九龙坡区白市驿镇九里村返乡青年杨小琴看来，“网上团支部”已经成为一个温馨家园。“我们村有 20 多个团员，有留在村里的，也有在外打工的，‘网上团支部’既能把大家‘聚’在一起，也能提供实实在在的帮助。”杨小琴说，今年春节后，她就通过这里发布的招聘信息，在家门口找到了满意的工作。

干部合理搭配，形成一池活水

这几天，重庆市科学技术研究院技术评估与转移服务中心主任杨帆正忙着在区县调研工会改革的推进情况。在 4 月 7 日召开的重庆市总工会四届五次全委会上，她当选为市总工会挂职副主席。

履新一个月来，杨帆密集参加了市总工会组织的会议和调研。“过去埋头科研，对工会工作了解不多，深入其中，才切身感受到工会工作与职工利益密切相关。”加入工会后，杨帆发挥专业优势，给工会改革工作带来了新理念。在重庆市工青妇机关领导班子中，像杨帆这样的挂职或兼职干部共有 17 名，他们中既有普通农民、工人，又有科技创新人才；既有经济开发园区优秀干部，也有非公经济和社会组织负责人，还有返乡创业带头人、优秀进城务工人员等。

改革进程中，重庆探索建立有专有兼、有转有留、有进有出的群团干部管理机制，促进群团干部队伍“形成一池活水”。按照“专职成员不超过50%，挂职、兼职干部各占一定比例”的要求，重庆市总工会、团市委、市妇联均选举产生了新的领导班子。

据重庆市委组织部介绍，此次选拔挂兼职领导班子成员，具有三个特点：一是突出基层导向，主要从村社、镇街、企业、学校等基层一线或新领域新阶层群众代表中选拔；二是突出群众性，把“知群众、懂群众、爱群众”作为人选重要标准；三是突出代表性，涉及各行各业人才代表。“针对原班子结构短板，缺什么补什么，目的就是切实增强群团领导班子联系和服务群众的整体功能。”重庆市委组织部相关负责人说。

减上补下充实基层，党建引领明确责任

市级机构做减法，基层力量做加法。试点探索中，重庆立足构建“小机构、大网络、强基层、全覆盖”的群团组织体系，对群团组织架构进行了优化。通过市工青妇机关机构改革，着力解决“头重脚轻”“叠床架屋”等问题：优化市级群团机关内设机构，调减内设机构30%以上；精简市级群团机关及所属事业单位编制20%以上，共精简编制250名；调减专职领导职数7名，调减处级职数15名；推动群团组织将与基本职责无关的机构剥离移交。

今年1月26日，重庆市首个村妇联在渝北区兴隆镇徐堡村成立，改建后的妇联新增了执委15人，充分吸纳了妇女小组长、留守妇女互助组组长、驻村女大学生村官、巾帼志愿者骨干等代表。几个月来，该村妇联已经开展就业技能培训、手工编织课程学习、优秀家庭评选等活动20余次。说起变化，村妇联主席杨颖频深有感触：“以前的妇代会人员少、力量有限，改建后服务力量壮大了，受到群众赞扬的事情也越来越多了。”

群团改革推进过程中，重庆坚持“党建带群建”，把群团建设、群团工作、群团内容，纳入融入党建工作，推动党建、群建双强双增双效。把加强和改进党委对群团工作的组织领导，作为落实全面从严治党

责任的重要内容，列入责任清单；全面推行群团工作“双述双评”制度，党组织书记每年要向上级党组织报告抓群团工作情况，群团组织主要负责人每年要向同级党组织报告工作情况。同时，把工青妇等市级群团纳入党建工作领导小组成员单位，建立群团工作联席会议制度，协调解决问题，推动工作落实。

（人民日报记者崔佳、李坚，
《人民日报》2016年5月13日06版）

把贴心服务送到车间班组

——工会改革试点工作成效综述

重庆渝北区武陵路一带有不少自主创业者开办的餐饮小店，过去，为争抢客源时不时出现纠纷。如今，各种矛盾逐渐消弭，各餐馆间相处和睦，常常组织厨艺大比拼。这一变化，得益于工会组织的有效介入。让力量和资源向基层一线倾斜，工会组织打通了联系服务职工的“最后一公里”，生机活力不断增强。

2015 年 11 月，《全国总工会改革试点方案》经中央全面深化改革领导小组审议通过。近一年来，全总改革试点工作紧紧围绕保持和增强工会工作和工会组织的政治性、群众性、先进性这条主线，坚持问题导向，着力破解制约工会工作发展的突出性问题，增强工会组织的生机和活力，取得了阶段性成效。从全总到地方各级工会，正在发生一系列可喜的变化。

工会服务向职工需求聚焦

坚持抓好党建是最大政绩的理念，全总成立由党组书记任组长的全总党建工作领导小组，全面落实党建工作责任制，形成党组书记负总责、分管领导分工负责、机关党委推进落实、各单位主要负责同志“一岗双责”的工作格局。

针对中央巡视组指出的问题，全总把突出党的领导、加强党的建设、全面从严治党摆在重中之重的位置。通过巡视整改，全总在党的建设、干部人事管理、反腐倡廉、财务管理、资产经营等方面，共制定和修订了 190 项制度、措施和办法。

以品牌活动为载体，组织动员广大职工在经济建设主战场建功立业，是工会工作的重要内容。改革试点以来，全总组织动员广大职工围绕国家重大发展战略、重大工程、重大科技专项和重大活动等专题，深入开展以“践行新理念、建功‘十三五’”为主题的劳动和技能竞赛。推动劳动和技能竞赛向非公有制企业、中小企业延伸，扩大竞赛覆盖面，提高职工受益率。

福建省总工会有两大品牌，一个叫职工素质建设工程，一个叫职工温暖工程。其中，职工素质建设工程包括职工技能竞赛、百万职工“五小”创新大赛、职工技能培训、“名师带高徒”活动、职工技能晋级奖励制度5项；职工温暖工程包括医疗互助、劳模服务、困难帮扶、“四送温暖”、法律援助、一线工人疗休养、职工文化、女职工关爱、扶贫开发县工会建设9项。两大工程开路，让工会组织的凝聚力大增。

全总积极推进职工素质建设工程五年规划的实施，发挥工会“大学校”作用，扎实推进知识型、技术型、创新型劳动者队伍建设。各级工会广泛开展多种形式的职工技能培训、岗位练兵、技术创新活动，发挥劳模创新工作室、“首席技师”“首席员工”的示范作用。

劳动模范是主战场的一面旗帜。各级工会组织改进劳动模范评选宣传和管理服务，坚持面向基层、面向一线、面向普通劳动者，严格程序、严把标准、优中选优，认真做好全国“五一”劳动奖的评选工作。今年组织5000名劳模疗休养，增加一线职工、青年职工、农民工的比例，注重将劳模休养与提升劳模综合素质培训相结合，为更好地发挥劳模作用创造条件。

一线职工到工会组织兼职

浙江省温州市冠盛汽车零部件集团股份有限公司工程师徐颢宇，今年喜事比较多：刚刚获得全国“五一”劳动奖章，紧接着又当选了温州市瓯海区新桥街道总工会兼职副主席。作为技术研发人员，产品标准化是他的强项。如今，他准备利用专业优势，结合街道实际，拟定相关的工会工作标准。

在瓯海区，还有16名一线职工和徐颢宇一样，走上街镇总工会兼职副主席的岗位。温州市总工会为提高一线职工比例，建立起专职、挂职、兼职干部混岗模式的工作队伍，争取每个乡镇（街道）总工会配备不少于1名职业化工会工作者。

提高领导机构中职工代表比例，增强工会组织的广泛性、代表性，是工会组织改革的重要目标。全总和各级工会采取有力措施，把更多普通职工群众中的优秀代表吸收进工会领导机构，使工会组织群众性的根本特点得到彰显。

全总为此专门制定了两个文件，一个是《关于提高全总执委会委员、主席团成员中劳模和一线职工比例工作实施意见》，另一个是《关于提高各驻会全国产业工会全委会委员、常委会成员中劳模和一线职工比例工作实施意见》。

全总十六届四次执委会议上，发生了令人瞩目的一幕。全国劳动模范、农民工代表巨晓林被选举为全总兼职副主席，北京师范大学党委副书记田辉被推选为全总书记处书记（挂职）。全总十六届执委会委员和主席团成员中，劳模和一线职工所占比例分别增至15.4%和13.5%，分别提高了3.8和3.6个百分点。

重庆市是群团组织试点省市。按照“小机关、转职能”目标，重庆市总工会专职副主席由6名减少为4名，新增2名挂职副主席和4名兼职副主席。

不唯学历、不唯职级、不唯身份，吸收农民工、劳模、一线工人到工会领导机构中来。福建省总工会下发通知，限期完成市县两级总工会委员会劳模和一线职工委员配备，并专门制定发挥工会兼职副主席作用的办法。

全总还通过一系列新机制，努力建立专职为主、兼职与挂职相结合的机关干部队伍。比如，制定相关文件，从劳模和一线优秀工会工作者中考录遴选机关干部，突出机关干部基层一线工作经历、群众工作经历，把更多知职工、懂职工、爱职工的人充实到工会领导机关。同时，全总还制定干部挂职锻炼的一系列政策措施，加大机关干部和地方、企事业单位工会干部双向挂职工作力度；研究制定加强工会社会工作专业人才队伍建设的意见，推动将社会化工会工作者纳入国家社会工作专业人才队伍体系。

目前，全总已选派30名机关干部（包括2名援藏干部）挂职锻炼，接收 5 名西部挂职干部、省级工会或企业干部到全总机关挂职。2016 年录用劳模和一线优秀工会工作者将达到新录用人员的 1/5 以上。

以上率下让工作力量下沉

工作力量下沉，夯实基层组织，是工会改革的重要方向。为实现这一转变，全总优化机关组织架构，指导和带动省级、市级地方工会实现编制“减上补下”，充实任务繁重、力量薄弱的县级工会。

在互联网时代，扁平化是公认的运转高效的组织结构。全总制定了《全总机关部分内设机构编制调整方案》，将 6 个主要职能部门进行整合优化，对 100 多名干部的工作岗位进行了调整，以优化强化工作职能。全总制定了《全总所属生产经营类事业单位转企改制工作方案》，将 5 个生产经营类事业单位转制为企业，事业单位由 18 个减少到 13 个。

减下来的编制去哪里？去基层。按照“总量不变、调整结构”的要求，全总又专门制定了《全总机关行政编制精简方案》《全总所属事业单位机构编制调整方案》。全总机关和事业单位精简编制 25%，将精简的行政编制补充到任务繁重、力量薄弱的县级工会，同时指导和带动省级、市级地方工会实行编制“减上补下”。

以上率下，各地工会普遍加大机关职能和机构设置整合优化力度，整合优化机关职能和机构设置，建立扁平化组织结构。比如，上海市总工会将原有的 13 个机关内设机构整合为 9 个，精简 30.8%。重庆市总工会将机关内设机构由 19 个精简为 13 个，精简 31.6%，人员编制精简 25%。陕西省总工会将机关内设机构和产业工会、事业机构、直属单位由 34 个精简至 27 个，精简 20.6%，人员编制精简 36.7%。

经费分配是指挥棒。全总制定了《加大工会经费向乡镇（街道）工会、开发区（工业园区）和基层工会倾斜的意见》，将全国工会经费全年收入的 95%留在地方和基层工会，全总本级工会经费全年收入的 70%用于对下级工会的补助。

这种设计正在发挥有效的示范引导作用，各地工会纷纷把更多资源向基层一线倾斜。

青海省总工会调整各级工会经费分成比例，省、市（州）总工会从县（区）上缴的工会经费中分别拿出6%和4%的比例，县（区）财政配套适当比例，作为乡镇街道（社区）工会工作经费。河北省总工会将不低于县级总工会上缴经费的1/3，通过项目化管理方式补助给县级总工会。

天津市总工会推行“错峰服务”模式，组建工会志愿者队伍，实行工余时间和公休时间全天候服务，错开职工生产时段，让更多职工参与工会活动、享受工会服务。辽宁省总工会组建由50名职工组成的“职工参议员”队伍，定期召开“听证会”，使职工真正参与到工会工作安排、活动设计、评价监督等环节中来。

（人民日报记者刘维涛，《人民日报》2016年10月21日21版）

用职工获得感检验改革成效

——全国总工会和各级工会改革创新综述

“2016 年新增 1500 万人，实现农民工会员占农民工总数 50%以上”“全总机关和事业单位精简编制 25%”“制订全国工会网上工作三年行动计划及 2017 年实施方案”……

这是不久前召开的全国总工会第十六届执行委员会第五次全体会议传递出的信息，生动地展示了全总和各级工会推进改革试点工作一年来呈现的新变化、新气象、新成效。

2016 年是工会改革创新攻坚之年。全总和各级工会坚持问题导向，充分履行“忠诚党的事业、竭诚服务职工”的使命担当，在加强党的建设、改革领导机构、强化机关职能、改进干部管理、推动力量资源向基层倾斜等重点领域和关键环节持续精准发力，有力有序推进，改革试点完成了既定任务，取得了显著成效。

把正方向、引对道路，永葆工会组织性质

2016 年是中国共产党成立 95 周年和红军长征胜利 80 周年，全国总工会开展了一系列庆祝活动。

这些活动在组织筹备之初，就有着很明确的目标指向，即以此为契机，深化“中国梦·劳动美——永远跟党走”主题教育，着力抓好广大职工凝心聚力的工作。

政治性是工会组织的灵魂，也是搞好工会改革的根本保证。

——围绕强化党对工会工作的领导推进工会系统全面从严治党。比如，充分发挥全总党组领导核心作用，健全全总党组向党中央请示、报告重要工作等制度，建立与省级党委协调推进工会工作的运转机制，按照双重领导原则加强对省级工会的领导。各地工会在同级党委领导下，

主动对接、及时跟进全总改革试点工作。

——把加强党建工作作为改革的重要内容和关键举措。全总成立了由党组书记任组长的全总党建工作领导小组，全面落实党建工作责任制，健全机关各级党组织，强化党建基础工作，落实“三会一课”等党的组织生活制度，加强基层党组织队伍建设。在机关减编情况下，专门为机关党委、纪委增加编制，增强了监督的力量。

——以落实中央专项巡视整改方案为契机，深入推进工会系统党风廉政建设和反腐败工作。以全总为例，全面清理规范全总会议活动、评比表彰、期刊等，撤销了25个评比表彰项目，将全总所属的13个期刊撤并为5个。同时全总制定了工会行政事业性资产管理、使用和处置的暂行办法等制度文件，强化工会资产监管，落实工会资产损失责任追究办法，提高了廉洁风险防控水平。

紧扣中心、呼应需求，提升工会感召力凝聚力

“2017年全国工会将重点加强产业工人队伍建设，为实施创新驱动发展战略、制造强国战略提供人才保证”，全总十六届五次执委会议这一部署，迅速引起社会关注。

此前，全总已下发《2016—2020年劳动和技能竞赛规划》，围绕实现“十三五”规划各项目标任务，以提升职工技能素质、推动企业技术创新为重点提出了一系列目标。

推进工会改革，必须勇于责任担当、勇于直面问题、勇于自我革新。改革试点以来，全总积极创新开展劳动和技能竞赛，引领广大职工投身经济建设主战场。在组织动员广大职工围绕国家重大发展战略、重大工程、重大科技专项和重大活动等开展劳动和技能竞赛的同时，全总还通过修订《全国产业工会举办职工技能比赛管理办法》、设立职工创新补助资金等举措，推动劳动和技能竞赛向非公有制企业、中小企业延伸，提高竞赛覆盖面和职工受益率。

先进性是群团组织的旗帜，是时代呼声，是推进工会改革的基本方向。保持和增强工会组织的先进性，必须打开眼界、打开思路、打开胸襟，紧紧围绕党和国家工作大局，以先进的思想和文化、共同的理想和

目标，继续创新、创造、创优，引领和感召亿万职工听党话、跟党走。

——劳模精神、劳动精神、工匠精神深入人心。各级工会以举办“五一”系列庆祝活动为契机，在主流媒体推出专版专栏专题，加大对劳动模范和大国工匠的宣传力度。特别是随着“大国工匠”品牌的叫响，深深地激励了亿万职工，向全社会传递出满满的正能量。

——工人阶级主力军作用充分发挥。“践行新理念、建功‘十三五’”劳动和技能竞赛几乎覆盖了所有国家重大工程建设、重大科技项目和重大活动。据统计，仅已建工会的参赛企业就达 180 多万家，参与职工逾 8000 万人。

——工会网上工作取得积极进展。全总专门成立网络工作部，研究制定《全国工会网上工作纲要（2017—2020 年）》，实施工会“互联网+”行动计划，推动工会工作线上线下互动融合，覆盖职工超过 5000 万人。各级工会开通政务微博 800 多个、微信公众号 1300 多个，大大拓展了工会网上工作空间，有效强化了网上舆论引导工作。

扑下身子、深耕基层，增强职工群众获得感

在上海，任何一名职工，只要登录申工社手机客户端，入会维权一键通达，因为上海市总工会把工会的一切职能都放在了职工的手掌上。

在重庆，各基层工会全面推行会员代表大会、会员代表常任制、会务公开、会员评价和主席问责制等制度，目的是“让职工会员更好地参与、监督工会工作”。

在深圳，宝安区和平社区工会联合会不再仅有 1 名兼职工会干部穷于应付，而是齐刷刷配备了 10 名高素质专职工会干部，确保工会工作者真正在职工身边。

……

群众性是工会组织的天然属性，是工会改革的力量源泉。启动改革伊始，全国总工会便明确提出，工会改革的一个重要取向，就是要让职工群众当主角。

中共中央政治局委员、中华全国总工会主席李建国一再强调，一定要把改革成效转化为服务职工群众的能力水平，让职工群众有更多的改

革获得感。全总党组书记、副主席、书记处第一书记李玉赋明确要求各级工会，把工会改革与基层工会建设紧密结合起来，使广大职工切实感受到改革带来的实效。

——制定《关于增强基层工会活力发挥基层工会作用的实施意见》《工会基层组织选举工作暂行条例》《工会会员会籍管理办法》《加大工会经费向乡镇（街道）工会、开发区（工业园区）和基层工会倾斜的意见》等一系列制度文件，并实行编制“减上补下”。以工会经费为例，全国工会经费全年收入的95%留在地方和基层工会，全总本级工会经费全年收入的70%用于对下级工会的补助。

——制定《关于提高全总执委会委员、主席团成员中劳模和一线职工比例工作实施意见》和《关于提高各驻会全国产业工会全委会委员、常委会成员中劳模和一线职工比例工作实施意见》，全总十六届执委会委员和主席团成员中劳模和一线职工所占比例分别增至15.4%和13.5%，分别提高了3.8和3.6个百分点；各驻会全国产业工会全委会委员、常委会成员中劳模和一线职工比例均提高到9%以上。

——实行工会干部专挂兼，建立直接联系群众制度、工会服务职工满意度评价制度，推广“错峰服务”模式。改革试点工作开展以来，全总机关共接收了来自基层工会的32名挂职干部、23名兼职干部，选派了46名机关干部到基层挂职锻炼，同时全总党组所有成员都确定了1个县级工会和1个企业工会作为联系点。

不难发现，在全总为推进改革出台的35项制度文件中，大部分都是围绕如何实现人力、财力、资源配置向基层一线倾斜，更好服务职工群众而作出的制度设计。

农民工代表、全总兼职副主席巨晓林说：“去基层调研，一线职工都特愿意与我说心里话，这样可以更真实地反映他们的心声和诉求。”

（人民日报记者刘维涛，《人民日报》2017年2月17日13版）

各级工会组织扶弱帮困创新维权方式

职工有困难忙了"娘家人"

"春节刚过，工作就送到了家门口，真提气!"去年刚过完年，四川省泸州市黄舣镇青年王中军，便在家门口的"全国工会就业创业援助月"招聘会上找到了工作。

已连续开展六年的"全国工会就业援助月"为春节后广大农民工、下岗失业人员、化解过剩产能行业分流职工、困难职工家庭高校毕业生等群体与用人单位搭建了就业服务平台。

去年，各地工会重点挑选了一批创业型企业、新业态企业、创业园区，特别是电商、物流、家政等企业参与活动现场招聘。招聘企业在劳动时间、社会保险、工资支付等方面要求规范可靠、信誉良好，所聘人员月工资2800元以上。

"就业是民生之本。"职工最需要的，就是工会工作的方向。2016年，各级工会组织火力全开，为广大职工提供就业帮扶，春风行动、就业创业援助月、民营企业招聘周、"双创"等活动开展得如火如荼。

在改革中保障职工利益

2016年，是供给侧结构性改革攻坚之年。改革中如何保障职工利益，是工作的重中之重。

全总及时发出声音："对在供给侧结构性改革特别是化解过剩产能和僵尸企业兼并重组、破产清算、事业单位改革过程中生活困难的职工，协同政府落实政策措施，解决好转岗、再就业等安置和社会保障问题。"

建立全总金蓝领职工技能培训示范点；依托工会院校、职工技能实训基地和多媒体手段，加强校企结合、工学结合，加强技能培训和下岗失业人员技能再培训；构建职工教育培训立体化网络，帮助广大职工更好适应创新带来的市场变化和创业就业条件变化……

经过各地政府、工会、企业的协同努力，众多分流职工找到了新“归属”。“政策托底+市场分流”成为安置的主要模式，不同年龄的产业工人对于未来表现出不同选择，大众创业、万众创新也成为职工的新出路。

去产能任务艰巨的河北省，据预测到2017年化解过剩产能，涉及职工54. 7万人。河北省总工会开展各类转岗技能培训，将职工再就业送到“最后一公里”。

在工会的组织下，很多企业严格履行了民主管理程序。有的更将向职工征求意见的时间延长至7个月。攀钢集团江油长城特殊钢铁有限公司4000余名职工95%同意改革和职工安置；芜湖新兴铸管有限公司企业工会收到了职工建设性提案120多件、权益诉求360多条。在工会的协助下，职工权益得到最大维护。

有数据统计，供给侧结构性改革中，全国钢铁和煤炭行业去产能共涉及180万职工的分流安置，目前已取得有效进展。

心系200余万户困难职工

扶弱助困是工会的优良传统也是重要职责。2016年1月全总十六届四次执委会议上，困难职工解困脱困工作被纳入全总改革试点工作重要内容。一年来，全国工会在各项帮扶工作中，注重凸显“制度保障”，做到精准帮扶、精准脱贫。

全总专门制定了困难职工解困脱困工作实施意见，要求做到底数精准、原因精准、措施精准、解困脱困精准。同时提出工会要实施“技能培训促就业”“创业援助”“阳光就业”“职工医疗互助”“金秋助学”“一帮一”“为困难职工送温暖”7个行动计划开展精准帮扶。

为了搞清底数，全总修订《困难职工档案管理办法》，升级全国工会帮扶工作管理系统，监测、分析困难职工家庭的状况和帮扶情况，督促各地工会对困难职工进行精准识别、精准施策。

重点人群重点关照。在实地调研基础上，全总提出创新东北老工业基地、资源枯竭工矿区困难职工专项帮扶形式的意见并组织实施。

具体而有效的举措，让工会把温暖送到了广大职工的心坎上。数据显示，一年中，各级工会组织专场招聘会 1.7 万场次，成功介绍就业 252.7 万人；“两节”期间帮助 476 万人次农民工平安返乡；19.5 万名困难农民工子女拿到来自工会的助学款总计 3.6 亿元。

2016 年各级工会共帮助已建档立卡的 200 余万户困难职工家庭实现解困脱困。

法律援助帮职工追回 1.1 亿

如果公司以经济不景气为由将你裁掉，却又不给予经济补偿，那你就可以去找工会了。这是去年发生的千千万万个工会维权故事中的一个，当事人叶某和同事在当地工会的帮助下分别讨要了 5000 元、5800 元和 4000 元的经济补偿。

工会是职工的“娘家”，承担着维护职工利益的责任。企业开除或辞退员工，工会是绕不过的程序。近年来，各级工会组织通过做企业工作、联合有关部门介入等方式，以法律为准绳，维护职工的合法权益，为职工提供法律援助。

2016 年是“七五”普法规划的开局之年，也是工会系统法律援助工作硕果累累的一年。

这一年，全总研究制定了“七五”普法规划，提出“七五”期间，对新加入工会组织的农民工普法教育覆盖率达到 100%。

这一年，工会开展“送法到基层”活动，为产业及地方各级工会举办的工会干部培训班做工会法、劳动法辅导报告，直接受众近 5000 人。

这一年，工会强化劳动法律监督，推进劳动争议处理工作，以购买服务的方式对全国工会法律干部开展劳动关系协调员（师）国家职业资格专项培训。

数据显示，2016 年，全国工会办结法律援助案件近 1600 件，为职工挽回经济损失 1.1 亿元。

（人民日报记者文涛，《人民日报》2017 年 2 月 20 日 13 版）

新华社

激发组织活力　推进全面创新

——全国总工会改革成效综述

2015年11月，《全国总工会改革试点方案》经中央全面深化改革领导小组审议通过，这项工作正式启动。近一年来，这项改革紧紧围绕保持和增强工会工作和工会组织的政治性、先进性、群众性这条主线，坚持问题导向，着力破解制约工会工作发展的突出问题，增强工会组织的生机和活力，广大职工真真切切感受到改革成效。

团结带领职工群众坚定不移跟党走

全总党组牢牢把握工会工作正确政治方向，坚持把深入学习贯彻习近平总书记系列重要讲话精神作为一项长期的重大政治任务。党组坚持第一时间传达学习党中央决策部署，坚决贯彻到工会工作各方面、全过程。

全总践行抓好党建是最大政绩的理念，成立由党组书记任组长的全总党建工作领导小组，全面落实党建工作责任制。以落实中央专项巡视整改方案为契机，把突出党的领导、加强党的建设、全面从严治党摆在重中之重的位置。扎实开展“两学一做”学习教育，深入推进工会系统党风廉政建设和反腐败工作，营造风清气正的政治生态，努力打造一支忠诚、干净、担当的工会干部队伍。

全总坚持以上带下，加强对各级工会改革创新的领导和指导。各地工会牢牢把握履行团结带领广大职工坚定不移跟党走这一政治责任，在同级党委领导下，主动对接、及时跟进全总改革试点工作，总体呈现良好发展态势。

改革先从工会领导机构改起

今年年初，全总十六届四次执委会选举全国劳动模范、中铁电气化局第一工程有限公司的巨晓林为全国总工会史上第一位农民工副主席，推选北京师范大学党委副书记田辉为全总书记处书记（兼职）。

“身份变了，本行工作不变。不过身上的责任更重了。”巨晓林说，“工会是一条桥梁纽带，当选后会更加关注农民工的权益保护和维权问题。”

突出工会组织群众性这一根本特点，把更多普通职工群众中的优秀代表吸收进工会领导机构，是全总推进改革的一项重要内容。目前，在全总的领导机构——全总十六届执委会委员和主席团成员中，劳模和一线职工所占比例分别增至15.4%和13.5%，分别提高了3.8和3.6个百分点。

建立扁平化的组织结构，不搞“叠床架屋”，进一步形成眼睛向下、面向基层、职责明确、运转高效的格局，是工会改革一项标志性、牵引性强的重要基础工作。为此，全总把机关和事业单位的编制精简了25%，将精简的行政编制补充到任务繁重、力量薄弱的县级工会。各地工会也对机关职能和机构设置普遍进行了整合优化。

“面对新形势新任务，工会组织还存在不少与之不相适应的问题，影响着工会职能的发挥和工作水平的提升。”全国总工会党组书记、副主席、书记处第一书记李玉赋说，“解决这些问题，根本出路在于改革，而工会改革要从全总机关开始。”

在推进供给侧结构性改革中充分发挥工会组织的作用

动员广大职工围绕“十三五”规划目标任务和“三去一降一补”等重点任务，在经济建设主战场建功立业，是推进全总改革的一项重点。为此，全总采取了一系列举措。

——组织动员广大职工开展以“践行新理念、建功‘十三五’”为主题的劳动和技能竞赛，推动竞赛向非公有制企业、中小企业延伸，提高竞赛覆盖面和职工受益率。

——发挥工会“大学校”作用，广泛开展多种形式的职工技能培训、岗位练兵、技术创新活动，设立职工创新补助资金，发挥劳模创新工作室、“首席技师”“首席员工”的示范作用，扎实推进知识型、技术型、创新型劳动者大军建设。

——大力弘扬劳模精神、劳动精神和工匠精神，与国家网信办和中央主要新闻媒体及各大网站共同策划推出《大国工匠》系列宣传，推动更多工匠人才不断涌现。

让广大职工在改革中有更多获得感

把改革成效转化为服务职工群众的能力水平，增强职工群众的获得感，是工会改革的重要目的。

坚持眼睛向下、面向基层，加大工会经费投入、力量配备向基层倾斜力度，探索建立工会服务职工满意度评价制度，激发基层工会生机活力，努力打通联系服务职工的“最后一公里”，让职工群众成为改革的主角。

完善维护职工权益制度和机制，使经济发展新常态下的职工维权工作得到进一步加强。今年以来，全国工会已办结职工法律援助案件1629件，为职工挽回经济损失1.1亿元。2016年“两节”期间，全国各级工会筹集送温暖资金36.9亿元，慰问困难职工823.6万户。全国工会就业创业援助月、春风行动、民营企业招聘周、“双创”等活动也开展得如火如荼，各级工会组织专场招聘会1.7万场次，成功介绍就业252.7万人。

扎实做好农民工入会和服务“双提升”工作，工会改革让农民工获得实实在在的好处。今年上半年全国工会新增农民工会员700万人。“两节”期间，帮助476万人次农民工平安返乡，为225万名农民工追回被拖欠工资近230亿元。

（新华社记者董峻，新华社北京2016年9月29日电）

瞭望东方周刊

工会改革，工会里来了一拨年轻人

2014年9月，即将从中国劳动关系学院毕业的杨宇辰离开了自己的家乡北京，来到深圳市总工会。

此前，这个“90后”对工会的全部认知，几乎都来自课本和电影。令他更感陌生的是，自己将要在一个“工会改革试验区”工作。

2014年9月，深圳市总工会出台了《关于建立源头治理劳资纠纷试验区的决定》，计划在宝安区福永街道和平社区、龙华新区观澜街道银星高科技工业园，建立源头治理劳资纠纷试验区。其目的，是希望通过改革创新工会工作的体制机制，在劳动关系源头治理上实现新突破。

当时的杨宇辰还不甚明了，包括他在内的十多名招聘自全国的职业化、专业化工会干部——其中不乏清华、北大等名校生，将成为深圳工会推动改革的新“动能”。

按照试验区的方案，杨宇辰等人的核心任务是“一沉到底”——走进工人社区，用自己的力量将个体的工人紧密地组织起来。

这是“源头式”变革的关键。

当时谁也没想到，这十多位平均年龄不足30岁的年轻人，用了不到两年时间，便把过去人们印象中只是发发福利的工会，改造成了工人自己的“职工之家”。

如今，在拥有超过10万工人的和平社区，他们成了颇具号召力的角色。

有如跨进“无人区”

“把原子化的工人组织起来，让个人遇到问题时能够得到组织有力的支撑和帮助，这是解决劳资纠纷的关键。”毕业于北京大学的工会专干、观澜街道银星高科技工业园工联会常务副主席李长江告诉《瞭望东方周刊》。

但是，具体的实现路径是什么，这批年轻人最初也是一片茫然。

“刚来的时候很忐忑，不知道能不能胜任工作。”杨宇辰告诉《瞭望东方周刊》，“最关键的是不知道该怎么做，就连上级领导也不知道。”

这一改革旨在突破旧体制，那就意味着有如进入“无人区”，没有样板和经验可以参照。

来到试验区所在的龙岗区福永街道和平社区，杨宇辰发现，这里和他印象中的深圳颇有些不同。

深圳地形狭长，中心区域是高科技企业云集、房价堪比北京的创新之都，而其两翼，则是遍布厂房、员工宿舍、农民房，及低档商铺和餐饮娱乐场所的工业区。

妇孺皆知的富士康，就坐落在这样的区域。

深圳市有超过1000万的产业工人，他们中的绝大多数常年居住在工业区。他们是这个繁华大都市的另一张面孔。

和平社区，在深圳劳动密集型工业社区（园区）中颇有典型性。在这个总面积不到10平方公里的区域内，聚集着800余家企业，工人超过10万名。社区内劳资纠纷频发，职工流动性大、组织化程度低。与之形成鲜明对照的是，社区内的本地人口不过1100多人，与外来人口严重倒挂。

而这，正是劳动关系治理的天然试验场。

对当时的杨宇辰来说，光是这个社区的表象，就令他倍感新奇：路边挤满了“握手楼”，街上四蹿着电动车，“农业重金属”风格的音乐声直到深夜依然此起彼伏。

来到社区的第一天晚上，杨宇辰到街上溜达。大约9点半，他见到一大批穿着同样黄色工服的女工行色匆匆地从一个方向涌来，又向另一个方向涌去，如潮水一般。

这个北京小伙子意识到，过往的生活经验在这里将变得不再可靠。一切，将是未知。

老工人“有期”，新工人“无期”

到了试验区，这批年轻人的首项工作，是以普通工人的身份到工厂实习两周。

这是一项刻意的设计。

“一支职业化工会工作者队伍能否真正发挥作用，夯实工会的群众基础，情怀是关键。”深圳市总工会法律工作部部长李莹告诉《瞭望东方周刊》。

包括杨宇辰在内的这批工会专干，此前有不少人曾在大学期间接触过工人群体，对其有特殊的感情，因此才选择来到深圳。但去工厂一线与工人同吃同住同劳动，给他们带来的是更深刻的体验。

清华大学博士生林乐峰是这批工会专干之一。他后来写道：“在进入工厂以前，以为职业化工会干部日后的主要工作就是帮助工人维权。然而，当走进工人的世界，尤其是这些‘90后’工人生活中时，我们忽然发现，如果说上一代打工者面临的主要问题是在侵权和违法中如何保护自己，那么新生代工人面临的主要问题就是如何在同时被城市和乡村排斥的社会中寻找归属和安全。”

他发现：对于可以回到乡村的老一代工人，艰苦的工厂生活只算是“有期”；但对于回不去乡村又留不到城市的新生代工人来说，工厂生活更像是“无期”。

林乐峰感到工会的担子比想象中重了太多——比起为工人维权和解决劳资纠纷，把原子化的新生代工人组织起来，帮他们融入城市生活，实现社会公平，将是更大的挑战。

实习结束后，第二项任务是调研。和实习一样，这项工作的目的是对工业区的情况进行摸底。

他们共走访了社区内的33家300人以上的企业，回收了有效问卷约1300份。

在调研过程中，他们发现，尽管这些企业都建立了工会，但实际运行情况不尽相同，且不算理想。

从工会主席产生及企业任职情况来看，总经理和人力资源占7位，中高层人员占24位，未知管理级别2位；从产生过程来看，有21家经选举产生，12家为企业指定人选；72%的工人知道厂里工会的存在，知道工会主席是谁的占了51%，但是仅有40%的工人知道“职工之家”，37%的工人知道自己工会小组小组长。

“这反映了工会的民主建设及宣传还是很不足，没有深入到一线工人之中。”毕业于清华大学的和平社区工联会常务副主席石文博告诉本刊记者。

聊QQ聊到恶心

对社区情况有了大致了解后，专干们开始了正式的探索。

“我们不是行政机构，必须靠群众化的工作方法走进工人当中，如开展大家喜闻乐见的活动，否则没有办法组织起人来。”石文博说。

专干们有不少在学校时曾是学生工作的好手。但他们发现，组织工人和组织学生，截然不同。

“最开始我们以为跟大学搞社团差不多，于是做了海报到各个小区去张贴，结果到了活动时发现没什么人，只好留一个人稳住现场，其他人都到大街上拉人。”如今身为和平社区工联会宣传部负责人的杨宇辰回忆道。

于是，宣传成了工作初期的重点。

经过琢磨，他们发现了很多做工人宣传工作的窍门。比如，字少画多的海报宣传效果更好，字多的传单工人往往随手就扔了。

但他们很快意识到，“以我为主”地搞活动还不够，和工人建立常规紧密的联系，才能真正走进工人的生活。

他们选择了一个最简单也最接地气的工具——QQ。在路边做宣传时，每“抓”住一个工人，便留下其QQ号。

“我们之前办活动都是通过微信公众号宣传，后来发现，工人们大多用QQ，用微信的人不多。”杨宇辰说。

随后的工作，他们总结了几个铁律：工人留下的QQ号，当晚就得加，不能过夜；加完之后，必须一对一单聊，不能群聊；聊天最佳时间是在晚上 9 点半之后，那时候工人才下班；网上聊完之后，必须找时间约出来当面聊。

“那时候一天到晚聊 QQ，聊到恶心。”和平社区工联会职工文体活动部和劳动生产保护部负责人陈晓东告诉《瞭望东方周刊》。

但是，有不少工人留的 QQ 号是假的，还有不少人加了也从不回复消息。所以，对于有回复的工人，专干们都格外珍惜，“跟他们交朋友，请他们吃饭，了解他们的想法”。

见面之后，专干们会把话题更深地介入到工人的工作和生活中。“包括个人婚姻感情问题，家庭关系处理，甚至有些女职工会聊到生理健康等私密话题。”石文博说。

如此的投入换来了初步成效。石文博记得，就在他们开展活动的第二周，有工厂发生了劳资纠纷，就有工人来找他们求助。

“抓”住关键人物

但是，在一个将近十万人的工人社区，他们最初能联系到的工人，不过是沧海一粟。不到十人的队伍，力量终归有限。

2015 年 4 月，经过长期筹备，五层高的“职工之家”正式投入运营。有了这个深圳市总、区、街道三级工会每年专门投入超过百万元的“根据地”，专干们可以举办更多活动，为工人提供服务。但是，最初每周来“职工之家”的，仅有几十人。

回忆起那段时光，陈晓东直说“惨淡”。

不久，专干们发现，早在他们来之前，工人队伍中就有一些号召能力强的“一哥”“一姐”，经常组织周末的出游、跑步等活动。

为了把这些人拉到工会，身宽体胖的陈晓东主动参加到他们的活动中。从跟着跑，到跑不动了跟着走，边走边聊天，在这个过程中跟工人交朋友，并介绍工会。

实际上，参加活动的多是有社交意愿的工人，在这个过程中，专干们逐渐发现并争取到了有组织能力的关键人物，如一些老工人。

“和年轻工人不同，老工人不但有社会关系网，有组织动员能力，自身还有维权经历和意识。他们更希望拥有稳定的工作和生活。”石文博说。

工业社区流动性普遍较强，不少企业常年流动率在5%以上，甚至超过10%。这是工人组织化的一大天敌。而“抓”住老工人，就是组织化的关键。

这些琐碎的工作做到9月，专干们突然发现，来“职工之家”的工人数量开始猛涨，每周轻松过百人。

“之所以经过将近半年才有效果，是因为工人之前的组织程度太低。和有些NGO通过群体性事件组织工人不同，我们只能通过日常工作的积累，这需要时间。”石文博说。

于是，之前原子化的工人队伍，开始以“职工之家”为中心，重新“整编”。

一百多人的队伍，保持十公里一点不乱

随着规模不断扩大，工人们开始根据自己的兴趣爱好，发展出不同的兴趣小组——跑步、瑜伽、羽毛球、户外徒步等，甚至还有英语角。仅仅两三个月时间，各兴趣组的平均规模就达到了一两百人。

这时，新的挑战出现了。专干们发现，自己的精力已经跟不上快速膨胀的工人规模。

对于这个不到10人的团队来说，事事亲力亲为显然不现实。解决方案只能是让工人实现自治。

在参与人数过多的群体活动中，工人们以工厂为单位重新划分。新组织交由工人选出的积极分子管理。

这种管理模式，在随后的凤凰山徒步团建活动中，被证明是非常有效的。

当时，为了维持超百人队伍的秩序，共选出了40多名负责人，包括队长、副队长、旗手、先锋队、医疗队、运输队等。

“一百多人的队伍，保持十公里一点不乱。那次活动之后，就锻炼出一批主要负责人。”陈晓东说。

对于这些工人中的积极分子，上级工会几乎没有给予任何资源支持。“只给了组长的名号而已。”陈晓东说。

即便这样，积极分子们也心甘情愿，因为工人们本身对组织活动和社会交往就有巨大诉求。由于缺乏社会关系，以往每到节假日，工人们往往无处可去。

2016 年 5 月成为和平社区工联会专干之一的蒙圣球，原是一名工厂工人。

“以前放假，经常是在家里窝一天，浑浑噩噩就过去了。除了认识一些老乡，很少跟人交往，所以当时是非常想通过工会多认识些人的。”他告诉《瞭望东方周刊》。

工人中混进了代购商

然而，工人自治的隐患也很快出现了。

到 2015 年 10 月，晨跑活动已经发展成 30 多人的稳定队伍。其中一个在 QQ 群里很活跃的人，在一次自发投票中，成了晨跑的队长。

后来大家才发现，这名活跃分子并不是工人，而是做代购的个体户，只想借机做生意。不久后，晨跑队伍就散了。这令专干们十分被动。

“我们意识到，一定要把工会议事抓起来，工人会不会跟工会走，关键是思想上的认同。”陈晓东说。

随后，他们对骨干进行了再次筛选，并要求积极分子在组织活动时，都要明确告诉工人，这是工会的活动。

为了强化工作效果，对于这些积极分子，工会议事教育工作也逐渐常规化。每隔两周，他们就会开一次工会培训课，并且规定协会的成员必须接受工会知识教育才能担任协会干部。

在这一过程中，试验区开始真正发挥“孵化器”作用：通过培养工人意识，组织工人活动，一批能够连接企业和上级工会的积极分子真正涌现出来了。

由此，工人们逐渐围绕专干们形成了三个圈层：核心圈层的是少数工人骨干，这些人具备分管部分事务、组织带领工人进行活动的能力；中间圈层是工人积极分子，他们了解工会，并认同工会；最外面的圈层则是普通会员，在骨干和积极分子的带领下，他们愿意参与工会组织的活动。

“社团要建立体制机制，以此对抗流动性带来的挑战。”石文博说。

这套管理方法逐渐见效。到了2016年年中，每周参加工联会活动的人数增长到上千人。这一数量，大约占到和平社区工人总量的百分之一。

石文博说，把这些人凝聚起来，他们对这个区域的劳动关系心里就有底了。

吃亏就找“娘家人”

对于工会来说，关键时刻能否帮助工人维护合法权益，这才是其工作效果的试金石。

“职工之家”投入运营后，每周都会有律师来给工人们提供法律咨询。

“工人并不是不讲道理，但是很多工人不知道怎么表达。他们需要知道有问题了通过什么渠道解决，怎么解决。”深圳高士线业有限公司的职工周灿飞告诉《瞭望东方周刊》。

更为复杂的情况是集体劳资纠纷。在试验区开始工作后，专干们已经参与处理了几起纠纷。

其中之一是兴宝风帆厂事件。这家企业近几年经营压力较大，加薪基本停滞。

2015年8月，部分心有怨气的兴宝风帆厂的工人去“职工之家”进行法律咨询时得知，企业不给加班费是违法行为。

值得注意的是，关注这一问题的，多是工厂的老工人，他们有组织能力。因此，问题如果得不到解决，有停工的可能性。

事实上，兴宝风帆厂有自己的企业工会，并且也做了不少工作。但是，工会的干部多是文职职员，影响力有限。

这时，专干们过往的工作效果便凸显出来了。

一位在“职工之家”担任瑜伽俱乐部老师的工人，正是兴宝的一位老员工。她对专干们十分信任，在厂里又有威望，因此提供了不少厂里的情况。

“从中可见我们的影响是实实在在的。”石文博说。

在此之前，兴宝风帆厂工会经审委主任周俊和工会女工委员张春云也曾多次参加“职工之家”的活动，他们也希望专干们能够提供帮助。

最后，在专干们的帮助下，兴宝风帆厂工会跟工人进行了多轮沟通，平息了他们的极端情绪。在此基础上，试验区邀请了市总工会的律师，帮助工人们拿到了比较满意的赔偿。

“通过解决加班费，我们对他们的疑虑真正打消了。”周俊说。如今，兴宝风帆厂的工人，是“职工之家”最活跃的群体之一。

在这一过程中，除了劳资协商的知识、资源优势，专干们的身份优势更显现出他们的不可替代性。

“我们站在第三方角度，视角更加客观。在和工人建立信任后，我们就引导他们变得更理性。关键是，我们是以工人的‘娘家人’的身份，而非专家的身份跟他们沟通。”

（瞭望东方周刊记者芦垚，《瞭望东方周刊》2017年16期）

中央电视台

全国总工会改革：下沉职能更接地气

全国总工会是中央确定的首个群团改革试点单位，全总及各地工会围绕政治性、先进性、群众性的主线，下沉职能，突出为基层服务的宗旨。

这份近万字的调研总结，出自著名劳模巨晓林，今年年初，他当选为全国总工会兼职副主席。前不久，全总三位劳模兼职副主席，结合自身所长，分头带队到一线调研。

如今在全国各级工会组织中，像巨晓林这样的劳模兼职副主席已有32位，全总第十六届执委会和主席团中一线工人的比例增至15.4%和13.5%，分别提高3.8和3.6个百分点。凸显全总改革力度的另一措施是把机关和事业单位编制精简25%，同时要求，今年全国工会经费全年收入的95%要留在地方和基层工会。目前，上海、重庆、陕西等地工会也精简机构和编制20%以上，人员经费充实一线。在上海陆家嘴街道，工会专职社工由3个增加到8个，通过派驻楼宇工作站，扩大了服务覆盖面。在大场镇，针对创业型企业规模小、建会难等实际，工会组织上门服务，新增加的职工体检、交通等补贴及时到位。

减上补下，职能下沉，工会组织的服务实效明显提升。一组数据显示，今年以来，全国工会办结法律援助案件近1700件，为职工挽回经济损失1.1亿元，为820万困难户筹集送温暖资金36.9亿元，新增加农民工会员700万人，帮助追回被拖欠工资230亿元。

（新闻联播2016年11月26日）

光明日报

让广大职工更有获得感

——全国总工会改革试点工作成效综述

2015年11月，《全国总工会改革试点方案》经中央全面深化改革领导小组审议通过之后，全国总工会正式启动了为期一年的改革试点工作，拉开了群团改革的大幕。在中共中央政治局委员、全国总工会主席李建国直接领导下，全总党组书记、副主席、书记处第一书记李玉赋带领全总党组、书记处，组成改革试点工作领导小组，强化组织领导，扎实推进改革试点工作。截至目前，改革取得了哪些成效？破解了哪些难题？本报记者进行了深入挖掘。

带领广大职工坚定不移跟党走

今年10月13日，全总党组召开会议，传达学习全国国有企业党的建设工作会议精神，李玉赋在会上表示，要结合工会改革创新，推动落实党的全心全意依靠工人阶级方针，坚持党的领导，加强党的建设，全面从严治党。工会改革进程中，全总党组坚持第一时间传达学习党中央决策部署，并坚决贯彻到工会工作各方面、全过程。

为践行抓好党建是最大政绩的理念，全总成立由全总党组书记任组长的全总党建工作领导小组，构建党组书记负总责、分管领导分工负责、机关党委推进落实、各单位主要负责同志“一岗双责”的党建工作格局。同时，健全机关各级党组织，强化机关党建基础工作，落实“三会一课”等党内组织生活制度，加强基层党组织队伍建设，规范基层党组织换届选举，新组建单位及时建立党组织，做好党费收缴、使用和管理。

在推动改革进程中，全总党组主动与省级党委沟通协调，共同研究解决工会工作特别是工会改革中遇到的问题，并着力加强对各级工会改革创新的领导和指导。截至目前，上海、重庆工会改革试点工作成效初显，18个省（区、市）总工会正在制订或已经完成改革方案起草工作，11个省（区、市）总工会和新疆生产建设兵团工会正在开展改革前期调研准备工作。

各地工会牢牢把握履行团结带领广大职工坚定不移跟党走这一政治责任，在同级党委领导下，主动对接、及时跟进全总改革试点工作。陕西省总工会组建了宣讲团队，深入职工群众中宣讲党的群团工作会议精神；山西省总工会着手筹建山西省工会系统新媒体联盟和山西省总工会微信公众平台，打造职工思想教育线上线下联动机制；湖北省总工会深入开展“中国梦·劳动美——永远跟党走”主题教育系列活动，启动“职工职业道德示范单位”和“职工职业道德楷模遴选活动”，引导全省职工自觉践行社会主义核心价值观。

合力推动工会系统改革创新

“一定要在全总高层决策中发出咱们农民工的声音！”在今年年初举行的全总十六届四次执委会议上，全国劳动模范、农民工代表巨晓林，被选举为全总兼职副主席，这也是全总历史上第一位农民工兼职副主席。同时，北京师范大学党委副书记田辉被推选为全总书记处书记（挂职）。提高领导机构中职工代表比例，增强工会组织的广泛性、代表性，是工会改革的重要目标。目前，在全总领导机构——全总十六届执委会委员和主席团成员中，劳模和一线职工所占比例分别增至15.4%和13.5%。

为进一步向基层倾斜力量，全总实行编制“减上补下”。截至目前，全总机关和事业单位已精简编制25%，并将全国工会经费全年收入的95%留在地方和基层工会。各地工会也予以积极响应：上海市总工会将13个机关内设机构整合为9个，重庆市总工会将19个内设机构精简为13个，河北省总工会将24个内设机构精简为19个。

为完善基层工会组织建设，全总制定《关于增强基层工会活力发挥基层工会作用的实施意见》；制定《工会基层组织选举工作条例》，规范基层工会选举；制定《工会会员会籍管理办法》，拓宽职工便捷入会渠道。与此同时，全总深入开展“农民工入会集中行动”，仅今年上半年全国工会新增农民工会员就达700万人。

在天津，市总工会推行“错峰服务”模式，工会志愿者实行工余时间和公休时间全天候服务，更多职工参与到了工会活动中；在辽宁，省总工会组建“职工参议员”队伍，定期召开“听证会”，使职工真正参与到工会工作安排、活动设计、评价监督等工作中来……一项项贴近职工群众的举措，让工会改革赢得了广大职工的信赖。

凝聚广大职工建功立业

“感谢大赛首次设置了这个项目，才让我有了展示才华和与同行切磋的机会。”在第五届全国职工职业技能大赛上，来自杭州的王建明夺得动画绘制员项目冠军。据悉，本次大赛设置的5个比赛工种中，有4个工种属于“互联网+”范畴，辐射带动了1500多万名职工参加技能比赛。大力推进“互联网+”工会普惠性服务，探索利用互联网了解职工、贴近职工、联系职工、服务职工的新途径，是全总改革的一大目标。

福建省总工会将多个工作项目统一整合成“职工素质建设工程”和“职工温暖工程”两大品牌，工会的影响力得到了进一步扩大；吉林省总工会通过实施资金扶持和项目扶持、培育职工“双创”孵化器等措施，引导全省广大职工自觉融入“大众创业、万众创新”的时代洪流……改革进程中，各地工会积极创新载体平台，为广大职工设立了建功立业的战场。

今年2月以来，上海奉贤区总工会加大维护职工权益的力度。由区劳动监察和仲裁部门推荐人选，扩大劳动关系指导员队伍。同时，区劳动仲裁院设工会法律援助服务窗口、办公室和调解室，各街镇总工会建立劳动争议调解室，如南桥镇“金阿姨调解室”、海湾镇“孙桂英调解室”等，为职工提供劳动纠纷案件“零门槛”法律援助服务。在推进改革试点工作中，全总不断完善维护职工权益制度和机制，今年以来，全国工会已办结职工法律援助案件 1629 件，为职工挽回经济损失 1.1 亿多元。

为推动更多技能人才不断涌现，今年，全总与中央主要新闻媒体和各大网站共同策划推出《大国工匠》第三季和第四季、《大国工匠》新闻专题片、“大国工匠”专栏互动窗口等，开展推荐学习“身边的大国工匠”活动。各地工会也大力弘扬劳模精神、劳动精神、工匠精神：上海选树命名首批 100 名“上海工匠”；黑龙江省总工会选树首批 10 名“龙江工匠”；江苏省总工会开展“弘扬工匠精神，点赞时代劳模”活动，50 多万人次参与点赞……各地工会积极架设与职工沟通的桥梁，进一步激发了广大职工建功立业的热情。

（光明日报记者任欢、光明日报通讯员姜萍，
《光明日报》2016 年 10 月 31 日 11 版）

经济日报

创新激发组织活力　诚心服务职工群众

——全国总工会改革试点工作成效综述

2015年11月，《全国总工会改革试点方案》经中央全面深化改革领导小组审议通过，全国总工会开展了为期一年的改革试点工作。在中共中央政治局委员、全国总工会主席李建国直接领导下，全总党组书记、副主席、书记处第一书记李玉赋带领全总党组、书记处，组成改革试点工作领导小组，强化组织领导，扎实推进改革试点工作。近一年来，全总改革试点工作紧紧围绕保持和增强工会工作和工会组织的政治性、先进性、群众性这条主线，坚持问题导向，着力破解制约工会工作发展的突出问题，增强工会组织的生机和活力，取得了阶段性成效。

不忘初心，团结带领职工群众坚定不移跟党走

在中国共产党的领导下，全国总工会已经走过91年光辉历程。而今，在工会改革进程中，全总始终坚持把党的领导体现到改革试点工作全过程，确保全总改革沿着正确政治方向前进，不忘初心。

李玉赋强调，全总党组牢牢把握工会工作正确政治方向，坚持把深入学习贯彻习近平总书记系列重要讲话精神作为一项长期的重大政治任务。党组坚持第一时间传达学习党中央决策部署，坚决贯彻到工会工作各方面、全过程。

“践行抓好党建是最大政绩的理念。”全总成立了由党组书记任组长的党建工作领导小组，全面落实党建工作责任制。以落实中央专项巡视整改方案为契机，把突出党的领导、加强党的建设、全面从严治

党摆在重中之重的位置。扎实开展“两学一做”学习教育，深入推进工会系统党风廉政建设和反腐败工作，营造风清气正的政治生态，努力打造一支忠诚、干净、担当的工会干部队伍。

同时，各地工会牢牢把握履行团结带领广大职工坚定不移跟党走这一政治责任，在同级党委领导下，主动对接、及时跟进全总改革试点工作。陕西省总工会组建了宣讲团队，由省总领导带队深入各市企业，深入职工群众中宣讲中央党的群团工作会议精神；山西省总工会开展工会系统新媒体平台摸底调查，着手筹建山西省工会系统新媒体联盟和山西省总工会微信公众平台，打造职工思想教育线上线下联动机制；湖北省总工会在全省职工中深入开展“中国梦·劳动美——永远跟党走”主题教育系列活动，启动了“职工职业道德示范单位”和“职工职业道德楷模遴选活动”，引导全省职工自觉践行社会主义核心价值观。

上下联动，推动工会系统全面改革创新

当前，职工队伍特别是农民工队伍不断发展壮大，劳动关系领域社会组织快速兴起，网络对职工群众生产生活影响日益深入。面对新形势新要求，工会组织应如何更好地发挥党联系职工群众的桥梁纽带作用，回应职工群众的期待？

全总积极适应新形势的发展变化，勇于改革创新，整合精简机构、优化强化职能。为此，《全国总工会改革试点方案》提出的改革措施中，第一条就是改进工会领导机构人员构成和全总机构设置。

突出工会组织群众性这一根本特点，把更多普通职工群众中的优秀代表吸收进工会领导机构，是全总推进改革的一项重要内容。今年年初，全总十六届四次执委会选举全国劳动模范、中铁电气化局第一工程有限公司的巨晓林为全国总工会史上第一位农民工兼职副主席，推选北京师范大学党委副书记田辉为全总书记处书记（挂职）。

工会改革首先从全总机关开始。目前，在全总的领导机构——全总十六届执委会委员和主席团成员中，劳模和一线职工所占比例分别增至15.4%和13.5%，分别提高了3.8和3.6个百分点。同时，建立

扁平化的组织结构，不搞“叠床架屋”，进一步形成眼睛向下、面向基层、职责明确、运转高效的格局。为此，全总把机关和事业单位的编制精简了25%，将精简的行政编制补充到任务繁重、力量薄弱的县级工会。全总将全国工会经费全年收入的95%留在地方和基层工会，全总本级工会经费全年收入的70%用于对下级工会的补助。

在这次改革中，全总还整合了6个主要职能部门，调整了100多名干部的工作岗位。全总机关正在建立专职为主、兼职与挂职相结合的工会机关干部队伍，突出机关干部基层一线工作、群众工作经历，把更多知职工、懂职工、爱职工的人充实到工会领导机关。

在全总的示范带动下，各地工会也着力整合优化机关职能和机构设置，进一步形成“面向基层、职责明确、运转高效”的格局。上海市总工会将原有的13个机关内设机构整合为9个，精简30.8%；重庆市总工会将内设机构由19个精简为13个，精简31.6%；河北省总工会将内设机构由原来的24个优化精简为19个，精简20.8%。

创新引领，动员职工在经济建设主战场建功立业

全面建成小康社会、实施创新驱动发展战略、推动供给侧结构性改革，离不开高素质的职工队伍。因此，动员职工在经济建设主战场建功立业，是推进全总改革试点工作的一项重点。

改革试点以来，全总创新开展劳动和技能竞赛，引领广大职工投身经济建设主战场。组织动员广大职工围绕国家重大发展战略、重大工程、重大科技专项和重大活动等专题，开展以“践行新理念、建功‘十三五’”为主题的劳动和技能竞赛，并推动劳动和技能竞赛向非公有制企业、中小企业延伸，提高竞赛覆盖面和职工受益率，激发职工参赛热情和创造潜能，发挥劳动和技能竞赛对企业发展、经济社会发展的有力推动作用。

全总还修订了《全国产业工会举办职工技能比赛管理办法》，制定了《关于在建设知识型技术型创新型技术工人队伍中充分发挥工会作用的意见》《职工创新补助资金管理办法》，发挥工会“大学校”作用，广泛开展多种形式的职工技能培训、岗位练兵、技术创新活

动，设立职工创新补助资金，发挥劳模创新工作室、“首席技师”“首席员工”的示范作用，扎实推进知识型、技术型、创新型劳动者大军建设，为职工创新争优提供了全方位的激励。

与此同时，全总叫响做实“大国工匠”品牌。大力弘扬工匠精神，与国家网信办联合开展“中国梦·大国工匠篇”主题宣传活动，与中央主要新闻媒体和各大网站共同策划推出《大国工匠》第三季和第四季、《大国工匠》新闻专题片、“大国工匠”专栏互动窗口等，开展推荐学习“身边的大国工匠”活动，推动更多工匠人才不断涌现。

面向基层，让职工群众成为改革的主角

把改革成效转化为服务职工群众的能力水平，增强职工群众的获得感，是工会改革的重要目的。为此，全国工会坚持眼睛向下、面向基层，加大工会经费投入、力量配备向基层倾斜力度，探索建立工会服务职工满意度评价制度，激发基层工会生机活力，努力打通联系服务职工的“最后一公里”，让职工群众成为改革的主角。

以推进改革试点工作为契机，各地工会积极行动：北京市将面向市内机关单位的“职工子女托管”和社会公众较为关注的“环卫工人爱心驿站”纳入购买的服务项目，拓展了服务职工工作的广度和深度；广东省总工会探索建立了“工会+社工+义工”的“三工”联动服务机制，培育发展工会直接领导的志愿者队伍，伸长工会工作手臂；四川省遂宁市总工会牵头成立社会组织联合会，架设工会与社会组织联系的桥梁。

全总完善了维护职工权益制度和机制，使经济发展新常态下的职工维权工作得到了进一步加强。今年以来，全国工会已办结职工法律援助案件 1629 件，为职工挽回经济损失 1.1 亿多元。2016 年“两节”期间，全国各级工会筹集送温暖资金 36.9 亿元，慰问困难职工 823.6 万户。各级工会组织专场招聘会 1.7 万场次，成功介绍就业 252.7 万人。

同时，工会扎实做好农民工入会和服务“双提升”工作。今年上

半年全国工会新增农民工会员700万人，工会“两节”期间，还为225万名农民工追回被拖欠工资近230亿元。此外，全总今年9月印发了《农民工工作规划（2016—2020年）》，力争到2020年实现全国55%以上的农民工加入工会组织；到2020年年底，实现建档困难农民工全部解困脱困。

（经济日报记者郑彬，《经济日报》2016年10月25日02版）

工人日报

不忘初心，牢牢把握全总改革的正确政治方向

——全总改革试点成效系列报道之一

编者按

去年11月，《全国总工会改革试点方案》经中央全面深化改革领导小组审议通过，全国总工会开展了为期一年的改革试点工作。

近一年来，在中共中央政治局委员、全国总工会主席李建国同志直接领导下，全总党组书记、副主席、书记处第一书记李玉赋同志带领全总党组、书记处同志，组成改革试点工作领导小组，切实加强组织领导，扎实推进改革试点工作。全总改革试点工作坚持增强“三性”、去除“四化”、做强基层、着力创新的改革整体思路，突出改革和改进机关机构设置、管理模式、运行机制、方式方法等内容，以重点突破带动改革的整体推进、纵深发展，深入扎实推进工会系统改革创新，工会改革试点取得阶段性成效。

为此，本报从今天起刊发系列报道，关注全总改革试点工作的进展和成效。

召开专题会议学习习近平总书记“七一”重要讲话；举行庆祝中国共产党成立95周年暨先进集体和先进个人表彰大会表彰先进；举办“两学一做”专题党课……在中国共产党喜迎95周年华诞之际，行进在改革中的全国总工会不忘初心、砥砺前行。

在中国共产党的领导下，全国总工会已经走过91年光辉历程。而今，在工会改革进程中，全总始终坚持把党的领导体现到改革试点

工作全过程，确保全总改革沿着正确的政治方向前进。

全面加强党的建设，牢牢把握工会改革正确的政治方向

全总改革试点工作是党中央交给全总的一项重要政治任务。如何高质量完成好这项任务？

习近平总书记系列重要讲话精神特别是关于工人阶级和工会工作的重要论述，是工会事业改革发展的根本遵循。全总把学习和贯彻讲话精神作为一项长期的重大政治任务。党组坚持第一时间传达学习党中央决策部署，坚决贯彻落实到工会工作各方面、全过程，不断增强政治意识、大局意识、核心意识、看齐意识，始终在思想上政治上行动上同以习近平同志为总书记的党中央保持高度一致。

改革任务能否如期完成，落实责任是关键。全总全面落实党建工作责任制，成立由全总党组书记任组长的全总党建工作领导小组，构建党组书记负总责、分管领导分工负责、机关党委推进落实、各单位主要负责同志“一岗双责”的党建工作格局。强化全总机关党建基础工作，落实“三会一课”等党内组织生活制度，加强基层党组织队伍建设，规范基层党组织换届选举，新组建单位及时建立党组织，做好党费收缴、使用和管理。

中央专项巡视整改成为有力有序推进全总改革试点的契机。全总党组把突出党的领导、加强党的建设、全面从严治党摆在重中之重的位置，以整改落实为动力，推动工会工作全面创新发展。通过巡视整改，全总党组、机关各单位在党的建设、干部人事管理、反腐倡廉、财务管理、资产经营等方面，共制定和修订 190 项制度、措施和办法。

扎实开展“两学一做”学习教育，深入推进工会系统党风廉政建设和反腐败工作。召开全国工会党风廉政建设工作会议，制定《全国总工会机关落实党风廉政建设主体责任和监督责任实施意见》《中华全国总工会党组关于贯彻落实〈党委（党组）意识形态工作责任制实施办法〉的实施细则》，践行监督执纪“四种形态”，坚决查处违规违纪问题。

精简机构优化职能，更好地发挥桥梁纽带作用

当前，职工队伍特别是农民工队伍不断发展壮大，劳动关系领域社会组织快速兴起，网络对职工群众生产生活影响日益深入。

面对新形势新要求，工会组织应如何更好地发挥党联系职工群众的桥梁纽带作用，回应职工群众的期待？

全总必须积极适应形势的发展变化，勇于改革创新，整合精简机构、优化强化职能。为此，《全国总工会改革试点方案》提出的改革措施中，第一条就是改进工会领导机构人员构成和全总机构设置。

在广泛征求意见、反复研究论证、充分考虑各种因素的基础上，各项工作有序推进——

优化机关组织架构。建立运转高效的扁平化组织结构，制定《全总机关部分内设机构编制调整方案》，将6个主要职能部门整合优化，对100多名干部的工作岗位进行了调整；制定《全总所属生产经营类事业单位转企改制工作方案》，将5个生产经营类事业单位转制为企业，事业单位由18个减少到13个。

建立专职为主、兼职与挂职相结合的机关干部队伍。制定《全总接收挂职锻炼干部管理办法（试行）》《各驻会产业工会机关和委员、常委单位互派挂职干部管理办法（试行）》《全总机关干部挂职锻炼工作办法（试行）》《全总机关驻村第一书记管理办法（试行）》等一系列制度，探索建立符合工会组织特点的机关干部遴选、管理、使用办法，加大全总机关干部和地方、企事业单位工会干部双向挂职工作力度。同时研究加强工会社会工作专业人才队伍建设的意见，推动将社会化工会工作者纳入国家社会工作专业人才队伍体系。

目前，全总已选派30名机关干部（包括2名援藏干部）挂职锻炼，接收5名西部挂职干部、省级工会或企业干部到全总机关挂职，2016年录用劳模和一线优秀工会工作者将达到新录用人员的1/5以上。

在全总的示范带动下，各地工会也着力整合优化机关职能和机构设置，进一步形成“面向基层、职责明确、运转高效”的格局。上海

市总工会将原有的13个机关内设机构整合为9个，精简30.8%；重庆市总工会将内设机构由19个精简为13个，精简31.6%；河北省总工会将内设机构由原来的24个优化精简为19个，精简20.8%。

上下联动形成合力，推动工会系统全面改革创新

深化国企改革是黑龙江供给侧结构性改革的难点，尤其是一些国企改革任务重，涉及职工转岗分流、收入等利益调整。为此，黑龙江省总工会以职工思想引领为先导，组织动员全省广大职工深入开展做改革的理解者、支持者、参与者、贡献者、受益者活动，为推进改革凝聚起共识和力量——以全总改革试点为示范引领，积极促进各级工会组织改起来、强起来，这正是全国工会改革的重要目标！

在推动改革进程中，全总党组主动与省级党委沟通协调，共同研究解决工会工作特别是工会改革中遇到的问题。完善全总定期听取省级工会工作汇报和意见建议制度，建立与省级党委协调推进工会工作的运转机制。2016年以来，21个省（区、市）总工会向全总作了专项工作汇报，其他省（区、市）总工会作了书面汇报。

同时，全总着力加强对各级工会改革创新的领导和指导，坚持以上带下、上下联动合力推进改革创新。各地工会在同级党委领导下，主动对接、及时跟进全总改革试点工作。目前，上海、重庆工会改革试点工作已初见成效，18个省（区、市）工会正在制订或已经完成改革方案起草工作，11个省（区、市）工会和新疆生产建设兵团工会正在开展改革前期调研准备工作。

为加强互联网时代的网络引导和舆论宣传工作，全总制订实施工会“互联网+”行动计划。开展工会新媒体聚合联动行动，首次召开全国最有影响力工会新媒体论坛，整合工会系统2000多个新媒体账号，推动工会系统新媒体平台建设，对弘扬主旋律、释放正能量发挥积极作用。

各地工会也纷纷行动：陕西省总工会组建了宣讲团队，由省总领导带队深入各市企业，深入职工群众中宣讲中央党的群团工作会议精神；山西省总工会开展工会系统新媒体平台摸底调查，着手筹建山西

省工会系统新媒体联盟和山西省总工会微信公众平台，打造职工思想教育线上线下联动机制；湖北省总工会在全省职工中深入开展“中国梦·劳动美——永远跟党走”主题教育系列活动，启动了“职工职业道德示范单位”和“职工职业道德楷模遴选活动”，引导全省职工自觉践行社会主义核心价值观。

“更好地坚持党的领导、更紧密地把广大职工团结在党的周围、更有力地推动党的决策部署在工会组织落地生根。”全国工会组织不忘初心、继续前进！

（工人日报记者张锐，《工人日报》2016 年 10 月 12 日 01 版）

创新引领，团结动员职工在供给侧结构性改革中建功立业

——全总改革试点成效系列报道之二

“感谢大赛首次设置了这个项目，才让我有了展示才华和与同行切磋的机会。”在第五届全国职工职业技能大赛上，来自杭州的王建明一举摘得动画绘制员项目冠军。而在本次大赛设置的5个比赛工种中，有4个工种属于“互联网+”范畴，共辐射带动了1500多万名职工参加技能比赛。

适应新常态，创新职工建功立业的载体和平台，团结动员广大职工在供给侧结构性改革中建功立业。这正是全总改革试点工作的重要着力点。

创新载体平台，动员广大职工投身经济建设主战场

2016年至2020年，力争全国职工合理化建议数量达到6000万件，实施率60%以上；到2020年年末，开展岗位练兵活动的企业达到50万个，参加技能竞赛的职工平均每年达到2300万人次，每年帮助100万职工晋升技术等级……

日前，《中华全国总工会2016—2020年劳动和技能竞赛规划》正式印发，明确了“十三五”时期全国工会开展劳动和技能竞赛工作的目标任务，旨在进一步激发广大职工劳动热情和创造活力。

改革试点以来，全总创新开展劳动和技能竞赛，引领广大职工投身经济建设主战场。组织动员广大职工围绕国家重大发展战略、重大工程、重大科技专项和重大活动等专题，开展以“践行新理念、建功‘十三五’”为主题的劳动和技能竞赛，并推动劳动和技能竞赛向非公有制企业、中小企业延伸，提高竞赛覆盖面和职工受益率，激发职

工参赛热情和创造潜能，发挥劳动和技能竞赛对企业发展、经济社会发展的有力推动作用。

与此同时，全总还修订了《全国产业工会举办职工技能比赛管理办法》，制定了《关于在建设知识型技术型创新型技术工人队伍中充分发挥工会作用的意见》《职工创新补助资金管理办法》，设立职工创新补助资金，为职工创新争优提供了全方位的激励。

以改革创新为契机，各地工会也为全面建成小康社会广泛凝聚正能量——

福建省总工会将多个工作项目统一整合成“职工素质建设工程”和“职工温暖工程”两大品牌。职工素质建设工程包括职工技能竞赛、百万职工“五小”创新大赛、职工技能培训、“名师带高徒”活动、职工技能晋级奖励制度五项；职工温暖工程包括医疗互助、劳模服务、困难帮扶、“四送温暖”、法律援助、一线工人疗休养、职工文化、女职工关爱、扶贫开发县工会建设九项，以做大、做强工会品牌增强工会影响力。

吉林省总工会开展“吉林职工‘双创’扶持计划”，通过开展职工职业技能培训和技能比赛、实施资金扶持和项目扶持、培育职工“双创”孵化器、营造良好的社会舆论氛围、选树表彰创业创新先进人物等措施，引导全省广大职工自觉融入“大众创业、万众创新”的时代洪流。

提升职工素质，建设知识型、技术型、创新型职工队伍

全面建成小康社会、实施创新驱动发展战略、推动供给侧结构性改革，离不开高素质职工队伍。

改革试点以来，全总多措并举，着力提升职工综合素质：

——发挥工会“大学校”作用，落实职工素质建设工程五年规划，深化职工书屋建设工作，推动职工读书活动进基层、到班组。目前，全国已建成职工书屋逾10万家。

——建立全总金蓝领职工技能培训示范点，依托工会院校、职工技能实训基地和多媒体手段，加强校企结合、工学结合，加强技能培

训和下岗失业人员技能再培训，构建职工教育培训立体化网络。

——深化职工职业技能大赛，拓宽技术工人职业发展渠道，推动企业建立技术工人培养、考核、使用、激励机制。

各级工会也广泛开展多种形式的职工技能培训、岗位练兵、技术创新活动，发挥劳模创新工作室、“首席技师”“首席员工”的示范作用，激发广大职工学习新知识、掌握新技能、增长新本领的积极性和自觉性。

——甘肃省总工会提出并在全省实施了“技能提升”“职工创新”“创新型班组”“劳模创新”“陇原工匠”和“劳动竞赛”6大行动，旨在提升全省各行业职工的技能素质和创新能力，让每一位想创新、能创新的职工群众都有施展才能的机会和平台，从而形成全社会的创新合力。

——天津市总工会深入实施职工素质建设工程，加快建设职工职业技能实训基地和津工“众创空间”，构建职工教育、培训、创业立体化网络。

——辽宁省总工会通过实行项目制推进，落实培训经费，加大培训力度等措施和办法，有力促进了全省职工技能素质的提升。

培育高素质职工队伍，离不开劳模的典型引领作用。为此，全总改进劳动模范评选宣传和管理服务。坚持面向基层、面向一线、面向普通劳动者，严格程序、严把标准、优中选优，认真做好全国五一劳动奖的评选工作。2016年计划组织5000名劳模疗休养，增加一线职工、青年职工、农民工的比例，注重将劳模休养与提升劳模综合素质培训相结合，为更好地发挥劳模作用创造条件。

叫响做实“大国工匠”，大力弘扬工匠精神

“新时期产业工人需要传承工匠精神，让我们立足本职岗位，学一门技术、练一手绝活，挑起企业技术进步和创新的重担”；“广大青年技工要让劳模精神和工匠精神相结合，为实现中国从制造大国向制造强国打造更多更好的精品”……今年，全总首次举办弘扬工匠精神座谈会，邀请百名青年技术工人畅谈“工匠精神”。

大力弘扬劳模精神、劳动精神、工匠精神，推动更多“大国工匠”式的技能人才不断涌现，正是工会服务党和国家工作大局、推动供给侧结构性改革、推进工会工作改革创新的重要着力点。

为了叫响做实“大国工匠”品牌，大力弘扬工匠精神，全总与国家网信办联合开展“中国梦·大国工匠篇”主题宣传活动，与中央主要新闻媒体和各大网站共同策划推出《大国工匠》第三季和第四季、《大国工匠》纪录片、“大国工匠”专栏互动窗口等，开展推荐学习“身边的大国工匠”活动，推动更多工匠人才不断涌现。

“大国工匠”的品牌效应也辐射到全国，各地工会着力挖掘选树工匠典型，在广大职工中大力弘扬劳模精神、劳动精神、工匠精神。例如，上海选树命名首批100名“上海工匠”；黑龙江省总工会选树了首批10名“龙江工匠”；江苏省总工会在中江网、江苏职工之家网开展为期一个月的“弘扬工匠精神，点赞时代劳模”活动，50多万人次参与点赞；福建省总工会以“匠心归来”为主题，举办大国工匠论坛，连续三年开展百名劳模系列宣传活动，进一步激发职工群众干事创业的正能量。

农民工队伍也是产业工人大军的重要组成部分。为此，贵州省总工会联合省人力资源和社会保障厅共同开展了万名“农民工匠”培育行动。活动启动以来，全省工会已累计培育各行各业“农民工匠”近百名。如安顺市启动工匠培训计划暨屯堡木雕技艺竞赛，评选出10名“安顺工匠”；黔东南苗族侗族自治州总工会突出当地苗侗文化特色，着力培育民族刺绣、银饰加工、蜡染等方面的“农民工匠”等。

“贯彻落实五大发展理念，把广大职工群众组织起来、动员起来、团结起来，为实现‘十三五’规划目标任务、实现中华民族伟大复兴中国梦不断奋斗。”工会组织在改革创新中肩负新使命、彰显新作为！

（工人日报记者张锐，《工人日报》2016年10月13日01版）

面向基层，让职工群众成为改革的主角

——全总改革试点成效系列报道之三

今年4月开始，打工妹赵燕每天在地铁上都要登录一个新的APP——申工社。从申请入会到各项服务，上海市总工会把一切都放在了职工的手掌上，“申工社”上线仅一周，就有2万余人下载使用。

在邯郸涉县，4名在去产能过程中下岗的困难女职工得到了河北省总工会20万元的创业扶持资金，加盟了连锁超市，仅用1年时间就实现了脱贫。

从今年起，福建基层工会力量更加充实，全省所有镇街、省级园区工会都将配备1名工会专干，工资补助从人均1.5万元提高到2万元。

……

在这场从全国到地方的工会改革中，职工群众真切地感受到：自己不仅成了主角，还是最大的受益者。

加大基层工会组建、让工会经费向基层倾斜、建立基层联系点，落地有声的措施让基层活力得到进一步迸发；构建以精准帮扶为重点的服务职工体系、将更多普通职工群众中的优秀代表吸收进工会领导机构，温暖人心的服务传递着关注、关心、关爱普通职工群众的心意；建设长效维权机制、探索工会服务职工满意度评价制度、引导服务劳动关系领域社会组织工作，锐意改革的步伐彰显着与时俱进的勇气。而指引着这一切的正是工会人铭记于心的责任担当——服务职工群众！

激发基层工会生机活力，把“家”建在职工身边

翻开各地的“工会账本”，一个共同的变化悄然发生：

青海省、市（州）总工会从工会经费中分别拿出6%、4%的比例，作为乡镇街道（社区）工会工作经费。

河北省总工会将不低于县级总工会上缴经费的1/3，通过项目化管理方式补助给县级总工会。

2015年，陕西省总工会给予1749名工会组织员专项补助419.8万元，给予各市基层工会工作专项补助180.1万元，帮助基层工会培训干部和组织员965名……

将人力、财力、资源配置向基层一线倾斜，为基层工会“强筋健骨”，成了各地工会改革的共识！

“眼睛向下，面向基层！”“哪里有群众，哪里就要有工会组织！”“工会工作必须重心下移、资源下沉！”一声声号令之下，全总打出了做强基层夯实基础、激发基层工会生机活力的组合拳：

制定《关于增强基层工会活力发挥基层工会作用的指导意见》，加大工会组建力度；修订《工会基层组织选举工作暂行条例》，规范基层工会选举；制定《工会会员会籍管理办法》，拓宽职工便捷入会渠道……

在基层工会组织建设越来越完善的同时，工会经费投入、力量配备也更进一步加大向基层倾斜的力度。

制定《加大工会经费向乡镇（街道）工会、开发区（工业园区）和基层工会倾斜的意见》，将全国工会经费全年收入的95%留在地方和基层工会，全总本级工会经费全年收入的70%用于对下级工会的补助。

实行全总编制“减上补下”。全总机关和事业单位精简编制25%，将精简的行政编制补充到任务繁重、力量薄弱的县级工会，同时指导和带动省级、市级地方工会实行编制“减上补下”。

与此同时，深化农民工入会和服务双提升工作。加大农民工入会工作力度，最大限度地把农民工组织到工会中来。制定“十三五”时期工会农民工工作规划，深入开展“农民工入会集中行动”，今年上半年全国工会新增农民工会员700万人。

更多的基层联系点、“下基层周”制度，同困难职工结对子制度被建立起来，“工会就在身边”成为越来越多职工的真实体验，纵横交织的工会网络化组织体系正在形成。

关心关爱普通群众，增强广泛性和代表性

今年1月，巨晓林成了全国总工会首位农民工副主席，工友们笑言，从“巨师傅”改口叫“巨主席”实在不习惯！巨晓林对他们说：“这个兼职副主席我不会白当，一定要在全总高层决策中发出咱们农民工的声音！”

提高领导机构中职工代表比例，增强工会组织的广泛性、代表性，是工会组织改革的重要目标。和巨晓林一样，越来越多普通职工群众中的优秀代表正在被吸收进工会领导机构。

——全总制定了《关于提高全总执委会委员、主席团成员中劳模和一线职工比例工作实施意见》和《关于提高各驻会全国产业工会全委会委员、常委会成员中劳模和一线职工比例工作实施意见》。

——全总十六届四次执委会议选举全国劳动模范、农民工代表巨晓林为全总兼职副主席，推选北京师范大学党委副书记田辉为全总书记处书记（挂职），全总十六届执委会委员和主席团成员中劳模和一线职工所占比例分别增至15.4%和13.5%，分别提高3.8和3.6个百分点，各驻会全国产业工会全委会委员、常委会成员中分别提高劳模和一线职工比例达9%以上。

——7个驻会全国产业工会和14个省（区、市）总工会已相继选举了32名劳模兼职副主席。

力量的充实必将带来更真实、多元的声音，广大的工会人明白：工会组织不能重精英轻草根，而是要进万家门、访万家情、结万家亲，更多关注、关心、关爱普通群众。为此，一项项普惠制服务落地生根。

——2016年“两节”期间，全国各级工会筹集送温暖资金36.9亿元，慰问困难职工823.6万户。

——开展全国工会就业创业援助月、春风行动、民营企业招聘周、“双创”等活动，各级工会组织专场招聘会1.7万场次，成功介

绍就业252.7万人。

——制定《关于进一步做好困难职工解困脱困工作的意见》，推动将困难职工帮扶解困融入国家脱贫攻坚大局。

——统筹做好工会对口援疆援藏工作，落实好援助资金和项目。

——参与治理拖欠农民工工资工作，配合政府有关部门开展农民工工资支付专项检查。“两节”期间，帮助476万人次农民工平安返乡，为225万名农民工追回被拖欠工资近230亿元。指导地方工会打造以农民工为主要服务对象的户外劳动者服务体系，推动农民工平等享受城镇基本公共服务。

一个以精准帮扶为重点的服务职工工作体系正日益完善，必将让广大职工有更多成就感和获得感。

探索建立长效机制和社会化工作格局

最近，天津市总工会推行的“错峰服务”模式让职工津津乐道。工会志愿者实行工余时间和公休时间全天候服务，错开职工生产时段，让更多职工参与到工会活动中。

而在辽宁，省总工会组建由50名职工组成的“职工参议员”队伍，定期召开“听证会”，使职工真正参与到工会工作安排、活动设计、评价监督等工作中来。

坚持问题导向，工会改革走出了高楼大院，走进了职工群众身边——这个令人欣喜的趋势让工会赢得了越来越多职工的信赖。

围绕建立健全联系职工群众的长效机制，工会组织做得还有很多：

为了加强经济发展新常态下的维权工作，全总深化集体协商工作，推动集体协商提质增效；参与社会保障顶层设计和医疗改革、劳动安全卫生、钢铁煤炭行业化解过剩产能等方面法规政策的制定修改；制定《公司制企业职工董事、职工监事制度的意见》《进一步加强非公有制企业民主管理的意见》，深化企业民主管理制度建设；大力推进工会系统“七五”普法工作，2016年以来办结职工法律援助案件1629件，为职工挽回经济损失1.1亿元。

在完善维权服务制度基础上，各地工会积极打造工会网上工作平台，让互联网成了解职工、贴近职工、联系职工、服务职工的新途径：北京市总工会建立首都职工志愿服务手机客户端、志愿服务网和志愿服务后台审核管理系统三大板块组成的信息平台；浙江省总工会建设浙江工会网、“浙江工会”微博、“浙工之家”微信和APP客户端的工会服务网络矩阵；湖北宜昌市总工会开展“互联网+”工会普惠性服务工作，构建起“大数据、大平台、大队伍、大服务”的普惠性服务职工工作体系……

建立长效机制的同时，各级工会积极探索加强联系引导服务劳动关系领域社会组织新路径、新方式，工会工作社会化试点成效显著：

北京市总工会将面向市内机关单位的“职工子女托管”和社会公众较为关注的“环卫工人爱心驿站”纳入到购买的服务项目之中，拓展了服务职工工作的广度和深度；广东省总工会探索建立了“工会+社工+义工”的“三工”联动服务机制，培育发展工会直接领导的志愿者队伍，接长工会工作手臂；四川省遂宁市总工会牵头成立社会组织联合会，架设工会与社会组织联系的桥梁。

通过购买服务等方式，工会引导社会组织依法依规为职工提供专业优质高效的服务，逐渐“延长手臂”，改变了自我循环、封闭运行的状况。

站在金秋的节点回望，工会改革在不到一年的时间里硕果累累。但工会人深知：改革的步伐将坚定向前不会放慢，而改革也必将精准对接党政所需、基层所盼、职工所想！

（工人日报记者彭文卓，《工人日报》2016年10月14日01版）

工会改革创新在路上

——盘点2016年全国工会改革创新年的故事

刚刚过去的2016年，是工会改革创新攻坚之年。围绕增强“三性”、去除“四化”、做强基层、着力创新的整体思路，全总改革试点各项工作全面推进，取得阶段性成效。

2016年，全国工会各项工作呈现出新变化、新气象，更有了新的发展和突破：改进工会领导机构人员构成，切实增强工会组织的广泛性和代表性；创新职工建功立业的载体和方式，广泛汇聚全面建成小康社会的力量；完善维护职工权益制度和机制，让广大职工在共建共享中有更多获得感；着力做强基层夯实基础，有效激发基层工会生机活力；创建工会网上工作平台，有力推动网上网下互动融合；认真履行全面从严治党政治责任，充分发挥全总党组领导核心作用。同时全总加强对各地工会的领导和指导，形成上下联动合力推进改革创新的良好局面。

一年来，工会改革的触角已经全面深入工会工作的各个领域，在继承发扬以往优良传统的基础上，为工会工作注入了创新的动力源泉，焕发新的生机与活力。

值得关注的是，2016年是“十三五”全面开局之年，如何以改革创新精神推动工会各项工作，更好地服务党和国家大局、服务职工群众——这是广大工会干部必须作答的课题。一路走来，广大工会干部竭尽所能、步履匆匆：制定“十三五”《劳动和技能竞赛规划》、全面启动“践行新理念、建功‘十三五’”主题劳动和技能竞赛，引领广大职工为深化供给侧结构性改革、实现“十三五”规划目标建功立业；加强基层工会组织建设，制定“十三五”《农民工工作规划》，实现农民工入会服务双提升；心系困难职工，制定解困脱困工作实施意见，扎实做好精准帮扶各项工作；制定工会系统“七五”普法规划，加强法律援助，开展安康杯竞赛，密切关注化解过剩产能过程中的职工安置和职工权益维护问题……

全总和各级工会的努力，赢得了职工群众的认可和信任，把职工群众更加紧密地团结在党的周围。

盘点2016年的十大关键词，记录了全国工会组织和工会干部在改革创新年里的付出与收获。一路歌声一路阳光，带着心中梦想，朝向新的希望，继续整装出发，带领广大职工撸起袖子加油干！

关键词1 永远跟党走

【事件回放】2016年6月30日，全总机关举办庆祝建党95周年暨先进集体和先进个人表彰大会，庆祝党的生日，回顾党的光辉历程，表彰全总机关优秀共产党员、优秀党务工作者、先进基层党组织。

团结引领广大职工群众坚定不移永远跟党走，是工会组织的重大政治责任。

召开全总机关“两学一做”动员大会，组织“两学一做”骨干培训班和党务干部培训班；围绕纪念建党95周年上专题党课；举办学习贯彻习近平总书记“七一”重要讲话精神辅导报告会；组织机关广大党员积极参加组织生活会，重温入党誓词……

一年来，全总全面加强党的建设，坚持第一时间传达学习党中央决策部署，坚决贯彻落实到工会工作各方面、全过程，始终坚持正确政治方向。全面落实党建工作责任制，成立由全总党组书记任组长的全总党建工作领导小组，构建党组书记负总责、分管领导分工负责、机关党委推进落实、各单位主要负责同志“一岗双责”的党建工作格局。加强基层党组织队伍建设，深入推进工会系统党风廉政建设和反腐败工作。

在加强自身党的建设的基础上，工会组织如何更好地引领广大职工群众听党话、跟党走？这考验着广大工会干部的工作能力和智慧。为此，按照全总统一部署和要求，全国各级工会结合本地区、本行业特点，以纪念中国共产党成立95周年和红军长征胜利80周年为契机，组织广大职工广泛开展“中国梦·劳动美——永远跟党走”系列主题教育活动，通过主题演讲、知识竞赛、歌咏比赛、诗词创作大赛、红色经典诵读、诗歌朗诵会、报告会、文艺演出、故事汇等丰富多样的形式，讴歌中国共产党的丰功伟绩，激励广大职工紧密团结在以习近平同志为核心的党中央周围，践行新理念、建功“十三五”，为实现“两个一百年”奋斗目标、实现中华民族伟大复兴的中国梦而奋斗。同时，在广大职工中大力培育和践行社会主义核心价值观，深化群众性精神文明创建活动。

关键词2　兼职副主席

【事件回放】在2016年1月17日闭幕的全总十六届四次执委会议上，全国劳模、农民工代表巨晓林当选中华全国总工会兼职副主席。消息一经发布，引发社会广泛热议。

如何增强工会组织的广泛性和代表性？改革试点工作中，全总把提高领导机构中职工代表比例作为一项重要内容，先后制定了《关于提高全总执委会委员、主席团成员中劳模和一线职工比例工作实施意见》和《关于提高各驻会全国产业工会全委会委员、常委会成员中劳模和一线职工比例工作实施意见》等。

改革一年来，为把更多普通职工群众中的优秀代表吸纳进工会领导机构，除在全总领导班子中增设农民工兼职副主席和挂职书记处书记外，全总十六届执委会委员和主席团成员中劳模和一线职工所占比例分别增至15.4%和13.5%，各驻会全国产业工会全委会委员、常委会成员中分别提高劳模和一线职工比例达9%以上。7个驻会全国产业工会已分别增设了2名兼职副主席，驻会全国产业工会全委会委员、常委会成员中劳模和一线职工比例均提高到9%以上。

在全总的示范带动下，全国15个省（区、市）总工会已相继选举了20名劳模兼职副主席。窦铁成、贾向东、赵郁、李斌……许多一线技工、劳模、农民工中的优秀代表走上工会领导岗位，将代表广大职工发声。

为进一步巩固落实全总改革试点工作成果，充分发挥劳模兼职副主席的作用，全总还制定了《关于充分发挥全国总工会劳模兼职副主席作用的暂行办法》。2016 年 9 月，根据全总的统一安排，全总劳模兼职副主席许振超、郭明义、巨晓林分别带队赴全国 6 省市开展专题调研，充分发挥出联系职工、反映意见、参与决策的积极作用。

“我也要向这些一线职工、农民工队伍中的劳模领导学习”“这样的兼职副主席越多越好”。这些来自一线职工群众的呼声正是对改革成效最大的肯定。

关键词 3　机构调整

【事件回放】2016 年 7 月 20 日，全总机关召开机构编制调整实施工作会议，对全总机关机构编制调整实施工作进行部署。

将全总机关 6 个主要职能部门整合优化，对 100 多名干部的工作岗位进行了调整；积极推动生产经营类事业单位转制为企业……这只是过去一年里，全总机构编制调整工作的部分成果。

为了更好地适应基层工作和职工群众需要，使工会组织在新形势下更好地发挥桥梁纽带作用，一年来，全总通过有效整合精简机构、优化强化工作职能，努力形成眼睛向下、面向基层、职责明确、运转高效的格局和扁平化的组织架构。

为了改进干部管理方式，充分激发机关干部动力、活力，全总通过探索建立了一支以专职干部为骨干力量、以挂职兼职干部为重要支撑的充满活力的机关干部队伍。全总改革试点工作开展以来，共接收来自各级工会和基层企事业单位的 33 名干部到全总机关挂职，接收使用来自基层一线的 14 名各驻会全国产业工会兼职副主席和 9 名部门兼职干部。与此同时，加大机关干部挂职锻炼力度，共选派 61 名机关干部参加不同形式的挂职锻炼。

如何增强基层活力，实现工会工作重心下移、资源下沉，增强工会组织的吸引力凝聚力战斗力？按照“总量不变、调整结构”的要求，全总机关和事业单位精简编制 25%，将精简的行政编制补充到任务繁重、力量薄弱的县级工会，同时指导和带动省级、市级地方工会实行编制“减上补下”。

在全总的示范带动下，各地工会也着力整合优化机关职能和机构设置，上海市总工会将原有的13个机关内设机构整合为9个，精简30.8%；重庆市总工会将内设机构由19个精简为13个，精简31.6%。

关键词4　大国工匠

【事件回放】2016年8月15日，在全国工会首批劳模集中休养期间，全总举办弘扬工匠精神座谈交流会，邀请百名青年技工劳模畅谈“工匠精神”。

在全总改革试点方案中，叫响做实“大国工匠”品牌是一项重要任务，也贯穿了2016年全年的工会工作。

大力弘扬劳模精神、劳动精神、工匠精神，推动更多“大国工匠”式的技能人才不断涌现，正是工会服务党和国家工作大局、推动供给侧结构性改革、推进工会工作改革创新的重要着力点。

一年来，围绕培养高素质职工队伍、造就更多大国工匠，全总采取了一系列举措：制定下发《中华全国总工会2016—2020年劳动和技能竞赛规划》，全面启动“践行新理念、建功‘十三五’”主题劳动和技能竞赛，创建劳模创新工作室，评选“首席技工”“金牌工人”等，为大国工匠成长搭建平台；制定下发《关于充分发挥工会在建设知识型、技术型、创新型技术工人队伍中作用的意见》，为培养造就大国工匠制定了一系列可量化的目标；在2016年创新创业国际博览会期间举办大国工匠论坛，展现工会组织在“双创”时代浪潮中主动作为，引领职工群众以实际行动践行工匠精神。

为了叫响做实“大国工匠”品牌，全总还会同中央电视台制作了“大国工匠”新闻专题片，联合教育部开展“大国工匠进校园”活动，与国家网信办开展“中国梦·大国工匠篇”主题宣传，开展推荐学习“身边的大国工匠”活动，产生了广泛的社会影响。仅2016年“十一”期间，大国工匠微博话题阅读量就超过2.8亿次，3000万人参与《大国工匠》专题片新媒体直播互动。

“大国工匠”的品牌效应也辐射到全国，各地工会着力挖掘选树工匠典型。例如，上海选树命名首批100名“上海工匠”，黑龙江选树首批10名“龙江工匠”，天津选树首批10名“津门工匠”，湖南开展了“十行状元，百优工匠”竞赛评选活动等。

关键词5　精准帮扶

【事件回放】2016年4月12日，工会系统进一步做好困难职工解困脱困和农民工入会服务工作电视电话会议在京召开。会议对做好困难职工解困脱困工作再动员、再部署，要求把“精准”贯穿全过程。

在2016年1月召开的全总十六届四次执委会议上，将困难职工解困脱困工作列为工会重要工作，并纳入全总改革试点工作重要内容。改革一年来，全国工会在各项帮扶工作中，注重凸显“制度保障”，做到精准帮扶、精准脱贫。

——制定困难职工解困脱困工作实施意见，要求做到底数精准、原因精准、措施精准、解困脱困精准，采取“四个一批”措施开展分类帮扶，同时提出工会要实施“技能培训促就业”“创业援助”“阳光就业”“职工医疗互助”“金秋助学”“一帮一”“为困难职工送温暖”七个行动计划开展精准帮扶。

——做好困难职工建档立卡工作，修订《困难职工档案管理办法》，升级全国工会帮扶工作管理系统，监测、分析困难职工家庭的状况和帮扶情况，督促各地工会对困难职工进行精准识别、精准施策。

——实地调研并提出创新东北老工业基地、资源枯竭工矿区困难职工专项帮扶形式的意见并组织实施。同时加快推进以精准帮扶为重点的服务职工工作体系建设，推动各地工会拓展困难职工帮扶（服务）中心和站点功能，面向广大普通职工开展普惠性服务。

通过实施精准帮扶，工会组织把温暖送到了广大职工的心坎上。2016年各级工会通过精准识别和“四个一批”精准帮扶措施，帮助已建档立卡的200余万户困难职工家庭实现解困脱困。在2016年全国工会“金秋助学”、就业援助月等各项帮扶活动中，各级工会也着力把活动与精准帮扶结合起来，建立健全了困难家庭助学帮扶档案，做到一户一档、动态管理。与此同时，各级工会还着力整合社会资源，发动社会力量和鼓励职工互助互济做好困难职工解困脱困工作。

关键词 6　服务农民工

【事件回放】2016年12月1日，全国工会为农民工服务工作暨推进户外劳动者服务站点建设经验交流会在广西南宁召开。户外劳动者服务站点的建立，让农民工在城市里有了“歇脚”的地方。

累计慰问困难农民工家庭71万户，帮助476万名农民工平安返乡，为225万名农民工追回被拖欠工资近230亿元；以农民工为主体的全国工会就业创业援助月活动，为65万人提供就业技能培训，帮助206万人成功介绍就业……2016年，各级工会把农民工入会服务工作摆在更加突出的位置，实现了农民工入会和服务“双提升”，各项工作创新亮点纷呈：

——工会系统改革试点以来，一些农民工开始进入工会领导机构。在全总十六届四次执委会上，农民工巨晓林当选全总兼职副主席，4名农民工被增补为全总执委；驻会全国产业工会全委会也在提高劳模和一线职工比例时增加了农民工委员。全总在全国五一劳动奖章评选中向一线农民工倾斜，2016年有97名农民工获得全国五一劳动奖章，占到10.79%。

——为推动农民工维权服务工作，全总加大了对农民工群体的法律援助力度，仅2016年上半年就办结农民工维权案件1310件，为农民工挽回直接经济损失9443万余元。中国工会普法网、微信公众号，为农民工提供在线免费法律咨询服务，全年接待咨询3000余件。

——为提升农民工素质，全总与教育部联合开展“求学圆梦行动”，资助农民工接受学历继续教育。在全国已建10万家职工书屋中，农民工聚集的单位约3万家。全总文工团于2016年在生产一线开展“文化送温暖”活动17场，惠及农民工上万人次。

“力争到2020年实现全国55%以上的农民工加入工会组织；每年为300万名农民工提供就业和创业培训。到2020年年底，实现建档困难农民工全部解困脱困。”全总印发的《农民工工作规划（2016—2020年）》绘就了未来五年农民工工作的宏伟蓝图。

关键词7 “互联网+”工会

【事件回放】2016年9月27日，全国“互联网+”工会普惠性服务现场推进会在湖北宜昌召开，为大力推进“互联网+”工会建设，深化“互联网+”工会普惠性服务工作再次指明方向。

将工会搬到网上，这是工会人强烈的改革意识和创新精神。全总改革试点方案提出，要打造全国工会系统服务职工网络载体，推动网上网下互动融合，使职工得到工会更方便、更有效的服务。为此，实施工会“互联网+”，打造网上网下相互促进、有机融合的工会工作新格局成为工会2016年的一项创新。

——实现全总门户网站升级改版、省级总工会门户网站全覆盖和“两微”顺利上线，认真开展网上文化建设和舆论引导。目前全总门户网站、内部工作平台已经完成改版；最后一个省级工会西藏自治区总工会门户网站于9月开通运行，实现了31个省级总工会门户网站全覆盖；9月底，全总微博“工会在线”和微信公众号“全国总工会”开通上线，兑现了全总负责人在答记者问时向社会做出的承诺。

——制订实施工会“互联网+”行动计划和工会“网络大军”建设计划，开展工会新媒体聚合联动行动，更好地发挥了工会系统9000多个新媒体账号作用。

——制定工会工作和会员信息基础数据库相关标准，发挥大数据、新媒体作用，实施工会帮扶、劳模管理、社会信用代码登记等服务职工相关系统的功能设计，推动将工会网络安全与信息化重点工作纳入“十三五”国家政务信息化工程。

开辟网络在线申请、手机APP申请等多种便捷的入会方式；实现网上签到，浏览提案，提出意见，表决事项等；通过创建微信群、QQ群，增强与职工的互动，广泛听取职工的需求……

工会“互联网+”还在工会组建和发展会员、职工参与企业单位民主管理、联系服务职工等方面继续探索。

关键词 8　提升素质

【事件回放】2016 年 9 月，全总正式下发《2016—2020 年劳动和技能竞赛规划》，将劳动和技能竞赛作为提高职工素质、推动企业进步、促进经济发展的重要途径，致力于为广大职工在“十三五”时期发挥主力军作用搭建平台。

2016 年，全总进一步扩大职工书屋示范点经费投入和建设规模，新建示范点从往年的 1000 家增加到 1200 家，向职工书屋示范点配送总计 140 余万册图书，带动各地工会新建万余家职工书屋。

做大做强“职工书屋”品牌，是工会发挥“大学校”作用，大力推动职工素质全面提升的一个缩影。

围绕深入实施职工素质建设工程，全总实施了职工素质建设工程五年规划，扎实推进知识型、技术型、创新型劳动者大军建设，各级工会广泛开展了多种形式的职工技能培训、岗位练兵、技术创新活动，发挥劳模创新工作室、“首席技师”“首席员工”的示范作用，激发广大职工学习新知识、掌握新技能、增长新本领的积极性和自觉性。

值得关注的是，全总制定了《2016—2020 年劳动和技能竞赛规划》，就提升职工技能素质提出了一些个“小目标”：至 2020 年年末，全国职工合理化建议数量达到 6000 万件，实现职工技术创新 400 万项，各级劳模创新工作室创建总数超过 10 万家，开展岗位练兵活动的企业达到 50 万个，参加技能竞赛的职工平均每年达到 2300 万人次，每年帮助 100 万名职工晋升技术等级。

围绕于此，各级工会坚持以人为本广泛开展职工技能素质提升活动，提供了制度保障和资金支持。

同时，全总还与教育部联合开展了“农民工求学圆梦行动”，印发《农民工学历与能力提升行动计划——“求学圆梦行动”实施方案》，对农民工利用工余时间继续学习提升学历、通过各类培训提升技能进行帮助和资助。

“以培育和践行社会主义核心价值观为主线，以培养职工职业精神和提高职工技术技能素质为重点，加快培养高素质劳动者……”在深入实施全国职工素质建设工程的路上，中国工会任重而道远。

关键词 9　维护权益

【事件回放】2016 年 12 月 2 日，全总启动“情系劳动者，法在你身边”法治宣传系列活动，各级工会通过送法进企业、进工地，线上线下讲座，法律知识竞赛等形式进行普法宣传，覆盖职工上千万人次。

如何有效地维护职工权益？首先当然是法律援助。2016 年是“七五”普法规划的开局之年，也是工会系统法律援助工作硕果累累的一年：

——全总研究制定了工会系统“七五”普法规划，明确了“七五”期间工会系统法治宣传总体思路、重点对象、重点内容和方式，提出“七五”期间，对新加入工会组织的农民工普法教育覆盖率达到 100%。

——组织开展送法到基层活动，为产业及地方各级工会举办的工会干部培训班做工会法、劳动法辅导报告，直接受众近 5000 人。

——大力开展网上普法宣传，加强了中国工会普法网站、微博、微信管理运行工作。

——强化工会劳动法律监督，推进劳动争议处理工作。以购买服务的方式对全国工会法律干部开展劳动关系协调员（师）国家职业资格专项培训。

维护职工的劳动安全健康权也是多年来工会职工权益维护的焦点，各级工会注重源头参与，先后对安全生产“十三五”规划、危险化学品安全综合治理方案等提出修改意见，会同 10 部门联合印发《关于加强农民工尘肺病防治工作的意见》；组织开展全国“安康杯”竞赛活动。围绕“教育培训强基础，隐患排查保安康”竞赛主题，积极组织各地开展各项安全生产竞赛。

各级工会还积极推动落实生产安全事故报告和分析制度，特别是深化了工会参与职业病防治工作模式推广工作。同时修改完善《职业病防治专项集体合同实用指南》，指导职业安全卫生防护“工具包”试点应用工作。

关键词 10　干部培训

【事件回放】2016 年 10 月，全总印发《2016—2020 年全国工会干部教育培训规划》，明确了“十三五”期间工会干部教育培训工作的各项任务，提出 2016—2020 年将全国专兼职工会干部轮训一遍的目标。

工会改革创新的新形势，对广大工会干部提出了新的要求。如何加强学习培训，进一步提高工会干部的素质和能力？

在 2016 年 8 月召开的全国工会干部教育培训工作会议上，与会代表总结交流经验，为做好“十三五”期间工会干部教育培训工作出谋划策。在最终印发的《2016—2020 年全国工会干部教育培训规划》中，全面加强阵地、师资、教材、课程体系建设，充分体现出“把改革创新贯穿于工会干部教育培训各环节各方面”。

《规划》明确提出，重点培训内容要围绕政治性先进性群众性加强学习培训；在提升师资素质上，探索建立符合工会干部教育培训特点的专职教师准入和退出机制，从领导干部、专家学者和劳动模范、大国工匠、优秀基层工会干部当中选聘兼职教师；要创新内容方式，研究不同类别、不同层次、不同岗位工会干部素质能力模型，为工会干部提供差别化培训；要用好大数据、“互联网+”等技术手段，不断提高工会干部教育培训的信息化水平，以新理念新思路新举措推进工作。

其实，不只是《规划》，一年来全国工会干部教育培训各项工作无不烙下了改革创新的“痕迹”。无论是组织举办新任省级工会主席培训班、全总机关“两学一做”学习教育专题讲座、两期地市级工会主席培训班，还是开展送教到基层专题培训，抑或发挥网络优势开设学习贯彻党的十八届五中、六中全会精神网络专题培训班，各级工会组织始终聚焦主业主课，坚持问题导向、需求导向，着力提高工会干部教育培训工作科学化水平。

（工人日报记者张锐、彭文卓，
《工人日报》2017 年 1 月 13 日 07 版）

以全面从严治党的新成效
保持和增强工会工作政治性

——全总改革试点工作深度聚焦之一

全总研究室

习近平总书记在省部级主要领导干部学习贯彻党的十八届六中全会精神专题研讨班开班式上发表重要讲话，突出强调我们党作为马克思主义政党，必须旗帜鲜明讲政治。政治性是工会组织的灵魂，是第一位的。政治性强不强，既是衡量工会工作做得好不好的根本标准，也是检验工会改革是否取得明显成效的试金石。全总改革试点工作按照增“三性”、去“四化”、强基层、促创新的总体思路，以发挥党组领导核心作用为保证，增强了工会系统党组织先进性纯洁性。改革实践充分证明，只有切实推进全面从严治党，全面提高工会系统党的建设水平，才能使保持和增强政治性真正落实到工会工作全过程各方面。

保持和增强工会工作政治性，必须自觉接受党的领导，牢牢把握正确政治方向

中国工会是社会主义性质的工会，离开党的领导，就会丢掉中国工会的最大优势，保持和增强政治性也就无从谈起。坚持把自觉接受党的领导作为保持和增强工会工作政治性的关键，是全总改革试点工作一以贯之的政治立场。

一是强化思想理论武装。理论上清醒，政治上才能坚定。全总党组坚持把党的思想理论建设摆在首位，以深入开展“两学一做”学习教育为抓手，修订党组中心组学习制度，制定党组中心组学习目录，坚持每周组织 1 次集体学习，通过召开党组扩大会议、机关干部大

会、专题研讨会等，深入学习领会习近平总书记系列重要讲话精神和治国理政新理念新思想新战略的核心要义，增强政治觉悟，提升政治站位，不断增强了道路自信、理论自信、制度自信、文化自信。

二是坚决维护中央权威。坚持党的领导，首先是坚持党中央集中统一领导；维护党的权威，首先是维护党中央权威。维护党中央权威和维护习近平同志的核心地位是统一的，维护以习近平同志为核心的党中央权威是最重要的政治原则。全总党组牢固树立和自觉践行政治意识、大局意识、核心意识、看齐意识，始终做到了在思想上高度信赖、政治上坚决维护、组织上自觉服从、行动上始终紧跟以习近平同志为核心的党中央。

三是认真贯彻决策部署。坚持党的领导是具体的而不是抽象的，只有通过有声有色的工作，把党的意志和主张落实到广大人民群众中去，才能真正说是坚持了党的领导。全总党组健全完善传达学习贯彻党中央重大决策部署工作制度和向党中央请示、报告重要工作制度，改革试点工作以来就贯彻落实中央决策部署和工会工作中的重大问题向党中央报送请示报告 15 次，不断健全与省级党委协调推进工会工作等制度机制，工会双重领导原则得到有效贯彻，切实把党的路线方针政策落到实处，确保了中央政令畅通。

保持和增强工会工作政治性，必须严肃党内政治生活，积极营造良好政治生态

严肃党内政治生活、净化党内政治生态是坚持党的性质和宗旨的重要法宝。对于工会来说，这同样适用。党内政治生活如果松一寸，工会政治性就会弱一尺。纪律严明是党内政治生活的重要内容。通过严明政治纪律、严守组织纪律、严格群众纪律增强工会工作政治性，是全总改革试点工作的鲜明特点。

一是严明政治纪律。政治纪律是我们党最重要、最根本、最关键的纪律。对政治纪律政治规矩执行情况进行政治体检，是巡视工作的重点内容。全总党组主动支持配合中央专项巡视工作，紧紧围绕加强党的领导、深化党的建设、全面从严治党这个核心问题，从严从实、

不折不扣落实整改要求，全面清理规范会议活动、评比表彰、期刊等，在党的建设、干部人事管理等方面制定和修订190项制度，做到了全面改深入改、改到底改到位，政治意识得到明显增强，政治能力得到显著提高。

二是严守组织纪律。把组织观念、组织程序、组织纪律严起来，是严肃党内政治生活的关键环节。全总党组认真贯彻《准则》《条例》，严格坚持民主集中制原则，凡涉及工会工作的重要部署和重大决定、重要人事任免、重大项目安排、大额资金使用等事项，领导班子集体研究决定，做到了科学决策、民主决策、依法决策。用好组织生活这个经常性手段，认真落实“三会一课”、民主生活会、领导干部双重组织生活、民主评议党员等制度，开展经常性批评和自我批评，党员干部进一步增强了党员意识。

三是严格群众纪律。保持党同人民群众的血肉联系，是严肃党内政治生活的根本要求。全总党组认真贯彻党的群众路线，在抓常抓细抓长上下功夫，制定党员干部直接联系群众建立基层联系点等5项制度的实施办法，修订贯彻中央改进工作作风、密切联系群众八项规定的实施办法，抓好全总贯彻中央八项规定精神实施办法的落实，组织开展工会系统落实中央八项规定精神专项检查，有效防止了“四风”问题反弹，党员干部进一步站稳了群众立场、增进了群众感情。

保持和增强工会工作政治性，必须发挥领导核心作用，努力提供有力政治保证

在人民团体中设立党组，是确保党的理论和路线方针政策在群团组织中得到贯彻落实的重要途径，体现了我们党独特的政治优势、组织优势和制度优势。党章明确规定，党组发挥领导核心作用。坚持把充分发挥全总党组领导核心作用作为保持和增强工会工作政治性的内在要求，是全总改革试点工作的重要内容。

一是落实党建主体责任。对于党组织而言，抓好党建是本职，不抓党建是失职。全总党组把加强党建工作作为改革的关键举措，成立由党组书记任组长的全总党建工作领导小组，加强对机关党建工作的

统一领导，构建党组书记负总责、分管领导分工负责、机关党委推进落实、各单位主要负责同志“一岗双责”的党建工作格局。修订党组工作规则，制定党组议事内容目录，狠抓思想建设、组织建设、作风建设、反腐倡廉建设、制度建设，健全机关各级党组织，带班子、带队伍、带作风，有力地推动了主体责任落地生根。

二是推进党风廉政建设。党风廉政建设成效好与不好，是衡量党组领导核心作用是否到位的一个重要指标。全总党组始终高度重视党风廉政建设工作，研究制定落实党风廉政建设主体责任和监督责任实施意见，连续3年召开全国工会党风廉政建设工作会议，制定工会行政事业性资产管理、资产使用管理和资产处置管理等暂行办法，把党风廉政建设要求落实到具体工作中去。同时，在机关减编情况下专门为机关党委、纪委增加编制，支持纪委践行监督执纪“四种形态”，加强对重点领域、关键环节的监督检查，显著提高了廉洁风险防控能力。

三是加强意识形态工作。工会是意识形态工作的重要阵地，工会意识形态工作做得不合格，工会工作的政治性将大打折扣。全总党组坚持把这项工作作为事关全局的政治任务抓紧抓好，制定贯彻落实《党委（党组）意识形态工作责任制实施办法》的实施细则，下发加强工会网络宣传和舆情工作、工会联系引导劳动关系领域社会组织、加强调查研究和理论研究等意见，整合工人日报、中工网等宣传阵地，进一步坚守了主阵地、释放了正能量。

保持和增强政治性是工会工作的永恒主题。新形势下，必须牢牢抓住党的建设这个根本，以全面从严治党新成效引领带动工会工作全面创新发展，把工会组织建设得更加坚强有力，更加充满活力，切实担负起引导广大职工听党话、跟党走的政治责任，向党和人民交上时代大考的合格答卷。

（执笔：赖金金，《工人日报》2016年8月9日07版）

保持和增强工会组织先进性 组织动员广大职工建功立业

——全总改革试点工作深度聚焦之二

全总研究室

习近平总书记在中央党的群团工作会议上指出，我们的工会、共青团、妇联等群团组织是党直接领导的群众组织，必须把保持和增强先进性作为重要着力点。这是党中央着眼于党和国家事业发展全局，立足于发挥工会组织优势和特色，对工会组织提出的要求，也是工会改革创新的题中应有之义。

工会是党领导的职工群众自愿结合的工人阶级群众组织，党和工人阶级的先进性决定了工会组织必须与时俱进、改革创新，保持和增强先进性，引导职工群众始终走在时代前列，为实现党的中心任务不懈奋斗。全总改革试点坚持把保持和增强先进性摆在突出位置，牢牢把握我国工人运动时代主题，创新载体机制，改进方式方法，最广泛地把职工群众组织起来、动员起来、团结起来。

组织动员职工群众在改革发展稳定第一线建功立业

工会组织先进性如何体现？其中一个重要方面，就是围绕中心、服务大局，凝聚起广大职工为实现“两个一百年”奋斗目标、实现中华民族伟大复兴中国梦而奋斗的磅礴力量。

全总改革试点始终把创新职工建功立业载体和方式作为重要改革举措，紧紧围绕统筹推进“五位一体”总体布局和协调推进“四个全面”战略布局，围绕服务区域发展总体战略和京津冀协同发展、长江经济带发展、“一带一路”建设等国家战略，引导职工群众增强工人阶级主人翁意识，牢固树立并切实贯彻新发展理念，为实现“十三五”规划目标任务贡献智慧和力量。

组织广大职工特别是非公企业职工积极投身“践行新理念、建功‘十三五’”主题劳动和技能竞赛，完善竞赛组织、评估、表彰机制，扩大了竞赛覆盖面，提高了职工参与率，2016年共有180多万家企业开展了劳动和技能竞赛，参与职工8000多万人。发挥劳模创新工作室、“首席技师”“首席员工”的示范作用，设立职工创新补助资金，搭建职工技术创新成果展示平台，改进职工创新成果评选、展示、交流、成果转化方式，2015年补助16项职工创新项目、资金275万元，2016年补助34项创新项目、资金640万元。全总推荐的江苏省电力试验研究院有限公司高级技师朱洪斌获得国家科学技术进步奖二等奖。

通过这些改革举措，广大职工群众进一步焕发创新创造潜能，积极投身“大众创业、万众创新”，在推进“三去一降一补”、振兴实体经济、增强企业核心竞争力中创新创业。工会组织在团结动员广大职工推动经济社会持续健康发展中，引导职工群众增强主人翁意识，支持参与推动供给侧结构性改革，自觉维护改革发展稳定大局，充分彰显了自身的先进性。

夯实职工群众共同奋斗的思想政治基础

习近平总书记指出，群团组织要把思想政治工作贯穿所开展的各种活动，多做组织群众、宣传群众、教育群众、引导群众的工作，多做统一思想、凝聚人心、化解矛盾、增进感情、激发动力的工作。突出思想政治工作先导作用，把思想引领贯穿工会工作全过程，工会组织具有独特的优势，也积累了丰富的经验。

全总改革试点以创新工作载体机制为切入点，通过开设专版、专栏、专题，推出出版物和微感言、微故事、微视频、随手拍、拍摄公益广告等方式，坚持用中国梦和社会主义核心价值观凝聚共识、汇聚力量，开展群众性精神文明建设活动，引导职工群众更加坚定了中国特色社会主义的道路自信、理论自信、制度自信、文化自信。加强职工职业道德建设，打造健康向上的职工文化和企业文化，把思想政治工作转化为生动活泼、特色鲜明、富有成效的实践，增强了思想政治工作的针对性和实效性。运用新媒体开展职工思想政治工作，工会系统 9000 多个新媒体账号发挥了积极作用，覆盖职工超过 5000 万人。职工书屋和电子职工书屋建设力度不断加大，职工书屋达 10 万多家，服务职工 5000 多万人。全总这些改革举措，教育引导广大职工不断提高思想觉悟和道德水平，以先进引领后进，以文明进步代替蒙昧落后，以真善美抑制假恶丑，使之真正成为党执政的坚实依靠力量、强大支持力量、深厚社会基础。

大力弘扬劳模精神、劳动精神、工匠精神

劳模精神、劳动精神、工匠精神是我国工人阶级先进性的生动体现，是我们时代的宝贵财富，是激励全国各族人民团结奋斗、勇往直前的强大精神力量。

全总改革试点将弘扬劳模精神、劳动精神、工匠精神作为发挥先进性的重要举措，广泛开展“中国梦·劳动美”主题教育，宣传劳动模范和其他典型的先进事迹，引导职工群众树立辛勤劳动、诚实劳动、创造性劳动的理念，让劳动光荣、创造伟大成为铿锵的时代强音。全总精心打造“大国工匠”品牌，创新职工培养培训、评价选拔、激励使用机制，畅通职工成长成才渠道，厚植工匠文化，恪尽职业操守，崇尚精益求精，奋力追求卓越，推动工匠精神进车间、进班组、进校园，引领广大职工争做“大国工匠”，在职工群众和社会各界赢得了普遍点赞。劳模精神、劳动精神、工匠精神的进一步弘扬，在全社会营造了劳动最光荣、劳动最崇高、劳动最伟大、劳动最美丽的浓厚氛围，不断激发了广大职工为推动中国特色社会主义伟大事业而奋斗的责任感和使命感。

努力造就一支有理想守信念、懂技术会创新、敢担当讲奉献的宏大的产业工人队伍

劳动者素质对一个国家、一个民族的发展至关重要。面对日趋激

烈的国际竞争，一个国家发展能否抢占先机、赢得主动，越来越取决于国民素质特别是广大劳动者素质。提高劳动者素质是发展工人阶级先进性的重要基础和基本前提，是工会组织保持和增强先进性的重要内容和紧迫任务。

全总改革试点把提高职工队伍素质摆在重要位置，认真贯彻《中国制造 2025》，深入研究经济发展新常态对职工素质提出的新要求，大力实施全国职工素质建设工程，加大人力资本投入，开展多种形式的职工技能培训、岗位练兵、技术创新活动，引导职工群众树立终身学习理念，提升技能水平，广大职工学技术、争一流、勇创新的热情持续高涨，工人阶级先进性不断发展。全总贯彻落实《新时期产业工人队伍建设改革方案》，按照政治上保证、制度上落实、素质上提高、权益上维护的总体思路，改革产业工人队伍建设不适应形势发展的体制机制，提高产业工人素质，畅通发展通道，依法保障权益，努力建设知识型、技术型、创新型的劳动者大军。改革的进程就是产业工人队伍建设提质增效的进程，激发了产业工人干事创业的正能量，为实施制造强国战略提供了强大的智力支持和坚实的人才保障。

历史和实践充分证明，先进性是工会组织履行职责使命、把广大职工紧密团结起来、充分发挥工人阶级主力军作用的内在要求。工会组织必须以保持和增强先进性为重要着力点，在大局下思考、在大局下行动，明确职责定位、展现自身价值，团结动员职工群众以主人翁姿态投身经济社会发展火热实践，为实现“两个一百年”奋斗目标、实现中华民族伟大复兴中国梦拼搏奉献，创造新的辉煌、赢得美好未来。

（执笔：冯永光，《工人日报》2017 年 3 月 28 日 07 版）

以增强群众性为牵引　推进工会改革创新

——全总改革试点工作深度聚焦之三

全总研究室

习近平总书记指出，群众性是群团组织的根本特点，要以群众为中心，让群众当主角，更多关注、关心、关爱普通群众。全国总工会在改革试点中，把保持和增强群众性贯穿改革始终，着力做强基层、服务职工，聚焦主责主业，完善运行机制，使工会的群众性底色更鲜明、工会工作的群众基础更厚实，职工群众对工会改革有了更多的获得感。

坚持问题导向，在把握改革切入点中彰显群众性

推进工会改革，必须紧紧围绕保持和增强政治性、先进性、群众性这条主线，其中，政治性是“魂”，先进性是“旗”，群众性是“根”，三者相互依存、相辅相成，统一于工会工作和工会改革的实践。保持和增强政治性、先进性，都要以厚实的群众性作为基础；丧失了群众性，工会组织和工会工作就成了无源之水、无本之木，政治性和先进性上的要求也难以真正落实。工会最大的优势是密切联系职工群众，最大的危险是脱离职工群众。当前群团工作包括工会工作中存在的“机关化、行政化、贵族化、娱乐化”问题，集中体现在群众性弱化上，实质是脱离群众。因此，改革必须坚持问题导向，解决突出问题，勇于自我革命，从巩固党的执政基础的高度，在保持和增强群众性上出实招、下功夫，努力实现工会工作的群众化、民主化。

全国总工会在改革试点中，着眼于解决脱离职工群众的突出问题，贯彻以人民为中心的发展思想，践行群众路线，从领导机构的改革到基层工会的建设，坚持为了职工、依靠职工、服务职工，通过整

合机构优化职能、完善干部管理方式、健全工会组织体系、夯实基层激发活力、创新联系服务职工机制、改进活动方式和工作作风等，着力解决领导机构组成人员广泛性、代表性不够，活动方式自我循环、封闭运行，直接联系和服务群众的制度不够完善，资源向基层倾斜不够等问题，工会组织的群众性进一步增强。

聚焦主责主业，在竭诚服务职工中彰显群众性

服务职工群众是工会的天职，维护职工合法权益是工会的基本职责，工会要赢得职工群众的信赖和支持，必须做好维护职工群众切身利益工作。当前，我国经济发展进入新常态，供给侧结构性改革深入推进，经济关系、劳动关系和社会利益关系更加复杂多元，迫切要求工会在服务职工、维护职工权益上更加有为，增强联系服务职工的意识、能力、效果。

全国总工会在改革试点中，坚持把工作重心放在普通职工身上，着力完善联系服务职工制度，建立了基层联系点、调查研究、基层挂职任职、定期接待群众来访、谈心和征求意见 5 项直接联系群众制度，全总党组成员都确定了 1 个县级工会和 1 个企业工会作为联系点，直接到一线了解实情和职工诉求。坚持从职工群众需要出发开展工作，在群众所急、党政所需、工会所能的领域找准着力点，扬长避短，发挥优势，形成特色。探索建立服务职工群众满意度评价制度，服务做得怎么样让职工说了算，根据职工意见不断提高服务水平。着力推进产业工人队伍建设改革，创新职工建功立业机制和技能形成体系，加快培养锻造更多大国工匠，不断拓展职工成长成才空间。加快建设以精准帮扶为重点的服务职工工作体系，强化工会资产服务职工功能，打造有影响的服务职工品牌。以“一片心、一叠卡、一张网、一个家”为抓手，推行“互联网+”普惠性服务、“错峰服务”、职工预约和上门服务等多种方式，围绕职工“生物钟”开展服务。加大城市困难职工解困脱困的帮扶和保障力度，各级工会通过精准识别和“四个一批”精准帮扶措施，帮助已建档立卡的 200 余万户困难职工家庭实现解困脱困。推进农民工入会和服务“双提升”，帮助农民工

稳定就业、融入城市，建立户外劳动者服务站点，让农民工有“歇脚”的地方。

夯实基层基础，在扩大有效覆盖中彰显群众性

我国工会自上而下建立了完整的组织体系，基层工会组织处在群众工作第一线，离职工最近、联系职工最直接、服务职工最具体，是凝聚职工群众的主阵地，是工会工作的基础和关键。随着职工群众就业、生活、聚集方式日益多元化，在灵活就业、新就业形态和非公有制经济组织、社会组织等新领域新阶层中，还存在大量没有覆盖的盲区和“飞地”。推进工会改革，保持和增强工会组织的群众性，必须着力夯实基层基础，扩大有效覆盖，增强工会的吸引力凝聚力战斗力。

全国总工会在改革试点中，把做强基层、激发活力作为重要基础，集中开展“强基层、补短板、增活力”行动，推动了工会工作的重心下移力量下沉。坚持哪里有职工群众哪里就有工会组织，怎么有利于做好工作就怎么建设工会组织，探索以多种方式构建纵横交织的网络化组织体系，提高建会质量。锁定盲区和“飞地”，加快新就业形态和新领域新阶层中的工会组织建设，推广上海宝山区顾村镇等地方和基层工会坚持依法办事、依靠职工建会的经验，探索推行职工企业体制外单体入会，动员职工依照工会法和工会章程组建和参加工会，推动非公企业建会工作取得突破。适应“互联网+”时代职工生产生活方式的变化，积极推行网上入会、手机 APP 入会等新途径，拓宽职工便捷入会渠道。聚焦农民工入会工作，2015 年、2016 年连续两年发展农民工会员 1500 万人左右。通过多种方式，最广泛地把职工群众组织到工会中来，凝聚到党的周围。

完善运行机制，在保障职工主体地位中彰显群众性

工会来自职工、植根职工。职工群众是工会工作的主体，也是根本依靠力量。保持和增强工会组织的群众性，做好新形势下工会工作，必须突出职工群众主体地位，充分依靠职工群众开展工作。只有

这样，工会工作才能有更为深厚的群众基础。

全国总工会在改革试点中，坚持以职工为中心、让职工当主角，积极推进工会工作运行机制改革创新。在机关机构改革中，紧扣群众性特点整合机构优化职能，改进工会领导机构人员构成，在工会副主席、常委、委员、代表及内部工作部门人员的安排上，提高劳模和一线职工比例，把更多普通职工中的优秀代表吸纳进工会领导机构，提高了工会对职工群众的代表性。在工会组织制度上，完善工会组织代表大会制度和委员会制度，建立重大事项报告制度，代表和委员履职述职制度和直接联系职工群众、接受职工群众评议制度，主动接受职工群众和社会监督。在基层工会建设中，着力深化"双亮"、落实"四权"，做到组织活动请职工一起设计，部署任务请职工一起参与，表彰先进请职工一起评议，创新完善会员评家、会员代表常任制等制度，把会员的民主权利落到实处，让职工参与工会工作决策、执行、监督的全过程各环节，使工会的工作和活动充分体现职工群众的意愿和要求。在工作方式上，走出单位大院，更多地在社会层面、网络空间，直接面向职工群众开展工作。通过改革，调动了职工群众参与工会工作的积极性，扩大了工会组织在职工中、社会上的影响力。

（执笔：阳万雄，《工人日报》2017 年 4 月 11 日 07 版）

以整合机构、优化职能为突破口 增强工会组织广泛性代表性

——全总改革试点工作深度聚焦之四

全总研究室

习近平总书记强调，群团组织要坚持眼睛向下、面向基层，改革和改进机关机构设置、管理模式、运行机制，高度注意群众的广泛性和代表性问题。按照习近平总书记的要求，全总积极适应形势发展变化，聚焦工会组织的广泛性和代表性，在实施改革试点中，把“改进工会领导机构人员构成和全总机构设置”作为改革举措的第一条，按照精简、统一、效能的要求，积极稳妥推进这项牵引性强的重点任务，努力形成眼睛向下、面向基层、职责明确、运转高效的格局。

整合机构、优化职能势在必行

整合机构、优化职能是贯彻落实党中央关于群团组织改革创新决策部署的重要举措。党中央高度重视群团组织改革创新特别是机构整合、职能优化工作。2015 年 1 月印发的《中共中央关于加强和改进党的群团工作的意见》提出：“适应完成党的中心任务和基层工作、群众工作需要，改革和改进机关机构设置、管理模式、运行机制，充分体现群团组织的政治性、群众性特点，防止机关化、娱乐化倾向发生。”习近平总书记在 2015 年 4 月 28 日庆祝“五一”国际劳动节暨表彰全国劳动模范和先进工作者大会上强调：“要自觉运用改革精神谋划推进工会工作，创新组织体制、运行机制、活动方式、工作方法，推动工会工作再上新台阶。”在 2015 年 7 月 6 日中央党的群团工作会议上，习近平总书记对群团组织改革和改进机关机构设置、管理

模式、运行机制提出明确要求。2015 年 11 月 9 日，习近平总书记主持召开中央全面深化改革领导小组第十八次会议，审议通过《全国总工会改革试点方案》，强调要从群众需要出发开展工作、深化改革，眼睛向下、面向基层，改革和改进机关机构设置、管理模式、运行机制，坚持力量配备、服务资源向基层倾斜。这些重要指示和文件精神，为工会有效整合精简机构、优化强化职能、推进工会工作创新发展提供了根本遵循和行动指南。

整合机构、优化职能是回应基层和职工群众期待的内在要求。当前，职工队伍特别是农民工队伍不断发展壮大，劳动关系领域社会组织快速兴起，网络对职工群众生产生活影响愈加深入，劳动关系矛盾复杂多发，工会工作对象日益扩大、领域逐步拓宽、内容持续增加、责任更加重大。但是，一些工会职能作用发挥不够，维权服务工作还不能满足职工的多样化需求；一些工会组织对职工特别是青年职工、农民工等吸引力不够，职工参与工会活动的积极性不高；等等。这对工会组织依法履行职能、充分发挥作用提出了新的要求和挑战。工会必须积极应对，通过整合精简机构，优化强化职能，更好地突出主责、聚焦主业。

整合机构、优化职能是工会适应新形势新任务加强自身建设的迫切需要。我国经济发展进入新常态、改革进入深水区，工会改革也进入全面推进的阶段，选择好突破口十分关键。随着党在革命、建设、改革的各个历史时期中心任务的变化，工会组织的任务、职能及其机构设置、工作方式等也在相应地调整和变化。当前，面对时代发展、社会变化带来的新情况新任务，工会组织只有通过改革，从整合机构、优化职能入手，形成面向基层、职责明确、运转高效的格局，才能努力破解制约工会工作创新发展的制度性障碍，把工会组织建设得更加充满活力、更加坚强有力。

改进工会领导机构人员构成

工会是党领导的工人阶级群众组织，是党联系职工群众的桥梁和纽带，是职工利益的代表者和维护者。工会领导机构由会员和职工选举产生，其人员构成必须涵盖全体会员和职工，充分代表和体现会员和职工意愿。如果工会在代表谁、联系谁、服务谁的问题上没有把握好，在确定委员、会员、代表等人选时一味追求“高大上”，缺少普通群众代表，作决策、干工作、搞活动就会脱离群众。

全国总工会在改革试点中，突出工会组织群众性特点，在工会副主席、常委、委员、代表及内部工作部门人员的安排上，提高劳模和一线职工比例，把更多普通职工中的优秀代表吸纳进工会领导机构。全总十六届四次执委会议选举全国劳模、农民工代表巨晓林为全总副主席（兼职），全总十六届九次主席团会议推选北京师范大学党委副书记田辉为全总书记处书记（挂职）。全总执委中增加劳模和一线职工 12 名，比例由 11.6%增至 15.4%；主席团成员中增加劳模和一线职工 3 名，比例由 9.9%增至 13.5%。各驻会全国产业工会全委会委员、常委中劳模和一线职工比例均提高到 9%以上，并分别增设 2 名兼职副主席。全总制定了《关于充分发挥全国总工会劳模兼职副主席作用的暂行办法》，组织全总劳模兼职副主席参加学习培训、开展调研、参加送温暖活动，切实发挥了全总劳模兼职副主席作用。

增强工会领导机构人员履职的有效性

工会领导机构的代表性广泛性，既体现在人员构成上，更体现在为职工说话办事上。对于涉及职工切身利益的相关问题，工会代表、委员们只有通过相关平台和渠道积极为职工鼓与呼，才能真正成为职工代言人。

为建立全总与工会全国代表大会代表、全国总工会执行委员会委员的联络机制，全总制定了《工会全国代表大会代表、全国总工会执行委员会委员提案办理办法（试行）》，通过全体会议发言和向大会提交提案等方式，扩大代表、委员的参与渠道，推进工会领导机关决策的科学化、民主化。在 2017 年全总十六届五次执委会议召开之前，全总下发通知，对执委提案征集工作作出部署。广大执委积极响应、踊跃参与，围绕做好新形势下职工群众工作，在深入调研基础上建言献策，首次提交五次执委会提案 118 件，其中联名提案 13 件。这次提案，执委参与度高，提案内容涵盖面广，聚焦重点，针对性强，展示了执委参与决策的愿望与能力。

优化机关组织架构

优化机关组织架构并非简单“加减法”，更重要的是优化职能，提质增效，强化工作执行力。如何更好地适应互联网迅猛发展和职工生产生活方式深刻变化的趋势，应对劳动关系领域社会组织发展迅速等情况，做好农民工入会和服务、团结动员职工群众建功立业、夯实工会基层基础、推动建设“互联网+”工会、联系和引导劳动关系领域社会组织、增强直属事业单位服务基层和职工的能力等，工作头绪较多，任务迫在眉睫，必须采取整合、加强等方式，把有效资源和力量集中起来，实现组织架构的优化和部门职能的强化。

2016 年 7 月 20 日，全总机关召开机构编制调整实施工作会议，对全总机关机构编制调整实施工作进行部署。将 6 个主要职能部门整合为 3 个，新成立了网络工作部和社会联络部，职能部门总数减少了 1 个。5 个生产经营类事业单位转制为企业，事业单位由 18 个减少到 13 个。机构整合过程中，149 名干部进行了工作岗位调整，一周内全部到岗，高效平稳地完成了工作交接和干部对接。各地工会也着力整合优化机关职能和机构设置。上海市总工会将原有的 13 个机关内设机构整合为 9 个，精简 30. 8%；重庆市总工会将内设机构由 19 个精简为 13 个，精简 31. 6%。

整合机构、优化职能既是工会改革试点一项重要的基础性工作，也是广大职工和各级工会关注的焦点。工会要通过整合机构，进一步增强指导基层服务职工的功能，更加聚焦主责主业，提升工作效率和服务水平，塑造新的工作格局，实现上下联动，形成整体合力，为推动工会工作创新发展奠定坚实的组织基础。

（执笔：李羿，《工人日报》2017 年 4 月 25 日 07 版）

以加强干部队伍建设为关键点 为推进工会改革提供有力支撑

——全总改革试点工作深度聚焦之五

全总研究室

习近平总书记在中央党的群团工作会议上明确指出，要坚持德才兼备、五湖四海，加强群团干部培养管理，选好配强群团领导班子，提高群团干部队伍整体素质。工会干部队伍是党的干部队伍的重要组成部分，是做好工会工作的重要组织保证。全总在改革试点工作中，大力加强干部队伍的思想政治建设、组织建设、作风建设、制度建设、党风廉政建设和能力建设，有力激发了工会干部投身改革的动力，有效提升了履职的能力。

以坚定理想信念为重点加强思想政治建设

加强工会干部的思想政治建设，是确保工会工作正确政治方向的重要途径，也是做好工会工作的前提和先导。全总在改革试点中，把理想信念教育作为干部队伍思想政治建设首要任务，抓在日常、严在经常，将集中性教育和经常性教育有机结合，扎实推进“两学一做”学习教育，实现干部队伍思想政治建设常态化制度化，持续不断地为广大党员干部“补钙”“加油”，努力解决好干部队伍的世界观、人生观、价值观这个“总开关”问题。广大工会干部按照“四讲四有”标准，努力做到政治合格、执行纪律合格、品德合格、发挥作用合格，坚持用党章党规规范自身行为，用习近平总书记系列重要讲话精神武装头脑、指导实践、推动工作，坚定不移走中国特色社会主义工会发展道路，坚持学思践悟、知行合一，不断增强政治意识、大局意识、核心意识、看齐意识，不断增强做好工会工作的自觉性和坚定性，忠诚党的工运事业、竭诚服务职工群众。

以改革优化结构为重点加强组织建设

工会干部有着不同于党政干部的特点，工会干部队伍的结构和管理方式要符合群团组织特点。在工会干部使用上应该不拘一格，由知职工、懂职工、爱职工的人来担任。全总在改革试点工作中，通过“总量不变、调整结构”的方式，探索建立了一支以专职干部为骨干力量、以挂职兼职干部为重要支撑的机关干部队伍。全总制定了接收挂职锻炼干部管理办法，接收使用兼职干部办法，各驻会产业工会机关和委员、常委单位互派挂职干部管理办法，全总机关干部挂职锻炼工作办法和扶贫驻村第一书记管理办法等制度，加大了全总机关干部和地方、企事业单位工会干部双向挂职工作力度。拓宽机关干部来源渠道，突出机关干部基层一线工作经历、群众工作经历，探索建立符合工会组织特点的机关干部遴选、管理、使用办法，创新局级干部“三推两核一汇报”的推选办法，制定了《关于全总机关从劳模和一线优秀工会工作者中考录遴选机关干部工作的意见》等，不断提高机关干部从劳模和职工群众中来的比例，防止和克服脱离职工群众现象。

以密切同职工群众联系为重点加强作风建设

密切联系职工群众、保持良好工作作风，是工会组织和工会干部的优良传统和永恒追求。在全总改革试点工作中，坚持群众路线、坚定群众立场，下决心解决作风方面存在的突出问题，以服务职工的实际成效取信于职工。修订《全国总工会关于贯彻中央改进工作作风、密切联系群众八项规定的实施办法》，建立了基层联系点、调查研究、基层挂职任职、定期接待群众来访、谈心和征求意见等直接联系群众制度，坚持进万家门、访万家情、结万家亲，经常同职工群众进行面对面、手拉手、心贴心的零距离接触，增进了与职工群众的感情。深入研究和把握新形势下职工群众的结构和变化、语言和习惯、愿望和心声，改进机关干部服务职工方式，克服自弹自唱、自娱自乐等倾向。实施工会“互联网+”行动计划，创新联系职工群众的方式方法，学会走好网上群众路线。

以健全民主集中制为重点加强制度建设

制度建设带有根本性、全局性、稳定性和长期性。全总抓住制度创新这个推进改革的关键环节，着重从体制机制上改革制约工会组织发挥作用的突出问题，并以制度形式巩固改革成果，实现制度创新。根据新情况新变化，加快完善民主集中制各项具体制度，把民主集中制更好地落实到组织制度、选举制度、工作制度、监督制度等方面，切实提高工会工作的群众化、民主化、科学化、法治化水平。尊重职工群众主体地位，修订了工会基层组织选举工作暂行条例，规范基层工会民主选举，充分发挥会员群众在工会事务中的参与、管理、监督作用，不断提高工会民主建设质量和水平。全总先后围绕发挥党组领导核心作用、选拔任用管理干部、增强基层工会活力等方面，研究出台了35项制度文件。在配合做好中央第十二巡视组对全总党组的专项巡视整改工作中，把突出党的领导、加强党的建设、全面从严治党作为整改重点，共制定和修订190项制度、措施、办法。全总还就抓好制度落实、搞好制度衔接、强化制度保障作出具体安排，推动改革举措系统集成，为工会系统和其他群团组织推进改革探索新途径、积累新经验。

以严守纪律规矩为重点加强党风廉政建设

我们党是具有严密组织纪律的政党，严守纪律规矩是全面从严治党的中心环节，是对党员的基本要求，也是加强工会干部队伍建设的重要内容。全总在推进改革试点中，认真贯彻落实《关于新形势下党内政治生活的若干准则》《中国共产党廉洁自律准则》《中国共产党党内监督条例》等党内法规，落实全面从严治党主体责任，加强和规范新形势下党内政治生活，加强党内监督，进一步严格工会干部管理，严守党的纪律特别是政治纪律和政治规矩，认真践行监督执纪

“四种形态”，工会系统党风廉政建设和反腐败工作深入推进，全面从严管党治党水平进一步提高。把教育、监督贯穿于惩治和预防腐败工作之中，更加注重治本，更加注重预防，形成拒腐防变教育长效机制、反腐倡廉制度体系、权力运行监控机制，推动工会反腐倡廉工作取得实效。

以学习和实践为重点加强能力建设

我们党历来重视抓全党特别是领导干部的学习，这是推动党和人民事业发展的一条成功经验。全总在改革试点工作中，大兴学习之风，把加强学习作为一种政治责任放在首位，在工会干部中形成勤奋学习、刻苦学习、善于学习的良好风气。广大机关干部结合工作实际，通过多种途径和方式，认真学习马克思主义中国化的最新成果，努力掌握马克思主义立场、观点、方法，学习党的路线方针政策，学习党的工运理论，学习宪法和劳动法、工会法、劳动合同法等法律法规，学习互联网方面新知识，学习党的群众路线和群众工作方法，努力做到学以致用、用以促学、学用相长，打开眼界、打开视野、打开胸襟，使做群众工作能力、调查研究能力、文字表达能力和沟通协调能力不断提高，为工会工作改革创新提供了有力保障。

（执笔：李睿祎，《工人日报》2017年5月9日07版）

以职工需求为导向　拓展服务职工新渠道

——全总改革试点工作深度聚焦之六

全总研究室

习近平总书记指出，要顺应时代要求、适应社会变化，善于创造科学有效的工作方法，让职工群众真正感受到工会是“职工之家”，工会干部是最可信赖的“娘家人”。当前，职工流动频繁，就业、生活、聚集方式日益多元化，如何着眼职工群众需求、千方百计做好服务职工群众的工作，是工会面临的一项重要而紧迫的任务。全国总工会改革试点以建设“互联网+”工会工作新格局为手段、以实行工会工作社会化为抓手，不断拓展联系服务职工新渠道，增强了工会组织吸引力凝聚力。

一、打造“互联网+”工会工作格局，创建联系服务职工新载体

当今时代，社会信息化迅速发展。互联网给人们的生产生活带来巨大变化，对很多领域特别是工会工作的创新发展起到很强的带动作用。构建“互联网+”工会工作新格局，是适应社会发展新形势、满足职工群众新期待的客观要求，是工会改革创新的重要方面。《全国总工会改革试点方案》提出要创建工会网上工作平台，打造全国工会系统服务职工网络载体，就是要把信息化真正应用在工会领域，全面提升工会工作效能，形成网上网下深度融合、互联互动的工会工作新格局。

实施全国工会“互联网+”行动计划。全总成立网络工作部，推动将工会网络安全与信息化重点工作纳入“十三五”国家政务信息化工程，把打造互联网工作平台作为推进工会工作改革创新、提高服务

引领职工能力的重要手段，覆盖职工超过5000万人。积极搭建数据信息平台，建立健全结构清晰、数据准确、动态管理的工会工作和会员信息基础数据库，推动各级工会、工会各部门相关信息互联互通，切实提高信息采集率与数据准确性，努力突破数据壁垒、消除信息孤岛。各地工会积极打造工会网上工作平台，开通政务微博800多个、微信公众号1300多个，不断推进互联网时代工会工作转型升级。北京市总工会建立首都职工志愿服务手机客户端、志愿服务网和志愿服务后台审核管理系统三大板块组成的信息平台；浙江省总工会建设浙江工会网、“浙江工会”微博、“浙工之家”微信和APP客户端的工会服务网络矩阵；湖北宜昌市总工会开展“互联网+”工会普惠性服务工作，构建起“大数据、大平台、大队伍、大服务”的普惠性服务职工工作体系。

推行“互联网+”工会普惠性服务。召开全国“互联网+”工会普惠性服务现场推进会，总结推广地方工会构建“互联网+”服务职工体系的经验。制定工会工作和会员信息基础数据库相关标准，强化工会帮扶、劳模管理、社会信用代码登记等服务职工相关系统的功能设计，依托中国职工教育网开发“职工驿站”APP，实现服务职工工作全方位。以“一片心、一叠卡、一张网、一个家”为抓手，打造全国工会系统服务职工网络。充分发挥网络平台在信息时效性、互动性、传播率、送达率方面的优势，运用场景式服务、智能引导等新颖形式，开展职工关注度高、喜闻乐见的活动，促进服务“在指尖上移动、在移动中完成”，让“信息多跑路、职工少跑腿”，打造方便快捷、务实高效的服务职工新通道。

构建联系动员职工网上网下“同心圆”。整合工会系统网络资源，实现联系网、工作网、服务网整体合一、工会工作线上线下互动融合、实体和虚拟两大空间共同开展工作，提高建网、用网、占网能力。首次召开全国最有影响力工会新媒体论坛，开展工会新媒体聚合联动行动，发挥工会系统9000多个新媒体账号作用，开展“网聚职工正能量·争做中国好网民”主题活动，积极参与构建清朗网络空间。充分发挥互联网社会动员功能，整合提升工会系统网站、微博、微信、客户端等网络宣传阵地，打造工会联系职工的新媒体矩阵，加强网上舆论引导工作，让互联网成为了解职工、贴近职工、联系职工、服务职工的新途径，唱响主旋律、聚集正能量。

二、推进工会工作社会化，拓宽联系服务职工新途径

习近平总书记在中央党的群团工作会议上强调，要积极联系和引导相关社会组织。全总抓住改革契机，把联系和引导相关社会组织作为发挥桥梁和纽带作用的一项基本任务，以工会工作社会化为重要抓手，不断发挥工会枢纽型社会组织作用。

联系引导劳动关系领域社会组织。制定推进工会联系引导劳动关系领域社会组织工作意见，加强对劳动关系领域社会组织的政治引领、示范带动和联系服务，积极探索联系引导服务劳动关系领域社会组织新路径、新方式，接长手臂、形成链条、扩大影响。会同有关部门联合开展调研，推动建设劳动关系领域社会组织数据库，开发建设全国工会社会组织工作信息服务平台，探索与共青团、妇联等群团组织联合建立社会组织或社会组织服务平台，在基层培育孵化工会直接领导的劳动关系领域社会组织和志愿者队伍。加大投入力度和工作力度，制定加强工会社会工作专业人才队伍建设的意见，推动工会社会化工作者纳入国家社会工作专业人才队伍体系。通过改革，各级工会引导社会组织依法依规为职工提供专业优质高效的服务，逐渐改变了自我循环、封闭运行的状况。目前工会系统社会化工会工作者 3.2 万人以上，其他形式的人员 2.1 万人以上，在面向职工的社会服务中发挥了重要作用。北京市总工会将面向市内机关单位的“职工子女托管”和社会公众较为关注的“环卫工人爱心驿站”纳入到购买的服务项目之中，拓展了服务职工工作的广度和深度；广东省总工会探索建立了“工会+社工+义工”的“三工”联动服务机制，培育发展工会直接领导的志愿者队伍，接长工会工作手臂；四川省遂宁市总工会牵头成立社会组织联合会，架设工会与社会组织联系的桥梁。

加强维护职工队伍稳定工作。维护职工队伍和工会组织的团结统一，是厚植密切联系职工群众优势、履行工会维权基本职责的内在要

求。针对化解过剩产能过程中职工下岗失业、劳动关系矛盾可能增加等新情况新问题，加强调查研究、风险评估和会商研判，搞好对劳动关系和职工队伍情况监测和研究。探索建立源头治理劳资纠纷试验区，发挥工会在劳资纠纷源头治理中的基础性作用，及时化解了劳动关系中出现的矛盾和问题，维护了职工队伍和社会的和谐稳定。

三、深耕基层夯实基础，探索联系服务职工新机制

“水之积也不厚，则其负大舟也无力。”全总改革着眼基层，把深入实际、深入基层、深入一线，作为密切联系服务职工群众的主渠道、硬要求，不断创新联系群众的制度机制，使联系基层服务职工常态化、制度化。

强化机关干部与职工群众的密切联系。全总建立了基层联系点、调查研究、基层挂职任职、定期接待群众来访、谈心和征求意见 5 项直接联系群众制度，全总党组所有成员都确定了基层联系点，将机关干部直接联系职工群众和基层联系点工作列入干部考核内容。领导干部接待职工群众来访制度得到认真落实，机关干部到信访岗位、地方和基层工会服务职工窗口轮流工作制度不断建立健全。

畅通基层职工参与工会工作的渠道。建立职工群众参与工会活动设计、工作安排、先进表彰、评价监督等运行机制，在进行重大决策、重要工作部署时，问需于职工群众、问计于职工群众，依靠职工群众推进工会工作。坚持把“三严三实”专题教育和“两学一做”学习教育的要求贯穿改革全过程，把思想政治工作做到职工心里，使工会组织真正发挥凝聚人心、坚守前哨、冲锋陷阵的战斗队、工作队的作用，让“工会就在身边”成为越来越多职工的真实体验。

（执笔：夏邑，《工人日报》2017 年 5 月 23 日 07 版）

中工网

做好一线职工的“代言人”

——2016，劳模和农民工兼职工会副主席履职在路上

“兼职副主席平易近人，没有距离感，让大家都打开了话匣子，放开了说”“我们都是农民工出身，有很多相似经历，有亲切感”“希望巨副主席把我们的声音传递上去”“我也要向他学习，干好本职工作，干出好的成绩”……自今年1月当选全总兼职副主席以来，巨晓林每到一处调研都会受到职工群众的热烈欢迎。

今年以来，工会“农民工、劳模兼职副主席”频繁出现在报纸网络上，吸引农民工的目光，引来广大农民工点赞：农民工也有了自己的“代言人”。

增设农民工、劳模兼职副主席是全总改革试点的一项重要内容。一年来，“泥腿子”“蓝领子”等兼职工会副主席不断出现。1月，农民工巨晓林当选全总兼职工会副主席，随后，7个驻会全国产业工会（全总有10个全国产业工会）和14个省（区、市）总工会已相继选举了32名农民工、劳模兼职副主席。

被选为全总兼职副主席，对巨晓林来说有些突然。“当初公司给了我一张推荐表，自己按照规定填好，在全总十六届四次执委会议选举结束后，我才知道自己被推选为兼职副主席。”巨晓林回忆当初被选为兼职副主席时的情景。

巨晓林是中国中铁电气化局一公司网六段班组技术员。他曾获得全国“五一劳动奖章”“全国劳动模范”等称号，2012年当选党的十八大代表，曾经参加过大秦线、京郑线等国家重点电气化铁路工程的施工。

巨晓林创新施工方法43项，创造经济效益600多万元；他主编的《接触网施工经验和方法》，被配发给数千名接触网工，成为他们的工具书。北京市总工会授予他“知识型职工先进个人”，北京市政府授予他“北京市劳动模范”，中华全国总工会授予他“全国五一劳动奖章”，他从一名普通农民工成长为知识型新型工人、农民工楷模。

“兼职工会副主席”不是给农民工看的，有为才能有位。如果在位置上不做事，那么就离“位”越来越远。在瑞安市塘下镇的座谈会上，来自5家企业的工会主席和农民工代表与调研组面对面，直抒胸臆。瑞安市总工会权益保障部副部长刘海彬更是收集了部分农民工兄弟在工作、生活中遇到的实际问题，逐条向调研组反映。巨晓林当场表示，会将这些问题带回去研究，探讨如何更好地维护职工合法权益。

对于新的身份，巨晓林的担心多过于开心，“作为农民工出身能胜任这个职位吗?”甚至感到十分惊讶，“农民工怎么能担任这样的职位?”直到中组部的领导找他谈话，告诉他把自己在工作上创新的劲头用在这个职位上，肯定就能干好，我们会大力帮助你。巨晓林才稍作心安。

巨晓林说：“虽然单位非常支持我在总工会的工作，但是我在担好副主席责任的同时，更要扎根一线。我的本职工作就是技师，还要专注于技术创新。而且，只有在一线，与工人们在一起，了解他们的声音和诉求，才能更好地履行副主席的职责。”

不光是巨晓林，每个新当选的同志都或多或少有一些顾虑，在新的岗位上如何履职是兼职工会副主席要面对的课题。最近新当选为河南省兼职工会副主席的黄久生颇有感悟。

“深入推进全民技能振兴工程和职教攻坚工程，建设知识型、技术型、创新型劳动者大军，我认为很有必要。”黄久生举例说，“在工地上，技能型农民工和普通农民工差别很大，普通工人一个月能拿三千块钱，干的是搬砖提灰的体力活儿，而技能型工人在扎钢筋支模板，一天就能挣三四百块。你看差别有多大！所以培养技能型劳动大军非常重要，这也是带领农民工脱贫致富的好办法。”

早年丧母的黄久生，从小吃百家饭长大。自2005年担任潢川县双柳树镇驻郑州农民工党支部书记以来，他以支部为“桥梁”，在工作和生活中充分发挥党员“领头雁”的作用，参与建设的工程曾2次获得中国建筑最高奖——鲁班奖，1项国家优质工程，60余项获省市优良工程；为家乡和社会累计捐款1300多万元，陆续带动家乡一万多名农民工走上务工致富路。他先后获得“全国优秀共产党员”“全国道德模范”“全国劳动模范”“全国五一劳动奖章”等荣誉称号，当选党的十八大代表和中华全国总工会执行委员会委员。

“我感觉肩上担子很重，我只是做了该做的事，但组织给了我很多荣誉。我唯一能做的就是让家乡的农民工兄弟出来都有工作做，都能脱贫致富。让家乡人民在奔小康的路上，一个不掉队。”黄久生把目光投向远方。

从职工中来，到职工中去，虽然当“官”了，但是这些工会兼职副主席没有脱离职工群众。2016年8月12日下午15点30分左右，在距离西安市南二环400米处的地铁三号线电缆敷设地沟里，陕西省总工会兼职副主席、全国劳模、中铁一局电务公司高级技师窦铁成正带领技术团队，在近60℃的湿热环境里，赶抢工程进度，进行最后的电缆接头焊接和加装防爆盒工作。

在这样潮湿、闷热的电缆沟里施工，对于已经60岁的窦铁成来说，身体能吃得消吗？刚焊完防爆盒的工人邓学宣说：“我们几个常对窦师傅说，这些苦力活儿您就交给我们年轻人干吧！您有时间来检查监督一下就行了，不必事事躬亲。”窦铁成却回答：“就因为天热活儿难干，我就更应该与大家一起在工地，这样心里才会踏实！”

“身在职工中间，就应该竖起耳朵倾听职工呼声。”全国劳动模范，山西省总兼职工会副主席贾向东说，“我们应该发挥好上传下达的桥梁纽带作用，一方面及时将党和政府以及工会组织的声音传递到广大煤矿职工中间；一方面用心倾听广大煤矿职工的呼声，第一时间将大家的诉求向党和政府以及工会组织反映，尽心尽力为职工排忧解难，依法切实维护职工的合理权益。”

作为工会兼职副主席，他们可以更多地接触到工会业务，为工会组织提出贴近职工、符合实际的意见建议，使工会工作能够更好地切合广大职工需要，更好地落实竭诚服务职工群众的方针政策，使工会工作更上新台阶。

以改革创新为动力，履职尽责在路上。巨晓林、黄久生、窦铁成、贾向东……曾经的农民工，现在又多了一个职务，兼职工会副主席。他们现在不仅要干好本职工作，而且还要完成工会交代的工作任务，他们发挥着“桥梁纽带”作用，进一步拉近工会与农民工的距离，为农民工“代言”。一年来，他们履职尽责，交上了一张“分量十足”的成绩单。

（中工网记者朱晶晶，2016 年 12 月 27 日）

全总改革试点工作大事记

（2017 年 8 月 31 日）

全总研究室整理

2015 年

7 月 23 日，中央全面深化改革领导小组办公室下发《关于在全国总工会开展中央群团机关改革试点的通知》，要求全国总工会作为中央群团机关改革试点，争取在一年内取得可复制可推广的经验。

7 月 24 日，李建国同志在《关于在全国总工会开展中央群团机关改革试点的通知》上作出批示，对做好相关工作作出具体指示。

李玉赋同志作出批示，并组织有关人员对改革试点工作进行认真研究。

7 月 28 日，全总成立改革试点工作领导小组，领导小组下设综合协调组（领导小组办公室）、调查研究组、文件材料组、法规政策组 4 个工作组，具体组织实施改革试点工作。

7 月 31 日，全国总工会改革试点工作领导小组召开工作会议，对改革试点工作进行动员，明确各工作组成员并进行任务分工。

8 月 3 日，改革试点工作领导小组办公室印发第 1 期简报《全国总工会研究部署改革试点工作》。

8 月 17 日，李玉赋同志主持召开全总改革试点工作小组会议，讨论全总改革试点方案。

8 月 18 日，李建国同志到全总机关听取改革试点工作进展情况和下一步工作安排。

8 月 20—21 日，全总领导分 5 个小组召开 5 个座谈会，听取分管和联系的各全国产业工会、全总各部门和直属单位对工会改革创新的意见。

8月22—25日，全总领导带队成立6个调研组，赴北京、浙江、江苏、四川、陕西、辽宁、广东等省（市），召开了14个座谈会，分别征求31个省（区、市）总工会和新疆生产建设兵团工会主席、党组书记或常务副主席座谈会、当地各级地方工会和基层工会负责人关于工会改革创新的意见建议。

8月26—29日，全总改革试点工作领导小组召开3个座谈会，分别征求各全国产业工会、全总各部门和各直属单位负责人，在全国人大、全国政协任职的全总老领导，以及全总离退休老同志对工会改革创新的意见建议。

8月31—9月9日，全总领导通过上门征求意见、在机关召开座谈会等形式，主动争取中央改革办、中组部、中编办的悉心指导和大力支持；专门征求了人社部、民政部、国资委、团中央、全国妇联、中国企联、中国科协、中国侨联等部门和单位的意见建议；征求了全国工商联、中国文联、中国法学会、中国贸促会、中国思想政治工作研究会、中华职业教育社等群团组织关于工会改革创新的意见。

9月1日，李建国同志听取全国总工会改革试点工作汇报。

9月8日，改革试点工作领导小组办公室印发第2期简报《全国总工会认真扎实开展改革试点方案制定工作》。

10月4日，李建国同志到全总机关听取全国总工会改革试点工作汇报。

10月10日，全总向中央改革办报送《中华全国总工会关于报请审批〈全国总工会改革试点方案（送审稿）〉的请示》。

10月22日下午，中央书记处办公会议听取全总党组、上海市委、重庆市委关于群团改革试点方案汇报，会议原则通过全总改革试点方案。

10月23日，李玉赋同志主持召开全总党组第46次会议，传达学习中央书记处关于全总改革试点的重要指示精神，讨论全总改革试点方案。

11月5日，改革试点工作领导小组办公室印发第3期简报《全国总工会认真修改改革试点方案》。

11月9日上午，习近平总书记主持召开中央全面深化改革领导小组第十八次会议，审议并原则通过了《全国总工会改革试点方案（送审稿）》，对推进党的群团改革提出明确要求。

下午，李玉赋同志主持召开全总党组第48次（扩大）会议，传达学习中央全面深化改革领导小组会议精神特别是习近平总书记重要讲话精神。

11月11日，全总召开改革试点工作动员部署大会。李建国同志出席会议并发表讲话。李玉赋同志主持会议并作动员讲话。刘国中同志就《全国总工会改革试点方案》作说明，陈荣书同志就《全国总工会改革试点具体实施方案》作说明。

11月16日，中央全面深化改革领导小组办公室下发通知，明确可按方案启动试点工作，并要求加强组织领导，积极推动改革，把改革方案落到实处。

11月17日，全总向各驻会全国产业工会，全总各部门、各直属单位下发《中华全国总工会关于印发〈全国总工会改革试点方案〉的通知》。

11月24日，《全国总工会负责人就全总改革试点答记者问》由新华社发布。

改革试点工作领导小组办公室印发第4期简报《全国总工会启动改革试点工作》。

11月25日，全总办公厅向各驻会全国产业工会，全总各部门、各直属单位下发《中华全国总工会办公厅关于印发〈全国总工会改革试点工作具体实施方案〉的通知》。

《全国总工会负责人就全总改革试点答记者问》在《人民日报》《工人日报》等中央主流媒体上发布。

11月26日，全总召开改革试点工作领导小组会议，明确改革试点工作在李建国同志直接领导下，在李玉赋同志带领下，全总党组发挥领导核心作用，由全总改革试点工作领导小组组织实施。领导小组下设党建工作组、机构设置组、整改规范组、督促检查组、文件制度组、综合协调组（领导小组办公室）6个工作小组。会议就进一步对改革试点工作进行了部署。

12月3—25日，《工人日报》、中工网刊登全国总工会改革试点方案9篇系列解读文章。

12月4日，全总办公厅下发《中华全国总工会办公厅关于印发全国总工会改革试点文件、推进工会改革创新的通知》。

12月6日，改革试点工作领导小组办公室印发第5期简报《全国总工会扎实有序推动改革试点任务落实》。

2016年

1月16日，全总召开十六届四次执委会，对全总改革试点工作和工会系统改革创新作出部署。

2月16日，中央机构编制委员会办公室印发《中央编办关于中华全国总工会机关内设机构和行政编制调整的批复》。

2月25日，改革试点工作领导小组办公室印发第6期简报《全国总工会改革试点工作取得阶段性成果》。

2月26日，中央书记处召开办公会议，听取全国总工会、共青团中央、全国妇联、中国科协、中国侨联5家群团组织关于贯彻落实中央党的群团工作会议精神、深化改革进展情况的汇报。刘云山同志主持会议并讲话。李玉赋等同志作汇报。

2月29日，中央机构编制委员会办公室印发《中央编办关于中华全国总工会所属事业单位机构编制调整的批复》。

3月14日，改革试点工作领导小组办公室印发第7期简报《全国总工会传达学习中央书记处重要指示精神》。

3月31日，全总召开工会系统改革工作推进会。李玉赋同志讲话，北京、天津、江苏、浙江、青海5省（市）总工会负责同志就推进工会改革的进展情况及下一步工作打算作了发言。

4月10日，改革试点工作领导小组办公室印发第8期简报《全国总工会召开工会系统改革工作推进会》。

5月29日，改革试点工作领导小组办公室印发第9期简报《各地工会有力有序推进工会改革创新》。

6月13—15日，李玉赋同志在重庆调研工会改革和基层工会建设工作。

6月23日，李建国同志就推进新形势下工会改革创新在云南省调查研究。李玉赋同志陪同调研。

7月20日，全总机关召开机构编制调整实施工作会议。会议通报全总领导分工调整方案、全总机关和事业单位机构编制调整方案以及新成立部门局级干部任职情况，对全总机关机构编制调整实施工作进行部署。李玉赋同志出席会议并讲话。

8月1日，中央改革办印发《关于推进中央群团机关改革工作的通知》。

8月30日，全总向中央改革办报送《全国总工会改革试点进展情况》。

10月21日，《人民日报》专版报道《工会改革试点工作成效综述》。

11月16—17日，李建国同志就学习贯彻党的十八届六中全会精神，推进工会工作改革创新在上海市调研。李玉赋同志陪同调研。

11月26日，中央电视台《新闻联播》报道全总改革试点成效。

12月8日，《关于全国总工会改革试点工作的总结报告》上报中央改革办。

2017年

1月16日，全总召开十六届五次执委会，对工会系统改革创新提出要求。

2月6日，习近平总书记主持召开中央全面深化改革领导小组第32次会议，审议通过《全国总工会改革试点工作的总结报告》。

3月10日，李玉赋同志就全总改革试点进展等情况回答《劳动报》记者提问。

3月20日，工会系统推进改革工作会议暨“深入推进工会改革创新”专题研讨班召开，李玉赋同志出席会议并讲话。

3月24日，全总下发《中华全国总工会办公厅关于印发〈关于全国总工会改革试点工作的总结报告〉的通知》。《关于全国总工会改革试点工作的总结报告》在《工人日报》《中国工运》、中工网刊发。

3月，在全总党组、书记处领导下，由办公厅、组织部、研究室牵头，编写《全国总工会改革试点制度文件汇编》和《全国总工会改革试点制度文件辅导读本》，李玉赋同志作序《坚持以制度创新推进工会改革》。

4月14日，全总党组向中央改革办上报《关于学习贯彻习近平总书记在中央全面深化改革领导小组第三十三次会议上重要讲话精神情况的报告》。

5月，李玉赋同志在《中直党建》2017年第5期发表题为《把握正确方向坚持问题导向以工会改革创新优异成绩迎接党的十九大胜利召开》文章。

5月26日，全国工会推广上海顾村经验观摩交流会在上海市宝山区召开，李玉赋同志出席会议并讲话。

5—7月，全总党组、书记处同志带头，组成8个督察调研组分赴15个省（区、市）开展专项督察，形成全总党组2017年上半年抓改革督察问效进展情况总结报告。

6月7日，全总十六届十二次主席会议在京召开，李建国同志主持会议并讲话，强调要在全总改革试点成果基础上，以钉钉子精神继续扎实推进工会系统改革创新和新时期产业工人队伍建设改革。

7月26日，省部级主要领导干部“学习习近平总书记重要讲话精神，迎接党的十九大”专题研讨班在京召开，习近平总书记作重要讲话。

7月28日，李玉赋同志主持召开全总党组会议，传达学习习近平总书记“7·26”重要讲话精神。

7月31日，全国总工会党组中心组传达学习习近平总书记“7·26”重要讲话精神，李玉赋同志出席会议并讲话。

8 月 26 日，刘云山同志在京主持召开群团改革工作座谈会，传达学习习近平总书记关于党的群团工作和群团改革的重要指示精神，对深化群团改革进行部署，李玉赋同志代表全国总工会党组在座谈会上发言。

8 月 28 日，全总召开党组（扩大）会议，传达学习习近平总书记关于党的群团工作和群团改革的重要指示精神和群团改革工作座谈会精神，李玉赋同志主持会议并讲话。

8 月 29 日下午，习近平总书记主持召开中央全面深化改革领导小组第三十八次会议并发表重要讲话，强调继续高举改革旗帜，站在更高起点谋划和推进改革，坚定改革定力，增强改革勇气，总结运用好党的十八大以来形成的改革新经验，再接再厉，久久为功，坚定不移将改革进行到底。

编者后记

为系统反映全国总工会改革试点和各级工会改革创新的成果，让广大职工、工会干部和社会各界更多了解工会组织在增“三性”、去“四化”、强基础、促创新方面付出的努力，推进工会改革创新向纵深发展，取得新的成效，我们编辑出版了《中国工会改革创新实录（2015—2017）》一书。全国总工会党组书记、副主席、书记处第一书记，全国总工会改革试点工作领导小组组长李玉赋为主编；全国总工会副主席、书记处书记陈荣书，全国总工会党组成员、经费审查委员会主任李守镇为副主编。

全书总体按照时间顺序编排，收录了党中央关于群团改革的重要指示、文件，全总有关改革试点工作及上海、重庆等地工会的改革探索，《人民日报》、新华社、《工人日报》等媒体对工会改革创新的报道等，时间截至2017年8月底。有些资料首次公开发表，文中相关提法保持原貌。

本书编写人员有（按姓氏笔画为序）：马惠珺、王娇萍、冯永光、吕国泉、阳万雄、李羿、李睿祎、邹广子、逄国君、夏邑、陶志勇、赖金金、廖枢权。全国总工会研究室主任吕国泉为执行副主编，副主任王娇萍、陶志勇为编辑。

本书参考了有关工会改革创新的大量研究成果和相关资料，限于篇幅不一一列举，特此说明和致谢，并向为本书提供指导帮助的各位领导、专家学者表示谢意。对于本书存在的不妥之处，敬请广大读者批评指正。

2017年8月